普通高等教育应用创新系列教材

统计学

（第三版）

主编　张东光

科学出版社
北　京

内 容 简 介

本书是在编者多年教学实践基础上编写而成的。本书在内容上，注意与其他相关课程内容的衔接；在阐述上，强调精练与实用、理论与实际的结合，摒弃复杂数学公式的推导，主要从应用角度说明统计学的基本理论和方法。全书紧紧围绕“统计与数据”这一主线展开，共 11 章，基本内容包括三个模块。其中第一至六章主要介绍描述统计学的基本理论与方法，第七至十章介绍推断统计学的基本理论方法及其在相关回归分析中的应用，第十一章介绍主要经济统计指标。另外以二维码形式增加两个附录：一个是常用统计表，另一个是 Excel 在统计学中的应用。每章配有思考与练习题，除第二章外，以二维码形式提供了练习题参考答案。为便于教学，本书配有多媒体教学课件和学习指导书。

本书可作为经济类和管理类非统计学专业的本科生教材，亦可作为实际经济管理人员学习和应用统计学知识的参考书。

图书在版编目（CIP）数据

统计学 / 张东光主编. -- 3 版. -- 北京 : 科学出版社, 2024. 8. -- (普通高等教育应用创新系列教材). --ISBN 978-7-03-079257-0

Ⅰ. C8

中国国家版本馆 CIP 数据核字第 2024JT0541 号

责任编辑：方小丽 范培培 / 责任校对：贾娜娜

责任印制：吴兆东 / 封面设计：有道设计

科学出版社 出版

北京东黄城根北街 16 号

邮政编码：100717

http://www.sciencep.com

北京富资园科技发展有限公司印刷

科学出版社发行 各地新华书店经销

*

2016 年 8 月第 一 版 开本：787×1092 1/16

2020 年 8 月第 二 版 印张：22 3/4

2024 年 8 月第 三 版 字数：590 000

2025 年 3 月第六次印刷

定价：49.00 元

（如有印装质量问题，我社负责调换）

前　　言

自威廉·配第的《政治算术》一书问世以来，统计学已成为经典致用之学，为科学研究、政府决策、科学管理等都做出了巨大贡献。随着大数据时代的到来和计算机工具的普及，统计学的作用也越来越受重视，统计思维能力也日益成为现代人认识客观现象不可或缺的能力。

统计学是一门方法论科学，它不仅教会人们基本统计理论和数据处理方法，更重要的是它能帮助人们形成正确的统计思维能力、分析和处理复杂经济问题的能力，帮助人们在认识事物的过程中形成正确的世界观和价值观。统计学对客观现象的认识过程是从搜集个体数据开始的，然后经过统计整理，进一步使用科学的统计分析方法对客观现象的数量规律性做出科学的认识和判断。统计数据质量是统计的生命线，搜集数据必须遵循实事求是的原则，具有耐心细致的工作作风和严肃认真的科学态度，同时还要有团队合作的优良品质，依法统计。统计指标和统计模型多种多样，它们各有自己的应用前提和应用范围，为防止“数据说谎”，倡导用“真实数据说真话”，引导学生以科学的理论为指导，采用辩证唯物主义的方法，善于抓住事物的主要矛盾分析问题，“不畏随机遮望眼”。对事物间的联系要用全面的观点看问题，不以偏概全。坚持发展的观点看问题，坚信“前途是光明的，道路是曲折的”。探索客观现象的动态变化规律，要坚持解放思想、与时俱进，反对“形而上学和本本主义”，要有全局观念和大局意识。因此，统计学是“用数据说话的科学”，是认识客观现象数量规律的有力工具。

山东财经大学统计学课程建设自 20 世纪 80 年代始至今已有 40 多年的历史，2007 年统计学课程成为省级精品课程，2019 年被确定为省级一流本科课程，2021 年获得校级优秀教材培育项目立项，2022 年完成了学校的统计学课程思政建设，同年被学校确定为优秀课程示范课，2023 年《统计学（第二版）》被山东省教育厅确认为山东省普通高等教育一流教材。随着社会需求的不断发展，近年来，在课程内容设计、案例建设、课程思政建设等方面均做了大量改革与创新，成效显著。本书第一版于 2016 年 8 月正式出版，2020 年 8 月修订出版第二版，为满足高阶性教学和课程思政建设的新需求，再次修订更新出版第三版。

本次修订坚持前两版的宗旨，按照先描述统计，后推断统计的顺序展开，在内容框架结构和具体细节处理上都进行了一系列修改完善。主要修改工作如下。

(1) 每章的开始增加“章前阅读”。结合实际经济生活或经典案例，对本章即将阐述的内容，通过提出一些问题引导学生进行思考，引起学生的学习兴趣，然后展开解决相应问题的具体统计理论和方法说明。

(2) 加强案例分析的系统性设计。首先，对每章介绍的统计分析方法，尽量设计一套贯穿始终的资料，加强学生对问题的系统认识和综合解决问题能力的培养，了解不同情况下统计方法的应用条件。其次，加强例题资料在不同章节之间的衔接，更新了有关例题资料，设计了综合案例分析练习题。

(3) 进一步结合创新科研成果，对课程内容体系进行进一步优化设计。第二章和第七章的结构和内容都做了较大调整，Excel 在统计中的应用根据 Excel 2019 版本进行了重新改写。

(4) 结合党的二十大精神充实课程思政内容，将其融入本书的写作中，帮助学生形成正确的世界观、人生观、价值观。增加课程思政内容，可以使统计学课程与思政建设同向同行，以期将思想品德课程显性教育和专业课程隐性教育相统一，形成协同效应，构建全方位育人大格局。

(5) 对每一章的内容进行了细致的文字梳理、修改和完善，使问题的说明更加清晰，理解更加方便。

经过修改后的统计学内容共 11 章，内容包括：第一章，总论；第二章，统计数据的搜集；第三章，数据的频数分布；第四章，数据分布特征的度量；第五章，时间序列数据分析；第六章，统计指数分析；第七章，统计推断理论；第八章，参数估计；第九章，假设检验与方差分析；第十章，相关分析与线性回归分析；第十一章，主要经济统计指标。每章设有思考与练习题，除第二章外，练习题参考答案可扫描书中的二维码进行查看。另外本书还有常用统计表(附录 A)和 Excel 在统计中的应用(附录 B)两个附录，以二维码形式呈现。

学好统计学知识需要好的教材支撑，本书具有以下特点。

一是在体系结构上贯彻“大统计”的理念。从“统计学是关于研究如何搜集、整理和分析客观现象数据，认识客观现象总体数量特征和数量规律的方法论科学”来看，统计学的应用范围非常广泛，它既适用于研究自然现象，也适用于研究社会现象、经济现象、科技现象等，因此统计学又是一门应用性很强的科学，本书既介绍描述统计学的基本理论和方法，也阐述推断统计学的理论和方法。

二是注重与其他课程内容的衔接。数理统计的理论是统计学应用的方法基础，但由于课时限制，其内容往往不能全讲，这为统计学讲授留出了空间，如假设检验、方差分析、相关分析与回归分析等可由统计学进行讲授，其中相关分析与回归分析的内容又是计量经济学的学习起点。

三是强调课程体系的完整性和科学性。本着不仅把握学科前沿与国际接轨，而且密切结合我国统计发展实际的思想，本书紧紧围绕“统计与数据的关系”这一主线，努力吸收国内外统计学教材的优点，充分筛选内容优化课程体系。鉴于非统计学专业学生经济统计知识缺乏，特增加“主要经济统计指标”一章，以帮助学生提高对我国经济统计指标的认知和正确使用。

四是注重计算机软件的应用。在现代社会中，统计学的应用领域越来越广泛，特别是在大数据时代，随着计算机工具的应用，那种无聊的“纸和笔的统计学”时代已经过时了。大量的数据处理需要计算机工具的辅助，因此本书在阐述统计学基本理论和方法的同时，主张使用计算机软件进行问题的研究分析，这样可以省却复杂的运算过程，从而实现统计方法的更好应用。所以本书专门设计“Excel 在统计中的应用”内容并作为附录供学习和参考使用。

五是坚持立德树人根本，通过综合案例分析和课程思政内容等融入党的二十大精神，实现专业课程思政与思想政治理论课的协同效应，体现专业课的育人功能。党的二十大报告明确指出：“教育是国之大计、党之大计。培养什么人、怎样培养人、为谁培养人是教育的根本问题。育人的根本在于立德。”习近平总书记在全国高校思想政治工作会议上强调：“要用好课堂教学这个主渠道……其他各门课都要守好一段渠、种好责任田，使各类课程与思想政治理论课同向同行，形成协同效应。”这对专业课程发挥育人功能提出了明确要求。因此，本书深入挖掘课程思政元素，充分利用我国改革开放以来的经济数据说话，讲好中国故事，增强学生对新时代中国特色社会主义的“四个自信”。

本次修订由张东光任主编，负责全书的设计、修改、总纂和定稿工作。李艺唯、王晓红、刘爱芹任副主编。本次修订是集体智慧的结晶，除了主编和副主编外，参加编写的人员还有：

刘建冰、栾文英、张伟、任文东、王开科、翟艳敏。此外，教研室的其他同仁薛梅林、张提、李慧丽、倪杰、朱真真、田政杰、周雪娇、吴杏、张美慧等也参与了本书总体设计的讨论。安起光、田金方、裴海峰三位教授作为审稿人，通读了书稿全文，并提出了宝贵的修改意见。

编修过程中，作者参考了国内外出版的多种优秀教材，吸纳了书中好的观点，在此向参考书籍的各位作者表示由衷的感谢。科学出版社的编辑们为本书的出版提供了大力支持和帮助，他们对书稿认真阅读帮助修改，力求精益求精，我们向各位编辑表示深深的感谢。

限于水平所限，本书的第三版仍会存在不足和缺陷，欢迎各位读者和使用本书的教师提出宝贵意见和建议。

作　者

2024 年 6 月

附录 A　　附录 B

目　录

第一章　总　　论

【章前阅读】

统计学是认识事物的有力工具

如果你想了解新闻中出现的数字背后的含义，并见识到“数据”的巨大力量，统计学是你的不二法宝。瑞典数学家、作家安德烈斯说过：“用数据说谎容易，但用数据说出真相却很难。”统计学能帮助我们处理数据，而数据只不过是包裹着华丽外衣的信息。很多时候、很多事情，数据不仅琐碎而且并非那么重要，但有时候，数据却为我们打开洞察人类存在本质的窗户。

统计学有两种类型，一种是描述统计学，另一种是推断统计学。描述统计就是用一个“简化”的数字给出事物的情况，从而供人们进行分析判断。统计学的另一个核心功能就是使用手中已有的数据进行合理推测，以回答我们还未掌握的所有信息的“大”问题，简言之，我们能够使用“已知世界”的数据对“未知世界”进行推断。统计学更像是侦探们做的事，数据里隐藏着线索和模型，沿着这些线索和模型，我们能得到有意义的结论。对大量数据提供的信息进行归纳是处理数据时的基本任务，经常是数据越多，真相越模糊，因此我们需要简化数据，将一系列复杂的数据序列减少为几个能起到概括作用的数字，但需要注意的是，任何一种简化都会面临滥用的危险。

数据只不过是知识的原材料，读不出来的信息还有很多。统计整理和分析对数据起到的是“简化”问题的认识作用。学习统计学的意义，不是要做多少统计题，或是在朋友和同学面前炫耀你学到的高级统计技巧，而是通过学习知识来认清我们面对的纷繁复杂的生活。

那么，统计学是如何获得数据、整理数据、简化数据从而认识我们的生活的呢？

统计学的工作过程常常被简化为：统计设计、统计调查、统计整理和统计分析。统计设计表现为各种设计方案；统计调查是统计工作的基础，其结果为各种杂乱无章的个体资料；统计整理是根据统计研究目的，对统计调查搜集的个体资料进行的加工，并使之条理化、系统化的过程，是统计工作的中间环节。统计分析，是对统计整理的资料进行的数量分析，从而揭示客观现象数量规律的过程，它是统计工作的中心环节。

许多现象都无法用一个数据进行完美描述。统计学是帮助人们对现象进行认识的科学，学会用统计学管理个人及社会生活能够让个人或组织的潜在行为向好的方向发展。统计学能够帮助我们得到重要的结果，并通过激励措施为我们改善结果提供理由。这就是统计思维的力量，拥有统计思维，对于认知世界非常重要，你甚至有可能直接得出世界顶级学者过去经过多年研究才能得到的结论。是否拥有这种思维，一定会对人生产生非常重大的影响。早在 1903 年，英国作家、历史学家赫伯特·乔治·威尔斯曾经预言：在未来社会，统计思维将像阅读能力一样成为社会人必不可少的能力。希望人人都拥有统计思维能力，学一点统计学是非常有用的。

问题：统计学是研究什么的？为什么越来越多的人重视统计学的学习？

在日常生活、工作以及科学研究中，人们不仅需要认识客观现象的品质属性，而且还需要认识客观现象的数量特征。统计学就是从量的角度认识客观现象的方法论科学，是人们认识客观现象的有力武器之一。本章主要阐述统计学的基本问题，包括统计与统计学的含义、统计学的基本要素、统计数据及其类型等，以期为建立起从量的角度认识客观现象的统计思维能力打下基础。

第一节　统计与统计学

一、统计的含义

“统计”一词一般有三种含义，即统计工作、统计资料和统计学。

(一) 统计工作

统计工作(statistical work)即统计活动，是指搜集、整理和分析统计数据并探索数据内在数量规律的活动过程。一个完整的统计工作过程一般由统计设计、统计调查、统计整理和统计分析四个环节所构成。统计设计是对所做统计工作的通盘考虑和安排，主要表现为各种设计方案。统计调查是根据统计设计的要求对调查对象中个别事物的数量特征进行的资料搜集过程，其结果表现为各种杂乱无章的个体资料。统计整理是根据统计研究的目的对个体资料进行加工整理，并使之条理化、系统化的统计工作过程，其结果表现为井然有序的数据资料。统计分析是对统计整理的资料进行数量分析，从而揭示客观现象数量规律的统计工作过程。统计工作过程的各环节彼此联系，环环相扣，又有交叉。统计调查是统计工作的基础，统计整理是统计工作的中间环节，既是统计调查的延续，又是统计分析的前提。统计分析是统计工作的中心环节。

(二) 统计资料

统计资料(statistical data)又称统计数据，是统计工作过程所取得的各种数字资料和各种其他资料的总称。主要表现为各种反映客观现象数量特征的原始记录、统计台账、统计表、统计图、统计分析报告、政府统计公报以及统计年鉴等各种数字和文字资料。

(三) 统计学

目前的主流观点认为，统计学(statistics)是研究如何搜集、整理和分析客观现象数据，认识客观现象总体的数量特征和数量规律的方法论科学。

统计工作、统计资料和统计学之间有着密切联系。统计工作与统计资料之间是工作过程与工作成果的关系；统计工作与统计学之间是统计实践与统计理论的关系。

统计工作、统计资料和统计学相互依存、相互联系，共同构筑了一个完整的整体，这就是我们所说的统计。

二、统计学的类型

统计学产生于人们对客观世界大量活动的认识中，是对统计实践的理论概括和总结，发展到今天，统计学在自然现象与社会现象等的量化研究中起着日益重要的作用，其分支也日益繁茂。鉴于统计学的方法论学科特点，目前统计学有两种基本分类：一是从方法研究的功能角度将统计学分为描述统计学与推断统计学；二是根据方法研究的重点不同将统计学分为理论统计学与应用统计学。

(一) 描述统计学与推断统计学

描述统计学(descriptive statistics)是研究如何搜集反映客观现象数量特征的具体数据，并利用统计分组方法对所搜集的具体数据进行加工整理，以统计图表形式加以显示，确定数据分布形态，通过综合计算分析客观现象数量特征的统计学分支。描述统计学的内容包括统计数据的搜集方法，统计分组、显示方法，统计数据的分布形态及其特征的测度分析方法等。描述统计学既可以对总体数据进行分析，也可以对样本数据进行分析。

推断统计学(inferential statistics)是研究如何根据样本数据特征去推断总体数据特征的统计学分支，它是在对样本数据进行描述统计的基础上，对总体未知分布或参数做出概率形式的推断。推断统计学的主要内容包括参数估计和假设检验等。推断统计学是从样本特征出发来研究总体特征的。

描述统计学与推断统计学的划分，反映了两种不同统计方法探索客观现象数量规律的不同过程。统计研究过程的起点是个体数据，终点是探索出客观现象总体的数量规律。在这一过程中，可分为两种情况：如果搜集到的是总体数据(如普查数据)，那么运用描述统计方法就可以达到认识客观现象总体数量规律的目的；如果获得的是样本数据，那么要获得总体特征，就需要描述样本信息，且以概率论的有关理论为基础对总体特征进行科学推断。

由此可见，描述统计学和推断统计学是统计学的两个重要分支。描述统计学是统计学的基础，推断统计学则是现代统计学的核心内容，两者的最终研究目的是一致的，都是探索总体数量规律性。推断统计学在现代统计学中的作用和地位越来越重要，因为在对现实问题的研究中，所获取的数据主要是样本数据，但这不等于说描述统计学不重要。如果没有描述统计学搜集可靠的统计数据并提供有效的样本信息，那么推断统计学就成为无源之水、无本之木，从而也就无从得出切合实际的科学结论。从描述统计学发展到推断统计学，既是统计学发展的巨大成就，也是统计学发展成熟的重要标志。

(二) 理论统计学与应用统计学

理论统计学(theoretical statistics)是以抽象的数量为研究对象，研究一般的数据搜集、整理和分析方法的统计学分支。理论统计学把研究对象抽象化，以概率论为基础，从理论角度对统计方法加以推导证明，其中心内容是以归纳方法研究随机变量的一般规律，如统计分布理论、参数估计和假设检验理论、方差分析理论、相关与回归分析理论等。理论统计学具有通用方法论的理学性质，是具体统计方法的理论基础，没有理论统计学的发展，统计学也不可能发展成为像今天这样一个完善的科学知识体系。

应用统计学(applied statistics)是将理论统计学的方法原理应用于具体研究领域而形成的统计学分支。因此，应用统计学是以各个研究领域现象的具体数量为研究对象的统计学分支。应用统计学重在研究理论统计方法的应用，也包括各研究领域实质性科学理论的应用。它既需要进行定量分析，又需要结合所研究客观现象的理论进行定性分析。所以，应用统计学是在定性分析基础上的定量研究，而不是统计方法数学原理的推导和证明，它具有交叉学科的性质。例如，统计方法在经济领域的应用形成了经济统计学，在管理领域的应用形成了管理统计学，等等。应用统计学除了包括各领域通用的方法，如参数估计、假设检验、方差分析之外，还包括某领域所特有的方法，如经济统计学中的指数分析法、现代管理决策法等。本书主要从应用角度说明描述统计学和推断统计学的基本理论和方法及其应用。

三、统计研究的特点与方法

(一) 统计研究的特点

1. 数量性

数量性是统计研究的基本特点。可以说，没有数量就没有统计。常言道："数字是统计的语言"，指的就是这个意思。

数量性包括三方面的内容。

(1) 数量规模。即客观现象在某一时期或时点所达到的总水平。例如，根据《中国统计年鉴2022》，2020年我国国内生产总值达到1013567亿元，2020年末全国总人口141212万人，它们分别说明了我国经济总量和人口的总规模。

(2) 数量关系。即客观现象数量的相互关系，包括相对关系、平均水平、相关关系等。例如，2020年我国国内生产总值按不变价格计算比上年增长2.2%；2020年全国居民人均可支配收入达到32188.8元等。

(3) 数量界限。即引起客观现象质变的具体数量。例如，当恩格尔系数低于30%时，国家进入富足型社会；又如，通常把基尼系数等于0.4作为收入分配差距的"警戒线"，超过0.4越多，意味着收入差距越大，低于0.4则意味着收入差距越小。

2. 总体性

统计学以客观现象总体的数量方面作为自己的研究对象，因此，总体性是统计研究的又一显著特点。所谓总体性，是指统计是从整体角度研究客观现象的本质与规律，而不是着眼于个别事物的数据。统计研究作为一种对客观现象的认识过程是从个体到总体的过程，对个体事物的研究只是起点，对总体数量规律的研究才是统计研究的目的。客观现象的本质与规律只有从整体角度进行概括才能做出正确判断。例如，只有对人口总体进行大量观察才能得出合理的人口性别比例等人口数量规律，若只对个别家庭的人口进行观察很难得出正确的结论。

3. 具体性

统计研究的是客观现象在具体时间、地点、条件下的数量，而不是抽象的数量，这是统计学与数学的一个重要区别。

任何客观现象都是质与量的统一体。一定的质决定一定的量，一定的量又表现为一定的质。例如，1这个数字，在数学中只是一个抽象的数字，而在统计学中则必须明确它所对应的客观现象、时间空间限制以及计量单位等。

(二) 统计研究的方法

统计研究的方法归纳起来有大量观察法、统计分组法、综合指标分析法、统计推断法、统计模型法等，它是在质与量的相互联系中研究事物的数量规律。

1. 大量观察法

为了研究客观现象总体的数量规律性，需要对总体中的全部或足够多数的个体进行调查和分析，这就是大量观察法。它是统计调查阶段进行数据搜集的一系列方法的总称，之所以进行大量观察来研究客观现象总体的数量规律性，是由统计研究对象的大量性和复杂性决定的。大量观察法的数理基础是大数定律，虽然每个个体受偶然因素的影响在数量表现上存在差异，但大量观察的平均结果可以相互抵消这些差异而显示出稳定的数量规律。所以只有观察足够多数的个体，才可以使次要的、偶然的因素充分消除，统计数据才会呈现出客观现象的特征和数量规律性，否则可能出现以偏概全的错误。

2. 统计分组法

统计分组就是根据研究问题的需要，选择合适的分组标准将总体划分为不同组成部分的一种统计方法。它是贯穿整个统计工作过程的方法。统计调查环节可以使用统计分组来搜集不同类型的原始数据，并可帮助提高抽样调查中样本的代表性(如分层抽样等)；在统计整理环节，通过统计分组可以使统计数据条理化、系统化，为编制频数分布提供了基础；在统计分析环节可以使用统计分组来划分现象的不同类型、研究现象的内部结构、分析现象的依存关系等。统计分组有传统分组法、判别分析法和聚类分析法等。

3. 综合指标分析法

统计研究作为认知事物的方法论，其具体的表达形式是通过一系列综合指标来呈现，通过指标可以说明客观现象总体的基本数量特征，如总体的规模数量特征、关联关系特征、数据的集中趋势特征和离散程度特征、事物的动态变化特征等，从而形成了一系列的分析方法，包括总体规模分析法、集中趋势和离散程度分析法、时间序列数据分析法、指数分析法等，是描述统计学中非常重要的内容。

4. 统计推断法

由样本信息推断总体特征的方法叫做统计推断法，这是推断统计学中的重要方法，包括参数估计和假设检验两类方法，这两种方法都是以抽样分布理论为基础，从概率角度进行推断的方法，这种方法涉及抽样误差和置信水平问题。

5. 统计模型法

在研究客观现象之间的数量关系时，常常需要根据具体的研究对象和一定的假设前提，用合适的数学表达式来模拟客观现象间的数量关系，这种方法叫做统计模型法。统计模型的三要素是：变量、数学方程和参数。在统计研究过程中，时间序列趋势分析、回归分析等都会使用到不同形式的模型，包括线性和非线性模型、简单的和复杂的模型。

上述各种方法相互联系、相互配合，共同构成了统计学的方法体系。

第二节　统计学的基本要素

一、总体、个体和样本

根据统计研究的特点，统计学中最基本的要素有：总体、个体和样本及它们的特征参数、变量、统计量。

(一) 总体与个体

总体(population)又称统计总体或母体，是指根据研究目的确定的所研究对象的整体。构成总体的每个元素称为个体(unit)，它既可以是具体的个别事物，也可以是数据。构成总体的个体至少具有某种共同的特征，但又在其他方面的特征上存在差异。例如，某地区全部工业企业所组成的整体即为研究本地区工业企业生产情况的总体，个体是每个工业企业。这里，首先每个企业必须是工业企业，且必须属于该地区，属于其他地区则不行，这称为同质性；同时各个工业企业的所有制形式不同、工人数不同、产值不同、利润不同等，这称为变异性，变异性是统计研究的重要前提；另外总体又是由许多个体构成的，这是总体的大量性。

总体是由研究目的决定的，研究目的不同，统计总体往往也随之不同。根据研究目的来确定总体就是确定研究对象的范围。例如，研究目的是了解工业行业的生产经营状况，则总体就是该行业的全部工业企业的集合；当研究目的是了解工业行业的职工生活状况时，则总体变成工业行业的全体职工的集合。总体确定了，个体也就明确了。例如前面问题中，对应的个体分别是每家工业企业和每一位职工。

在实际研究中所遇到的总体，一般有下列两种情况：一种是由自然事物所组成的总体，通常称为实物总体，实物总体中的个体是各个具体事物。例如，要研究全国人口状况，则全国人口组成一个总体，其中每一个人即是个体。又如，要研究某企业工业设备状况，则该企业全部工业设备即组成一个总体，其中每一台工业设备即是个体。另一种是由变量值所组成的总体，通常称为数值总体，数值总体中的个体是各个具体数值。例如，要研究某企业职工的平均工资，则该企业所有职工的工资水平便构成总体，每位职工的工资水平便是个体。又如，要了解某个射击运动员的射击水平，则该射击运动员的射击结果的集合便构成一个总体，每次射击结果便是个体……这两种不同类型的总体，分属于不同的研究目的。一般来说，由自然事物所组成的总体能够满足多方面的研究需要，而由变量值所组成的总体主要是满足对该变量的研究需要。在推断统计学中主要使用由变量值所构成的总体，并且主要关心变量值的分布，称为分布总体。

总体中全部个体的数目称为总体容量，通常用 N 表示。总体按其总体容量的限度分为有限总体和无限总体。如果总体容量是可数的，则称为有限总体；如果总体容量为无穷的、不可数的，则称为无限总体。例如，全国人口、某地区工业企业、某企业职工人数都是有限总体；而宇宙中的星球、海洋中的鱼虾等则可看作无限总体。社会经济现象中的总体多为有限总体，而在推断统计学中，总体是用随机变量表示的，为无限总体。

总体中的个体并非都是可以计数的，有的能够计数且计数结果能够加总，如人口总体、工人总体等，这样的总体人们称为可计数总体或简单现象总体。而有的总体，如商店经营的商品总体，个体是单一的商品，但由于个体商品的使用价值和计量单位不同，商品总体的总数量无法直接加总得到，这样的总体称为不可计数总体或复杂现象总体。因此可计数总体的特征是它包含的个体具有相同的计量单位，可以计算总体容量。不可计数总体的特征是它包含的个体不具有相同的计量单位，不能计算总体容量。

需要特别指出的是，在实际应用中，有时总体中的个体是很不明显的，要区分个体往往十分困难。例如，要考察某地所生产的小麦的出粉率，则总体是该地区所生产的所有小麦，而个体却很不明确。又如，要考察某一段河流的水质情况，则总体就是该段河流中的所有流水，而个体也很不明确。在上述情况发生的条件下，一般是将每个观察单位看作一个个体，而观察单位的大小以及计量方法则根据观察手段而定。例如，或许将每公斤小麦看作一个个体，将每立方米水或者每升水看作一个个体。

(二) 样本

样本(sample)是指从总体中随机抽取的部分个体的集合。样本中包含的个体称为样品，构成样本的个体数目称为样本容量，简称样本量，通常用n表示。虽然样本中的个体数量相对于总体而言只是较少的一部分，但样本是从总体中随机抽取并用来代表总体的，基于这种关系，总体又可称为母体，而样本则称为子样。由于样本是由总体中的部分个体所构成的，假如我们将总体看作所有个体组成的集合，则样本就是总体的一个子集。

样本具有如下特点：

(1) 样本是总体的代表。总体是研究的对象，样本则是实际观测的对象，抽取样本的目的在于用其信息来推断总体特征。样本的结构和总体结构不完全一致，因此样本对总体的代表性高低直接影响到用样本信息推断总体特征的误差大小。一般情况下，样本的代表性与样本容量、抽样方法以及抽样技术等有关。如何提高样本的代表性从而减少抽样误差，这是统计学需要研究解决的重大课题之一。

(2) 样本抽取具有随机性。从总体中抽取样本，不受调查者主观因素的影响，总体中的每个个体被抽中与否完全由随机因素所决定。因此，组织抽样必须保证总体中的每一个个体都有一定的概率被抽中或不被抽中。

(3) 样本具有不唯一性。总体是唯一确定的，而样本则是不唯一确定的。一般情况下，从一个总体中可以抽取多个容量相同的不同样本，同一个特征在不同样本中的表现会有差异。

二、变量与变量值

无论是描述统计还是推断统计，描述客观现象的具体特征，都离不开变量。

(一) 变量

变量(variable)是统计学的基本概念，变量的概念有广义和狭义之分。广义变量是描述客观现象特征的概念，即不管是现象的数量特征还是属性特征的概念描述均可称为变量。例如，用于描述人的数量特征的年龄、收入等，用于描述人的属性特征的性别、民族等均可称为变量。狭义变量仅指描述客观现象数量特征的概念。

(二) 变量值

变量的具体表现称为变量值(value of variable)，即统计数据。广义变量的变量值以数字或文字表示，而狭义变量的变量值仅用数字表示。

变量具有以下特征：

(1) 变量是用于描述个体特征的名称。

(2) 一个变量可以取多个变量值，变量与变量值不是一一对应的关系。

(3) 变量的取值有两个方面，一方面是在不同时间上取值，例如，某地区历年职工工资水平；另一方面是在不同空间上取值，例如，某时期不同地区的职工工资水平。

实际工作中，为了满足不同的研究需要，变量有多种不同的分类方法，常见的主要有以下几种：

(1) 变量按其所反映现象特征的不同，一般分为属性变量与数值变量。属性变量是反映现象品质特征的名称，包括分类变量和顺序变量；数值变量是反映现象数量特征的名称。例如，性别、民族是属性变量，而产值、人数则是数值变量。

(2) 变量按其取值是否连续，可分为离散变量与连续变量。凡变量的取值只能是整数时，这样的变量称为离散变量。例如，职工人数、设备台数等。凡变量取值在整数之间还可以取无限的小数数值，即变量的取值是连续不断的，这样的变量称为连续变量。例如，身高、收入等。

(3) 变量按其取值变动是否具有确定性，可分为确定性变量与随机变量。凡变量取值的变动具有确定性、方向性的，称为确定性变量。例如，每个工业企业的职工人数、设备台数等都是确定的，并随企业规模的增大而增大。凡变量的取值变动没有确定的方向性，而具有一定的偶然性，称为随机变量。例如，某只股票的价格，由于受基本面情况以及技术面情况等因素的影响而表现出很大的不确定性，因此，股票价格就是一个随机变量。

(4) 变量按其在因果关系中所处的地位不同，可分为因变量与自变量。因变量是受其他因素影响的结果性变量，通常作为研究的对象来看待，又称为被解释变量；自变量是影响因变量变化的各种原因性变量，又称为解释变量。例如，用居民收入的变动解释其消费支出变化时，收入为自变量，支出为因变量。

(5) 变量按其是否由研究对象体系范围内决定，可分为内生变量与外生变量。内生变量是由研究对象体系范围内决定的，外生变量是由研究对象体系范围之外决定的。外生变量数值的变化影响内生变量的数值变化，但它并不受内生变量数值变化的影响。例如，研究农产品的供求关系时农产品的供应量、需求量和价格等都是在农产品市场范围内决定的，都是内生变量，而土地资源、降雨量、农业投资和科技投入等都是在农产品市场范围以外决定的，都是外生变量。内生变量与外生变量是建立经济计量模型的重要概念，内生变量相当于回归模型中的因变量，外生变量相当于回归模型中的自变量。

(6) 变量按其取值是否具有客观性，可分为实在变量与虚拟变量。凡取值是客观实际存在的变量，称为实在变量或实体变量；虚拟变量则是为了满足统计研究的需要，对客观现象的各类属性表现人为规定的数字，又称为工具变量。例如，男性定为 1，女性定为 0；又如，合格定为 1，不合格定为 0。虚拟变量在建立经济计量模型中往往都会用到。

三、参数和统计量

参数和统计量在推断统计学中具有广泛的应用。

(一) 参数

用来描述总体特征的概括性数字度量，称为参数(parameter)。

参数是研究者想要了解的总体的某种特征。对单个总体而言，参数通常有总体均值、总体方差和标准差、总体比例等。在统计中，参数通常用希腊字母表示。例如，总体均值以 μ 表示，总体方差以 σ^2 表示，总体标准差以 σ 表示，总体比例以 π 表示。

参数的真实数据往往是未知的，但它是一个常数，其取值具有唯一性。例如，某一地区所有人口的平均年龄，一个城市所有家庭的收入水平，一批产品的合格率等，它们的数值都是唯一确定的，但这些数据通常又是未知的。正因未知，才需要进行抽样调查，然后根据样本信息推断总体参数。

(二) 统计量

用来描述样本特征的概括性数字度量，称为统计量(statistic)。

统计量是样本的函数，并且不包含未知的参数，它是由样本决定的，因此统计量是随机变量，它的取值具有随机性，但只要抽取特定样本，它的数值就变为可知了。对单个样本而言，统计量主要有样本均值、样本方差和标准差、样本比例等。在推断统计学中，统计量通常用拉丁字母表示。例如，样本均值以 $\bar{x}$ 表示，样本方差以 s^2 表示，样本标准差以 s 表示，样本比例以 p 表示。它们分别对应有待估计的总体均值 μ 、总体方差 σ^2 、总体标准差 σ 、总体比例 π 。

除了样本均值、样本方差和标准差、样本比例这些统计量之外，还有一些是为统计分析的需要而构造出来的统计量，即构造统计量，它们常用一定的函数式来表达。常见的构造统计量有 Z 统计量、t 统计量、F 统计量、χ^2 统计量等。

第三节　统计数据及其类型

一、数据的计量尺度

统计数据是对客观现象特征进行计量的结果。事物都具有属性与数量不同的特征，需要不同的计量尺度进行测度。对于事物的属性特征只能进行类别和顺序的测度，例如，性别、文化程度、商品的品牌和质量等；对于事物的数量特征则可以进一步用精确的数字来加以计量，例如，人的年龄、受教育年限、商品的价格和重量等。

按照对事物特征计量的精确程度，可将统计数据的计量尺度由低级到高级、从粗略到精确分为定类尺度、定序尺度、定距尺度和定比尺度四个层次。不同计量尺度测度的结果形成不同类型的统计数据，而不同类型的统计数据又有不同的统计分析方法。

(一) 定类尺度

定类尺度(nominal scale)又称类别尺度或列名尺度，是对事物属性特征进行的一种测度。

生活中，用定类尺度来测度的事物特征有很多。例如，性别、民族、国籍以及商品的品牌等。定类尺度是最低级的计量尺度，定类尺度的测度结果为文字表达的类别。主要特征体现为：

(1) 只能区分事物的类别，且各类之间都是平等的并列关系，也就是说定类尺度只具备“等于(=)”和“不等于(≠)”的数学特征。例如，用性别划分人群，可以分为男性和女性两种类别；用品牌划分手机，可以分为华为、苹果以及其他品牌三种类别。对于上述性别划分，我们只能作出“是”男性(或女性)或者“不是”男性(或女性)的判断；而对于手机品牌的类别划分，我们也只能作出“是”华为(或苹果或其他品牌)或者“不是”华为(或苹果或其他品牌)的判断。

(2) 对事物类别的区分必须符合穷尽和互斥的要求。穷尽是指在全部分类中，必须保证每一个个体都能归属于某一类别，不能有所遗漏；互斥则是指每一个个体只能归属于一个类别，而不能在其他类别中重复出现。例如，一个人要么是男性，要么是女性，总有所归属，而且只能属于其中的一个类别；同样，一部手机的品牌只能是众多手机品牌中的一个，而且只能是其中一个。

(3) 虽然定类尺度测度的结果只能表现为某种类别，但是为了统计处理的方便，特别是为了便于计算机识别，人们常用数字对不同的类别进行编码。例如，用 1 表示男性，0 表示女性；用 1 表示华为，2 表示苹果，3 表示其他品牌。但它们只是数据的编码，没有数量上的关系和差异。

(二) 定序尺度

定序尺度(ordinal scale)又称顺序尺度，是对事物之间等级或顺序的一种测度。如学历水平、商品的质量等级、人们对某件事的满意度等都是用这种计量尺度来测度的，其结果为文字表达的类别，但其计量精度要优于定类尺度。主要特征体现为：

(1) 不仅能区分事物的类别，而且还能比较类别之间的顺序；不仅具备“等于(=)”和“不等于(≠)”的数学特征，而且还具备“大于(>)”和“小于(<)”的数学特征。例如，把人们按照受教育水平分为小学及以下、初中、高中、大学及以上四种类别，或者把手机按照质量分为优等品、一等品、合格品三种类别。非常明显，在按照受教育水平所区分的四种类别中，“大学及以上”这一类别的受教育水平要“高于(>)”其他三种类别；同样，“合格品”的手机质量要“低于(<)”其他两种类别。

(2) 对事物类别的区分同样要求符合穷尽和互斥。

(3) 人们需要对定序尺度计量的结果进行编码以方便计算机的读取和统计运算，但依然不能准确计算类别间的差距。

(三) 定距尺度

定距尺度(interval scale)又称间隔尺度，是对事物数量特征之间的间距进行的测度。

常见的考试成绩、心理测试得分以及温度等都是定距尺度测度的结果，显然定距尺度测度的结果是数值；它是一种较定类尺度和定序尺度更为高级、更为精确的计量尺度。主要特征体现为：

(1) 不仅能对事物区分类别以及排列顺序，而且还能精确地计算类别之间的数量间距。其所具备的数学特征除“等于(=)和不等于(≠)”以及“大于(>)和小于(<)”之外，还增加了“加(+)和减(−)”。例如，对一组同学的统计学考试成绩进行分组、排序并计算差值，就可以获得关于该组同学统计学考试成绩的类别、等级以及差值的统计信息。

(2) 没有绝对零点。“0”在定距尺度中表示一种水平，即“0”水平，并不表示“没有”或“不存在”。例如，一个考生的统计学成绩为 0 分，并不表示他没有统计学成绩，而是表示他的这次考试成绩为 0 分，也并不表示他没有任何统计学知识。

(四) 定比尺度

定比尺度(ratio scale)又称比率尺度，是对事物数量特征之间比值的一种测度。

日常生活中，大多数情况下使用的都是定比尺度。例如，工资收入、国内生产总值、货币供应量等。它与定距尺度虽然属于同一层次，但其功能要强于定距尺度。主要特征体现为：

(1) 除了能区分类别、排列顺序以及计算差值之外，还能计算两个测度值之间的比值。与定距尺度一样，定比尺度的测度结果也表现为数值。所不同的是，它不仅拥有定距尺度的数学特征，而且还增加了“乘(×)和除(÷)”的数学特征。例如，在一次调查中，调查者记录了一组被访者的月收入数据。如果其中 A 被访者的收入是 2000 元，B 被访者的收入是 8000 元，那么不仅可以对 A 与 B 两个被访者按照收入进行分类、排序以及计算二者的收入差值(8000 – 2000 = 6000(元))，而且还可以计算二者的收入比值(8000 ÷ 2000 = 4(倍))。

(2) 具有绝对零点。即“0”在定比尺度中表示“没有”或“不存在”，是一个没有意义的数值。例如，如果被访者的工资收入为 0，那就表示该被访者没有工资收入；同样，某种产品产量为 0，就表示没有这种产品。

上述四种计量尺度是由低级到高级、由粗略到精确逐步递进的。高层次计量尺度具有低层次计量尺度的全部数学特征，但反之不然。显然，研究者可以将高层次计量尺度的测量结果转化为低层次计量尺度的测量结果。例如，可以很容易地将百分制计分的考试成绩转化为优秀、良好、中等、及格、不及格的五等级计分。表 1.1 给出了上述四种计量尺度数学特征的比较。

表 1.1 四种计量尺度数学特征的比较

计量尺度 / 数学特性	定类尺度	定序尺度	定距尺度	定比尺度
分类(=，≠)	√	√	√	√
排序(<，>)		√	√	√
间距(+，–)			√	√
比值(×，÷)				√

在统计分析中，一般要求测量的层次越高越好，因为高层次的计量尺度包含较多的数学特性，所运用的统计分析方法也较多，从而获得的统计信息也更为丰富。因此，在实际工作中，应该尽可能地使用高层次的计量尺度来对事物进行测度。

二、数据的类型

(一) 分类数据、顺序数据、数值型数据

根据测度数据计量尺度的不同，可以将统计数据分为分类数据、顺序数据和数值型数据。

分类数据(categorical data)只能归于某一类别的非数字型数据，是由定类尺度计量所得。

顺序数据(ordinal data)只能归于某一有序类别的非数字型数据，是由定序尺度计量所得。

数值型数据(numeric data)是由定距和定比尺度计量所得的具体数值。由于定距尺度和定比尺度计量的数据在实际应用中难以区分，为方便起见，将它们合为一类。

区分数据的类型是十分重要的，因为对于不同类型的数据，人们将采用不同的统计方法来处理和分析。例如，对于分类数据通常要计算出各组的频数或频率，计算其众数和异众比率，进行列联表分析和 χ^2 检验等；对于顺序数据，可以计算其中位数、四分位数以及等级相关系数等；对于数值型数据则可以采用更多的统计方法处理数据。例如，计算各种统计量，进行参数估计以及假设检验等。

(二) 定性数据和定量数据

根据数据所说明现象特征的不同，可以将统计数据分为定性数据和定量数据。

定性数据(qualitative data)是说明现象属性特征表现的具体类别，通常用文字表示，其结

果表现为类别。这类数据是由定类尺度和定序尺度计量所得的。定量数据(quantitative data)是说明现象数量特征的，通常用数值来表示。这类数据是由定距尺度和定比尺度计量所得的。

对于不同类型的数据，可以采用不同的统计方法进行处理和分析。对于定性数据可以用数字代码来表示各类别或顺序。例如，用 1 表示男性，用 0 表示女性等，同时，采用分组法可以计算分析各组的频数或频率。对于定量数据则可用更多的统计方法去处理和分析。例如，除计算分析各组的频数或频率之外，还可以计算分析各组数据的均值与方差并进而进行统计推断等。现实中我们处理的大多是定量数据。

这里需要特别指出的是，适用于低层次统计数据的统计方法，也适用于较高层次的统计数据。例如，对分类数据和顺序数据可以计算众数和中位数，对于数值型数据也可以。反之，适用于高层次统计数据的统计方法，则不能用于较低层次的统计数据。例如，对于数值型数据可以计算均值，对于分类数据和顺序数据则不可以。理解这一点，对不同类型的数据选择合适的统计分析方法是十分有用的。

(三) 截面数据、时间序列数据、面板数据

根据数据所表现的时空特征不同，可以将其分为截面数据、时间序列数据以及面板数据。

截面数据(cross-section data)是指在特定时间对一组个体采集的数据，用于描述现象在同一时间上不同个体的具体特征。通常情况下，这类数据是在不同空间上获得的。例如，2020 年我国各省、自治区、直辖市的地区生产总值，各地区的居民消费水平等都是截面数据。

时间序列数据(time series data)是指在不同时间上采集到的数据的集合，用于描述现象随时间变化的情况。通常情况下，这类数据是按时间顺序收集到的，其中常用的为年度、季度和月度数据等。例如，1978～2020 年我国国内生产总值数据就是时间序列数据。

面板数据(panel data)是指对不同时间的截面个体作连续观测所得到的多维时间序列数据。通常情况下，这类数据既按时间顺序又按不同空间进行收集。例如，2000～2020 年我国东部地区、中部地区、西部地区、东北地区的城镇居民人均可支配收入与农村居民人均可支配收入就是面板数据。

(四) 大数据

“大数据”(big data)概念最早由著名未来学家阿尔文·托夫勒(Alvin Toffler)于 20 世纪 80 年代在其所著《第三次浪潮》中提出。

大数据是指无法在一定时间范围内用常规软件工具进行撷取、管理与处理的数据集合。主要特征如下。

1. 容量大

“数据规模巨大”是大数据最基本的特征。数据量一般要达到 PB 级以上(EB/ZB/YB)才能称为大数据。

2. 类型多

大数据的数据类型复杂多样，通常可分为三类：结构化数据(structured data)、半结构化数据(semi-structured data)以及非结构化数据(unstructured data)。

1) 结构化数据

结构化数据是指能够使用关系型数据库表示和存储，即由行与列组成的二维表格表达和实现的数据，又称为行数据。例如，由 Excel 表格表达和实现的某企业员工基本信息表格就

是典型的结构化数据。

结构化数据的特点是数据以行为单位，一行数据表示一个实体的信息，每一行数据的属性是相同的。

结构化数据的主要形式表现为数字和符号。

关系型数据库是指采用关系模型组织数据的数据库。

关系模型的核心概念是将现实世界的实体以及实体之间的关系表示为单一的数据结构。从用户观点来看，一个关系模型的逻辑结构就是一张由行与列组成的二维表格，或者说二维表格就是关系。每个关系都可以具体化为一张规范化的二维表格。许多二维表格的集合就构成了关系型数据库。

关系模型中常用的术语有“关系、元组、属性、域、码”等。

(1) 关系(relationship)。关系常用以表示一张数据库表格。例如，某企业员工基本信息表格就是关系的具体表现。

(2) 元组(tuple)。元组，又称记录，常用以表示表格中的一行，表格中的一行称为一个元组或一条记录。例如，员工基本信息表格中编码为 001 的那一行就是一个元组或一条记录。元组的个数称为基数。

(3) 属性(attribute)。属性，又称字段，常用以表示表格中的一列，表格中的一列称为一个属性或一个字段。每列的取值称为属性值。例如，员工基本信息表格中的姓名一列即为表格的一个属性或一个字段，员工的具体姓名“张三”即为属性值。属性的个数称为元数。

(4) 域(domain)。域是一组具有相同属性的值的集合。在这里域表示属性的取值范围。例如，性别取值为“男，女”。

(5) 码(key)。码表示表格中可以唯一标识实体的属性集。例如，员工基本信息表格中的编号，每一个编号都可以唯一确定一个员工的基本信息。

2) 半结构化数据

半结构化数据是指结构化数据以外的数据，这些数据不存储在数据库中，而是以各种类型的文本形式存放，是以树或者图的数据结构存储的数据。例如，邮件、档案等就是典型的半结构化数据。

半结构化数据的特点是同一类实体可以有不同的属性，且属性的顺序并不重要，因此半结构化数据并不符合典型的关系型数据库的数据模型结构。从传统的关系型数据库来看，半结构化数据结构不规整的原因是缺少预先定义的、固定的且独立于数据的模式框架。

3) 非结构化数据

非结构化数据是指结构化数据以外的数据，其数据结构不固定，无法使用关系型数据库存储，只能以各种类型的文件形式存放。例如，Office 文档、文本文件、各类报表、图像、音频以及视频等。

非结构化数据通常无法直接获知其内容，必须通过对应的软件才能打开浏览。数据库也只能将其保存在一个 BLOB 字段中，对以后的数据检索造成了极大的麻烦。非结构化数据没有规定的结构，不能将其标准化，所以查询、存储、更新以及使用这些非结构化数据需要更加智能化的系统。

3. 存取速度快

在当今移动互联网与电子商务高速发展的时代，数据的采集和传输变得如此迅速与便捷，以至于网络中产生了大规模的传统软件无法实时处理的 PB 级甚至更高级别的数据流。数据生成和处理速度快是大数据区别于传统海量数据的最显著的特征，也是大数据处理技术与传统数据挖掘技术的本质不同。

4. 价值密度低

由于大数据规模巨大，而且大部分是非结构化和半结构化数据，所以其中有价值的数据所占比重(即价值密度)是很低的。随着数据规模的不断增长，非结构化数据所占比重将会越来越高，从而大数据的价值密度也将会越来越低，即大数据价值密度的高低与大数据规模的大小呈反比关系。

大数据分析常与云计算相联系，因为实时的大型数据集分析无法用单台计算机处理，需要分布式处理框架向数十、数百甚至数千台电脑分配工作。例如，梅西百货公司根据需求与库存情况，基于 SAS 系统对多达 7300 万种货品进行实时调价。

近年来，随着移动互联网以及云计算等技术的兴起，人们对数据量增长的描述已不再是 GB 与 TB 量级，而是以 PB(1PB = 1024TB)，EB(1EB = 1024PB)，ZB(1ZB = 1024EB)以及 YB(1YB = 1024ZB)等计量单位来描述数据的爆炸式增长。

根据国际数据公司 IDC 的“数据宇宙”研究项目报告，2005 年和 2008 年全球数据量仅为 0.13ZB 和 0.49ZB，2010 年已达到 1.2ZB，人类正式进入 ZB 时代。更为惊人的是，2020 年之前，全球数据量仍以每年 40%～60%的速度增长。

三、数值型数据的表现形式

数值型数据从表现形式上一般分为绝对数、相对数和平均数。它们不仅表现形式不同，作用也不相同。

(一) 绝对数

绝对数(absolute number)又称总量指标，是指反映客观现象总体规模或总体水平的统计指标。其主要功能是用来描述客观现象的规模大小或水平高低。例如，国内生产总值、利润总额等。其数值的表现形式为以不同计量单位计量的绝对数。

绝对数常见的计量单位有：实物单位、货币单位和劳动单位。

实物单位是根据事物的自然属性特点确定的计量单位。货币单位即价值尺度。劳动单位是使用劳动时间表示的计量单位。

绝对数按其所使用的计量单位不同，可分为实物量、价值量和劳动量。

(1) 以实物单位计量的绝对数称为实物量。它能够具体、形象地表现客观现象的总体数量，但不同实物单位的实物量无法综合、汇总。

(2) 以货币单位计量的绝对数称为价值量。价值量可以弥补实物量不易综合、汇总的缺陷，实现不同总体实物量的综合、汇总。由于货币单位具有较强的概括性与抽象性，所以无法从价值量中直接判断总体的实物形态。

(3) 以劳动单位计量的绝对数称为劳动量。例如，使用工日、工时计量的工作总量。劳动量在企业管理统计中具有重要作用 。

绝对数按其所反映的时间状况不同，可分为时期数据和时点数据。

(1) 时期数据是反映客观对象在某一段时间内发展变化的总量。例如，全年社会商品零售总额、年度新增人口数等都属于时期数据。

(2) 时点数据是反映客观对象在某个时点上的数量状况。例如，年初(末)人口数、月初(末)商品库存数等都属于时点数据。

正确区分时期数据和时点数据，对于进行时间序列数据分析具有重要意义，见第五章相关内容。

(二) 相对数

相对数(relative number)又称相对指标，是指由两个相互联系的客观现象数值对比而得出的比率。其主要功能是反映客观现象之间的数量联系程度。其计量形式有无名数和有名数两种，以无名数居多。常用的无名数包括系数、倍数、百分数(%)以及千分数(‰)等，它是一种抽象的、无量纲的数据，可以满足常用的对比分析的需要。实际工作中常用的相对数主要有以下六种。

1. 结构相对数

结构相对数是在统计分组的基础上，将总体中的某部分数值与全部数值对比的比值，可用于研究现象内部的构成状况，常表现为比重，以百分数或系数表示。计算公式为

$$\text{结构相对数}=\frac{\text{总体中部分数值}}{\text{总体中全部数值}} \tag{1.1}$$

例如，将居民全部消费支出进行分组，其中居民家庭用于食物支出的金额与全部消费支出金额的比率为食物消费支出比重，通常称为恩格尔系数，可用来反映一个国家或地区的居民家庭消费结构状况。生活中常见的消费率、投资率、增加值率、中间投入率等都是结构相对数。

2. 比例相对数

比例相对数是在统计分组的基础上，用总体中的某部分数值与总体的另一部分数值对比的比值。计算公式为

$$\text{比例相对数}=\frac{\text{总体中的某部分数值}}{\text{总体中的另一部分数值}} \tag{1.2}$$

比例相对数反映的是比例关系，属于结构性比例，如人口总体中的男性人口数与女性人口数的比值，称为人口性别比例。通常所说的三次产业的比例、积累与消费的比例、师生比等都是比例相对数。

3. 比较相对数

比较相对数是指某个空间的总体或个体与另一个空间的总体或个体的同一现象数值的比值，常用倍数表示，用来反映同一客观现象在不同空间之间的差异程度。计算公式为

$$\text{比较相对数}=\frac{\text{一个空间的总体(或个体)的现象数值}}{\text{另一个总体(或个体)的同一现象数值}} \tag{1.3}$$

例如，一个国家的人均国内生产总值与另一个国家的人均国内生产总值的比值，反映了两个国家经济发展水平之间的差距；又如一个企业的劳动生产率与另一个企业劳动生产率的比值，反映了两个企业劳动生产率的差异。

4. 动态相对数

动态相对数是指客观现象报告期数值与基期数值的比值，或者报告期数值与基期数值相减的增长量与基期数值的比值。计算公式为

$$\text{动态相对数}=\frac{\text{报告期数值}}{\text{基期数值}} \tag{1.4}$$

或

$$\text{动态相对数}=\frac{\text{报告期数值}-\text{基期数值}}{\text{基期数值}} \tag{1.5}$$

实际工作中，动态相对数常见的为发展速度和增长速度，用来反映客观现象发展(增减)变化的相对程度，具体内容将在第五章说明。

5. 强度相对数

强度相对数是指性质不同但有联系的两个不同总体的数值的比值。计算公式为

$$强度相对数=\frac{某一总体的数值}{另一有联系但性质不同总体的数值} \tag{1.6}$$

例如，某地区的人口总数与该地区的土地总面积的比值称为该地区的人口密度；又如某年的粮食总产量与该地区人口平均数的比值称为该年人均粮食产量。强度相对数主要用来反映客观现象的密度与强度。强度相对数可用名数表示，如前面的人口密度、人均粮食产量等，也可用无名数表示，如人口出生率、弹性系数等。强度相对数还有正、逆之分。

6. 计划完成程度相对数

计划完成程度相对数也称为计划完成率，是指客观现象在研究时期内的实际完成数与计划任务数的比值，反映客观现象计划完成的情况，通常用百分数表示。计算公式为

$$计划完成程度相对数=\frac{实际完成数}{计划任务数}\times 100\% \tag{1.7}$$

例如，某企业某年实际的销售额与本年计划实现的销售额的比值即为销售额计划完成程度相对数。在计算该相对数时应注意分子与分母的经济含义、计算口径、计算方法、计量单位以及时间长度和空间范围的一致性。并非所有现象的计划完成率都是以大于等于 100%为好。对于数值越大越好的指标以大于等于 100%为超额完成和正好完成计划，但诸如成本消耗一类的数值越小越好的现象，计划完成率则以小于等于 100%为超额完成和正好完成计划。

计划任务数可以有三种不同的形式：绝对数、相对数或平均数。一般情况下，客观现象的计划完成率均可按式(1.7)计算，但当计划数是增长率或降低率时，则计划完成率的计算必须包含原有的基数，此时的计算公式为

$$计划完成程度相对数=\frac{1\pm 实际增长(降低)率}{1\pm 计划增长(降低)率}\times 100\% \tag{1.8}$$

(三) 平均数

平均数(average)又称平均指标，是指反映同类现象某一变量值一般水平的统计指标。平均数既可以是同类现象某一变量值在同一时间的一般水平，称为静态平均数，也可以是同类现象某一变量值在不同时间上的一般水平，称为动态平均数。前者如某企业职工某月的平均工资，后者如某企业某种产品全年的各月平均销售额。静态平均数按照数据类型和确定的方法不同，可分为位置平均数和数值平均数两个大类。数值平均数主要包括算术均值、调和均值和几何均值；位置平均数主要包括众数、中位数和分位数。静态平均数将在第四章介绍，动态平均数则在第五章说明，在此不再赘述。

思考与练习

一、思考题

1. 试说明“统计”一词的含义。

2. 什么是统计学？试说明其主要的应用领域。
3. 数据的计量尺度有哪些？各有何特点？
4. 请解释定性数据和定量数据的概念。
5. 请分析说明描述统计学与推断统计学的特点及其关系。
6. 请解释面板数据的概念及特点。
7. 请解释大数据的概念及特点。

二、练习题

1. 根据《中国统计年鉴 2022》搜集到 2020 年我国全年国内生产总值 1013567.0 亿元。其中，第一产业增加值 78030.9 亿元，第二产业增加值 383562.4 亿元，第三产业增加值 551973.7 亿元。要求：计算 2020 年我国国内生产总值的三次产业增加值比重。

2. 根据《中国统计年鉴 2022》搜集到 2020 年我国粮食产量 66949.2 万吨，钢材产量 132489.2 万吨，国内生产总值 1013567.0 亿元，一次性能源生产总量 407295 万吨标准煤，其中原油占一次能源生产总量的比重为 6.8%。另外，2019 年末总人口 141008 万人，2020 年末总人口 141212 万人。要求：根据以上资料计算 2020 年全国人均粮食产量、全国人均钢产量、全国人均原油产量、全国人均国内生产总值等相关的强度相对数。

3. 某厂某年某产品计划单位成本比上年降低 2%，实际降低了 4%。要求：计算该产品单位成本的计划完成程度。

三、综合案例分析

资料：有一家食品公司，每天生产袋装食品若干，按规定每袋的重量应为 100 克。为了严把产品质量关，该企业质检员每天都抽取一定数量的食品，以分析袋装产品重量是否符合质量要求。已知某天生产了 8000 袋袋装食品，质检员随机抽取了 25 袋来测定该天产品的质量，测得它们的重量(单位：克)如下表。已知产品重量服从正态分布，且总体方差为 100 克 ^{2}。

25 袋食品的重量 (单位：克)

112.5	101.0	103.0	102.0	100.5
102.6	107.5	95.0	108.8	115.6
100.0	123.5	102.0	101.6	102.2
116.6	95.4	97.8	108.6	105.0
136.8	102.8	101.5	98.4	93.3

请你思考并回答下列问题：

1. 请说明质检员准备用何种统计方法来检查今天产品的质量问题？

2. 你能说清楚质检员对产品质量问题的检查所对应的实物总体和数值总体吗？总体容量是多大？

3. 请你说明题目描述中的样本是谁？

4. “按规定每袋的重量应为 100 克”中“100 克”按计量尺度分类是何种数据类型？如果是数值型数据，请你说明它是哪种表现形式？

5. “已知产品重量服从正态分布，且总体方差为 100 克 ^{2}。”这是在说明总体情况还是样本情况？根据你的判断，“总体方差为 100 克 ^{2}”这是在说明参数还是统计量？

6. 质检员根据 25 袋食品重量计算得到它们的平均重量是 105.36 克，那么这里的“平均重量”是统计量还是参数？“105.36 克”在理论上又怎么称呼？

四、课程思政

成就中国统计事业发展的经济学家和统计学家

新中国成立以来，成就了多位影响中国统计事业的经济学家，他们呕心沥血，为中国的统计事业做出了巨大贡献。如薛暮桥(1904～2005)是新中国首任统计局局长，他就是在这个岗位上，开创了新中国的统计事业。孙冶方(1908～1983)不仅是我国著名的经济学家，同时也是我国著名的统计学家和统计工作领导者，参与创建新中国的统计核算体系。张心一(1897～1992)是我国农业统计学的奠基人。戴世光(1908～1999)是我国 20 世纪最杰出的统计学家之一，对中国探索建立大统计学学科起到很大的促进作用。杨坚白(1911～2004)首创新中国的国民收入和国民经济综合平衡研究，主张加强统计监督。李成瑞(1922～2017)对统计事业的影响，主要体现在他对可持续发展统计问题、中国社会主义现代化指标体系问题以及我国新统计体系问题所做的探索。钱伯海(1928～2004)首创的国民经济核算的平衡原则被广泛应用。

当然，影响我国统计事业的有关人员远远不止上述这些，还有很多长期奉献于我国统计事业的功勋人士。

请搜集影响我国统计事业的经济学家或统计学家，了解他们的事迹，学习他们的爱国精神和为中国统计事业孜孜以求的执着精神。

第一章练习题参考答案

第二章　统计数据的搜集

【章前阅读】

全国人口普查与全国 1% 人口抽样调查

全国人口普查是指在国家统一规定的时间内，按照统一的方法、统一的项目、统一的普查表和统一的标准时点，对全国人口普遍地、逐户逐人地进行的一次性调查登记。我国已经分别于 1953 年、1964 年、1982 年、1990 年、2000 年、2010 年、2020 年开展了七次全国人口普查。1994 年，我国正式确立了国家周期性普查制度，其中全国人口普查每 10 年进行一次，尾数逢“0”的年份为普查年份。

全国人口普查工作按照全国统一领导、部门分工协作、地方分级负责、各方共同参与的原则组织实施。在人口普查工作期间，各级人民政府设立由统计机构和有关部门组成的人口普查机构，负责人口普查的组织实施工作。

2020 年进行了第七次全国人口普查，普查标准时点为 11 月 1 日零时。为提高数据采集处理效能，此次普查登记采取电子化方式，普查员使用电子采集设备(平板电脑或智能手机)登记普查对象信息并联网实时上报，或由普查对象通过互联网自主填报，这次普查还加大了对部门行政记录和大数据的应用。

全国 1% 人口抽样调查每 10 年进行一次，一般在两次全国人口普查之间尾数逢“5”的年份进行，是周期性人口普查制度中的有机组成部分。全国 1% 人口抽样调查采取分层、整群、概率与规模成比例的抽样方法，最终抽样单位为调查小区，标准时点在调查小区范围内的人口都是调查登记的对象。2015 年的全国 1% 人口抽样调查约抽取 1400 万人，约占全国总人口的 1%。全国 1% 人口抽样调查的内容、组织实施形式都与人口普查相似。①

问题：除了人口普查，你还知道我国有哪些普查工作？除了普查，你还知道哪些获取统计数据的调查方式，它们又是用何种方法搜集统计数据的？通过本章的学习，这些问题都会得到解决。

我们生活在信息时代，信息的主体就是统计数据。通过统计数据客观有效地描述，能够反映事物的面貌与发展变化规律。任何事物都有其数量特征，统计数据覆盖经济和社会的各个领域，对统计数据的需求来自社会的方方面面。只有科学有效地获取准确的统计数据，人们才可能理性地看待事物发展变化的规律，准确分析未来走向，从而做出正确的决策。

第一节　统计数据的来源

统计数据本身都是来源于直接的调查、观察和实验的结果。但从使用者的角度看，数据

① 资料来源：全国 1%人口抽样调查如何开展？国家统计局，https://www.stats.gov.cn/zt_18555/zthd/lhfw/2022/rdwt/202302/t20230214_1903589.html，引用日期 2024 年 6 月 6 日。

来源于两种渠道：一是来源于对客观现象的直接调查、观察和实验，这是数据的直接来源；二是来源于别人(机构)的调查、观察和实验的结果，这是数据的间接来源。前者获得的数据称为第一手数据或原始数据，后者获得的数据称为二手数据或次级资料。

一、统计数据的直接来源

统计数据的直接来源主要是指现场调查，即通过实地调查，从零开始收集到第一手数据资料。统计数据直接来源通常有三个渠道：一是调查，二是观察，三是实验。调查通常是取得社会经济现象数据的重要手段，其中包括政府统计部门进行的调查，如人口普查、经济普查等，也有其他部门或机构为特定目的而进行的调查，如市场调查等，具体来说包括两大类，一类是标准式调查，另一类是非标准式调查。标准式调查又称结构式访问，是按照事先设计好的、有固定格式的标准化问卷或表格，有顺序地依次提问来获取统计数据。其优点是能够对调查过程加以控制，从而获得比较可靠的调查结果。非标准式调查又称非结构式访问，它事先不制作统一的问卷或表格，没有统一的提问顺序，调查人员只是给一个题目或提纲，由调查人员和受访者自由交谈，从中获得所需资料。观察是调查人员在现场对受访者的情况直接观察、记录，以取得资料的方法；实验则是通过控制条件对比的方法获得数据的手段，主要用于取得自然科学的数据。关于直接来源的调查方式和数据搜集方法，将在本章的第二节至第四节具体说明。

二、统计数据的间接来源

本源上，统计数据都是来自调查、观察或试验的结果，在网络技术超级发达的今天，信息和技术传播速度超乎想象，对于大多数数据使用者来说，亲自做调查往往是不可能的或不必要的，人们还可以通过各种渠道获取别人调查或试验的数据，即二手数据。

(一) 二手数据的主要来源

从搜集数据的范围看，二手数据可以取自系统外部，也可以取自系统内部。数据取自系统外部的渠道主要是各级、各类统计部门和各级政府部门、信息咨询机构、行业协会等提供的有关数据。取自系统内部的渠道主要是和经营业务有关的各种数据、记录、核算等有关资料。常用的二手资料的获取途径主要有以下几种。

1. 统计年鉴

在我国，国家和地方统计部门会定期公开出版或报道社会经济统计数据，其中主要工具就是各类年鉴。例如，《中国统计年鉴》《中国统计摘要》《中国社会统计年鉴》《中国工业经济统计年鉴》《中国农村统计年鉴》《中国人口统计年鉴》《中国市场统计年鉴》，以及各省、市、县的统计年鉴等。同时国家统计部门还会发布世界各国社会和经济数据，如《世界经济年鉴》、《国外经济统计资料》、世界银行各年度的《世界发展报告》等。联合国有关部门及世界各国也定期出版各种统计数据。

(1) 国际统计年鉴。《国际统计年鉴》是由中国统计出版社出版的一部综合性的国际经济、社会统计资料年刊，收录了世界多达 200 个国家和地区的统计数据，对其中 40 多个主要国家和地区的经济与社会发展状况以及国际组织发布的主要综合评价数据进行了更为详细的介绍。

(2) 中国统计年鉴。《中国统计年鉴》由国家统计局编纂，中国统计出版社出版，是一部全面反映我国国民经济和社会发展的资料性年鉴。该年鉴收录了上一年度全国和各省、自治区和直辖市经济和社会各方面大量的统计数据以及历史主要年份和近几十年的统计数据。

(3) 地方统计年鉴。地方统计年鉴由各省、自治区和直辖市以及经济特区的统计局编纂，中国统计出版社出版，比较详细地反映了各省、自治区和直辖市以及经济特区的社会经济和科技等方面的发展变化情况。

(4) 中国统计摘要。中国统计摘要由中国统计出版社出版，收录了反映我国社会经济发展的主要统计数据。一般会比《中国统计年鉴》早若干月出版。

2. 官方期刊

各类统计年鉴的数据资料较为详细、全面、系统，但时效性差。各种报纸、杂志、图书、广播、电视媒体也是我们搜集数据的重要途径。

(1) 《中国经济景气月报》由国家统计局中国经济景气预测中心主办，内容包括主要经济指标最新的季度或月度数据以及经济景气指标。

(2) 《中国经济数据分析》由中国信息中心经济预测部主办，内容包括当季我国国内生产总值(GDP)增长率、工业生产指数、企业效益指标、固定资产投资、外贸出口和市场销售的规模和速度指标、居民消费水平等数据。

(3) 《经济预测分析》由国家信息中心主办，提供有关国民经济运行状况的资料和预测结果。

3. 互联网数据

在计算机与网络技术飞速发展的今天，互联网成为获取统计数据的重要途径。大量的数据公布在各国政府部门和企业的网站上。这类数据一方面信息量大，另一方面更新速度快。人们可以通过三个渠道获取互联网数据。第一，获取网络数据平台的数据，国家信息网络平台以及专业网络平台都会提供大量的统计数据，人们可以根据需要有选择地购买。第二，充分利用搜索引擎，例如百度、谷歌等，获取需要的各种数据。第三，人们还可以借助网络爬虫等技术，直接从网页中抓取所需数据。

目前，可以获得反映中国社会经济状况的统计数据的网站主要有以下几个。

(1) 国家统计局(www.stats.gov.cn)，由国家统计局主办，主要内容有统计公报、统计数据、统计分析、统计法规、统计管理和数据直报等。在该网站也可以搜寻有关统计年鉴的数据资料。

(2) 国务院发展研究中心信息网(www.drcnet.com.cn)，由国务院发展研究中心主办，提供的信息主要有宏观经济、区域经济、金融市场、行业经济以及企业经济相关数据资料等。

(3) 中国经济信息网(www.cei.gov.cn)，是由国家信息中心组建的、以提供经济信息为主要业务的专业性信息服务网络。

(4) 中国经济新闻网(www.cet.com.cn)。由国务院发展研究中心主办，可以搜寻有关经济生产、资本市场的信息。

需要注意的是，在从互联网获取二手数据时，一定要格外注意考察数据的真实性和完整性，以免造成分析结果的偏差和错误。同时在使用二手数据时，应注意所搜集数据的含义、口径和计算方法的可比性，避免误用或滥用。

4. 其他来源

(1) 各类经济信息中心、信息咨询机构、专业调查机构、行业协会和联合会提供的市场信息和行业发展的数据情报。

(2) 各类专业期刊、报纸、书籍所提供的文献资料。

(3) 各种会议，如博览会、展销会、交易会及专业性、学术性研讨会上交流的资料。

(4) 系统内部统计资料。内部资料主要包括业务资料，如与业务经营活动有关的各种数据、记录；经营活动过程中的各种统计报表；各种财务、会计核算分析资料；等等。需要注意的是，尚未公开的统计数据需要在获得企业允许情况下，才可以作为二手数据使用。

在引用二手数据时，一定要注明来源，一方面尊重他人的劳动成果，另一方面，当数据受到质疑时，很容易找到数据的源头。

(二) 二手数据的作用

二手数据在实际应用中作用广泛，主要表现在以下五个方面。第一，分析所要研究的问题。第二，提供研究问题的背景。第三，帮助研究者更好地定义问题。第四，检验和回答某些疑问和假设。第五，寻找研究问题的思路和途径等。

在问题研究中，应该优先考虑搜集二手数据。

(三) 二手数据的主要优点和缺点

二手数据的主要优点表现在以下几个方面。第一，调查成本比较低。第二，资料比较容易找到。第三，收集资料所用的时间较短。第四，可以突破时空的限制。

二手数据的主要缺点表现在以下方面。第一，二手数据较多依赖历史资料，难以适应和反映现实中正在发生的新情况、新问题。第二，收集的资料与调查目的往往不能很好地吻合，数据对解决问题不能完全适用。第三，要求调查人员具有广泛的理论知识、深厚的专业知识和技能，否则将感到无能为力。第四，难以把握所搜集资料的准确度。

(四) 二手数据的评估

由于二手数据存在上述各种局限性，在运用二手数据进行问题研究时，需要对其质量进行评估，考察资料是否符合要求。

1. 数据的来源

使用二手数据时，首先要看原始数据的来源。由可信度比较高的单位公开发表的数据往往可信度比较高，比如国家统计局公布的有关数据。如果是由个人负责公布的数据，其可信度往往会受到质疑，使用时需要格外谨慎。

2. 数据的收集方法

收集数据时使用的具体要求或方法应该经过严格审查，以便发现可能存在的偏差。数据搜集方法方面的考虑包括统计调查的组织方式、数据的收集方法、样本抽取的方法、样本的大小和性质、回答率和质量、问卷设计和填写、现场工作程序、数据分析和报告程序等。这些审查为数据的可靠性和有效性提供了信息，有助于判断二手数据是否适合手中的问题。

3. 数据的准确性

二手数据的准确性至关重要，根据不准确的资料很可能得出不正确的结论，这会使整个调查的可信度大打折扣。研究人员必须判断数据对于目前研究的目的而言是否足够准确。二手数据会有许多不同来源的误差，包括在研究方法、研究设计、抽样、数据收集、分析和报告等方面的误差。因此评价二手数据的准确性是很困难的，因为研究人员并没有参与相关的研究。如果可能，对同种资料应该从多种信息源取得，以便相互印证、核实。

4. 数据的及时性

二手数据多是公开发表的数据，因而一般不是当前的数据。数据的收集和公布时间的时滞可能较长，这种情况在普查数据中经常出现。另外，随着信息时代的到来，知识更新速度加快，信息的更新节奏也越来越快，资料的适用性在降低。因此，只有反映最新信息资料才是价值最高的资料，过时的二手数据价值会降低。

5. 数据收集的目的

收集数据总会有一定的目的，需要问的最根本的问题是："最初为什么收集这些数据？"收集的目的决定信息的用途。适用于某一特定目的的相关信息也许在另一种情形下并不适用。

6. 数据的性质

检验数据的性质或内容，应该特别注意关键变量的定义、测量单位、分类方法和所检验的关系。如果没有定义关键变量或者定义矛盾，那么数据的用途就会受到限制。比如，要利用消费者对电视节目偏好的二手数据，就需要知道对电视节目的偏好是怎么定义的：是被定义成最常看的节目、最需要看的节目，还是最喜欢看的节目？同样，二手数据的测量单位也需要特别注意。例如，收入可以有不同的测量方式：个人的、家庭的，还可以是总额或者是除去税收之后的净额。收入还应该根据研究的需要进行分类，研究对象如果对于高收入家庭比较有兴趣，那么就可以减少对中低收入家庭的关注。当然，高收入家庭也需要根据不同的研究内容进行定义。决定变量的测量是一项复杂的任务。最后，在评价数据的性质时应考虑所检验的关系。例如，如果是对实际行为感兴趣，那么从个人主观角度的信息所推断的行为数据的用处就有限了。有时也可能需要重新整理可用的数据，例如转换测量单位，这样形成的数据对手中的问题的用处更大。

7. 数据的可靠性

通过检验二手数据来源的专业水平、可信度和声誉，可以获得对数据可靠性的总体认识。这些信息可以通过与已使用此来源的信息产生数据的人进行核实来获得。应该用怀疑的眼光去看待为了促销、吸引特别兴趣或进行宣传而公布的数据，对于匿名的或者以一种隐藏数据收集方法和细节的形式公布的数据，也应该采取同样的态度。另外，有必要检验二手数据是直接数据，还是间接数据。

第二节　统计调查的组织方式和统计数据误差

统计调查是获取社会经济现象原始数据的主要来源。按调查范围不同，统计调查可以分为全面调查和非全面调查。全面调查是指对调查对象的全部个体进行登记调查，比如普查和全面统计报表。非全面调查是指对调查对象中的部分个体进行登记调查，比如抽样调查、重点调查、典型调查等。因为社会经济现象的复杂性，统计调查应根据调查对象的特点和研究目的，灵活采用不同的调查组织方式。常用的统计调查组织方式主要有普查、抽样调查、统计报表、重点调查和典型调查等。

一、普查

普查(census)是为某一特定目的而专门组织的一次性全面调查方式，如人口普查、工业普查、农业普查、第三产业普查、统计基本单位普查等。世界各国一般都定期进行各种普查，以便掌握有关国情、国力的基本统计数据。普查是适用于特定目的、特定对象的一种调查方式，它主要用于搜集处于某一时点状态下的、不能够或者不适宜定期用全面统计报表搜集的社会经济现象的数据，目的是掌握特定社会经济现象的全貌，为国家制定有关政策或措施提供依据。

普查作为一种全面的数据调查方式，具有以下四个特点。

(1) 普查通常是一次性或者周期性的。由于普查涉及面广、调查单位多，需要耗费大量的人力、物力、财力和时间，通常需要间隔较长的时间，一般每隔 10 年进行一次。我国每逢末尾数字为“0”的年份进行人口普查；每逢“6”的年份进行农业普查；每逢“3”或者“8”的年份则进行经济普查。

(2) 普查一般需要规定统一的标准调查时间，以避免调查数据的重复或遗漏，保证普查结果的准确性。我国前四次人口普查的标准调查时间定为普查年份的 7 月 1 日零时，第五、第六、第七次人口普查则规定为调查年度的 11 月 1 日零时。标准调查时间一般定为调查对象比较集中、相对稳定的时期。

2003 年经国务院批准，我国调整了普查项目和周期。调整后的普查项目包括人口普查、农业普查和经济普查三项。全国人口普查每 10 年进行一次，在尾数逢“0”的年份实施，标准时点为普查年度的 11 月 1 日零时。全国农业普查每 10 年进行一次，在尾数逢“6”的年份实施，标准时点为普查年度的 12 月 31 日 24 时。全国经济普查每 5 年进行一次，在尾数逢“3”和“8”的年份实施，标准时点为普查年度的 12 月 31 日。

(3) 普查的数据规范化程度较高，可以为抽样调查或其他调查提供基本的依据。普查数据可以与抽样调查的数据资料相结合应用，以提高调查质量，保证了调查精度在合理的范畴之内。

(4) 普查的适用范围较窄，主要用于国情、国力方面或特定现象的调查。

二、抽样调查

广义的抽样调查(sampling survey)是按照一定的规则从总体中抽取一部分个体作为样本，根据抽取的样本进行调查，从而获得对总体有关目标量的了解的非全面调查方式。从抽取样本的方法看，抽样调查技术可分为概率抽样技术和非概率抽样技术。

狭义的抽样技术是指概率抽样技术，也称随机抽样技术，是指按照随机原则抽取样本，根据样本统计量对总体参数做出具有一定可靠程度推断的抽样方法。概率抽样技术的组织方式很多，最常用的概率抽样组织方式有：简单随机抽样、分层抽样、等距抽样、整群抽样、多阶段抽样、不等概率抽样等。概率抽样技术有严格的理论基础，是统计调查的主体方法。本书若没有特别指明，提到的抽样技术一般是指概率抽样技术。

非概率抽样技术没有严格的定义，一般是按照方便的原则抽取样本。常用的非概率抽样技术主要有判断抽样、方便抽样、自愿样本、配额抽样、滚雪球抽样等等。非概率抽样技术没有严格的概率基础，不能进行具有一定可靠程度的推断，只能对总体进行大致的了解。非概率抽样技术一般不单独使用，经常用在大型调查设计的前端，比如试调查或者预调查等。

抽样调查应用广泛，它有以下四个特点。

(1) 经济性好。这是抽样调查最显著的优点。由于调查的样本通常是总体中的一部分，调查的工作量小，因而可以节省大量的人力、财力、物力和时间。

(2) 时效性强。抽样调查可以迅速、及时地获得所需信息。由于工作量小，调查的准备时间、调查时间、数据处理时间等都可以大大缩减，从而提高数据的时效性。正是因为时效性的优势，在当前各种信息数据量大，并且更新速度快的背景下，抽样调查成为人们获取数据的最主要方法。与普查相比，抽样调查可以频繁地进行，随着事物的发展及时取得有关信息，弥补普查的不足。例如，全国人口变动情况抽样调查，样本量约占总人口的 1‰，除普查年份和 1%人口抽样调查年份外，每年进行一次，数据在《中国统计年鉴》和《中国人口和就业统计年鉴》上发布。

(3) 适用面广。抽样调查适用于对各个领域、各种问题的调查。几乎是有数据的地方就能见到抽样调查方法的应用。抽样调查既可以用于调查那些全面调查能够调查的现象，也能调查全面调查不能调查的现象，特别适合对一些特殊现象的调查，如产品质量检验、医药的临床试验、顾客的满意度调查等。

(4) 准确性高。抽样调查的数据质量有时比全面调查更高。因为全面调查的工作量大、环节多、非抽样误差往往很大，而抽样调查则相反。当然，用样本数据去推断总体时，不可避免地会有推断误差，但这种误差的大小是可以计算并可以控制的，因此推断的结果是可靠的。

三、统计报表

统计报表(statistical report forms)是按照国家有关法规规定，自上而下统一布置，自下而上逐级填报的一种调查组织方式。这种调查组织方式在我国政府统计工作中，经过几十年的改进和完善，已形成了一套比较完备的统计报告制度，它要求以一定的原始数据为基础，按照统一的表式、内容、报送时间和报送程序填报，已成为国家和地方政府部门获取基本统计数据的统计调查组织方式。

统计报表类型多样，按调查范围不同统计报表可分为全面报表和非全面报表；按报送时间不同可分为日报、月报、季报和年报等；按报送范围不同可分为国家、部门、地方统计报表。统计报表必须经过法定的审批程序，凡依照国家法律规定审批和制发的统计报表，有关地区、部门和单位必须切实执行。

四、重点调查

重点调查(key-point investigation)是从调查总体中选择少数重点单位进行的非全面调查。所谓重点单位，是在调查对象中出现的数量较少，但其变量数值却在所要研究的变量数值总量中占有很大比重的单位。通过对重点单位的调查，能够达到了解事物基本情况的目的。例如，只要对产量很大的少数几家钢铁企业，如鞍钢、宝钢、首钢等进行调查，就可对全国的钢铁生产总量有个基本认识。因为它们的钢铁产量，在全国的钢铁生产总量中占有很大比重。

五、典型调查

典型调查(typical survey)是从调查对象中有意识地选择一个或几个有代表性的个体进行深入细致调查的一种调查组织方式。典型调查的目的是通过典型单位来描述或揭示事物的本质或规律，因此所选择的典型单位应能反映所研究问题的本质属性或特征。例如，要研究工业企业的经济效益问题，可以在同行业中选择一个或几个经济效益突出的工业企业做深入细致的调查，从中找出经济效益好的原因和经验。典型调查主要用于定性研究，调查结果一般不能推断总体。

六、统计数据误差

作为数据的源头，统计调查数据质量问题尤为重要，统计数据质量的高低取决于统计数据的误差大小。研究人员在进行问题研究时，应了解数据的误差情况，因为采用错误的数据所得出的结论将比不使用数据更令人担忧。

统计数据误差通常是指搜集到的统计数据与客观现实之间的差距。统计数据误差一般分为两类：抽样误差和非抽样误差。

(一) 抽样误差

抽样误差(sampling error)是由抽样的随机性引起的样本数据与总体真值之间的差异。抽样误差并不是针对某个具体样本与总体真值的差异而言的，而是所有样本的结果与总体真值之间的平均性差异。抽样误差的大小与多方面因素有关，如样本容量的大小、总体的离散程度、抽样方法、估计方法等等。

抽样误差是抽样调查所特有的误差，只有概率抽样技术才有抽样误差，而且只要进行概率抽样，就必然存在抽样误差，抽样误差是不可避免的，但是这种误差可以计算和控制。比如选择误差小的抽样方法、引入辅助变量构造复杂估计量、增大样本容量等等，都可以减小抽样误差。抽样误差的更多问题见第七章的内容。

(二) 非抽样误差

非抽样误差(non-sampling error)是指除了抽样的随机性以外的其他原因所引起的误差。它在调查中普遍存在，无论是概率抽样还是非概率抽样，也不管是全面调查还是非全面调查，非抽样误差都有可能存在。

非抽样误差主要包括抽样框误差、无回答误差和计量误差等。抽样框误差是由不完善的抽样框引起的误差；无回答误差是由于种种原因没有从受访者获得调查结果，造成数据缺失的误差；计量误差是指由计量工具或计量方法引起的调查数据与真值之间的误差。产生非抽样误差的渠道众多、成因复杂、影响因素繁杂。

非抽样误差很多是人为原因引起的误差。与调查者有关的非抽样误差主要有：调查方案中有关的规定或解释不明确导致的填报错误、抄录错误、汇总错误等。与受访者(被调查者)有关的非抽样误差主要有：人为因素干扰造成的虚报或瞒报等造成的误差。

由于非抽样误差不是因为抽样的随机性所引起，所以不可能通过增大样本容量而变小。抽样调查中，非抽样误差往往会造成估计量有偏。非抽样误差理论上是可以消除的，但实践中并不能完全消除。有些非抽样误差难以识别和测定。

统计数据的质量不仅指数据本身的准确性或误差的大小，还包括多方面的含义。一般而言，统计数据的质量评价标准概括为六个方面。

(1) 精度，即最低的抽样误差或随机误差。

(2) 准确性，即最小的非抽样误差或偏差。

(3) 关联性，即满足用户决策、管理和研究的需要。

(4) 及时性，即在最短的时间里取得并公布数据。

(5) 一致性，即保证时间序列的可比性。

(6) 最低成本，即在满足以上标准前提下，以最经济的方式取得数据。

第三节　统计数据的搜集方法

统计数据的直接来源有调查、观察、实验三种渠道，在实际工作中，不论采用哪种渠道获取数据，都要运用具体的数据搜集方法去搜集数据。

一、调查渠道的数据搜集方法

调查渠道在市场和社会调查中常被采用。标准化调查的数据搜集方法通常有面访调查、电话调查、网络调查、邮寄调查等；非标准化调查主要有座谈会、个别深度访问等。

(一) 面访调查

面访调查又称派员访问调查，是访问员与受访者通过面对面交谈从而得到所需资料的调查方法。面访调查通常借助问卷来进行，访问员的访问和受访者的回答主要依赖于问卷，提问与回答的标准化程度比较高，适合建立数据库进行较深入的定量分析。访问员可以在现场解释问题，激励受访者的参与意识，提高调查的回答率和质量，在社会调查和市场调查中常被采用。

面访调查通常有两种形式，一种是入户访问调查，另一种是拦截式访问调查。

1. 入户访问调查

入户访问调查是指访问员按照研究项目规定的抽样原则到被调查者的家中或者工作单位，找到符合条件的受访者，直接与受访者进行面对面的交流，获取受访者对于特定事物、现象的意愿或行为等多方面的一手资料与信息的调查方式。在入户访问的过程中，访问员可以根据情况验证受访者所回答问题的真实性，从而减少误差。同时，访问员可以根据情况，灵活掌握访问的顺序，随时向受访者解释各种疑难，使访问的准确性得到提高，也保证了访问的有效性。

入户访问主要有以下几个方面的特征。

(1) 回答率高。入户访问是在受访者熟悉的环境中进行的，受访者身心都比较放松，调查容易获得比较高的配合度，因此回答率较高。通常受访者都会耐心地完成访问，很少有中途拒绝或者不予配合的情况。

(2) 访问内容比较丰富。由于访问是在受访者家中或者单位进行的，受访者受到外界的干扰较少。通常情况下，访问可以选择在受访者时间比较宽松的情况下进行，可以实现对于内容量较大或者访问时间长的调查。

(3) 易于质量控制。入户访问中，访问员必须明确记录受访者的家庭或者单位地址。在受访者同意的情况下，还需要记录联系方式。因此当调查复核员对访问问卷进行回访时，很容易根据问卷上的记录找到受访者，这对检查调查的真实性带来了便利。

(4) 可以实现复杂的调查。访问员可以借助一些访问辅助品，例如样品、照片、卡片、图形等等来实现选项较多或者内容复杂的访问，这在电话调查、邮寄调查、网络调查中很难实现。

(5) 可以实现复杂的概率抽样设计。复杂的概率抽样设计，比如多阶段抽样设计，需要一步一步实现抽样。入户调查由于受访地址的稳定性，能很好地实现复杂抽样设计，可以实现对总体总量的有效估计。相对来说，拦截式调查、网上调查等等，由于访问员很难控制受访单元，因而严格的概率抽样设计很难实现。

(6) 可以实现连续性调查。由于受访者地址的稳定性，可以保证连续性调查中样本数据的可比性，也能够进行样本轮换设计，从而动态观察受访对象的发展变化的规律性。

(7) 调查成本高。入户访问的程序较为复杂，需要大量高质量的访问员，访问员的费用高于其他类别的访问员。调查过程中的交通费、礼品费等也推高了入户访问调查的费用。

(8) 拒访率较高。入户访问调查需要进到受访者家中进行调查，通常要求受访者的配合度较高，容易引起受访者警惕和排斥。出于安全的考虑，很多受访者不愿意接受不速之客的来访，因此拒访率较高。尤其是一些非官方的调查，敲开受访者大门的概率较低。因此入户访问一般适合官方统一组织的调查。

面访调查目前是使用频率最高的方法。采用面访调查可以获得比较丰富、可靠的调查内容，后续可以建立较为完备的数据库进行数据的分析和存储。这种方法通常对访问员的要求较高，经费要求也比较高。

2. 拦截式访问调查

面访调查更常见的是拦截式访问调查。访问员在特定的场所拦截访问对象，对符合条件者进行面对面的访问。根据拦截地点的不同，拦截式访问调查可以分为街头拦截和中心街区定点访问。街头拦截又称为不定点访问，它是在街区选择适当的地点，一般为商业街、娱乐场所、生活小区等地点，由访问员对拦截的合格的访问对象进行访问。中心街区定点访问，则是在商业街区选择一个相对固定的地点，一般应选择具有足够多的座位、较好的环境、能够让受访者感到安全的地点，访问员在选定点附近拦截合格的受访者，并引导受访者到此固定地点进行访问的方法。

拦截式访问调查主要有以下四个特点。

(1) 访问效率高。由于拦截式访问调查是在固定场所现场拦截受访者，合格样本概率较高。访问员主动与受访者进行沟通，直接面对面地向受访者征询意见，可以充分解释访问的原因和意义，直接出示受访者参与调查的礼物，得到受访者的配合的可能性较大，成功访问的比重较大。

(2) 相对于入户访问，问卷内容不宜过多。由于拦截式访问调查是在街头等公共场所展开的，不适合占用受访者较多的时间，这就需要在问卷设计时，内容尽量紧凑，以把握访谈的进程和节奏。

(3) 在调查督导和访问员配比合理的情况下，可以很好地控制访问质量，但事后访问会比较难以实现。拦截式访问调查是在人口集中的公共场合进行的，负责现场监督的督导员可以很好地监督访问员的访问情况，有效避免访问员作弊现象的发生。但是由于拦截访问的对象是临时在某个公共场所出现，当访问出现信息遗漏时，访问员补访的可能性很小。

(4) 很难实现随机抽样设计。入户访问中由于受访者地址的稳定性，能很好地实现概率抽样设计。拦截式访问调查中，由于受访者的流动性，很难设计稳定的抽样框，受访者的样本结构和目标总体的结构很难保证一致。因此很难实现随机抽样设计，无法对总计做出具有一定可靠程度的推断，只能对总体做大致的了解。

(二) 电话调查

电话调查是调查人员利用电话同受访者进行语言交流，从而获得数据的一种调查方法。随着电话普及率的提高和电话通话资费的降低，电话调查的发展很快。

电话调查通常有两种形式，一种是传统的电话调查，另一种是计算机辅助电话调查(computer assistant telephone interview, CATI)。

1. 传统的电话调查

传统的电话调查就是选取一定的受访样本，访问员通过拨打电话的方式，一边访问一边在问卷上记录的调查方式。访问员集中在某个场所或者专门的电话调查室，在固定的时间开始数据收集工作，现场有督导人员对访问员进行访问过程进行监控。

传统的电话调查与面访调查有着显著的不同。

(1) 信息反馈快。电话调查中，受访者对于问题的回答速度较快，中间思考的时间较少。因而能够很快地得到调查结果。

(2) 费用低。电话调查不存在访问的交通费、受访者的礼品费等费用，节约了调查费用。

(3) 辐射范围广。电话调查可以不受地域的限制，调查范围比面访更为广泛。

(4) 受访范围有限。电话调查只能调查有电话的受访者，而调查对象往往并不局限于有电话的受访者，因而很容易存在抽样框误差。推断总体时往往会造成估计量有偏。

(5) 不能使用视觉的帮助。有些调查项目需要得到受访者对一些图片、文字或设计的反应，基于电话访问的限制，访问员无法向受访者出示图片、文字或设计等资料，因而无法实现这一类调查。

2. CATI

(1) CATI 的工作过程。CATI 是由电话、计算机、访问员三种资源组成的访问系统，其工作过程一般包括以下几步。

①将问卷导入 CATI 系统，也可以直接在 CATI 系统里制作调查问卷。②访问员进入系统。访问员通过输入自己的代号和密码进入系统，单击“拨号”，CATI 系统将会随机产生一个电话号码，自动拨号，开始访问。如果遇到无法访问的情况，如电话占线、无人接听、空号等，访问员应该记录拨号失败的原因，并上报督导员。③访问员访问。访问员进入 CATI 系统后，计算机屏幕上会出现访问的主画面，包括问卷中各题的访问状况、访问题目及各种视窗。访问员开始访问前，需要首先做自我介绍，并向受访者说明自己访问的目的。访问进行中，若出现受访者拒访的情况，访问员应记录受访者拒访的原因。④访问结束。每一个访问完成后，访问员需要对受访者道谢，之后通过系统程序中的“完成”结束访问。当访问员完成当天所有的访问后，应通过系统“签退”和“确定”命令退出系统。保存所有的访问记录。至此整个 CATI 访问的程序就结束了。

(2) CATI 的特点。①访谈过程更加便捷。访问员根据计算机设置的问题程序进行访问，不需要注意哪些问题应该先问，哪些问题需要后问，哪些问题需要跳答等类似逻辑判断的过程，访谈过程更具可操作性。②减少登记性误差。CATI 过程同时就是数据录入过程，减掉了纸质问卷调查中的数据录入环节，减少了数据录入的误差，提高了准确度。③速度快。CATI 访问过程中，可以利用计算机过滤受访者，确定合格的受访者，明显提高人工拨号的受访者确认率。因为调查过程也是数据录入过程，减少了工作环节，提高了工作速度。④费用较高。要实现 CATI 访问，调查机构首先需要建设电话调查中心，软件和硬件都需要较多的前期投资。后续的调查中，需要程序设计等工作，加上访问员的各项培训工作等，都需要经费的支持，因此 CATI 所需的费用较高。⑤对访问员的要求较高。CATI 中，访问员需要借助计算机完成调查任务，要求访问员熟练操作系统，以保证调查能够顺利进行。这就要求访问员不仅要具备一般传统调查中的访问技术，还要对系统充分熟悉。因而选择在校大学生作为 CATI 访问员的情况比较常见，因为他们一般都具备较高的计算机水平和培训接受能力，同时大学生往往还有很好的亲和力，容易引导调查顺利完成。

(三) 网络调查

网络调查是调查人员利用互联网与被调查者进行交流，从而获得信息的一种调查方法。随着网络技术的发展，网络调查成为数据搜集的主要方法之一。网络调查是自愿调查的一种，一般是受访者自己主动参与调查。这种调查不需要专门的访问员，因而调查成本会比较低。又因为网络反应得灵敏和迅速，网络调查的数据搜集时效更快。但是这种调查因为是受访者主动参与的调查，样本的代表性往往会受到一些质疑。

网络调查主要有两类，一类是计算机网络调查，另一类是移动终端调查。

1. 计算机网络调查

计算机网络调查主要有两种途径，一种是将调查表或者调查问卷挂在相关网页上，由受访者在规定的时间填写。另一种是通过电子邮件方式将问卷发送给受访者，受访者完成问卷后将问卷发回。计算机网络调查有及时性、共享性、便捷性、交互性、无地域限制等特点，具有传统调查无法比拟的优越性。

计算机网络调查有如下主要特点。

(1) 能够实现调查过程的有效控制，及时实现逻辑检查。传统调查中很难实现的“题目顺序循环”“量表题选项循环”“联合分析中卡片的随机抽取”等操作，在计算机网络调查中很容易实现。受访者回答问卷过程中实现“题目之间逻辑错误检查”“多选题目的选项之间的逻辑错误检查”“排序题目序位混乱”“数值题目有效范围判定”等控制，避免实地执行中后期查错、复核、补充样本等工作。

(2) 能够借助网络优势，展示图片、文字资料、声音影像等资料。通过相关技术可以使不同受访者所看到的问卷形式更加个性化，有针对性，增加亲和力。同时也可以让调查方式更加灵活，调查内容更加丰富。

(3) 不需要大量的访问员，节省访问员的劳务费、印刷、录入、复核、交通、联络等费用。

(4) 节约调查时间。网络调查问卷后面通常会有一个问卷数据存储和分析的程序，可以及时进行数据处理。这样既节省了数据录入和分析的时间，又减少了误差。

(5) 受访者的局限性。一方面因为网络的覆盖率并不是100%，目前尚有网络不能覆盖的区域和人群。另一方面，受访者经常是自愿参加调查，因而受访群体对于调查的目标群体的代表性往往会受到质疑。

(6) 前期设计要求高。网络调查需要一定的网页制作水平。高质量的网页对于吸引受访者完成调查、争取更高的配合度有重要的意义。

2. 移动终端调查

移动终端调查又称为掌上移动调查，是利用移动网络的优势，遵循抽样调查的原则，内嵌多种统计资料分析方法，同时整合数据库和OLAP(在线多维分析)技术的调查方法。具体来说有两类移动终端调查：一种是移动终端面访，访问员用手机或者平板电脑替代了纸质问卷，与受访者共同阅读、填答问卷；另一种是邀请受访者在自己的移动终端通过网络链接实现调查。

移动终端调查能够将访问员调查上来的数据集中存储，并通过中心服务器进行集中处理、资料汇总、实时在线分析。这种调查方式能够很好地适应现在对大数据的采集与挖掘要求，对调查数据及时统计汇总，自动完成问卷的各种复杂显示变化，并能够有效实现调查回访和复核，进行连续性调查等。移动网络技术的发展使得移动终端网络调查迅速普及，调查水平迅速提高。

(四) 邮寄调查

邮寄调查是通过邮寄、宣传媒体和专门场所发送等方法将调查表或问卷送至受访者手中，由受访者填写，然后将调查表寄回或投放到收集点的一种调查方法。这种方法调查方和受访者没有直接的语言交流，信息的传递完全依赖于调查问卷，因此对于问卷的要求会比较高。

经典的邮寄调查一般要经过这样几个步骤：设计问卷、寄出问卷和回邮信封、邮票以及可能附上的小礼品或者其他谢礼、收集回信、统计调查结果。访问员和受访者之间没有直接的交流，为了提高问卷的回收率，需要在调查开始之前，对受访者进行广泛的确认。因此最初的工作是要获取一份有效的邮寄名单。由于邮寄名单很难获取，所以邮寄调查很少用在市场调查中，但对于民意的研究(例如政府或者调查机构已经掌握其客户名单及地址)可以采用邮寄调查。

邮寄调查的主要特点是：

(1) 调查的空间范围广。邮寄调查不受调查对象所在地域的限制，只要是通邮地区都可以被选为受访对象。特别是需要在一些偏远农村地区抽取样本进行相关民意测验的项目中，无线通信方式相对落后，电话访问难度很大，同时入户访问的可能性也相对较小，此时邮寄访问则能较好地达到要求。

(2) 调查成本低。邮寄问卷调查除了邮寄问卷的费用之外，调查实施过程一般不需要大量的访问员，也就不需要支付访问员的劳务费用，受访者的谢礼费用也不需要太高。因此邮寄问卷调查对费用的要求较低。

(3) 受访者自由度更大。邮寄调查给受访者更加宽裕的时间作答，便于受访者深入思考或从他人那里寻求帮助，可以避免受访者受到访问员的倾向性意见的影响，从而能够得到更为周全的答案。同时，由于受访者是在自己熟悉的环境中进行问卷的填答，没有访问员的压力，有望获得受访者更为坦诚的回答。

(4) 问卷回收率低。受访者收到邮寄问卷之后，由于他们并没有必须填答的义务，是否完成问卷完全依赖于受访者的兴趣和心情。本着多一事不如少一事的原则，很多受访者可能会直接选择忽略问卷，从而导致调查问卷的回收率较低。

(5) 受访者问卷填答的有效性难以保证。基于受访者对于问卷的理解能力参差不齐，有些受访者不能做到完全按照问卷的要求来填答问卷，影响了问卷的有效性。同时，由于缺乏对问卷填答实地的监控，受访者填答时的状态难以保证，有可能存在别人代替填答、网上搜索答案等情况，这也是影响问卷有效性的因素。

(五) 座谈会

座谈会也称为集体访谈法，就是将一组受访者集中在调查现场，让他们对调查的主题发表意见，从而获取资料的方法。参加座谈会的受访者应是所调查问题的专家或有经验者，人数不宜太多，通常为 6～10 人，研究人员应对受访者进行严格的甄别、筛选。讨论方式主要看主持人的习惯和爱好。这种方法能获取其他方法无法取得的数据，因为在彼此交流的环境里，受访者相互影响、启发、补充，不断修正自己的观点，这就有利于研究者从中获得较为广泛深入的想法和意见，而且座谈会不会因为问卷过长而遭到拒访。

(六) 个别深度访问

个别深度访问简称为深访，是一种一次只要一名受访者参加的定性研究。深访暗示着要深入到受访者的思想中，努力发掘其行为的真实动机。深访是一种无结构的个人访问，访问员运用大量的追问技巧，尽可能让受访者自由发挥，表达他的想法和感受。深访常用于动机研究，如消费者购买某种产品的动机等，以发掘受访者非表面化的深层意见。这一方法最适用于研究隐私问题或敏感问题，如个人隐私问题、政治性问题等。对于那些不同人之间观点差异极大的问题，用小组讨论的方式可能会把问题弄糟，这时也可采用深度访问法。

座谈会和个别深度访问属于非标准式调查，一般依据调查提纲进行调查，访问员的访问和受访者的回答开放程度比较大，一般适合于定性分析，着重于问题的性质和对未来趋势的把握，而不是对研究总体数量特征的推断。

二、观察渠道的数据搜集方法

观察渠道的数据搜集方法包括人员观察法和机器观察法两类。

(一) 人员观察法

人员观察法是派出训练有素的观察员或调查员到指定地点，利用感觉器官或设置一定的仪器，观测和记录人们的行为和举动。比如在路口观察车流量的情况；在超市观察顾客的购买路线和购买行为；等等。

(二) 机器观察法

机器观察法一般是借助一定的方法和技术，搜集受访者的活动痕迹，从而得到所需数据的方法。比如超市可以通过会员卡的记录来观察顾客的活动规律；购物网站可以观察到顾客的购买行为；等等。

不管是人员观察还是机器观察，都是在受访者不察觉情况下进行的，所以不会存在询问调查中不可避免的回答误差，能观察到更为准确的结果。但是观察法只能观察到行为过程和行为结果，无法观察到行为的原因和动机，而且数据搜集过程往往比较漫长，样本量也不宜过大。

三、实验渠道的数据搜集方法

根据场所不同，实验渠道的数据搜集方法包括在室内进行的室内实验和在市场进行的市场实验两种数据收集方法。

(一) 室内实验法

室内实验法通常是邀请实验对象到指定地点，随机分组后，控制实验条件进行对比实验，以获取所需信息的方法。例如，室内实验法用于广告认知的实验。在同日的同种报纸上，版面大小相同，分别刊登 A，B 两种广告，然后将其散发给读者，之后对比接触到不同广告的读者的反应，以测定其反应结果。

(二) 市场实验法

市场实验法是在市场环境中进行控制条件对比实验。例如，市场实验法用于消费者需求调查。企业随机选择两组条件相似的商场，一组商场销售新产品，另一组商场销售老产品，从而得到消费者对新产品看法的数据。

第四节　调查工具的设计

统计调查中采用的调查工具有两类，一类是调查表，另一类是调查问卷。

一、调查表

调查表是指由统计调查的组织实施者根据统计调查的要求制发的用以对调查单位进行登记、搜集相关原始数据和资料，要求调查单位按照统一规定填报的表格，它是统计工作中搜集原始资料的基本工具。

调查表下发到调查单位或者个人手中，调查单位或者个人应该根据调查表的要求完善相关的原始记录，使调查表的资料来源建立在可靠的原始记录基础上，做到资料准确，报送及时。通过调查表资料的整理，可以了解调查对象的发展变化情况。连续性的调查表资料的积累，可以系统地分析调查对象的动态变化规律性。

(一) 调查表的种类

1. 按照调查范围不同，调查表可以分为全面调查表和非全面调查表

全面调查表用于普查，要求调查对象的所有调查单位都要填报。非全面调查表则用于非全面调查，如抽样调查、重点调查、典型调查等等。例如 2020 年 11 月的人口普查中，调查表分为两类。小的调查表主要调查人口的基本信息，全体公民都需要填报，是全面调查表。在此基础上，统计局又进行了人口的抽样调查，调查更加深入细致的问题，采用了大表，是非全面调查表。

2. 按照报送时间的不同，调查表分为一次性调查表和经常性调查表

一次性调查表是在一次性调查中使用的，只进行一次调查。在连续性调查中，需要采用经常性调查表，按照报送周期又可以分为月报、季报、半年报和年报。连续性调查中的调查表要特别注意数据衔接的问题，保证收集到的数据的可比性，用于观察数据动态变化的规律性。

3. 按照报送的内容来分，调查表可以分为单一表和一览表

单一表是指一张调查表只统计一个调查单位的统计调查表，这种调查表可以容纳较多的项目，便于了解调查单位的详细情况。一览表是指一张调查表登记多个调查单位的统计表，这种表格内容不宜过多，以便汇总和对比各调查单位的资料信息。

(二) 调查表的结构

调查表一般包括表头、表体和表外附加三部分构成。

1. 表头

表头用来说明调查表的名称、填表单位的名称、隶属关系及表号等。调查表名称的设计

要简洁明确，不要含糊不清。表头可以概括说明表格的主要内容，方便对资料的核实和复查。

2. 表体

表体是调查表主体的部分，由调查项目构成，包括调查表所要说明的调查项目的名称、栏号、计量单位和数据资料。构成表体的项目要直接反映调查目的和要求。

3. 表外附加

表外附加主要包括调查单位盖章或者填报人的签名、填表日期等有关内容，这部分是明确调查责任的项目。例如，某企业职能管理部门员工基本情况调查表(表 2.1)。

表 2.1　某企业职能管理部门员工基本情况调查表

序号	姓名	性别	出生年月	学历	专业技术职称	近三年工作经历	备注

部门主管：　　　　　　填表人：　　　　　　　　填表时间：　　年　　月　　日

二、调查问卷

调查问卷是指根据调查目的要求，设计的一种由一系列问题、备选答案及说明等组成的向受访者搜集资料的工具。调查问卷广泛应用于统计学、经济学、管理学、社会学、心理学等领域，是收集资料的基本工具之一。

问卷设计是统计调查的关键环节，对调查质量有重大影响。问卷设计如果存在缺陷，不仅会影响统计调查的其他环节，甚至可能导致整个调查工作的失败。问卷是统计误差的主要来源之一，并且直接关系到由访问员、受访者等所引起的统计误差。例如，问卷题量过多会引起受访者不耐烦或反感；问卷结构混乱、概念模糊，容易引起受访者的误解等。

问卷设计所涉及的知识面十分广泛，需要掌握很多的技巧，既要满足调查需要，又要照顾受访者的感受；既要有科学性，又要有艺术性。设计出一份高质量的问卷非常重要，当然难度也较大。不同类型的调查，对问卷的要求差别很大，不存在一种适用于不同调查内容和不同调查方式的特定问卷模式，但仍有一些共同的基本原则可遵循。

(一) 问卷的作用

问卷的作用就是作为提问、记录和编码的工具，体现在以下五个方面。

(1) 将所需信息转化为受访者可以回答并且愿意回答的一系列具体的问题。

(2) 引导受访者参与并完成调查，减少由受访者引起的统计误差。

(3) 使访问员的提问标准化，减少由访问员引起的误差。

(4) 根据它来记录受访者的回答。

(5) 根据它来进行编码。

因此设计一份理想的问卷，既能描述出受访者的特征(性别、年龄、职业、文化程度等)，又能测量出受访者对某一社会经济事务的态度，并且能在一定条件下，以最小的统计误差得到所需要的所有数据。

(二) 问卷的类型

问卷设计必须与调查目的、调查主题、调查对象以及调查方式相适应，因而有不同的问卷类型。

(1) 根据数据搜集方法的不同，可分为派员访问问卷、电话调查问卷、邮寄调查问卷、网上调查问卷和座谈会问卷等。

(2) 根据问卷的填答方式，可分为自填式问卷和代填式问卷。

自填式问卷即由受访者自己填答的问卷，主要适用于邮寄调查、宣传媒体发放的问卷调查、网上调查以及派员发送问卷调查等；代填式问卷是由访问员根据受访者的口头回答来填写的问卷，主要适用于派员访问调查、座谈会调查以及电话调查等。

这两类问卷的使用者不同，自填式问卷由受访者使用，代填式问卷则由经过专业培训的访问员使用，所以两者在具体结构、问题类型、措辞等方面都会有所不同。一般来说，自填式问卷要求格式清晰、问题简单、说明详细，侧重于受访者能够接受并正确理解和填答的问卷；而代填式问卷则更注重问卷的实地处理。

(三) 问卷的基本结构

问卷一般由开头部分、甄别部分、正文部分和结尾部分组成。

1. 问卷的开头

问卷的开头包括问候语、填表说明和问卷编号。

(1) 问候语。问候语是为了引起受访者的重视，消除疑虑，激发他们的参与意识，以争取得到他们的合作。因此语气应该亲切、诚恳、有礼貌，内容要能交代清楚调查目的、访问员身份、保密原则以及奖励措施等；同时不能拖沓冗长，引起受访者的反感。问候语的内容和措辞恰当，会降低拒访率，提高调查数据的可靠性和有效性。相反，如果内容和措辞不当，可能会导致无回答率增高，从而增加调查成本，引起回答误差，影响调查效果。

例如：

女士/先生：

您好！我是××市场调查公司的访问员，我们正在进行一项有关公众医疗保险意识方面的调查，目的是了解人们对医疗保险的看法和意见，以便更好地促进医疗保险事业的发展。您的回答无所谓对错，只要能真实地反映您的情况和看法，就达到了这次调查的目的。希望您能积极参与，我们对您的回答是完全保密的。

调查要耽搁您一些时间，请您谅解。谢谢您的支持与合作！

(2) 填表说明。填表说明的目的在于规范和帮助受访者对问卷的回答。填表说明可以集中放在问卷前面，也可以分散放到各有关问题之间。尤其对自填式问卷，填表说明一定要详细清楚，而且格式位置要醒目。否则，即使受访者理解了题意，也可能会回答错误，引起回答误差。例如可能造成单选题回答成多选题，排序题回答成选择题，该跳题处没有跳答，要求填写数字单位是“升”却回答成“杯”等。

(3) 问卷编号。问卷编号主要用于识别问卷、访问员、受访者等，可用于检查访问员的工作，防止舞弊行为，便于校对检查、更正错误。

2. 甄别部分

甄别也称过滤，它是先对受访者进行过滤，筛选掉不需要的受访者，然后对需要的受访者进行调查。

通过甄别，一方面可以筛选掉与调查项目有直接关系的人，以达到避嫌的目的；另一方面也可以确定哪些是合格的受访者，哪些不是。甄别的目的是确保受访者合格，从而符合调查研究的需要。例如，

Q1. 请问您或您的家庭成员有没有在以下行业工作的呢？

A. 广告、公关机构 (终止访问)

B. 市场研究、咨询、调查机构 (终止访问)

C. 电视、广播、报纸等媒介机构 (终止访问)

D. 轿车制造 (终止访问)

E. 轿车批发、零售 (终止访问)

F. 以上皆无 (继续访问)

Q2 请问您的年龄是

A. 20 岁以下 (终止访问)

B. 20～30 岁 (继续访问)

C. 30～40 岁 (继续访问)

D. 40～50 岁 (继续访问)

E. 50 岁以上 (终止访问)

3. 问卷的正文

问卷的正文一般包括资料的搜集、受访者的基本情况和编码三个部分。

(1) 搜集资料部分是问卷的主体，也是使用问卷的目的所在，其内容主要包括调查所要了解的问题和备选答案。显然，对这部分内容设计方法的探讨，是问卷设计研究的重点。

(2) 受访者的有关背景资料也是问卷正文的重要内容之一。受访者往往对这部分问题比较敏感，但这些问题与研究目的密切相关，必不可少，如个人的年龄、性别、文化程度、职业、职务、收入等，家庭的类型、人口数、经济情况等，单位的性质、规模、行业、所在地等，具体内容要依据研究者先期的分析设计而定。

(3) 这里的编码是指问卷中包含的前编码设计，以及为后编码设计预留的位置。

4. 问卷的结尾

问卷的结尾可以设计开放题，征询受访者的意见或者感受，或是记录调查情况，也可以是感谢语以及其他补充说明。

(四) 问卷的设计原则

毋庸置疑，问卷设计是一门科学，同时具有较强的艺术性。设计问卷要求设计者要具有一定的技巧性、灵活性和创造性。虽然问卷类型、问卷内容各异，不同设计者也有不同的设计风格，但都需要满足问卷设计的根本要求，即在一定的成本下，获取最小误差的有效数据。这一要求体现在问卷设计的四个基本原则上。

1. 功能性原则

功能性原则是问卷设计的基本原则，即实现问卷的基本功能，达到规范设计和满足调查客户需求的目的，具体表现在一致性、完整性、准确性和可行性等几个方面。

(1) 一致性原则。问卷内容应与调查所希望了解的内容一致。在许多调查中，调查发起者提出调查目的以后，并不能清楚完整地提出具体的调查内容的要求，此时设计人员应当与数据使用者积极沟通，相互协调，设法挖掘出调查者的潜在需求。必要时可以通过预调查，探索本次调查可能涉及的问题；通过结果的分析，找出要达到的调查目的，问卷还应包括哪些方面的具体内容。

(2) 完整性原则。在设计问卷时，问卷内容应能涵盖达到调查目的所需了解的所有内容。这里的完整性，不仅包括问题的完整性，还包括具体问题中所给的答案选项的完整性，即不应出现被调查者找不到合适选项的情况。

(3) 准确性原则。作为搜集数据的工具，问卷应保证数据的准确性；作为调查的脚本，问卷的措辞、顺序、结构和版式等方面应当保证所需信息被准确翻译为问卷中的问题，被调查者能够准确理解问题，并能够给出正确的回答；作为记录工具和编码工具，问卷应能够提供规范的记录方式和编码方式，保证被调查者或调查记录员记录的答案准确清晰，设计的编码能准确代表原资料的信息，以满足录入、编码、和分析环节的要求。

(4) 可行性原则。调查问卷应保证受访者愿意并如实回答问卷，这是得到有效数据的必要条件之一。问卷的设计还要保证编码、分析的可行性，受访者提供的回答应是可量化的。

2. 可靠性原则

可靠性原则，是指作为数据收集工具的问卷，应保证数据在一定条件下维持稳定。具体来说，即由于访问员、受访者和调查环境的不同，都可能引起数据的波动，问卷应具有一定的稳健性，以减少这三方面干扰对数据质量的影响。

3. 最大效率原则

在遵循功能性原则和可靠性原则的前提下，问卷设计应保证最大效率原则。简单地说，就是在保证获得同样信息的条件下，应选择最简洁的询问方式，以使问卷的长度、题量和难度最小，节约调查成本。一方面，在一定的成本下，要使问卷尽量获取全面、准确、有效的数据，但并不等于一味追求容量大、数据多，不要询问与本次调查目的无关的问题；另一方面，追求最大效率并不简单等于低成本，一味节约成本可能会以数据准确性和可靠性的降低为代价，反而造成低效率。

4. 可维护原则

问卷的设计往往不是一次完成的，好的问卷需要经过反复地修改和检验，待错误完全修正后，再正式开展大规模的调查。一份便于修正的问卷应当结构清晰，不同的调查项目之间有明确的界限，当一个调查项目需要进行调整时，不会影响到问卷的其他部分。

此外，注意问卷的可对比性和连续性。设计问卷时仅从本次调查目的出发，忽略问卷的标准化，数据口径不一，缺乏时间、空间和内容的可比性，将会极大地限制数据的利用价值。

(五) 问卷的设计流程和技巧

不同的调查目的、调查对象、调查内容以及调查方式等因素，可能会决定不同的问卷类型、结构和特征，因此相应的问卷设计也要各有侧重。当然，问卷设计也并非完全无规律可循，多数问卷设计的基本原则和设计流程是相同的。

在问卷设计的实际操作中，每一个步骤都有许多细节需要注意，否则会产生非抽样误差。

1. 明确所获取的信息

问卷设计的第一步，就是对调研主题和目的进行初步的探索性研究，将其转化为具体理论假设与所获取的信息。这一阶段工作与调研前期工作密切相关。因为调研的第一步就是研究调查目的和调查主题，如果调研者在这一步已进行了细致的研究，工作就会容易得多。

归纳起来，这一阶段应该注意以下五个问题。

(1) 问卷内容应与调查发起者的需求相一致。很多时候，调查发起者可能自己都不知道自己真正需要获得哪些信息。例如，某次关于某类电视广告调研的前期，调查发起者只是想了解该类广告的影响效果，再深入了解什么就不清楚了。如果仅根据这一句话确定问卷内容，结果往往会很难满足调查发起者的真正需要。因此，要求问卷设计人员与调查发起者反复进行沟通交流，深入了解其真正需求。

(2) 反复检查或通过预调查，分析有无遗漏重要信息，要保证信息的完整性，充分满足调查发起者的需要。

(3) 把握好调研主题，研究需要哪些具体信息，提出正确的理论假设。要与分析人员深入交流需要分析哪些问题，涉及哪些变量，这样确定的问卷最终才能满足调查发起者的需要。

(4) 实践中设计人员要对获取的信息进行可行性分析。问卷中要删除没有必要询问的信息，还要对受访者难以理解或不易回忆起来的问题慎重考虑。此外，对受访者不愿回答或不愿真实回答的问题，可以采用隐藏题型或随机化技术。

(5) 调查问题一定要精简。调查发起者可能希望一次调查尽可能多地获取信息。基于这一想法，有些访问员将一些与调研目的关系很小甚至无关的问题都列入问卷，结果问卷涵盖内容太广，拖沓冗长，结构松散，使调查难度增加，成本增加，非抽样误差增大。在确定所获取的信息时，应将与调查目的无关的问题全部删除。

2. 确定问卷类型与数据搜集方法

明确所获取的信息之后，研究人员需要决定怎样收集这些信息，包括确定问卷类型和数据搜集方法。在实际调查中，问卷类型或数据搜集方法的选择不当都会导致误差的发生，严重影响调查质量。这一阶段要注意三个原则。

(1) 可行性原则。选择的问卷类型不合适，或数据搜集方法不合适，或两者的搭配不合适，都可能导致较高的拒访率，引起调查误差。根据所需了解信息的内容、类型和数量，选择配套可行的问卷类型和数据搜集方法。例如，如果调查内容涉及敏感性问题，可考虑匿名性邮寄调查或在派员访问调查中采用随机回答技术。

(2) 准确性原则。如果盲目选择数据搜集方法和问卷类型，则调查结果的准确性可能达不到调查发起者对信息准确性的要求。例如，欲掌握某品牌洗发水的市场占有率，为节省费用采用媒体调查，结果回收率很低，使数据不可信。由于受访者分布可能有偏，用这种结果估计产品的市场比例显然不准确。

(3) 效率原则。效率原则是指在满足调查目的基础上成本最低。选择的数据搜集方法与问卷类型不匹配可能造成低效与浪费。选择数据搜集方法与问卷类型时要考虑能支付的调查费用和对时间的要求。

3. 确定问卷中各问题的内容

确定问卷中具体包括哪些问题以及这些问题应询问些什么内容。这一阶段要注意：

(1) 反复检查各问题的内容能否有效地获取所需信息，以及有无遗漏信息。

(2) 检查问题的内容能否准确反映所需信息。实践中有些受访者喜欢隐瞒自己的收入、年龄、酒量或烟量等，却喜欢夸大自己的教育程度、职位等。因而确定问题内容时要想办法克服或修正这些偏差，例如用电子产品的使用情况来修正收入。

确定问题内容时原则上应一题一问，尽量避免一题多问。一个问题内如果事实上包含着若干个问题的内容，得到的回答反而会含糊不清，不知道应归属于哪一个问题。例如，客户对某产品的价格和服务感兴趣，询问消费者："您对它的价格和服务质量满意还是不满意？"该问题实际上包括价格和服务质量两方面的问题，结果"对价格不满意但对服务满意"、"对服务不满意但对价格满意"或"对价格和服务都不满意"的受访者都可能回答"不满意"，该结果显然得不到客户想要了解的信息。因而该问题应分两个问题询问：

"您对它的价格满意还是不满意？"

"您对它的服务质量满意还是不满意？"

(3) 检查各问题的可行性与可靠性。有些问题的内容可能对受访者要求过高，受访者根本回忆不出或不知道问题的答案，结果缺失太多，数据可信度下降。即使勉强得到了答案，也可能不准确。例如，受访者不愿在某些方面示弱，可能会对自己不知道、没有理解或没有思考过的问题表述意见，或对事实进行隐瞒或夸张。还有些问题受访者不愿回答，原因可能是受访者认为问题太麻烦，或者涉及隐私，或认为根本没有必要回答等。因此，确定问题内容时应注意受访者愿意准确回答、可以准确回忆、能够准确理解并给出有意义回答的可能性。

(4) 确定题量时要把握好"度"，注意效率原则。问卷中的问题并非越多越好，在问卷中加入与本次调查无关的内容，或者问卷结构不清致使某些问题重复询问，都会加大调查的工作量和难度。问卷中多设计一个变量，后期阶段的数据收集、录入、处理和分析都会相应增加很多工作量。尤其是在大规模调查中，问卷中一个可要可不要的变量会浪费大量的人力物力。此外，研究表明，冗长的问卷可能会使访问员兴趣下降，无关或重复的问题可能会引起受访者的反感或分散其注意力，从而加大计量误差。因此，确定问题内容时，既不要为节省成本而省略重要信息，也不要为多获取信息而忽略可行性，盲目地增加题量。尤其是在电话调查中，对问卷题量的限制要求更高，在所需信息较多的情况下，可以考虑采用分离问卷的方法。

4. 决定各个问题的设计形式

问卷中的问题主要有开放题和封闭题两种，不同题型有不同的优缺点和使用范围。

(1) 开放题。开放题是由受访者用自己的语言自由回答的问题。例如：

产品色彩中哪类颜色是您最喜欢的？(追问：您最喜欢什么颜色？)

您认为某公司的服务在哪些方面应有所改进？请您畅所欲言。

开放题的主要优点：受访者可以充分表达自己的意见和看法；调动受访者的积极性；防止固定选项对受访者的诱导；从回答中可以检查受访者是否误解了问题。

开放题的主要缺点：标准化程度低，调查结果不易处理，无法深入定量分析；要求受访者有一定的文字表达能力；回答率比较低；需要占用较多的时间。

开放题经常需要"追问"，追问可以获得更详细的信息，同时可以调动受访者的积极性。访问员通过追问"还有其他的吗？"或"在这一点上能否讲得更详细些？"可以澄清受访者的回答。开放题在定性访问中起着重要的作用，但不适于自填式问卷使用。

(2) 封闭题。封闭题是既有问题，又有备选答案的问题。封闭题的设计形式有两项选择题、多项选择题、排序题以及量表题等类型。

第一，两项选择题：答案只有两个选项的选择题。例如，最近三个月，您有没有购买过某品牌产品？

A. 有　　　　B. 没有

第二，多项选择题：答案有多个选项的选择题。例如，请问您对某公司的抱怨主要集中在哪些方面？(　　)(可多选)

A. 服务态度　　B. 价格　　C. 业务水平　　D. 硬件设施

E. 工作效率　　F. 信息反馈/提供　　G. 单证服务　　H. 其他

第三，排序题：要求对被选答案进行排序的封闭题。例如，请问选择代理公司时，您最看重的是(　　)；其次是(　　)；再次是(　　)。

A. 价格　　B. 服务质量　　C. 公司信誉　　D. 以往经验合作

E. 人际关系　　F. 服务态度　　G. 其他

封闭题的主要优点是：第一，标准化程度高，调查结果易于处理，便于定量分析；第二，对文化程度较低的受访者也可使用；第三，回答率高，节省调查时间。

封闭题的主要缺点是：第一，受访者的选项可能不能准确表达自己的意见和看法；第二，给出的选项可能对受访者产生诱导；第三，受访者可能误解了问题或圈错了答案，但答案难以反映。

封闭题设计时应注意的要点：

(1) 尽量为受访者考虑，防止由受访者引起的无回答误差。设计者如果仅从提问角度设计问题，而忽略受访者的感受，可能导致无回答误差。

(2) 问题设计形式应尽量简单，复杂问题应尽量简化。以某项邮寄调查为例，访问员为得到详细信息，设计了大量的列联表和排序题，有些排序题的选项多达 20 个，结果问卷回收率低于预期值，回收的问卷中还有大量的调查项目缺失，还有由于设计不合理，排序题设计成多选题，从而造成回答混乱。根据这样的问卷得到的结论明显缺乏说服力。

(3) 减少敏感性问题对受访者的影响。以最常见的收入问题为例，对大部分调查来说，收入背景资料不可缺少，但受访者往往不愿意真实回答，故意隐瞒真实收入。实践证明，把收入分层让受访者选择比让他直接填写要好得多。但即便如此，调查所得的收入值仍明显偏低。目前，采用何种问题形式可以准确反映受访者的收入仍在探索研究中。

(4) 问题的形式要与问题内容相匹配，尽量满足分析要求。在确定问题的形式时，要满足最终分析所需要的数据类型要求。以收入调查为例，收入可以按照 1000 元、2000 元或 3000 元的间隔平均划分，也可以不等距划分。又如在某高档消费品市场调查中，若不对高收入阶层进行细分，仍像一般调查那样，简单地把收入最高档设为月收入 10000 元以上，导致最后分析时无法对主要消费者细分。因此，在设计问题的形式时，要多与分析人员交流，尽量满足分析的需要。

(5) 保证问卷标准化。在满足分析要求的前提下，尽量保持指标口径的通用性，以便对比和可移植使用。有些设计者在设计问题的时候没有考虑到标准化问题，设计的指标单独从问题或本次调查来看没有问题，但如果前后联系或与同类问卷比较，则可能口径不一，缺乏可比性，数据可利用的价值大大降低。

具体内容千差万别，问题形式也有多种多样。因而在具体选择问题形式时，应尽量注意上述要点，兼顾问卷设计的原则。必须指出的是，以上几方面要点之间是相互交叉、相互制约的，同时兼顾相当困难。分析者往往希望数据详细、明确、测量尺度高，受访者则希望问题简单些、测量尺度低一些、敏感性问题少一些或隐藏一些。因此，必须对各种因素进行权衡，才能选择出最优的问题形式。

5. 问题的措辞使用

问题的措辞，就是将一定类型和内容的问题转化为标准提问的依据以及受访者能够理解并据其回答的问题。表面看来，这一阶段不过是确定用词语气，然而其作用却至关重要。措辞不当往往会使受访者误解题意或拒绝回答，从而直接影响数据质量，事后弥补非常困难，成本太高。实践中，问题的措辞使用经常出现的问题有以下几种。

(1) 问题的措辞没有准确反映问题的内容。造成这类问题的原因一般有：措辞错误，无法表达原意；模棱两可，令人产生歧义；缺少句子主要成分。

例如，某企业调查中有单选题询问“贵公司从事的产品活动”，而现实中许多企业兼营多种产品活动，选择时仅按照备选答案的顺序，选出见到的第一个自己公司从事的产品活动，而非最主要的产品活动，显然得出的答案有偏。

(2) 使用专业术语不作解释，造成受访者无法正确理解设计的问题。造成受访者无法正确理解设计问题的原因有：①缺少必要的定义说明。受访者是非专业人员时，可能不理解某些专业术语的含义。例如，“您认为 IP67 级防尘防水技术的效果好吗？”因为不知道什么是 IP67 级防尘防水技术，有些受访者可能已经使用过该技术，却选择了没有使用过或不知道，或是没有使用过却选择了使用过，所得的结果显然有误差。此外，即使对于专业术语或日常用语，不同人的理解也可能不同。例如，“请您估计一下，您平均一个月在电子产品上花多少钱？”这里的“电子产品”虽然是常用词语，但是如果不对电子产品的范围进行界定，则受访者对其所包含内容的理解就可能有差异。比如，有些人理解为电子电器，有些人认为是网络或者通信费用支出等。②用词生僻或过于专业。一般调查中，受访者的文化程度不同，生僻、专业的词语会阻碍受访者对问题的理解。例如，某保险公司调查顾客对本公司业务的印象，询问：“请问您对本公司的理赔时效是否满意？”“请问您对本公司的展业方式是否满意？”许多受访者不明白什么是“理赔时效”和“展业方式”，即使给出答案也没有意义。③语句过于复杂，也容易使受访者理解错误。

(3) 使用诱导性提问、问题设计模糊等。①问题、答案选项的措辞诱导受访者的思维。例如，“您并不认为应该增加反污染法规吧？”这种否定提问对受访者的回答有诱导的作用。②问题或备选答案含义模糊或相互交叉，使受访者无法准确表达自己的意见和看法。例如，询问受访者对某品牌商品的购买时间，选项中有“最近三个月内购买”和“最近一年内购买”，如果受访者是上周购买的，则选择这两个选项都对。③问题要求受访者回忆、估计，而回忆是造成统计误差的主要原因。经常有些调查要求受访者回忆以前三个月甚至半年、一年的购买情况，这显然取决于受访者的记忆力和合作程度。例如，某项汤料市场调查询问受访者每次做几碗汤，尽管说明了碗的大致容量，但这种估计明显会有很大的计量误差。④问题含有假定，使受访者无法准确回答。例如，“您辞去目前的职位后是否会立即找其他工作？”受访者可能因为假设不成立(不打算辞职)而说不，也可能因为辞职后不会立即找工作而说不。

(4) 设计的问题或备选答案抽象。主要因为缺少必要的说明，使受访者的回答口径不一，引起计量误差，甚至使数据无效。例如，询问消费者的收入水平，但没有对收入进行定义说明。受访者有人会认为是个人收入，也有人认为是家庭收入；有人会认为是税前收入，也有人会认为是税后收入，结果会因回答的口径不一致产生较大的差异。如果问题含有“偶尔”“经常”“许多”“大致”等含义模糊的词语，也会导致不同的受访者的理解不同。

(5) 措辞敏感影响回答率。例如，直接询问一些敏感性问题，会使受访者产生反感而拒答。

又如受访者可能不愿示弱或怕被瞧不起而说谎。所以在决定措辞时要注意研究受访者的心理。

(6) 问题设计出现褒义词、贬义词或否定问题，影响受访者的回答。例如，1941 年洛格进行的实验：

A. 您是否认为美国应该禁止反对民主的公开言论?

B. 您是否认为美国应该允许反对民主的公开言论?

结果问题 A 中 54% 的受访者回答“是”，问题 B 中有 75% 的受访者回答“否”，显然是过于严格的措辞“禁止”导致这两题结果的显著差异。

问卷措辞的使用具有很大的灵活性和创造性，不同设计者往往具有不同的风格。建议设计者反复推敲，避免措辞的不合理使用引起的误差。

6. 安排问题的顺序

一旦问题的内容、形式和措辞都已确定，设计者应该考虑怎样把这些问题组合成问卷，即安排问题的排列顺序。

问题排列顺序安排容易出现的问题有：

(1) 引起受访者的反感和厌烦。例如，问题排序没有逻辑顺序，致使受访者回答时思维跳跃，很容易产生反感。又如问卷开始就是一些较为复杂或敏感的问题，使受访者紧张或厌烦，会影响他们对后面问题的回答。

(2) 造成访问员提问错误和受访者回答错误。问题排列顺序混乱，不利于访问员提问，也容易使受访者疲劳。尤其对于较复杂的问卷，访问员提问和受访者回答都可能出错。例如，该跳问处没有跳问，出现漏问漏答、错问错答等现象。

(3) 问题排列顺序不当可能产生诱导。例如，对某品牌的产品进行市场调查，一开始就询问对该产品的看法，之后才询问消费者所喜欢的产品品牌，结果反映出消费者对该品牌的喜爱程度明显偏高。

以上问题的解决方法是：

(1) 按问题所能提供的信息及受访者能够感觉到的逻辑性对问题分组。从受访者感兴趣的问题入手，由熟悉到生疏，由易到难，由浅到深，由表及里，层层深入、细化。

(2) 先一般后特殊，避免诱导。将敏感性问题放在最后，这样由于调查后期气氛比较融洽，受访者的警惕性降低，有助于提高回答率。

(3) 问题或选项排列顺序不同，可能会影响受访者的回答。在量表中经常有一系列问题从不同角度正面或反面评价某对象，分别征询受访者的意见。显然正面语句有导致正偏差(设为)的倾向，反面语句有导致负偏差的倾向。如果正面(或反面)语句连续排列，更会加大误差。这时把正反问题交叉排列，有助于调动受访者的积极性，避免受访者不假思索的习惯性的回答。此外，可以借鉴试验设计的思想，把两类将导致反向误差的问题随机分配给样本，这样所得结果的偏差会比较小。实践证明，面对多个问题或选项，受访者对前面的问题或选项比较认真。因而，对于量表或某些问题的选项，可以采用随机起点调查法，使每个问题或选项都会依次排列在各个位次上。但是，这种操作会加大工作量，实践中最适合于计算机辅助调查，也可适当用于派员访问调查。如果条件允许，邮寄调查可以采用变通的方法，例如，在面对中学教师的某项调查中，问卷分为 A，B 两种，卷中问题相同，但某些问题或问题中的选项排列顺序相反，例如：

[A 卷 Q2] 从高中教育目的出发，您认为应该注重对学生进行哪些能力的培养，请按重要程度选出三项：最重要(　　)，其次(　　)，再次(　　)。

A. 抽象思维能力　B. 形象思维能力　C. 表达能力　D. 分析综合能力
E. 记忆能力　F. 理解能力　G. 应用能力　H. 自学能力
I. 实验能力　J. 社会适应能力
K. 其他(请在横线上注明何种能力)________

[B 卷 Q2]　从高中教育目的出发，您认为应该注重对学生进行哪些能力的培养，请按重要程度选出三项：最重要(　　)，其次(　　)，再次(　　)。

A. 社会适应能力　B. 实验能力　C. 自学能力　D. 应用能力
E. 理解能力　F. 记忆能力　G. 分析综合能力　H. 表达能力
I. 形象思维能力　J. 抽象思维能力
K. 其他(请在横线上注明何种能力)________

(4) 问卷应该结构清晰，最好考虑采用模块化设计方法，即把问卷分为若干个功能块，每个功能块由若干个问题构成。各功能块内部具有较强的联系，而功能块之间保持相对独立。

7. 确定问卷的版面格式

把确定版面格式作为一个步骤似乎有些小题大做，然而实践表明，问卷的版面格式也会影响调查的质量。

问卷的版面格式容易出现的问题有：

(1) 调查人员为节省费用压缩版面，问题之间空间太小，不仅访问员提问或受访者回答时容易疏漏或串行，后期数据编码录入也容易出错。另外，如果开放题留出的用于答题的空间太小，将导致回答者不予以重视，只给出很少的信息。

(2) 低档的纸张和粗糙的印刷会引起负效果。尽管开头的问卷说明中一再强调本次调查的重要性，低质量的问卷外观还是会破坏受访者对调查的印象，轻视该调查，从而直接影响调查质量。

(3) 问卷中重要的地方没有突出，尤其对于自填式问卷，如果答题的说明或跳问的提示不醒目，很容易被忽略掉，致使受访者回答错误。

问卷版面格式的设计有以下具体要求：

(1) 外表要求质量精美、专业化。

(2) 适当的图案或图表会调动受访者的积极性。

(3) 内部要留出足够的空间，方便提问、回答、编码以及数据处理。

(4) 重要的地方注意加以强调，引起受访者的注意。

此外，注意把同一部分问卷装订在一起，防止数据丢失。

8. 对初稿的检测和修改

问卷的初稿很可能存在一些潜在的问题，一般都要经过仔细检查和修改，必要时重复检查上述七个步骤，反复推敲每个问题的每个词语。这一阶段，耐心、严谨、认真的态度非常重要。然而，即使经过认真的检查，一些潜在的问题未经实际调查可能还是发现不了。因此，在正式使用问卷之前，一般要对其进行测试，在与正式调查相同的环境里进行试调查，观察调查方式是否合适，询问访问员和受访者问卷设计有何问题，对试调查得到的回答进行编码、试分析，检验问卷是否能够提供需要的信息等。出现问题的需要立即修改问卷，必要时删除不能提供所需信息的问题。

第五节　统计调查方案设计

中国有句老话："凡事预则立，不预则废。"在搜集统计数据之前，需要制定一个周密、完整的调查方案，以指导整个调查工作，使调查工作顺利地实施和完成。调查方案设计的好坏直接影响到调查数据的质量。调查方案是指导整个调查过程的纲领性文件。调查方案设计就是根据调查研究的目的，恰当地确定调查主题、调查内容，选择合适的调查方式和方法，确定调查时间，进行经费预算，并制订具体的调查组织计划。

一、统计调查方案的设计原则

(一) 科学性原则

调查方案设计必须遵循科学性原则。但是，在统计调查中，违背科学性的案例也不少。例如，如何使用调查数据与采集这些数据的方法密切相关。如果希望用调查数据对总体的有关参数进行估计，就要采用概率抽样设计，并有概率抽样实施的具体措施；否则，设计就是不科学、不完善的。再例如，确定样本量是方案设计的一项重要内容，样本量的确定方式有多种，有些情况下需要计算，有些情况下可以根据经验或常规人为确定。如果调查结果说明总体参数的置信区间，样本量的确定就必须有理论依据，即根据方案设计中具体的抽样方式及对估计的精度要求，采用正确的样本量计算方式。还有，在因果关系的研究中，为了验证事先的假设，有些调查需要采用实验法搜集数据。社会经济现象中的调查与实验室里的试验毕竟有很大差异，因为它不可能像实验室那样能够把其他影响因素完全控制住。但是如果采用实验法，就必须有因素控制设计的具体实施措施，选择的控制因素是合理的，符合假设中的理论框架，这样才能说明调查结果的有效性。

(二) 可行性原则

调查方案设计必须依据实际情况，不仅要有科学性，而且要有可行性。只有操作性强的调查方案才能真正成为调查工作的行动纲领。例如，进行概率抽样，要具备抽样框。没有合适的抽样框，就难以实施真正的概率抽样。再例如，对敏感性问题的调查，受访者的拒访率通常是比较高的，如果这些敏感性问题不是特别必要，在设计中就可以删除，以便为调查创造一个宽松的环境。如果这些问题十分必要，不能删除，就应从可行性的角度想一些措施，降低问题的敏感性，使得调查不会因此受到影响。如果设计要求在实施中难以达到，调查的最终目标就无法实现。所以，调查方案内容的设计，都必须从实际出发，具有可行性。尤其对一些复杂群体、复杂内容的调查，可行性是评价调查方案优劣的重要标准。

(三) 有效性原则

调查方案设计除满足科学性、可行性外，还应满足有效性。有效性是指在一定经费约束下，调查结果的精度应满足研究目的的需要。实质上，这是一个费用和精度的关系问题。可以说调查方案设计就是在费用与精度之间寻求平衡，而有效性则是进行这种平衡的依据。所以在调查方案设计中追求科学性、可行性的同时，还要考虑调查的有效性。科学性、可行性、有效性分别侧重于不同的方面，但它们之间又相互联系、相互影响。

二、统计调查方案的内容

不同调查目的的调查方案在内容和形式上会有一些差异，但基本框架是一致的。一个完整的调查方案通常包括：调查目的、调查对象和调查单位、调查项目和调查表、调查的组织方式和数据搜集方法、调查的时间、经费预算、调查组织计划、调查数据的处理与分析、调查报告的撰写。

(一) 明确调查目的

这是调查方案需要首先解决的问题。调查目的是调查所要达到的目标，即通过调查要解决什么问题，解决到什么程度；是一般情况的了解，还是验证某些假设，探究因果关系；调查的结果是用于学术研究，还是为某个宏观或者微观决策提供信息或者建议。调查目的决定调查方式。因为任何经济现象都可以根据人们的需要从不同的方面、不同的角度来搜集资料，只有调查目的明确，才能确定向谁调查、调查什么以及采用什么方法进行调查。

例如，我国在2020年开展了第七次全国人口普查，其普查的目的是全面查清我国人口数量、结构、分布、城乡住房等方面情况，为完善人口发展战略和政策体系，促进人口长期均衡发展，科学制定国民经济和社会发展规划，推动经济高质量发展，开启全面建设社会主义现代化国家新征程，向第二个百年奋斗目标进军，提供科学准确的统计信息支持。又如，我国第五次(2023 年)全国经济普查的目的是：全国经济普查是一项重大国情国力调查，将首次统筹开展投入产出调查，全面调查我国第二产业和第三产业发展规模、布局和效益，摸清各类单位基本情况，掌握国民经济行业间经济联系，客观反映推动高质量发展、构建新发展格局、建设现代化经济体系、深化供给侧结构性改革以及创新驱动发展、区域协调发展、生态文明建设、高水平对外开放、公共服务体系建设等方面的新进展。通过普查，进一步夯实统计基础，推进统计现代化改革，为加强和改善宏观经济治理、科学制定中长期发展规划、全面建设社会主义现代化国家，提供科学准确的统计信息支持。

(二) 确定调查对象和调查单位

调查对象是根据调查目的确定的调查研究的总体或调查范围。调查单位是调查对象中的每一个个体，它是调查项目和调查内容的承担者，也是人们收集数据、分析数据的基本单位。调查对象和调查单位说明的是向谁调查、由谁来提供统计数据的问题。

调查单位可以是调查对象的全部个体，例如，我国人口普查的调查对象是所有具有中华人民共和国国籍并在中华人民共和国境内居住的人。调查单位是满足调查对象条件的每一个人。我国经济普查对象是我国境内从事第二产业和第三产业的全部法人单位、产业活动单位和个体经营户。调查单位也可以是部分个体，如抽样调查、重点调查、典型调查等非全面调查中，调查单位只是调查对象中的一部分个体。

(三) 设计调查项目和调查表

调查项目是调查的具体内容，主要说明调查什么，具体说，调查项目就是所要调查的调查单位的特征。例如，经济普查的主要内容包括普查对象的基本情况、组织结构、人员工资、生产能力、财务状况、生产经营、能源生产和消费、研发活动、信息化建设和电子商务交易情况，以及投入结构、产品使用去向和固定资产投资构成情况等。我们可以对这些内容设置具体的项目，借以直接搜集、登记数据。通俗地说，调查项目就是一份在调查过程中应该获得答案的各种问题的清单。

调查项目的确定，要以调查目的为依据，同时还要考虑到国家管理科学研究对统计资料的需要。在拟定调查项目时，要注意以下三个问题。

(1) 所选择的调查项目必须能够取得确切资料。对于不必要或者虽然需要但没有可能取得资料的调查项目，应该加以限制，以便获得虽然数量不多却无疑是可靠的数据。

(2) 调查项目应该有确切的含义和统一的解释，以免调查人员或受访者按照各自不同的理解进行回答，使调查结果无法汇总。

(3) 调查项目之间应尽可能做到互相联系、彼此衔接，以便从整体上了解现象的相互联系，也便于相互核对，提高调查资料的质量。还要注意现行的调查项目与过去调查项目之间的衔接，便于动态对比，研究现象的发展变化。

调查表是用于登记调查项目的表格，调查项目和调查表是调查方案的核心部分。在民意测验或市场调查中，调查项目则主要通过问卷来体现。问卷是访问员根据调查目的和要求所设计的由一系列问题、备选答案、说明以及代码表组成的一种调查形式。

(四) 选择调查组织方式和数据搜集方法

在实际调查中，多数采用抽样调查方式。首先根据调查对象构建抽样框，然后选择适当的方法，确定适度的样本量，从抽样框中抽取样本。抽取样本的方法具体有概率抽样与非概率抽样之分。概率抽样有简单随机抽样、分层抽样、整群抽样、等距抽样、多阶段抽样、不等概率抽样等等；非概率抽样有方便抽样、判断抽样、配额抽样、自愿样本、滚雪球抽样等等。具体抽样方法的选择要根据调查目的、调查对象等具体要求来确定。

数据搜集方法多种多样，包括调查、观察、实验等不同方式下的方法。一般说来，数据搜集方法应该适应调查课题的需要。但同一调查课题可以采用不同的数据搜集方法，同一数据搜集方法也可以适用于不同的调查课题。因此，如何选择最适当、最有效的数据搜集方法，是设计调查方案的重要内容。

(五) 规定调查时间

调查时间包括调查数据的所属时间、调查工作时间和调查工作期限。

在调查进行之前，首先要明确所要获取的数据资料的内容和性质，是绝对数、相对数还是平均数，是时期数据还是时点数据。调查数据所属的时间，对于时期数据来说是指该数据所涵盖的一段时间区间，对于时点数据来说是指该数据所对应的时点。

调查工作时间指的是调查具体操作的时间。不同的调查课题、不同的调查方法，有不同的最佳调查时间。例如，入户调查，最好的调查时间是在晚上和周末休息日，这时家中有人的概率大，成功率高。若采用观察法掌握超市人群流量，为了使样本具有较好的代表性，应选择不同的时间段。因为一天当中不同的时间范围内，人群流量存在很大差异；在一周当中，工作日和休息日人群流量也有很大的不同。只有对观察的时间段进行精心设计，才能科学、合理地推断结果。

调查工作期限指该项调查工作从开始到结束的时间长度，包括搜集数据的时间、数据处理的时间、数据分析和完成调查报告的时间等。不同的调查方法和不同的调查规模，调查工作的周期也会不同。如网络调查的周期一般比较短，而大规模入户调查或者邮寄调查的周期一般都比较长。第七次全国人口普查数据所属的时间是“2020 年 11 月 1 日零时”，工作期限是“2020 年 11 月 1 日至 11 月 10 日完成普查的登记工作”。

(六) 确定经费预算

调查经费预算是调查方案设计的重要内容。经费预算的多少与调查范围、调查规模(样本量大小)、调查方法均有关系。调查经费预算，通常包含以下内容：调查方案设计费、抽样费用(包括抽样方案设计、构造抽样框的样本抽选的费用)、问卷设计费、问卷印刷、装订费、调查实施费(包括预调查费、培训费、交通费、调查员和督导员的劳务费、礼品费和其他有关费用)、数据审核费、数据编码费、录入费、数据统计分析费、调查报告撰写费、折旧耗材费(折旧指固定资产折旧，包括房屋租用费、机器及计算机软件使用费等，耗材费指的是纸张、墨盒等各种耗材费用)、办公费(进行调查所涉及的各种办公费用，如会议费、专家咨询费等)。

(七) 制订调查组织计划

调查组织计划主要是调查实施过程中的具体工作计划。调查的组织与实施工作，具体包括调查人员的选择、组织和培训，调查表格、问卷、调查员手册的印刷，调查工具的准备、调查经费来源和开支预算等，还应该包括关于调查误差的预计和处理方案，以保证调查数据的质量。

(八) 数据处理与分析

1. 数据处理

数据处理是把调查中采集到的数据转换为适合于汇总制表和数据分析的形式，它是整个调查过程的一个重要环节。处理过程既有自动完成的，也有手工完成的。数据处理工作比较费时、费力，但对调查数据的最终质量和统计分析却有着很大的影响。因此，对处理工作进行周密计划，对实施质量进行监控就显得非常重要。

数据处理的过程一般包括以下几个内容：初步审核、编码、录入、再次审核、插补、权数调整、创建数据库。这是纸质问卷调查的一般过程，如果是电话调查或者网络调查，其中的一些步骤可以进行合并，或者由计算机自动完成。

2. 数据分析

数据分析虽然是在数据采集之后，但对调查数据如何进行分析的计划需要在设计调查方案时形成。在进行方案设计时，需要根据调查项目的性质、特点、所要达到的目标，预先设计好数据分析技术，制订好分析计划，否则就会出现所收集的数据不符合分析要求的情况。

(九) 撰写调查报告

调查报告的内容一般包括标题、目录、表格和插图的清单、概要、引言、主报告、参考文献、附录、其他文档等几个部分。

撰写调查报告是调查的最后一个步骤，是调查过程最终结果的呈现。因此调查报告的撰写堪比赛场上的冲刺，是调查工作中非常关键的环节。

思考与练习

一、思考题

1. 结合你在工作和生活中用到的数据，看看哪些属于直接得到的数据，哪些属于间接得到的数据？在使用这些数据时，有哪些需要注意的问题？

2. 统计数据的来源渠道有哪些？

3. 常用的统计调查组织方式主要有哪些？试分别作简要说明。

4. 数据收集有哪些方法？分别适合于收集什么样的数据资料？

二、练习题

1. 请为某公司本季度的广告效果策划一次市场调查，撰写一份详细的调查方案，并设计调查问卷。

2. 请为某公司本月的市场销售情况策划一次市场调查，撰写一份详细的调查方案，并设计调查问卷。

三、综合案例分析

资料：见第一章的综合案例分析资料。

请你思考和回答下列问题：

1. 如果质检员对 8000 袋食品全部称重，最后判断产品重量是否符合质量要求，这是采用了哪种调查方式？这种调查方式有何特点？

2. 可是质检员最终采用的不是全部称重的方式，你觉得质检员采用的调查方式有问题吗？如果有问题，问题在哪？

四、课程思政

没有调查，就没有发言权

《反对本本主义》是毛泽东 1930 年 5 月为反对当时中国工农红军中的教条主义思想而写的关于调查研究问题的重要著作，原名《调查工作》，这是毛泽东最早的一篇马克思主义的哲学著作。

在这篇著作中，毛泽东从认识论高度第一次鲜明地提出“没有调查，就没有发言权”(1931 年 4 月 2 日毛泽东在《总政治部关于调查人口和土地状况的通知》中，对“没有调查，没有发言权”的论断作了补充和发展，提出我们的口号是：一，不做调查没有发言权。二，不做正确的调查同样没有发言权。)，“中国革命斗争的胜利要靠中国同志了解中国情况”等著名论断；阐明了社会调查的重要意义，以及调查的目的、对象、内容、方法和一些技术细节；揭露了教条主义的错误及其对革命事业的危害，批评了红军中一部分人安于现状、墨守成规、迷信“本本”、不愿作实际调查的保守思想，指明了从前调查方法的缺点和改进方向。文中还表达了学习马克思主义必须同中国的实际情况相结合的思想，强调共产党人要坚持从斗争中创造新局面的思想路线。

请搜集并阅读《反对本本主义》原文，结合现实情况谈谈你对“没有调查，就没有发言权”的认识，写一篇学习心得，字数要求 2000～3000 字。

第三章　数据的频数分布

【章前阅读】

我国人口普查数据——城镇人口比重

根据第七次全国人口普查数据，居住在城镇的人口为 90199 万人，占 63.89%；居住在乡村的人口为 50979 万人，占 36.11%。与 2010 年第六次全国人口普查数据相比，城镇人口增加 23642 万人，乡村人口减少 16436 万人，城镇人口比重上升 14.21 个百分点，如表 3.1 和图 3.1 所示。随着我国新型工业化、信息化和农业现代化的深入发展和农业转移人口市民化政策落实落地，城镇化建设取得了历史性成就。①

表 3.1　历次人口普查城乡人口数量分布

普查年份	城镇人口/万人	乡村人口/万人	全国人口/万人	城镇人口比重/%
1953	7726	50534	58260	13.26
1964	12710	56748	69458	18.30
1982	21082	79736	100818	20.91
1990	29971	83397	113368	26.44
2000	45844	80739	126583	36.22
2010	66557	67415	133972	49.68
2020	90199	50979	141178	63.89

资料来源：国务院第七次全国人口普查领导小组办公室编，《2020 年第七次全国人口普查主要数据》，中国统计出版社，2021 年 7 月。

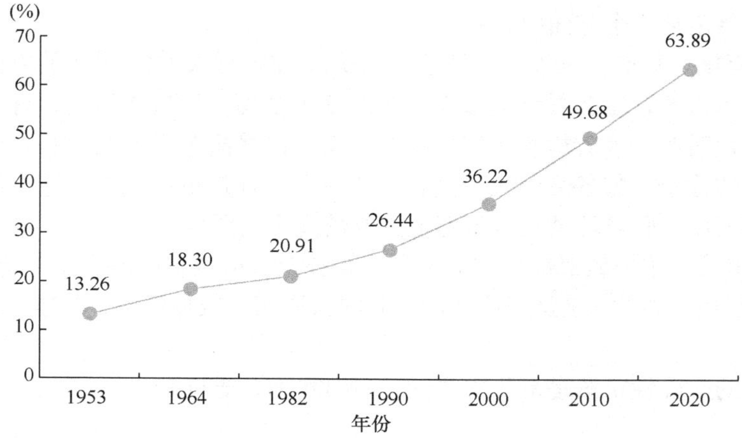

图 3.1　历次人口普查城镇人口比重

问题：人口普查是从搜集每个人的信息开始的，而人口普查的目的在于获得全国的人口

① 资料来源：中华人民共和国 2021 年国民经济和社会发展统计公报，http://www.gov.cn/xinwen/2021-05/11/content_5605760.htm，引用日期 2024 年 6 月 6 日。

信息，所以存在如何将个体数据转化为总体数据的问题，你了解应该采用何种统计方法吗？本章将介绍统计数据整理的方法和展示方法，从而观察研究数据的分布形态。

面对纷繁复杂的统计数据，尤其是通过各种调查方式获取的大量原始数据，人们开始可能会觉得无从下手，也不知用什么方法进行分析。实际上，对这些看似杂乱无章的数据，可以先根据研究目的进行统计整理，通过数据预处理和统计分组方法来编制统计表和绘制统计图，进而把握数据的分布形态和分布特点，为研究数据的分布特征值提供基础。统计整理广义上包括原始数据和次级资料的整理，本章只介绍原始数据整理的问题，内容包括数据预处理与统计分组、频数分布表的编制及其显示方法。

第一节　数据的预处理与统计分组

一、数据的预处理

数据的预处理是对通过各种方法获取的原始统计数据，进行统计整理之前所做的必要处理，主要包括数据审核、数据筛选和数据排序。

(一) 数据审核

通过统计调查等各种方法得到的原始数据，不可能做到绝对的准确无误，一般来说往往存在着不同程度的一些误差。比如对高校大学生开展的某项问卷调查，在年龄这个调查数据上检查出 10 周岁以下或 60 周岁以上的异常数据，这就要根据问卷编码认真核对原始问卷数据，看看究竟是数据登录错误还是问卷填答错误，并采取必要的修正措施加以改正。因此在进行数据统计分组、编制统计表、绘制统计图从而进行统计特征分析之前，需要对原始数据进行深入细致的数据审核工作，最大限度地剔除并修正数据误差，提高统计数据的质量，这样方可为后续统计分析奠定良好的数据基础。

数据审核主要包括三个方面内容：

(1) 准确性审核。其审核对象主要是登记性误差(非抽样误差)，采用的方法包括逻辑检查和计算检查。逻辑检查，主要看调查数据的内容是否合理，项目之间是否有矛盾的地方，以及与有关数据进行对照，或者检查数据的平衡关系，以暴露逻辑上的矛盾。计算检查，主要是对数值型数据的检查，如各分项之和是否等于总计、计量单位是否合适、计算方法是否合理等；也可利用工作经验对超越正常数据范围的情况提出质疑。

(2) 全面性审核。主要核对应调查的单位是否齐全，应调查的内容是否有遗漏。

(3) 及时性审核。主要审核是否按规定的时间获取相应数据资料，数据是否满足时效性的要求。

数据审核中的准确性审核是最为主要的，费时费力，难度较大。

(二) 数据筛选

经过数据审核，对发现的错误数据可以采用相应方法进行补充、修正，但对于某些无法进行修补的数据，或者不符合调查分析要求的数据，则需要进行数据筛选。

数据筛选包括两方面的内容：一是将某些不符合要求的数据或有明显错误的数据予以剔

除；二是根据汇总的需要将符合某种或某些条件的数据筛选出来，而将不符合特定条件的数据先予以剔除。

随着计算机技术的发展及应用，数据筛选可以很方便地借助于计算机高效率完成。当前可用于数据基础统计分析的软件有很多，较为常用的有 Microsoft Office 中的 Excel 软件、金山的 WPS Office、SPSS(Statistical Product and Service Solutions，统计产品与服务解决方案)、Stata 软件、Minitab 软件等。本书主要选用 Excel 软件来进行实例演示，其操作方法与步骤参见附录 B 中的详细介绍。

例 3.1 某班 8 名学生 3 门课程的考试成绩如表 3.2 所示。

表 3.2 某班 8 名学生考试成绩一览表 (单位：分)

学号	姓名	性别	数学成绩	英语成绩	计算机成绩	平均成绩
20210101	张军	男	76	71	85	77
20210102	胡小平	男	65	50	70	62
20210103	段萌萌	女	80	85	82	82
20210104	李霞	女	72	83	84	80
20210105	张东民	男	56	66	80	67
20210106	刘佳	女	60	75	72	69
20210107	王大力	男	78	67	82	76
20210108	赵国栋	男	80	78	91	83

如果需要找出 3 门课程均高于 70 分的学生，通过 Excel 软件中的筛选功能，可以快捷地筛选出符合条件的数据，结果见表 3.3。

表 3.3 3 门课程均高于 70 分的学生 (单位：分)

学号	姓名	性别	数学成绩	英语成绩	计算机成绩	平均成绩
20210101	张军	男	76	71	85	77
20210103	段萌萌	女	80	85	82	82
20210104	李霞	女	72	83	84	80
20210108	赵国栋	男	80	78	91	83

(三) 数据排序

数据排序是按一定标准将数据排列，以便于研究者通过浏览数据发现一些明显的特征或趋势，找到解决问题的线索。除此之外，排序还有助于对数据检查纠错，以及为重新归类或数据分组提供方便。

数据排序使杂乱无序的数据呈现规律性的顺序排列，不仅可以为后续的数据分析提供方便，而且在很多时候，排序本身就是进行统计分析的目的之一。比如，要了解我国各个省(自治区、直辖市)的经济总量，分析其经济实力，通过查阅《中国统计年鉴》可以得到相关数据。而在《中国统计年鉴》的地区生产总值和指数表中，各省(自治区、直辖市)是按照固定的地理区域排序的，我们不能迅速看出各省(自治区、直辖市)经济总量的差异和位次。这时可以选择各省(自治区、直辖市)生产总值进行排序，表3.4为2020年我国31个省(自治区、直辖市)地区生产总值数据(按当年价格)排序表。

表3.4　2020年我国31个省(自治区、直辖市)地区生产总值数据排序表

序号	地区	地区生产总值/亿元	序号	地区	地区生产总值/亿元
1	广东	110760.94	17	重庆	25002.79
2	江苏	102718.98	18	云南	24521.90
3	山东	73129.00	19	广西	22156.69
4	浙江	64613.34	20	贵州	17826.56
5	河南	54997.07	21	山西	17651.93
6	四川	48598.76	22	内蒙古	17359.82
7	福建	43903.89	23	天津	14083.73
8	湖北	43443.46	24	新疆	13797.58
9	湖南	41781.49	25	黑龙江	13698.50
10	上海	38700.58	26	吉林	12311.32
11	安徽	38680.63	27	甘肃	9016.70
12	河北	36206.89	28	海南	5532.39
13	北京	36102.55	29	宁夏	3920.55
14	陕西	26181.86	30	青海	3005.92
15	江西	25691.50	31	西藏	1902.74
16	辽宁	25114.96			

数据来源：国家统计局编，《中国统计年鉴2021》，中国统计出版社，2021年9月。

表3.4的排序结果，使各省(自治区、直辖市)经济总量的差异和位次非常清晰直观，一目了然。从表3.4中可以看出，2020年各省(自治区、直辖市)地区生产总值中，广东、江苏、山东位居全国(不含港、澳、台地区数据)前三位，其中广东和江苏的地区生产总值数据均已超过10万亿元，位居第三位的山东地区生产总值也在7万亿元以上。

对于定性数据，如果是字母型数据，排序有升序与降序之分，实际工作中习惯上常使用升序排序，因为升序与字母的自然排列顺序相同；如果是汉字型数据，排序方式有多种选择，比如用汉字的拼音字母排序，或按汉字的笔画多少排序等。对于定量数据，排序也分为升序与降序，排序后的数据也称为顺序统计量。

无论是定性数据还是定量数据，其排序均可借助Excel软件完成。

二、统计分组

统计数据经过筛选与排序等预处理后，在进行统计分析之前，通常还需要进一步加工整理，统计分组就是其中一项重要内容。

(一) 统计分组的意义

统计分组(statistical grouping)，就是根据统计研究的目的，选择合适的分组标准将总体划分为不同组成部分的一种统计方法。划分出的每一组成部分称为“组”，通过统计分组，要使组与组之间的个体在分组标准上的表现具有差异性，而同一组内的个体在分组标准上的表现保持同质性。统计分组是统计数据整理的主要方法，也是进行后续统计分析的重要基础。

统计分组同时具有两方面的含义：对客观现象总体而言是“分”，即将现象总体分为性质相异的若干部分；而对构成总体的个体而言是“合”，即将性质相同的许多个体组合为一组。统计分组的“分”，可以使人们认识现象总体内部，在其他性质方面存在差异的各组成部分的结构和分布状况，从而据以认识事物在同质性中存在的差异性。统计分组的“合”，是一种特殊的综合，它把性质相同或数量差异很小的个体合为一组，集中了较多的信息量，形成一种合力，反映事物的本质，使人们认识事物在差异性中表现的同质性。因此统计分组的目的就是要在同质性的基础上研究总体内部的差异性。

统计分组不仅是统计整理的重要方法，而且在统计分析中也具有重要作用。

1. 划分现象的类型

统计分组是研究客观现象类型的基础，例如，将企业按登记注册类型的不同分组，从而说明不同经济类型的基本状况。表 3.5 为 2020 年我国法人单位按机构类型分组得到的法人单位数。

表 3.5 2020 年我国不同机构类型的法人单位数

按机构类型分组	法人单位数/个
企业法人	25055456
事业法人	812962
机关法人	237879
社会团体	334242
其他	2948716
合计	29389255

数据来源：国家统计局编，《中国统计年鉴 2021》，中国统计出版社，2021 年 9 月。

表 3.5 清晰地展示了我国 2020 年法人单位的机构类型分组及其各自的数量，可为研究我国法人单位的机构类型结构、比例关系提供基础。

2. 研究现象的内部结构

统计分组可以反映现象内部各组之间的差别，表明现象的内部结构。在统计分组的基础上，通过计算各组个体数量占现象总体的比重，可以认识现象的内部构成状况，并做出正确的评价。表 3.6 为我国 1978 年和 2020 年按城乡分组的人口数资料。

表 3.6 1978 年和 2020 年我国按城乡分组的人口数

按城、乡分组	1978 年		2020 年	
	人口数/万人	比重/%	人口数/万人	比重/%
城镇	17245	17.92	90220	63.89
乡村	79014	82.08	50992	36.11
合计	96259	100	141212	100

数据来源：国家统计局编，《中国统计年鉴 2021》，中国统计出版社，2021 年 9 月。

由表 3.6 可以看出，从 1978 年改革开放至 2020 年，我国人口的城乡结构已经发生了巨大变化，乡村人口占总人口数比重已由 1978 年的 82.08%下降到 2020 年的 36.11%，说明了我国改革开放以来人口城镇化的迅猛态势。

3. 分析现象之间的依存关系

客观现象之间存在着相互制约、相互联系的关系，通过统计分组，可以更好地揭示现象之间的这种依存关系。如工人的劳动生产率与产品成本的关系、施肥量与产量之间的关系、商店规模与营业额的关系等，都可以通过统计分组的方法来揭示，并可从数量上描述其关系的密切程度。例如，某商业企业各销售部按销售额分组的流通费用率见表 3.7。

表 3.7 某商业企业各销售部按销售额分组的流通费用率

按销售额分组/万元	流通费用率/%
500～1000	10.2
1000～1500	9.5
1500～2000	9
2000～2500	8.8
2500～3000	8.6

通过表 3.7 可以看出，随着销售额的增加，流通费用率逐渐降低，表明流通费用率与销售额之间存在一定的相互依存关系。

(二) 统计分组的原则

统计分组应遵循以下原则。

1. 组内同质性和组间差异性原则

这是统计分组的一个基本原则。从统计分组的概念中我们知道，统计分组兼有“分”与“合”双重含义。把现象总体内不同性质的个体分别归入不同的组内，表现出组与组之间的差异性，这是统计分组的出发点，而这样“分”的结果，必然要把总体内性质相同的个体合在一起，使组内保持同质性。遵循这一基本原则的分组，才能真正通过分组反映所研究问题的本质特征，才能通过进一步的计算分析得出正确的结论。

2. “穷尽”性原则

统计分组必须符合“穷尽”性原则。所谓“穷尽”性又称完备性，是指现象总体中任何一个个体都有所归属。遵循了“穷尽”性原则的分组，其结果才能把全部个体包括进去，做到没有遗漏。例如，居民按文化程度分组，若分为大学程度、中学程度和小学程度三组，就不符合“穷尽”性原则，因为居民中还有大学以上文化程度者以及小学(含)以下文化程度者。

3. “互斥”性原则

统计分组还必须掌握“互斥”性原则。所谓“互斥”性，是指现象总体中任何一个个体都只能归属于特定的一个组，而不能同属于两个或两个以上的组。例如，如果将职工总体分为男性职工、女性职工、青年职工、生产一线职工四组，就不符合“互斥”性原则。因为在男、女职工中都有青年职工，而在青年职工中又有男、女之别，组与组之间有所包含，不完全排斥，这就会使一些职工被重复统计，造成各组数据结果的混乱。

(三) 统计分组的方法

根据研究目的，统计分组方法因研究的数据类型不同、选择分组标准的数量不同而有不同的方法。

1. 定性数据分组和定量数据分组

第一章中说明，根据数据所说明现象特征的不同，统计数据分为定性数据和定量数据，它们具有不同的特点。因此根据研究的数据类型不同，统计分组分为定性数据分组和定量数据分组两种。

1) 定性数据分组

定性数据分组就是对现象品质特征表现的一种分类。它只需要根据研究目的，选择合适的分组标准科学地列出所划分的类别即可。比如，将人口按性别分为男、女两组，按文化程度分为大学及以上、高中、初中、小学及以下文化程度分组等。前面的表 3.4 和表 3.5 都属于定性数据分组。

但定性数据分组并非是简单的事情。有些现象本身情况复杂多变，对其分组须经过实践和理论的深入考察、分析与研究，以确定可供操作的划分标准及界限。比如国民经济行业分类，是按照一个分类标准还是同时采用多个分类标准进行分类，这就需要根据研究目的进行全面分析确定，从而进行科学的分组。

2) 定量数据分组

定量数据根据计量尺度可分为定距数据和定比数据，都属于数值型数据，其分组方法会根据研究目的和数据特点的不同而不同，主要有单变量值分组和组距分组两种。

单变量值分组是将每个变量值作为一组的定量数据分组方法。这种方法一般适用于离散变量且变量值较少的情况。离散变量的变量值可以按一定次序一一列举(通常取整数值)，例如，学校的学生人数、企业的设备台数、地区的商店个数、家庭人口数等均属于离散变量。表 3.8 某村居民家庭按人口数进行的分组就是单变量值分组。

表 3.8 某村居民家庭按人口数分组数据表

按人口数分组/人	居民家庭户数/户
1	5
2	35
3	45
4	10
5 及以上	5
合计	100

当离散变量的变量值较多时，单变量值分组会使组数较多，这不利于观察数据分布的特征或规律性，而且连续变量无法采用这种分组，这就需要采用组距分组。

组距分组是将全部变量值依据一定分组标准划分为若干连续的取值区间的统计分组方法，每个取值区间称为一个组。组距分组尤其适合连续变量分组。连续变量是这样一种变量，其变量值在客观上是连续不断的，一般不能一一列举其全部取值。但须注意，连续变量的取值为了表述方便或在允许的误差范围内，往往以离散变量值的形式出现。常见的如身高、体重、收入、产值等。

在离散变量值较多的情况下，也可采用组距分组。这样，定量数据的组距分组就既适合连续变量分组，也适合变量值较多的离散变量分组。表 3.9 为离散变量的组距分组，而表 3.10 是连续变量的组距分组。

表 3.9　企业工人按日产零件数分组

按日产零件数分组/件	工人数/人
50～60	10
60～70	25
70～80	40
80～90	20
90 以上	5
合计	100

表 3.10　企业工人按工资水平分组

按工资水平分组/元	工人数/人
2000 以下	35
2000～2500	65
2500～3000	50
3000～3500	30
3500 以上	20
合计	200

在对定量数据进行组距分组时，需要明确以下三个问题。

(1) 确定组数，就是分多少组比较合适。组数的多少以分组后能恰当地反映所研究数据的分布特征和规律为好。因为组距分组把各组间的差异突出了，若组数太少，不同性质的数据混在一组，失去分组的意义；若划分的组数过多，又容易将同一性质的数据分在不同的组，反而显示不出数据的分布特征。组数的确定可以参考美国统计学家斯特吉斯(Sturges)提出的经验公式

$$K = 1 + 3.32\lg N \tag{3.1}$$

式中，K 为组数，N 为总体容量或数据的个数。若 K 的结果为整数，就以此作为组数结果；若 K 的结果带有小数，则需对结果取整加 1，即为组数。当然，这只是个经验公式，具体应用时，还要根据数据的特点和统计分析的要求进行适当的调整。

(2) 确定组距。在组距分组中，一个组即为一个取值区间，组内的最小值称为下限(lower limit)，而最大值称为上限(upper limit)。则一个组的上限与下限之差即为组距(class width)。

根据组距分组中各组组距是否存在差异，可分为等距分组和异距分组。等距分组即各组组距均相等的组距分组。在变量值的变动比较均匀，没有大起大落的情况时，可采用等距分组。等距分组由于各组的组距相等，便于各组频数和变量值的直接比较，也便于计算各种分析数据，因此应尽量采用等距分组。在变量值的变动不稳定，存在较大幅度的上升或下降的情况下，或研究的现象具有自身特殊的规律时，应采用不等距分组，即异距分组。如人口统计中，人口按年龄分组，考虑到人口年龄的不同阶段，可分成 0～6 岁(婴幼儿组)、7～17 岁(少年儿童组)、18～59 岁(中青年组)、60 岁以上(老年组)即为异距分组。

等距分组的组距可用下式来确定

$$d = \frac{R}{K} = \frac{x_{\max} - x_{\min}}{1 + 3.32\lg N} \tag{3.2}$$

式中，d 为组距，R 为全距，即最大变量值 $x_{\max}$ 与最小变量值 $x_{\min}$ 之差。为便于处理，组距宜取整数，且往往取 5，10 或它们的倍数。

(3) 确定组限及其表示方法。组限是组与组之间的数量界限。原则上，组限的确定应以合理反映研究现象的本质特征为准，并且变量值分组一般按由小到大的顺序排列，要求第一组的下限应小于或等于最小变量值，而最后一组的上限应大于最大变量值。为了满足统计分组的"穷尽"性原则，组限的设置一般采用重叠方式，即本组的上限即为下一组的下限。在组距分组中，各组的设置有两种方式。通常将既设有上限也设有下限的组称为闭口组。而只有上限而没有下限或只有下限而没有上限的组，即××以下、××以上的组称为开口组。开口组只在第一组和最后一组出现，不会出现在中间各组，通常适用于分布分散且存在极端值的数据集进行分组。

组限确定好后，各组的名称就具体确定了。需要说明的是，由于组距分组掩盖了各组内变量值的具体分布情况，为了反映各组变量值的一般水平，常用组中值作为各组变量值的代表值。各组的组中值即为每组上、下限之间中点位置的变量值。组中值作为各组变量值的代表值是以组内变量值的均匀分布为前提的。实际上，各组内变量值的分布不一定均匀，这时组中值与组内实际变量值的一般水平会有所差异，这种情况下，组中值就只是各组实际变量值一般水平的一个近似值，这在研究数据分布特征值时需要注意。闭口组和开口组的组中值分别按下列方法计算。

闭口组的组中值是本组上限与下限的简单算术均值，即

$$\text{组中值} = (\text{上限} + \text{下限}) \div 2 \tag{3.3}$$

开口组的组中值一般是借用邻组组距进行近似计算，即

$$\text{首组为开口组的组中值} = \text{首组上限} - \text{邻组组距} \div 2 \tag{3.4}$$

$$\text{末组为开口组的组中值} = \text{末组下限} + \text{邻组组距} \div 2 \tag{3.5}$$

2. 简单分组和复合分组

统计分组中选择分组标准是统计分组的关键问题之一，分组标准的个数在本质上应根据研究目的来确定，它可以是一个分组标准，也可以是多个分组标准。这样，根据选择分组标准数量的不同，可将统计分组分为简单分组和复合分组。

简单分组，就是用一个分组标准对现象总体进行的分组。如学生按成绩分组、人口按民族分组等。简单分组只是反映现象在某一个分组标准特征方面的差异情况，如学生按成绩分组，仅仅说明学生学习成绩的差别，而不能说明学生性别、民族等方面的差别。

复合分组，就是用两个或两个以上分组标准重叠起来进行的分组。复合分组的方法是，先按主要分组标准进行第一次分组，然后将第一次划分的各组同时按第二分组标准进行第二次分组，以此类推。复合分组能够对个体同时区分若干分组标准的差异。例如，将学生先按年级分组分成不同年级，再将不同年级的学生按性别分组，每个年级各分成男生、女生两组，就是复合分组，这样每组就能够同时区分性别和年级的差异情况，见表 3.11。

表 3.11　按年级和性别进行复合分组的学生人数统计表

按年级分组	按性别分组	学生人数/人
一年级	男生	48
	女生	52
二年级	男生	51
	女生	57
三年级	男生	49
	女生	45
四年级	男生	60
	女生	58

复合分组还可以采用交叉式，形成交叉分组表称为列联表，例如表 3.14 是将持有手机品牌与性别交叉起来编制的列联表。

需要说明的是，复合分组不仅能够更加具体和深入地反映总体内部的类型和结构，而且可以显示内部结构的层次，说明总体内部类型的主次关系。但复合分组的分组标准也不宜选择太多，从而增加组数的数量，组数越多则总体的分布越分散，反而不利于揭示现象的内部构成和分布规律。另外，并非选择多个分组标准进行的分组就一定是复合分组。对同一总体选择两个或两个以上分组标准分别进行简单分组形成的分组称为平行分组。平行分组的特点是每次分组只能区分一个分组标准的差异。例如，将某高校的教师选择性别、职称两个分组标准分别进行简单分组，就形成了平行分组。

第二节　定性数据的频数分布

定性数据包括分类数据和顺序数据，其频数分布通常可以用频数分布表和统计图来进行描述和显示。为了说明方便，首先对频数分布进行认识，然后说明定性数据的频数分布的形成及具体显示形式。

一、频数分布及其常见类型

(一) 频数分布的概念

在统计分组后，可进一步统计各组变量值出现的次数，通常称为频数(frequency)。统计频数要遵循“不重不漏”的原则。“不重”是指各变量值只能统计在其中的一个组内，不能同时在其他组内出现；“不漏”是各变量值均应在某一组内找到归宿，不能遗漏。

对组距分组，为解决“不重”的问题，在组限重叠设置时，习惯上按“上组限不在内”的方法处理，即当某一变量值恰好为组限时，就将该变量值统计在下限所在的组。原则上，离散变量可采用相邻两组组限间断设置的方法解决“不重”的问题。但有了“上限不在内”的原则，离散变量也可采用相邻两组组限重叠设置的方法进行分组并统计频数。

在统计分组基础上，把各个组以及各组的频数按一定次序全部列示出来，就形成了频数分布(frequency distribution)，也称为次数分布。频数分布有两个基本要素：一是总体的各组名称；二是各组的频数。频数分布是统计数据整理的结果，它可以用统计表或统计图的形式来表现。频数分布能清楚地表明数据的分布形态，是研究数据分布特征值等统计分析的重要基础。本章第一节中的表 3.5、表 3.6、表 3.8～表 3.10 均为展示频数分布的频数分布表。

为了分析问题的需要，以频数为基础，还可根据不同数据及分组情况计算各组频率、累计频数和累计频率(适合顺序数据和定量数据分组)、频数密度和频率密度(适合定量数据异距分组)等，不同问题的研究需要计算不同的信息。在此说明频率，其他内容随着相关问题的研究进行说明。

频率(relative frequency)是各组的频数占总频数(各组频数之和)的比重，是频数的相对数形式。频率能更准确地反映各组频数对总体影响的相对强度，频数多、频率大的变量值，对总体所起作用的相对强度就大；反之，频数少、频率小的变量值，对总体所起作用的相对强度就小。频率具有两个性质：①任何频率都介于 0 和 1 之间；②各组频率之和等于 1。

(二) 频数分布的类型

频数分布是统计描述和统计分析的重要工具。经济现象的频数分布主要有三种类型：钟型分布、U 型分布和 J 型分布。

1. 钟型分布

钟型分布(bell-shaped distribution)是最为常见的频数分布形态，包括对称分布和偏态分布两大类型，其中偏态分布又分为左偏分布和右偏分布两种。钟型分布的特征是“两头小、中间大”，即靠近中间变量值的频数多，靠近两头变量值的频数少，其分布曲线宛如一口古钟，故得此名，如图 3.2 所示。

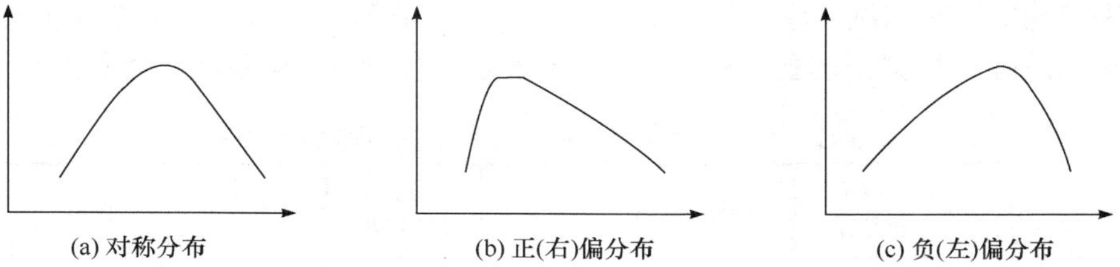

图 3.2　钟型频数分布示意图

图 3.2(a)的频数分布特征是，以中心变量值为核心，左右两侧变量值的频数对称分布，且随着偏离中心变量值距离的增大而渐次减少。这种分布在统计学中被称为正态分布(normal distribution)。图 3.2(b)和图 3.2(c)被称为偏态分布，其中，图 3.2(b)为正偏(右偏)分布(positively skewed distribution)，图 3.2(c)为负偏(左偏)分布(negatively skewed distribution)。现实生活中，许多社会经济和自然现象总体的频数分布都趋于正态分布，如农作物的单位面积产量、零件的公差、人们的身高、纤维强度等等都服从正态分布。

2. U 型分布

U 型分布(U-shaped distribution)的形状跟钟型分布相反，其频数分布特点是靠近中间变量值的频数少，靠近两端变量值的频数多，形成“两头大、中间小”的 U 字型，如图 3.3 所示。例如，人口死亡率分布就是一种典型的 U 型分布，人口总体中，幼儿和老年人死亡率相对较高，而

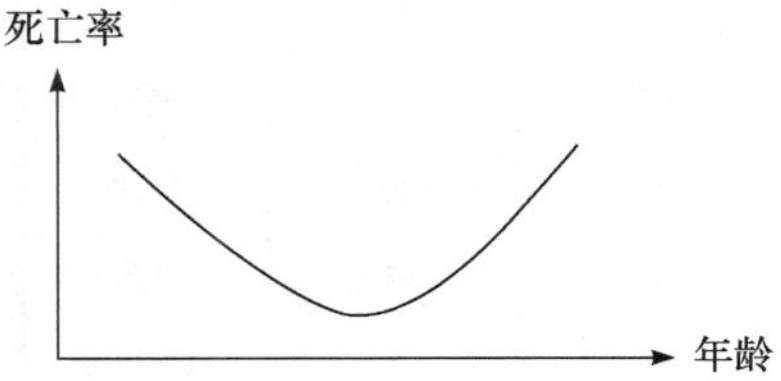

图 3.3　U 型频数分布示意图

中青年死亡率相对较低。

3. J 型分布

J 型分布(J-shaped distribution)有两种类型，一种是正 J 型分布，即频数随着变量值的增大而增多，如图 3.4(a)所示；另一种是反 J 型分布，即频数随着变量值的增大而减小，如图 3.4(b)所示。例如，经济学中供给曲线随着价格的提高，供给量以更快的速度增加，呈现出正 J 型；而需求曲线则表现为随着价格的提高，需求量以较快的速度减少，呈现为反 J 型。

(a) 正J型　　(b) 反J型

图 3.4　J 型频数分布示意图

二、定性数据的频数分布表编制

(一) 分类数据的频数分布表编制

对于分类数据，在列出所划分类别的同时，再统计出各类别对应的频数或频率并用表格形式显示，就形成了分类数据的频数分布表。

例 3.2　某财经大学 2017 级统计学专业的一个学生调研小组，对 2019 年 4 月份在校大学生的手机消费状况进行实验性调查，从全校本科生中抽选了 100 名学生发放调查问卷(根据学校学生性别结构的实际状况，学生性别按男女 3∶7 比例配额选取)，表 3.12 是问卷中关于性别及持有手机品牌的数据，试通过编制频数分布表来观察持有不同手机品牌的学生分布情况。

表 3.12　100 名大学生性别及持有手机品牌原始数据

问卷编号	性别	持有手机品牌	问卷编号	性别	持有手机品牌	问卷编号	性别	持有手机品牌
001	男	华为	014	女	华为	027	女	VIVO
002	男	华为	015	女	华为	028	女	三星
003	男	OPPO	016	女	苹果	029	女	OPPO
004	男	华为	017	女	华为	030	女	OPPO
005	男	VIVO	018	女	华为	031	男	小米
006	男	VIVO	019	女	苹果	032	男	华为
007	男	苹果	020	女	小米	033	男	OPPO
008	男	华为	021	女	OPPO	034	男	华为
009	男	魅族	022	女	华为	035	男	苹果
010	男	苹果	023	女	OPPO	036	男	一加
011	女	OPPO	024	女	华为	037	男	华为
012	女	OPPO	025	女	华为	038	男	苹果
013	女	OPPO	026	女	VIVO	039	男	苹果

续表

问卷编号	性别	持有手机品牌	问卷编号	性别	持有手机品牌	问卷编号	性别	持有手机品牌
040	男	小米	061	男	VIVO	082	女	VIVO
041	女	苹果	062	男	VIVO	083	女	OPPO
042	女	华为	063	男	VIVO	084	女	华为
043	女	华为	064	男	努比亚	085	女	华为
044	女	华为	065	男	华为	086	女	华为
045	女	OPPO	066	男	OPPO	087	女	魅族
046	女	VIVO	067	男	华为	088	女	OPPO
047	女	VIVO	068	男	华为	089	女	OPPO
048	女	VIVO	069	男	小米	090	女	OPPO
049	女	魅族	070	男	OPPO	091	女	OPPO
050	女	OPPO	071	女	三星	092	女	OPPO
051	女	华为	072	女	OPPO	093	女	小米
052	女	华为	073	女	OPPO	094	女	华为
053	女	华为	074	女	OPPO	095	女	华为
054	女	华为	075	女	华为	096	女	VIVO
055	女	OPPO	076	女	苹果	097	女	VIVO
056	女	OPPO	077	女	OPPO	098	女	三星
057	女	VIVO	078	女	华为	099	女	华为
058	女	OPPO	079	女	小米	100	女	苹果
059	女	OPPO	080	女	华为			
060	女	苹果	081	女	华为			

表 3.12 中有两个变量，分别是学生性别和持有手机品牌。为了观察持有不同手机品牌的学生分布情况，可以按手机品牌进行分组，表 3.13 为按持有手机品牌分组形成的频数分布表。

表 3.13　100 名大学生持有手机品牌频数分布表

持有手机品牌	学生人数/人	频率/%
苹果	11	11
华为	34	34
魅族	3	3
小米	6	6
努比亚	1	1
OPPO	27	27
三星	3	3

续表

持有手机品牌	学生人数/人	频率/%
VIVO	14	14
一加	1	1
合计	100	100

从表 3.13 中可以看出，在这 100 名大学生的样本中，持有华为、OPPO 和 VIVO 这三个国产手机品牌的大学生分别为 34 人、27 人、14 人，分别占被调查学生总数的 34%，27%，14%，三大手机品牌持有人数占被调查学生总数的 75%，品牌集中度相对较高。而在 2015 年对该校大学生进行的大学生手机消费调研中，占据优势地位的则是苹果手机，所调查的 50 名大学生的样本中持有苹果手机的大学生 22 人，占被调查学生总数的 44%，遥遥领先于其他品牌，而华为、OPPO 和 VIVO 的占比分别为 8%，4%，4%。在 2010 年更早的类似调查中，处于绝对领先地位的手机品牌则是诺基亚，当时在 50 名大学生样本中诺基亚占比为 40%，苹果品牌占比 12%，国产品牌在那时处于绝对的弱势地位，品牌分散且占比很低。

按持有手机品牌分组形成的频数分布表只能观察学生持有各种手机品牌的人数，但不能区分不同性别学生持有的情况。为了能够区分持有各种手机品牌的人数中不同性别学生持有的情况，可以将持有手机品牌和性别两个变量交叉起来分组，即进行复合分组编制频数分布表，这样的频数分布表又称列联表(contingency table)或交叉表(cross table)，Excel 软件中称为数据透视表。表 3.14 是将持有手机品牌与性别交叉起来编制的列联表。

表 3.14　100 名大学生持有手机品牌与性别列联表

持有手机品牌分组	学生人数/人		
	性别		总计
	男	女	
苹果	5	6	11
华为	10	24	34
魅族	1	2	3
小米	3	3	6
努比亚	1	0	1
OPPO	4	23	27
三星	0	3	3
VIVO	5	9	14
一加	1	0	1
合计	30	70	100

(二) 顺序数据的频数分布表编制

顺序数据的频数分布也是在列出顺序数据类别的同时，再统计出各类别相应的频数或频率并用表格形式显示，即可得到顺序数据的频数分布表。

凡是适用于分类数据的数据处理方法都适用于顺序数据，但不能反过来。值得注意的是，对于顺序数据，除了能够统计频数和计算频率之外，还可以进一步统计累计频数和累计频率。

累计频数(cumulative frequencies)是将各类别的频数逐级累加起来。它有两种方法：一是从类别最低的一方开始，向类别最高的一方进行频数累加，这称为向上累计频数；二是从类别最高的一方，向类别最低的一方进行频数累加，这称为向下累计频数。通过累计频数，可以很容易地看出，向上累计频数表示某一类别及其以下的频数之和，向下累计频数表示某一类别及其以上的频数之和。不管是向上累计还是向下累计频数，累计至最后一组的频数一定是总频数。

累计频率(cumulative percentages)就是将各类别的频率逐级累加起来，也有向上累计和向下累计两种方法。向上累计频率表示某一类别及其以下的频率之和，向下累计频率表示某一类别及其以上的频率之和。不管是向上累计还是向下累计频率，累计至最后一组的频率一定是 1 (或 100%)。

例 3.3 在一项有关住房问题的研究中，调查人员在甲、乙两城市各抽取 300 户家庭，其中调查的一个问题是：您对您家庭目前的住房状况是否满意？请您在下列选项中划出一项：①非常不满意；②不满意；③一般；④满意；⑤非常满意。

调查结果经分组处理后见表 3.15 和表 3.16。

表 3.15 甲城市家庭住房状况满意度频数分布表

满意程度	户数/户	频率/%	向上累计		向下累计	
			户数/户	频率/%	户数/户	频率/%
非常不满意	24	8	24	8	30	100
不满意	108	36	132	44	276	92
一般	93	31	225	75	168	56
满意	45	15	270	90	75	25
非常满意	30	10	300	100	30	10
合计	300	100	—	—	—	—

表 3.16 乙城市家庭住房状况满意度频数分布表

满意程度	户数/户	频率/%	向上累计		向下累计	
			户数/户	频率/%	户数/户	频率/%
非常不满意	21	7.0	21	7.0	30	100.0
不满意	99	33.0	120	40.0	279	93.0
一般	78	26.0	198	66.0	180	60.0
满意	64	21.3	262	87.3	102	34.0
非常满意	38	12.7	300	100.0	38	12.7
合计	300	100	—	—	—	—

累计频数和累计频率的意义是明显的。例如，表 3.15 的第二组向上累计频数和频率说明，在被调查的甲城市 300 户家庭中，对住房状况感觉不满意及以下(包括不满意和非常不满意)共有 132 户，占调查总户数的 44%；第三组向下累计户数和频率说明，对住房状况感觉一般及以上(包括一般、满意和非常满意)共有 168 户，占调查总户数的 56%。

三、定性数据频数分布的图形显示

以统计图来显示统计数据是描述统计的一个非常重要的内容，较之繁杂的大量统计数据，统计图更为具体、直观，易为人们所理解，具有较强的说服力。统计图在显示数据的分布形态，揭示现象的内部结构和依存关系，研究现象的发展趋势等方面，都具有重要的作用。

适用于定性数据频数分布的统计图主要有条形图、帕累托图、饼图、环形图等。

(一) 条形图与帕累托图

条形图(bar chart)是用宽度相同条形的高度或长度来表示数据多少的统计图。条形图可以横置或纵置，纵置时也称为柱形图。在表示分类数据的频数分布时，用条形图的长度或高度来表示各类别数据的频数或频率。绘制时，各类别若放在纵轴，称为条形图；各类别若放在横轴，就称为柱形图。

根据表 3.13 数据绘制的 100 名大学生持有手机品牌的条形图见图 3.5。

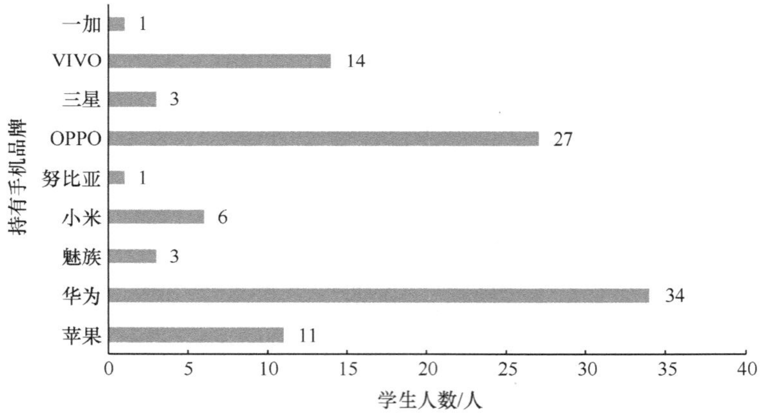

图 3.5 100 名大学生持有手机品牌的单式条形图

条形图又有单式条形图、复式条形图等形式。图 3.5 是学生持有手机品牌的单式条形图。若依据表 3.14 的交叉频数分布表中的数据将持有手机品牌与性别两个变量均绘制在一张图中，就形成了复式条形图，见图 3.6。

另外，为了能够显示各类别频数或频率的排序，可以制作帕累托图。帕累托图的一个优点是容易找到“最重要”的类别——具有最大频数或频率的类别，从而为确定各类别数据的众数提供依据。在制作帕累托图时，定性变量的类别对应的条形高度从左到右按降序排列。

以表 3.13 数据为基础绘制的 100 名大学生持有手机品牌的帕累托图见图 3.7。

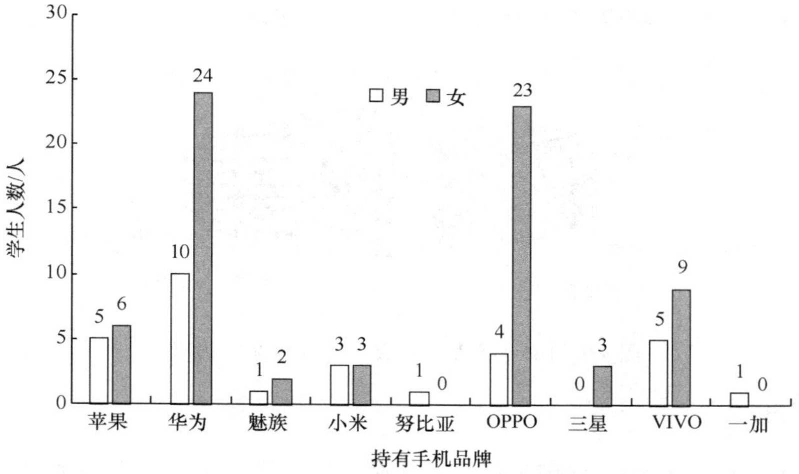

图 3.6 100 名大学生持有手机品牌的复式条形图

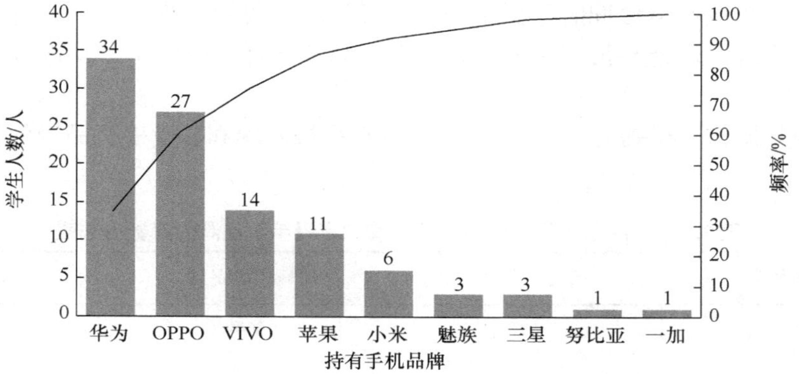

图 3.7 100 名大学生持有手机品牌的帕累托图

(二) 饼图

饼图(pie chart)是用圆及圆内扇形的面积来表示数据多少的统计图。饼图主要用于表示一个总体(或样本)中各类别的频数占总频数的比例，对于研究单总体的结构问题十分有用。

以表 3.13 频数分布数据绘制 100 名大学生持有手机品牌的饼图见图 3.8。

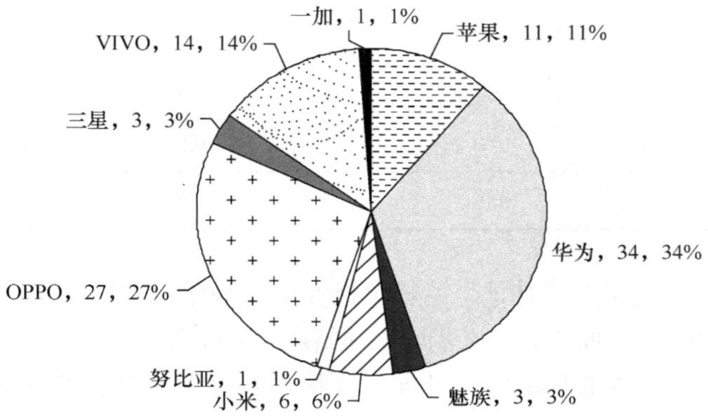

图 3.8 100 名大学生持有手机品牌的饼图

饼图还可根据需要绘制成三维图形式，100 名大学生持有手机品牌的三维饼图见图 3.9。

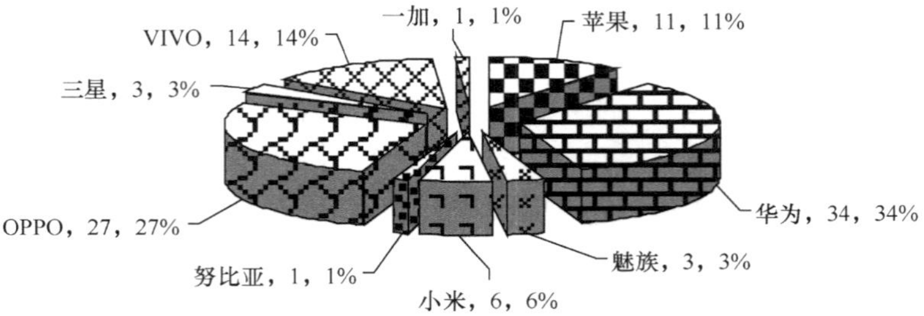

图 3.9　100 名大学生持有手机品牌的三维饼图

(三) 环形图

环形图(doughnut chart)与饼图类似，但又有区别。环形图中间有一个“空洞”，总体或样本中的每组频数或频率用环中的一段区域来表示。饼图只能显示一个总体和样本各组所占的比例，而环形图则可以同时绘制多个总体或样本的数据系列，每一个总体或样本的数据系列形成一个环。因此环形图可同时显示多个总体或样本的结构，从而有利于人们进行比较研究。

根据调查数据整理得到的 100 名大学生持有手机品牌和喜爱手机品牌的频数分布表见表 3.17。

表 3.17　100 名大学生持有手机品牌和喜爱手机品牌的频数分布表

持有手机品牌	学生人数/人	喜爱手机品牌	学生人数/人
苹果	11	苹果	20
华为	34	华为	52
魅族	3	魅族	0
小米	6	小米	8
努比亚	1	努比亚	0
OPPO	27	OPPO	7
三星	3	三星	3
VIVO	14	VIVO	5
一加	1	一加	0
其他	0	其他	5
合计	100	合计	100

表 3.17 中的喜爱手机品牌“其他”一行包括 5 个品牌(诺基亚、锤子、索尼、360 和谷歌)，分别被提及一次，为绘图方便不再一一列出。据表 3.17 数据绘制的环形图见图 3.10。图中里面的环形表示持有手机品牌的环形图，外面的环形是喜爱手机品牌的环形图。

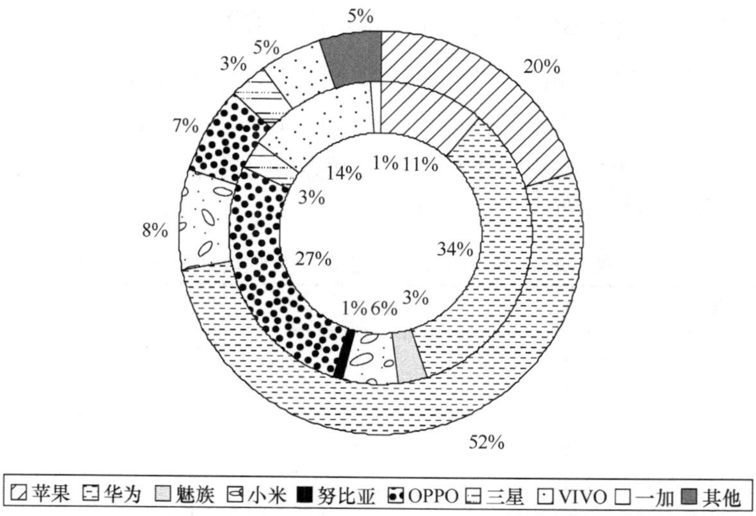

图 3.10　100 名大学生持有手机品牌和喜爱品牌的环形图

通过观察图 3.10 可以发现，作为调查样本的这 100 名大学生在持有手机品牌和喜爱手机品牌的结构上存在明显差异，华为品牌的持有占比为 34%，作为喜爱品牌被提及占比高达 52%；而持有占比位居第二、三位的 OPPO(27%)、VIVO(14%)，作为喜爱品牌被提及占比只有 7%和 5%；持有占比并不很高的苹果(11%)，作为喜爱品牌被提及占比明显提升，达 20%。

第三节　定量数据的频数分布

定性数据的频数分布表及统计图，一般也适用于定量数据，但需要注意的是，定量数据的频数分布表编制及统计图显示还有一些不同的方法。

一、定量数据的频数分布表编制

定量数据根据计量尺度可分为定距数据和定比数据，在编制定量数据频数分布表时，首先将定量数据进行分组，然后再统计各组的频数并计算出各组的频率，最后编制成频数分布表。当然，定量数据分组还可计算累计频数和累计频率，包括向上累计和向下累计两种方法。

定量数据频数分布表的编制关键在于对数据进行科学、合理的统计分组，本章第一节已经详细说明了定量数据的统计分组方法，本节主要从应用角度说明定量数据频数分布表编制的具体步骤。

(一) 基于单变量值分组的频数分布表编制

例 3.4　某车间 20 名工人日加工零件数(单位：件)如下，试编制工人日加工零件数的频数分布表。

16	13	18	15	19	14	17	13	15	17
18	15	16	18	14	16	15	16	17	16

工人日加工零件数属于离散变量，观察工人日加工零件数的原始数据可以看出，数据不多，比较适合进行单变量值分组。

为便于分组，需要首先对原始数据排序处理。排序结果如下：

13	13	14	14	15	15	15	15	16	16
16	16	16	17	17	17	18	18	18	19

数据经排序后，就可确定各组变量值，统计频数并计算频率，从而编制频数分布表。20 名工人日加工零件数的频数分布表见表 3.18。

表 3.18　20 名工人日加工零件数频数分布表

工人日加工零件数/件	频数/人	频率/%
13	2	10
14	2	10
15	4	20
16	5	25
17	3	15
18	3	15
19	1	5
合计	20	100

(二) 基于组距分组的频数分布表编制

当遇到连续变量或者离散变量取值较多的情况时，不适合采用单变量值分组编制频数分布表，这就需要通过组距分组来实现频数分布表的编制。

例 3.5　某班级 40 名学生统计学课程考试成绩资料如下(单位：分)。

68	89	88	84	86	87	75	73	72	68
75	82	99	58	81	54	79	76	95	76
71	60	91	65	76	72	76	85	89	92
64	57	83	81	78	77	72	61	70	87

试编制 40 名学生统计学考试成绩的频数分布表。具体编制步骤如下。

(1) 将原始数据排序，确定统计学考试成绩的变动范围。将统计学考试成绩按从小到大的顺序排列，可以确定其最大值、最小值和变动范围。排序结果如下：

54	57	58	60	61	64	65	68	68	70
71	72	72	72	73	75	75	76	76	76
76	77	78	79	81	81	82	83	84	85
86	87	87	88	89	89	91	92	95	99

通过排序，可以看出统计学考试成绩的基本情况：最低分为 54 分，最高分为 99 分，考试成绩的最大变动范围为 99 分 − 54 分 = 45 分。另外从排序后的数据中可看出大多数学生的成绩在 60～90 分，60 分以下和 90 分以上的学生数量不多。

(2) 确定组数和组距。统计学考试成绩的变动范围较大，如果采用单变量值分组，则组数过多，不能反映该班学生成绩的分布特征，可考虑采用组距分组。组数的确定要根据研究对象的具体情况而定。对学习成绩的分析主要是从不及格、及格、中等、良好、优秀等来考虑，这样可以分为 5 组。

组数确定后，就可以确定组距。从研究目的来考虑，采用等距分组比较适宜，因而有

$$组距 = (最大值 - 最小值) \div 组数 = 45 \div 5 = 9(分)$$

从实用角度出发，组距一般取 5，10 或它们的一定倍数为好，且需用整数表示，所以确定以 10 分作为组距。

(3) 确定组限和组限的表示方法。成绩虽然是连续变量，但习惯上用离散变量的表示方法，采用整数来做组限，但需用组限重叠的设置形式，以避免遗漏有关数据。确定组限时要注意，最低组的下限要小于或等于最小的变量值，最高组的上限应大于最大的变量值。

组限的表示方法有闭口组和开口组两种形式，一般采用闭口组，但对于存在极端值且数量较少的情况下，首组和末组可采用开口组的形式。对该班学生统计学成绩可设置如下分组：60 分以下，60～70 分，70～80 分，80～90 分，90 分以上。

(4) 编制频数分布表。根据所确定的组数、组距及组限表示方法，分别统计各组频数(次数)形成的频数分布表见表 3.19。

表 3.19　某班级 40 名学生统计学成绩频数分布表

按成绩分组/分	学生数/人	频率/%
60 以下	3	7.5
60～70	6	15.0
70～80	15	37.5
80～90	12	30.0
90 以上	4	10.0
合计	40	100

组距分组的频数分布在体现各组组间差异，反映总体分布特征的同时，也掩盖了各组内部的差异，从而使得利用组距分组资料进行的统计计算和分析就具有了近似性。

二、定量数据频数分布的图形显示

本章第二节中介绍的用于显示定性数据频数分布的条形图、饼图、环形图等，也可用来显示定量数据的频数分布。此外，显示定量数据频数分布的图形还有直方图、折线图、曲线图、雷达图、茎叶图、箱线图等。本节主要介绍直方图、折线图、曲线图、雷达图等，关于茎叶图和箱线图将在本章第四节中介绍。

(一) 直方图

直方图(histogram)是用于显示定量数据特别是组距分组频数分布的一种常用统计图，它使用矩形的宽度和高度来表示频数分布。在平面直角坐标中，用横轴表示数据分组，纵轴表示频数或频率，这样，各组与相应的频数就形成了一个矩形，即直方图。对于等距分组的频数分布，可以用频数直接作为直方图的高度。但对于异距分组的频数分布制作直方图，则需要用频数密度(频数密度 = 频数/组距)来表示矩形的高度，以准确反映各组数据分布特征，若用频数表示矩形高度则受到各组组距大小不同的影响，数据分布特征表示不准确。

例 3.6　以例 3.5 数据为例，试绘制某班级 40 名学生统计学课程考试成绩的直方图。

依据表 3.19 中某班级 40 名学生统计学成绩频数分布资料绘制的直方图见图 3.11。

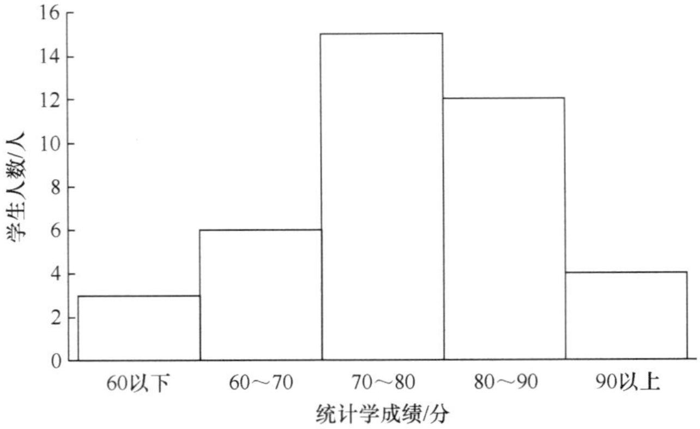

图 3.11　某班级 40 名学生统计学成绩频数分布直方图

直方图与条形图不同，条形图是用条形的长度(横置时)表示各类别频数的多少，其宽度(表示类别)是固定的；而直方图是用矩形表示各组频数的多少，矩形的高度表示每一组的频数或频率，宽度则表示各组的组距，因此其高度与宽度均有意义。在绘制直方图时应注意以下三个问题：①在图形中条形的宽度为各组的组距，可以相等，也可以不等；②各条之间是连续的，没有间隔；③横轴表示各组，纵轴表示各组出现的频数。

图 3.11 是利用 Excel 软件绘制的直方图，输出结果进行了必要的加工处理。

(二) 折线图与曲线图

折线图(broken line graph)也称频数多边形图。在直方图的基础上，把直方图中各矩形顶部的中点(即组中值)用直线连接起来，再把原来的直方图抹掉就是折线图。需要注意，折线图的两个终点要与横轴相交，具体的做法是将第一个矩形的顶部中点通过竖边中点(即该组频数或频率一半的位置)连接到横轴，最后一个矩形顶部中点与其竖边中点连接到横轴。这样才会使折线图下所围成的面积与直方图的面积相等，从而使二者所表示的频数分布一致。

以例 3.6 资料制作的折线图见图 3.12。

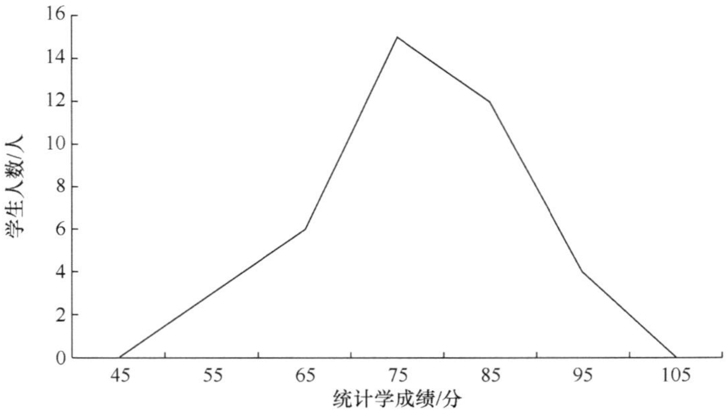

图 3.12　某班级 40 名学生统计学成绩频数分布折线图

当对数据所分的组数很多时，组距会越来越小，这时所绘制的折线图就会越来越光滑，逐渐形成一条平滑的曲线，这就是频数分布曲线，其图形叫做曲线图，曲线图是折线图的理论图。分布曲线在统计学中有着十分广泛的应用，是描述各种统计量分布规律的有效方法。

(三) 雷达图

雷达图(radar chart)是基于一种形似导航雷达显示屏上的图形而构建的一种多变量数据的图形显示方法，又被称为狼蛛网图、戴布拉图。雷达图由若干个同心圆组成，同心圆向外引若干条射线，它们之间等距，每一个圆代表一定的数值，由圆心向外数值增加，每条射线末端放一个被研究的变量。

雷达图主要用来分析比较数据相对中心点和其他数据点的变化情况，常用于多项变量的全面分析，它能使图表阅读者一目了然地知晓各项变量的变动情况和好坏趋向。一般情况下，雷达图主要应用于企业经营及财务状况——收益性、生产性、流动性、安全性、成长性等的评价。

例 3.7　2020 年我国城镇和农村居民各项人均消费支出数据如表 3.20 所示。

表 3.20　2020 年我国城镇和农村居民各项人均消费支出数据表

消费支出分类	城镇居民人均消费支出/元	农村居民人均消费支出/元
食品烟酒	7880.5	4479.4
衣着	1644.8	712.8
居住	6957.7	2962.4
生活用品及服务	1640.0	767.5
交通通信	3474.3	1840.6
教育文化娱乐	2591.7	1308.7
医疗保健	2171.2	1417.5
其他用品及服务	646.2	224.4
合计	27006.4	13713.3

数据来源：国家统计局编，《中国统计年鉴 2021》，中国统计出版社，2021 年 9 月。

根据表 3.20 的数据制作的雷达图见图 3.13。从图 3.13 我们可以清楚地观察到，2020 年我国城镇居民和农村居民的消费支出结构具有很大的相似性，都是食品烟酒支出所占比重最大，其他用品及服务占比最小，并且我们可以明显地看出城镇居民的各项消费支出水平普遍高于农村居民，说明我国当时在消费支出水平上的城乡差距明显。

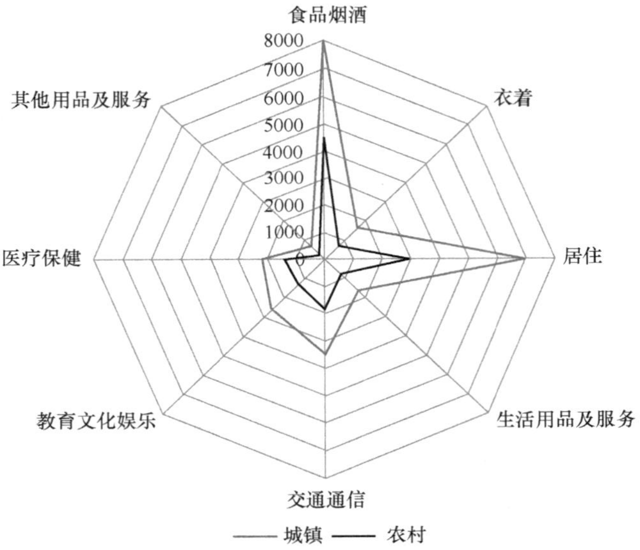

图 3.13　2020 年我国城镇和农村居民人均消费支出雷达图

第四节　探索性数据分析：茎叶图和箱线图

探索性数据分析技术由简单算术和易画的图形组成，可以用于快速地汇总并分析数据。茎叶图和箱线图就是很常用的技术。

一、茎叶图

茎叶图(stem-and-leaf display)，又称“枝叶图”，由英国统计学家阿瑟·鲍利(Arthur Bowley)设计，它是一种同时排列定量数据顺序并提供分布形态的深入信息的探索性数据分析技术。其基本思路是将数组中的数按位数进行比较，将大小基本不变或变化不大的位的数作为一个主干(茎)，将变化大的位的数作为分枝(叶)，列在主干的后面，这样就可以清楚地看到每个主干后面的几个数，每个数具体是多少。

茎叶图由两部分组成：茎(stem)与叶(leaf)。茎通常由每组数的高位数字形成，按组竖立在左边；叶通常由每组数的低位数字形成，按组横排在“茎”的右边。

例 3.8　用例 3.5 某班级 40 名学生统计学课程考试成绩的数据来说明绘制茎叶图的基本思路。40 名学生统计学课程考试成绩原始数据如下：

68	89	88	84	86	87	75	73	72	68
75	82	99	58	81	54	79	76	95	76
71	60	91	65	76	72	76	85	89	92
64	57	83	81	78	77	72	61	70	87

这是一组两位数据，首先，将每个数据的十位数字(数字变化不大)作为茎，列在一条竖线的左边，在这条竖线的右边记录每个数据的最后一个数字(本例中就是每个数据的个位数字)作为叶。其次，对竖线右侧每一行数据进行大小排序，就可以得到图 3.14 所示的茎叶图。

图 3.14 中竖线左侧的一列数字(5，6，7，8，9)为茎叶图的茎，竖线右侧的每个数字为茎

叶图的叶，茎距是 10。为更清楚地显示数据的分布状况，可以将每根茎右侧的叶子用矩形框住，形成图 3.15。

5	4 7 8
6	0 1 4 5 8 8
7	0 1 2 2 2 3 5 5 6 6 6 6 7 8 9
8	1 1 2 3 4 5 6 7 7 8 9 9
9	1 2 5 9

图 3.14　某班级 40 名学生统计学考试成绩茎叶图(排序后)

5	4	7	8												
6	0	1	4	5	8	8									
7	0	1	2	2	2	3	5	5	6	6	6	6	7	8	9
8	1	1	2	3	4	5	6	7	7	8	9	9			
9	1	2	5	9											

图 3.15　某班级 40 名学生统计学考试成绩茎叶图(带矩形框)

通过茎叶图 3.15，该班级 40 名学生的统计学成绩的分布状况就比较清晰地展现在我们面前。从图 3.15 可以观察到，该班统计学成绩的茎叶图呈扁而宽的形状，说明该班成绩较集中，差异不大，而如果茎叶图呈长而窄的形状，则意味着成绩较分散，差异较大。在图 3.15 中统计学成绩被分成了 5 个区域(50～59 分、60～69 分、70～79 分、80～89 分、90 分以上)，依次代表 5 个不同的成绩水平(不及格、及格、中等、良好、优秀)。

若将图 3.15 逆时针旋转 90°，就可得到类似于直方图的图形，实际上就是该班级成绩带有原始数据的直方图，可以从中统计出各分数段的频数，计算出各分数段的频率。因此茎叶图有以下特点。

(1) 用茎叶图显示数据有如下优势：一是茎叶图比较容易手工绘制；二是茎叶图上没有原始数据信息的损失，所有数据信息都可以从图中得到；三是茎叶图中的数据可以随时记录，随时添加，方便记录与表示。

(2) 茎叶图便于表示两位有效数字的数据，而且茎叶图方便记录两组数据，两组以上的数据虽然能够记录，但是没有表示两个记录那么直观、清晰。当数据较多时，因为每一个数据都要在图中占据一个空间，用茎叶图就很不方便。

目前 Excel 软件不支持直接绘制茎叶图,但可以安装专门的统计插件 PHStat2 后进行绘制。利用 SPSS 软件也可以很方便地制作出茎叶图，见图 3.16。

图 3.16 中的第一列给出了每个茎上叶子的个数，第二列是“茎”，第三列是“叶”，茎和叶两者结合起来代表一个数据。注意此处 SPSS 绘制的茎叶图与前面我们手工绘制的图有所不同，在图 3.15 中，数据十位数的每个数字只列了一个茎，而在图 3.16 中 SPSS 自动将每个茎重复了一次，使分布的细节看得更为清楚一些。

VAR00001 Stem-and-Leaf Plot

Frequency	Stem &	Leaf
1.00	5 .	4
2.00	5 .	78
3.00	6 .	014
3.00	6 .	588
6.00	7 .	012223
9.00	7 .	556666789
5.00	8 .	11234
7.00	8 .	5677899
2.00	9 .	12
2.00	9 .	59

Stem width: 10.00
Each leaf: 1 case(s)

图 3.16　某班级 40 名学生统计学成绩茎叶图

二、箱线图

箱线图(box plot)是显示未分组数据分布特征的，它是由一组数据的最大值(maximum)、最小值(minimum)、中位数(median)、两个四分位数(quartiles)这 5 个值绘制而成的统计图(关于中位数和四分位数，将在第四章第一节作详细介绍)。它不仅可用于反映一组数据分布的形态，比如，分布是否对称、是否存在离群值等，还可以进行多组数据分布特征的比较分析，这也是箱线图的最大优点之一。

箱线图的一般形式见图 3.17。

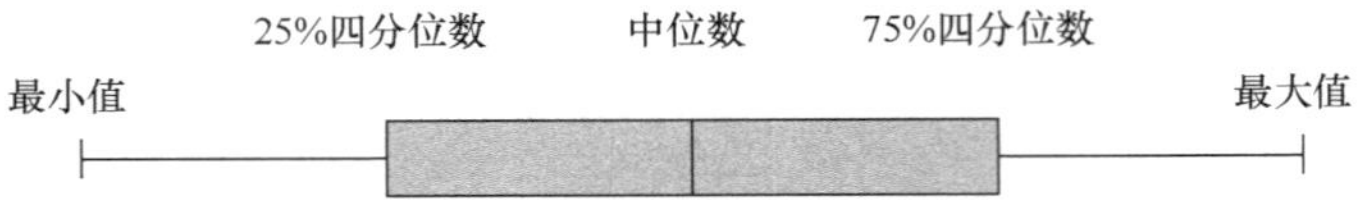

图 3.17　箱线图的示意图

通过箱线图的形状可以看出数据分布的形态，见图 3.18。实际应用中，人们常常在箱线图两端须子的两个位置：$Q_1 - 1.5 \times \text{IQR}$ (其中 Q_1 为下四分位数，IQR 为内距，即上下四分位数之差)和 $Q_3 + 1.5 \times \text{IQR}$ (其中 Q_3 为上四分位数)处设置两个节点，被称作限制线。处于这两个节点(限制线)之间的数据为正常值，而这两个节点以外的数据就被认为是离群值(异常值)。虽然限制线总是要计算的，但在箱线图中一般不画出来。而离群值常用小圆点和星星点标出，小圆点代表温和离群值，星星点代表极端离群值。

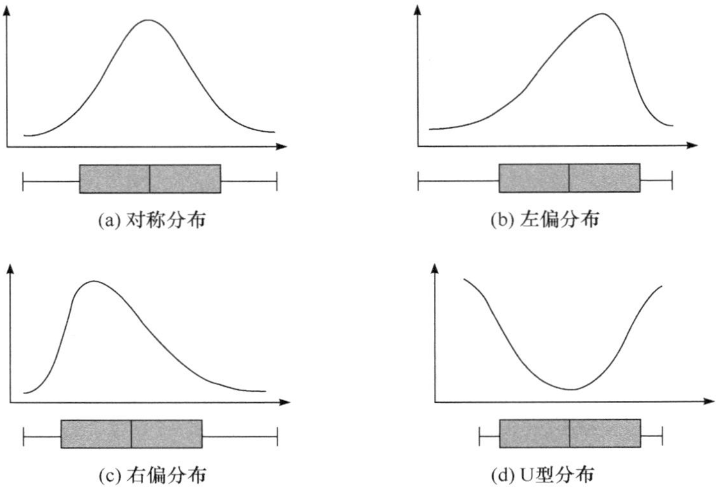

图 3.18　不同箱线图对应的数据分布形态

例 3.9　仍以例 3.1 的资料为基础，顺序增添 3 名学生及两门课程数据，共 11 名学生 5 门课程的考试成绩如表 3.21 所示，试绘制各门课程考试成绩的箱线图。

表 3.21　某班 11 名学生考试成绩一览表　　(单位：分)

学号	姓名	性别	数学	英语	计算机	统计学	会计学
20210101	张军	男	76	71	85	80	78
20210102	胡小平	男	65	50	70	66	72
2021010	段萌萌	女	80	85	82	90	88
20210104	李霞	女	72	83	84	85	82
20210105	张东民	男	56	66	80	70	67
20210106	刘佳	女	60	75	72	72	68
20210107	王大力	男	78	67	82	73	80
20210108	赵国栋	男	80	78	91	88	86

续表

学号	姓名	性别	数学	英语	计算机	统计学	会计学
20210109	王科	男	55	62	78	66	70
20210110	刘丽丽	女	81	88	82	85	80
20210111	郝学程	男	70	68	84	82	76

绘制各门课程考试成绩的箱线图时，首先需要计算出各门课程考试成绩的最大值、最小值、中位数和两个四分位数，然后再绘制出图形，这一过程较为烦琐，但如果利用统计分析软件，则可以方便快捷地完成箱线图绘制。高级版本的 Excel 软件(Excel 2016 以上版本)能够直接实现箱线图的绘制，但低版本的 Excel 无此功能。图 3.19 就是利用 SPSS 绘制的 5 门课程考试成绩的箱线图。

由图 3.19 可以观察出，5 门课程中，平均成绩较高的是计算机和统计学，而数学和英语平均成绩较低；从考试成绩的离散程度看，计算机和会计学的考试成绩较为集中(箱体较短)，而数学和英语的考试成绩则比较分散(箱体较长)；从分布状况看，只有数学成绩较为接近对称分布，图中的“○²”标出的点是 2 号学生(表中为胡小平同学)在 11 名学生的计算机课程考试成绩中的最低分，被视为所有计算机成绩中的离群值。

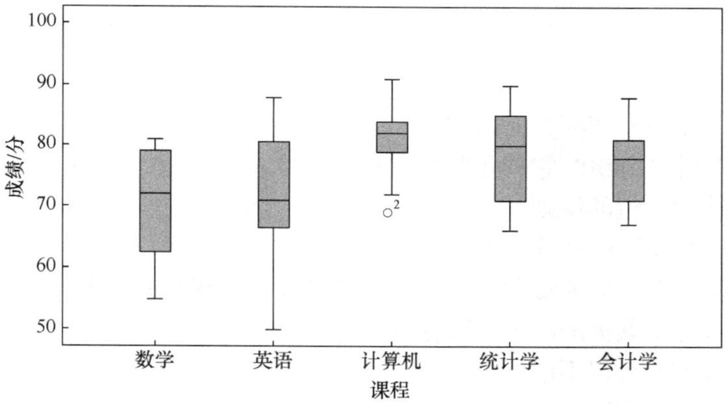

图 3.19　SPSS 绘制的 5 门课程考试成绩的箱线图

图 3.20 是利用 Excel 2019 绘制的 5 门课程考试成绩的箱线图，读者可以比较一下两种软件箱线图绘制的不同特点。在图 3.20 中，各个箱体里的“×”号是每门课程的算术均值。

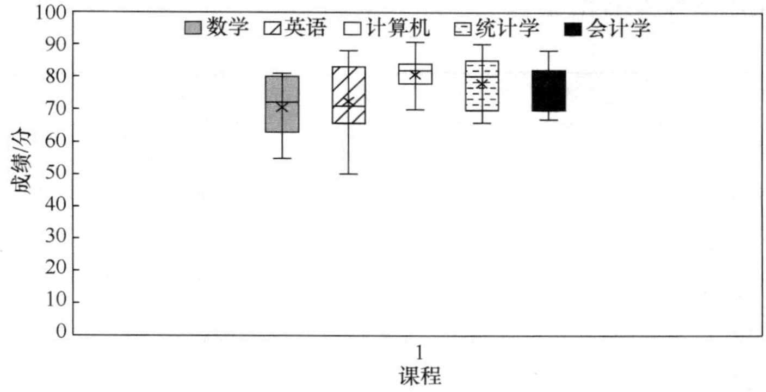

图 3.20　Excel 2019 绘制的 5 门课程考试成绩的箱线图

同样，也可以制作 11 名学生的成绩箱线图，见图 3.21。请读者自己进行观察与分析。

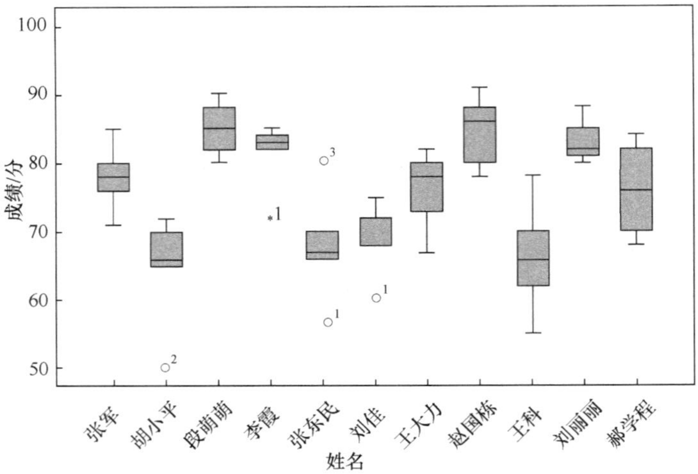

图 3.21　11 名学生考试成绩的箱线图

思考与练习

一、思考题

1. 数据审核主要包括哪些方面内容?
2. 说明什么是统计分组? 它有哪些作用?
3. 简要说明统计分组的原则。
4. 组距分组时应明确哪些问题? 如何解决?
5. 什么是频数分布? 如何编制定性数据和定量数据的频数分布表?
6. 定性数据和定量数据的图示方法各有哪些?
7. 条形图与直方图有何不同?
8. 什么是茎叶图? 其特点有哪些?
9. 什么是箱线图? 它有何作用?

二、练习题

1. 某商品专卖店某年某日的销售流水账如下。

销售单号	销售员姓名	性别	销售型号	单价	销售数量	销售额
071008001	赵灵儿	女	*C*	1200	1	1200
071008002	赵灵儿	女	*C*	1200	1	1200
071008003	李逍遥	男	*A*	800	1	800
071008004	林月如	女	*B*	1000	1	1000
071008005	赵灵儿	女	*A*	800	1	800
071008006	赵灵儿	女	*C*	1200	1	1200

续表

销售单号	销售员姓名	性别	销售型号	单价	销售数量	销售额
071008007	林月如	男	*A*	800	1	800
071008008	李逍遥	女	*C*	1200	1	1200
071008009	李逍遥	女	*A*	800	1	800
071008010	赵灵儿	女	*B*	1000	1	1000
071008011	林月如	男	*C*	1200	1	1200
071008012	林月如	女	*C*	1200	1	1200
071008013	赵灵儿	女	*A*	800	1	800
071008014	林月如	女	*C*	1200	1	1200
071008015	赵灵儿	女	*C*	1200	1	1200

要求：(1) 利用 Excel 软件，分别按销售员和销售型号进行分类汇总。

(2) 利用 Excel 软件，按销售员统计其不同销售型号的销售数量与销售额(数据透视表)。

2. 为了确定灯泡的使用寿命(小时)，在一批灯泡中随机抽取 100 只进行测试，所得结果如下。

700	716	728	719	685	709	691	684	705	718
706	715	712	722	691	708	690	692	707	701
708	729	694	681	695	685	706	661	735	665
668	710	693	697	674	658	698	666	696	698
706	692	691	747	699	682	698	700	710	722
694	690	736	689	696	651	673	749	708	727
688	689	683	685	702	741	698	713	676	702
701	671	718	707	683	717	733	712	683	692
693	697	664	681	721	720	677	679	695	691
713	699	725	726	704	729	703	696	717	688

要求：(1) 利用 Excel 软件，对以上数据进行排序。

(2) 以组距为 10 进行等距分组，生成频数分布表，并绘制直方图。

3. 某公司下属 40 个销售点 2018 年的商品销售收入数据(单位：万元)如下。

152	124	129	116	100	103	92	95	127	104
105	119	114	115	87	103	118	142	135	125
117	108	105	110	107	137	120	136	117	108
97	88	123	115	119	138	112	146	113	126

要求：(1) 根据上面的数据进行适当分组，编制频数分布表，绘制直方图。

(2) 制作茎叶图，并与直方图进行比较。

4. 2015～2020 年我国就业人口人员数(单位：万人)如下表。

年份	总就业人数	第一产业就业人数	第二产业就业人数	第三产业就业人数
2015	76320	21418	22644	32258
2016	76245	20908	22295	33042
2017	76058	20295	21762	34001
2018	75782	19515	21356	34911
2019	75447	18652	21234	35561
2020	75064	17715	21543	35806

数据来源：国家统计局编，《中国统计年鉴 2021》，中国统计出版社，2021 年 9 月。

要求：(1) 利用 Excel 软件，绘制总就业人数的条形图。

(2) 绘制第一、二、三产业就业人数的复式条形图并比较分析。

(3) 根据 2015 年和 2020 年这两年就业人数的三次产业构成数据，分别绘制饼图并做出比较分析。

三、综合案例分析

资料：请根据国家统计局网站搜集我国 2010～2020 年的现价国内生产总值数据及其三次产业增加值数据和分行业增加值数据。请你思考并回答下列问题：

1. 将搜集的我国 2010～2020 年的三次产业增加值和国内生产总值的现价数据结合进行交叉分组，并用合适的统计表呈现出来。

2. 根据 1 的处理结果计算我国 2010～2020 年各年的三次产业增加值比重，并观察三次产业增加值比重在 2010～2020 年的变动情况，写出你的分析结论。

3. 如果需要你用统计图呈现我国 2020 年的三次产业结构状况，你准备选用哪种统计图？使用 Excel 中的图表功能绘制出你选用的统计图。

4. 对我国 2020 年国内生产总值的国民经济行业构成情况进行计算分析，用统计表体现出来，同时选择合适的统计图把你的研究成果呈现出来。

提示：统计表和统计图一定要符合规范设计要求，统计表的总标题放在表的上方，但统计图的图名要放在图的下方。三次产业分类和国民经济行业分类不是一回事，但两种分类存在一定的联系，具体内容请参见国家统计局网站中的分类标准。

四、课程思政

改革开放 40 年给我们带来了什么？

1978 年开始的改革开放是我国社会主义制度自我完善的过程，40 年春华秋实，改革开放波澜壮阔，这是一个伟大的时代。时代之所以伟大，是因为它给予每个普通人生活得更好的权利，我国的经济实力和话语权得到了提升，所取得的成就令世人瞩目。

请搜集 1978～2018 年我国的脱贫解困、经济总量、粮食总产量、工业增加值、服务业增加值、居民人均可支配收入、全国社会消费品零售额、邮政业务总量、餐饮收入和服装类商品零售额、交通运输、旅游消费、通信、民生保障等信息，用最直观的统计图表，制作“改革开放 40 年统计数据报表”，看看改革开放以来这伟大的时代，究竟给我们带来了什么，体会我国改革开放的伟大成就。

第三章练习题参考答案

第四章 数据分布特征的度量

【章前阅读】

中华人民共和国 2021 年国民经济和社会发展统计公报(部分内容)

初步核算，全年国内生产总值 1143670 亿元，比上年增长 8.1%，两年平均增长 5.1%。其中，第一产业增加值 83086 亿元，比上年增长 7.1%；第二产业增加值 450904 亿元，增长 8.2%；第三产业增加值 609680 亿元，增长 8.2%。第一产业增加值占国内生产总值比重为 7.3%，第二产业增加值比重为 39.4%，第三产业增加值比重为 53.3%。全年最终消费支出拉动国内生产总值增长 5.3 个百分点，资本形成总额拉动国内生产总值增长 1.1 个百分点，货物和服务净出口拉动国内生产总值增长 1.7 个百分点。全年人均国内生产总值 80976 元，比上年增长 8.0%。国民总收入 1133518 亿元，比上年增长 7.9%。全员劳动生产率为 146380 元/人，比上年提高 8.7%。

…………

全年全国居民人均可支配收入 35128 元，比上年增长 9.1%，扣除价格因素，实际增长 8.1%。全国居民人均可支配收入中位数 29975 元，增长 8.8%。按常住地分，城镇居民人均可支配收入 47412 元，比上年增长 8.2%，扣除价格因素，实际增长 7.1%。城镇居民人均可支配收入中位数 43504 元，增长 7.7%。农村居民人均可支配收入 18931 元，比上年增长 10.5%，扣除价格因素，实际增长 9.7%。农村居民人均可支配收入中位数 16902 元，增长 11.2%。城乡居民人均可支配收入比值为 2.50，比上年缩小 0.06。按全国居民五等分收入分组，低收入组人均可支配收入 8333 元，中间偏下收入组人均可支配收入 18445 元，中间收入组人均可支配收入 29053 元，中间偏上收入组人均可支配收入 44949 元，高收入组人均可支配收入 85836 元。全国农民工人均月收入 4432 元，比上年增长 8.8%。全年脱贫县农村居民人均可支配收入 14051 元，比上年增长 11.6%，扣除价格因素，实际增长 10.8%。

全年全国居民人均消费支出 24100 元，比上年增长 13.6%，扣除价格因素，实际增长 12.6%。其中，人均服务性消费支出 10645 元，比上年增长 17.8%，占居民人均消费支出的比重为 44.2%。按常住地分，城镇居民人均消费支出 30307 元，增长 12.2%，扣除价格因素，实际增长 11.1%；农村居民人均消费支出 15916 元，增长 16.1%，扣除价格因素，实际增长 15.3%。全国居民恩格尔系数为 29.8%，其中城镇为 28.6%，农村为 32.7%。

问题：(1) 指出统计公报中出现的均值及其具体类型；

(2) 结合算术均值与强度相对数的区别，指出上述统计公报中的强度相对数；

(3) 通读国家统计局网站公布的“中华人民共和国 2021 年国民经济和社会发展统计公报”全文，了解我国国民经济的整体发展情况和分类体系。

在第三章了解数据分布形态的基础上，需要进一步计算一系列测度值对数据分布特征进行概括，以发现数据分布的基本数量规律。数据分布特征的度量主要包括：反映数据一般水平的集中趋势度量；反映数据差异程度的离散程度度量；反映数据分布形态特征的度量。

第一节 数据集中趋势的度量

一、集中趋势及其测度值

(一) 集中趋势的概念

集中趋势(central tendency)是指一组数据向某一中心值靠拢的倾向。就数据的分布来看，以钟型分布为最常见，接近中心值的数据次数较多，而远离中心值的数据次数较少，而且，与中心值离差越小的数据次数越多，而离差越大的数据次数越少，即数据分布总是具有一定的分布中心或集中位置，而其他数据以此位置为中心向其靠拢。

(二) 集中趋势的测度值

数据集中趋势的度量就是要寻找数据的中心值，大多数情况下这一中心值以均值的形式表现。如通常情况下，某门课的考试成绩与平均成绩离差较小的学生人数较多，而离差较大的学生人数较少。因此，均值即为反映总体某一变量值一组数据集中趋势的测度值，它是数据分布的重要特征值之一。本章以下内容将集中趋势测度值与均值做同等对待。

1. 均值的特点

均值具有代表性与抽象性的特点。

(1) 均值首先是一个代表值，表示研究总体某一变量值的一般水平。例如，工资额是职工群体的重要变量值之一，职工的工资额有高有低，数额不等。若要了解某企业职工的工资水平，计算得到该企业职工的平均工资为 5860 元,那么 5860 元就代表了该企业职工工资的一般水平。

(2) 均值又是一个抽象化的数值,它把研究总体某一变量值在个体之间的数量差异抽象化了。例如，前面的企业职工的平均工资为 5860 元，是由于高于 5860 元的工资和低于 5860 元的工资互相抵消了，实际上每位职工的工资额是不同的，但从这一平均工资已经看不出每位职工的具体工资额，即平均工资把各个职工工资额的差别抽象化了。

2. 均值的作用

因为均值剔除了总体规模不同的影响，其取值更加便于比较，所以在统计研究中应用广泛，主要表现为：

(1) 均值可以反映变量值的一般水平并可用于横向比较。

均值可用于对同一变量在不同地区、部门、单位之间变量值的比较，以说明某一变量值一般水平的高低。例如，要比较不同班级的学习成绩高低，因为总成绩受到班级人数规模不同的影响，对比不同班级学生的总成绩显然是不合理的，而应对比不同班级的平均成绩来说明问题。

(2) 均值可以比较同一总体某变量值在不同时间的质量或效率高低。

均值可用于对同一变量的变量值在不同时间一般水平的比较。例如，研究某地区小麦生产质量的变化，对比分析不同时期的小麦总产量会受到播种面积变化的影响，而对比不同时期小麦的平均亩产量则可以反映小麦生产质量的动态变化与发展趋势。

(3) 均值可以用来反映变量间的相关关系。

变量值大小往往受到很多因素的影响，如果要反映某一影响因素对研究总体某一变量值的影响规律性，可以通过计算和对比影响因素不同取值条件下变量值的均值来实现。例如，研究职工文化程度与其工资水平之间的相关关系，在将职工按文化程度进行分组的基础上，分别计算各组职工的平均工资并对其进行对比，从而得出文化程度与工资水平之间的相关关系。

3. 均值的分类

均值有多种表现形式，不同类型数据能够计算的均值种类有所不同。均值的确定方法主要有两种：一是以特定位置的数据作为均值的代表值，二是根据全部数据计算得到的均值。不同数据类型及其表现形式的不同，均值的确定方法不同，根据以上均值的不同确定方法可将均值分为位置均值和数值均值两大类，每类又有不同的表现形式和不同的确定方法。

二、位置均值

(一) 众数

1. 概念与特点

众数(mode)是指一组变量值中出现频数最多的变量值，用 M_o 表示。从频数分布曲线来看，众数是分布曲线的最高峰所对应的变量值。当然，如果变量不存在频数最多的变量值，则该变量不存在众数；如果有多个峰值存在时，则该变量存在多个众数，因此众数具有不唯一性的特点，只有单峰且具有明显集中趋势的数据众数才是唯一的。现实生活中鞋子销售商进货的依据是平日销售量最多的鞋号、选举中得票最多的人当选等都是众数的实际应用。

2. 定性数据计算众数

所有类型数据均可计算众数，但未经整理的原始数据是无法直接确定众数的。计算众数需要首先将原始数据进行分组编制频数分布表，然后根据各组的频数或频率信息计算众数的具体数值。

根据定性数据(包括分类数据和顺序数据)的频数分布计算众数，只需找出出现频数(或频率)最多的变量值即为众数。

例 4.1 利用例 3.2 中 100 名大学生持有手机品牌的频数分布数据(表 4.1)，计算大学生持有手机品牌的众数。

表 4.1 100 名大学生持有手机品牌的频数分布表

持有手机品牌	学生人数/人	频率/%
苹果	11	11
华为	34	34
魅族	3	3
小米	6	6
努比亚	1	1
OPPO	27	27
三星	3	3
VIVO	14	14
一加	1	1
合计	100	100

解 表 4.1 中的持有手机品牌数据为分类数据，100 名大学生中持有华为手机的大学生人

数为 34 人(频数)，占被调查学生总数的 34%(频率)，均高于其他品牌数据，所以不管是根据频数还是频率信息，大学生持有手机品牌的众数均为华为。

根据顺序数据计算众数的方法与分类数据一致，请根据表 3.15 和表 3.16 自行确定。

3. 数值型数据计算众数

数值型数据的分组包括单变量值分组和组距分组两种情况，而组距分组又有等距分组和异距分组，因此不同数据条件计算众数的方法有所不同。

(1) 根据单变量值分组数据计算众数。单变量值分组数据众数的计算与定性数据类似，出现频数(或频率)最多的变量值即为众数。

例 4.2　利用表 3.8 中的数据，计算该村家庭人口数的众数。

解　由表 3.8 中的数据可知，有 3 口人的家庭户数为 45 户，频数最多，因此该村家庭人口数的众数为 3 人。

(2) 根据组距分组数据计算众数。在组距分组情况下，众数的确定需要首先确定众数所在的组(简称众数组)，然后再计算出众数的数值。

众数组的确定与组距分组形式相关。在等距分组条件下，众数组就是频数(或频率)最大的组；在异距分组条件下，众数组则是频数密度最大的组。所谓频数密度是各组频数与同组组距相除得到的相对数，频数密度消除了组距的大小对频数的影响，因此可以在各组间直接进行比较。

众数组确定后，众数的数值与众数组的频数(或频率)及其相邻组的频数(或频率)有一定的关系：当众数组的后一组频数(或频率)多于众数组前一组的频数(或频率)时，众数值就会接近众数组的上限；反之，当众数组的前一组的频数(或频率)多于众数组的后一组频数(或频率)时，众数值就会接近众数组的下限；当众数相邻两组的频数相等时，众数值就是众数组的组中值。

根据几何图形可以推导出组距分组数据计算众数的两个公式(证明从略)：

下限公式：
$$M_o = L_{M_o} + \frac{f_{M_o} - f_{M_o-1}}{(f_{M_o} - f_{M_o-1}) + (f_{M_o} - f_{M_o+1})} \times d_{M_o} = L_{M_o} + \frac{\Delta_1}{\Delta_1 + \Delta_2} \times d_{M_o} \tag{4.1}$$

上限公式：
$$M_o = U_{M_o} - \frac{f_{M_o} - f_{M_o+1}}{(f_{M_o} - f_{M_o-1}) + (f_{M_o} - f_{M_o+1})} \times d_{M_o} = U_{M_o} - \frac{\Delta_2}{\Delta_1 + \Delta_2} \times d_{M_o} \tag{4.2}$$

式中，L_{M_o} 表示众数组的下限；U_{M_o} 表示众数组的上限；f_{M_o} 表示众数组的频数；f_{M_o-1} 表示众数组前一组的频数；f_{M_o+1} 表示众数组后一组的频数；d_{M_o} 表示众数组的组距；Δ_1 表示众数组频数 f_{M_o} 与前一组频数 f_{M_o-1} 之差；Δ_2 表示众数组频数 f_{M_o} 与后一组频数 f_{M_o+1} 之差。根据频率数据计算众数时，只需要用频率替代公式中相应的频数即可。

例 4.3　某企业 300 名职工工资见表 4.2，计算该企业职工工资的众数。

表 4.2　300 名职工工资的频数分布表

月工资分组/元	职工人数/人
1000 以下	16
1000～1500	72
1500～2000	106
2000～2500	53
2500～3000	34

续表

月工资分组/元	职工人数/人
3000 以上	19
合计	300

解 表 4.2 为等距分组资料，可直接根据各组的职工数确定众数组。职工数最多的组所对应的工资分组 1500～2000 元即为众数组。根据式(4.1)和(4.2)计算职工工资的众数如下。

根据下限公式计算：

$$M_o = L_{M_o} + \frac{f_{M_o} - f_{M_o-1}}{(f_{M_o} - f_{M_o-1}) + (f_{M_o} - f_{M_o+1})} \times d_{M_o}$$

$$= 1500 + \frac{106-72}{(106-72)+(106-53)} \times 500 = 1695.40(\text{元})$$

根据上限公式计算：

$$M_o = U_{M_o} - \frac{f_{M_o} - f_{M_o+1}}{(f_{M_o} - f_{M_o-1}) + (f_{M_o} - f_{M_o+1})} \times d_{M_o}$$

$$= 2000 - \frac{106-53}{(106-72)+(106-53)} \times 500 = 1695.40(\text{元})$$

计算结果表明，该企业 300 名职工工资集中在 1695.40 元。可以看出，两种计算公式的计算结果相同，因此可选用其中一个公式计算，另一个公式的计算结果可作为验证使用。

例 4.4 某银行抽取了 500 户居民的定期存款资料，分组数据见表 4.3，计算 500 户居民定期存款的众数。

表 4.3 500 户居民定期存款频数分布表

定期存款/元	户数/户	频数密度/(户/元)
1000 以下	30	0.030
1000～3000	150	0.075
3000～5000	250	0.125
5000～7000	50	0.025
7000～10000	10	0.003
10000 以上	10	0.003
合计	500	—

解 表 4.3 的数据为异距分组数据，应采用频数密度来确定众数组。最大频数密度是 0.125 户/元，即众数组为 3000～5000 元，其中 $\Delta_1 = 0.125 - 0.075 = 0.05$，$\Delta_2 = 0.125 - 0.025 = 0.10$，则根据下限公式计算的众数为

$$M_o = L_{M_o} + \frac{\Delta_1}{\Delta_1 + \Delta_2} \times d_{M_o} = 3000 + \frac{0.05}{0.05+0.10} \times 2000 = 3666.67\ (\text{元})$$

计算结果表明，500 户居民定期集中在 3666.67 元。

需要说明的是，本例众数计算公式中涉及的众数组与相邻组为等距分组，按照式(4.1)计算的众数与上述结果一致，但如果所涉及的组为异距分组，则计算结果不同，因此异距分组数据应按照频数密度来计算众数。

(二) 分位数

分位数(quantile)是将全部数据排序后，再等分为若干分位点，各等分位点上的数值称为分位数。由于中位数的特殊性，一般情况下将分位数分为中位数与其他分位数两类。能够排序的顺序数据和数值型数据可计算分位数。

1. 中位数

中位数(median)是将变量值从小到大排序后，处于中间位置的变量值，用 M_e 表示。显然，中位数将全部数据等分成两部分，各占 50%的数据量。但不能解释为有一半数据小于中位数，而另一半数据大于中位数。因为这一结论只对中位数没有重复出现的情况下才成立，如果中位数出现次数大于 1，则上述结论不成立。由于中位数是用中间位置上的变量值来反映一组数据的一般水平，因此中位数是一种位置均值，其取值不受极端值的影响。中位数的确定以数据的排序为基础，因此适用于能够排序的顺序数据和数值型数据。

中位数的计算一般分两步：首先确定中位数的位置，然后确定该位置所对应的变量值。根据所掌握的数据是否为分组数据以及分组形式不同，中位数的计算方法有所不同。

(1) 顺序数据计算中位数。顺序数据一般为单变量值分组数据，此种情况下，首先根据公式 $\dfrac{\sum f_i+1}{2}$ 的取值确定中位数所在的位置，然后再结合累计频数来计算中位数。

例 4.5　150 名消费者对淘宝平台的购物评价满意度数据见表 4.4，试确定购物评价满意度的中位数。

表 4.4　150 名消费者对淘宝平台购物评价满意度的频数分布表

购物评价满意度 x_i	人数 f_i/人	向上累计频数/人
非常不满意	5	5
不满意	18	23
一般	35	58
满意	67	125
非常满意	25	150
合计	150	—

解

$$\text{中位数的位置}=\frac{\sum f_i+1}{2}=\frac{150+1}{2}=75.5$$

中位数的位置为 75.5，根据向上累计频数可知，该位置在第 4 组，也就是中位数为第 4 组对应的变量值，所以消费者对淘宝平台的购物评价满意度的中位数为“满意”。

(2) 数值型数据计算中位数。根据数值型数据确定中位数分为未分组的原始数据、单变量值分组数据和组距分组数据 3 种情况。

① 未分组的原始数据中位数的计算。未分组的原始数据中位数位置的确定公式为 $\dfrac{N+1}{2}$。当 N 为奇数时，处在中间位置的变量值只有一个，则该变量值就是中位数；当 N 为偶数时，处在中间位置的两个变量值的简单算术均值即为中位数。

② 单变量值分组数据中位数的计算。单变量值分组数据中位数的计算与顺序数据类似，先根据公式 $\dfrac{\sum f_i+1}{2}$ 确定中位数所在的位置，然后再结合累计频数信息来计算中位数的数值。

例 4.6　根据表 3.18 的 20 名工人日加工零件数频数分布表数据，计算这 20 名工人日加工零件数的中位数。

解　20 名工人日加工零件数的中位数计算过程见表 4.5。

表 4.5　20 名工人日加工零件数的中位数计算表

工人日加工零件数 x_i/件	工人数 f_i/人	向上累计频数/人
13	2	2
14	2	4
15	4	8
16	5	13
17	3	16
18	3	19
19	1	20
合计	20	—

中位数的位置 $=\dfrac{\sum f_i+1}{2}=\dfrac{20+1}{2}=10.5$，根据向上累计频数可知，该位置出现在第 4 组，因此中位数为第 4 组对应的变量值，即该车间工人日产零件数的中位数为 16 件。

③ 组距分组数据中位数的计算。对于组距分组数据，首先根据 $\dfrac{\sum f_i}{2}$ 的数值和向上或向下累计频数确定中位数所在的组，然后根据比例插值法计算中位数的数值。此种情况下，中位数的计算有下限公式和上限公式两种，见式(4.3)和式(4.4)。

$$\text{下限公式：}\quad M_e=L_{M_e}+\frac{\dfrac{\sum f_i}{2}-S_{M_e-1}}{f_{M_e}}\times d_{M_e} \tag{4.3}$$

$$\text{上限公式：}\quad M_e=U_{M_e}-\frac{\dfrac{\sum f_i}{2}-S_{M_e+1}}{f_{M_e}}\times d_{M_e} \tag{4.4}$$

式中，L_{M_e} 表示中位数组的下限；U_{M_e} 表示中位数组的上限；S_{M_e-1} 表示中位数组以前各组的向上累计频数；S_{M_e+1} 表示中位数组以后各组的向下累计频数；f_{M_e} 表示中位数组的频数；$\sum f_i$ 表示各组频数之和，即总频数；d_{M_e} 表示中位数组的组距。

例 4.7　根据表 4.2 的资料，计算该企业 300 名职工工资的中位数。

解　根据表4.2资料计算中位数的过程见表4.6。

表4.6　300名职工工资的中位数计算表

月工资分组 x_i/元	职工人数 f_i/人	向上累计人数/人	向下累计人数/人
1000以下	16	16	300
1000～1500	72	88	284
1500～2000	106	194	212
2000～2500	53	247	106
2500～3000	34	281	53
3000以上	19	300	19
合计	300	—	—

根据表4.6数据，中位数的位置为$\frac{\sum f_i}{2}=\frac{300}{2}=150$，根据向上累计人数可知第150位的变量值出现在1500～2000元这一组，根据式(4.3)下限公式计算中位数，得

$$M_e=L_{M_e}+\frac{\frac{\sum f_i}{2}-S_{M_e-1}}{f_{M_e}}\times d_{M_e}$$

$$=1500+\frac{150-88}{106}\times 500=1792.45(\text{元})$$

计算结果表明，该企业300名职工工资的中位数为1792.45元。

按上限公式(4.4)计算中位数，得

$$M_e=U_{M_e}-\frac{\frac{\sum f_i}{2}-S_{M_e+1}}{f_{M_e}}\times d_{M_e}$$

$$=2000-\frac{150-106}{106}\times 500=1792.45(\text{元})$$

按上限公式计算的结果与按下限公式(4.3)计算的结果一致。结合例4.3和例4.7可以看出，这300名职工工资的中位数高于众数，两者相差了97.05元。

2. 其他分位数

中位数将全部数据等分为两部分，是处于中间位置的1个特殊分位数。除此之外还有四分位数(quartile)、十分位数(decile)和百分位数(percentile)等，它们分别是将全部数据4等分、10等分和100等分的3个、9个和99个等分位点上的变量值。这里只介绍四分位数的计算，其他分位数与之类似。

四分位数也称四分位点，它是通过3个等分位点将全部数据等分为4个部分，其中每部分包含25%的数据量。显然，中间的四分位数就是中位数，因此通常所说的四分位数只有两个：一个是处于25%位置上的变量值，称为下四分位数Q_1；另一个是处于75%位置上的变量值，称为上四分位数Q_3。与中位数的确定方法类似，确定四分位数时，首先对数据进行排序，然后确定四分位数所在的位置：Q_1的位置 $=\frac{n+1}{4}$，Q_3的位置 $=\frac{3(n+1)}{4}$，n为数据的个数，最后确定四分位数的数值，确定方法可参照中位数计算的比例差值法，具体过程不再赘述。

三、数值均值

(一) 算术均值

算术均值(arithmetic mean)是所有变量值之和与变量值个数的比值。算术均值计算需要将所有数据均纳入计算，用来反映变量值的一般水平，是实践中最主要、应用最广泛的数据集中趋势的测度值，其缺点是容易受极端值的影响。因为需要将变量值求和，所以算术均值的计算只适用于数值型数据。根据数值型数据不同的表现形式，算术均值的计算可分为绝对数的算术均值计算、相对数和平均数的算术均值计算。

1. 绝对数的算术均值计算

1) 简单算术均值

当所掌握的绝对数数据为未分组的原始数据时，算术均值是通过加总各变量值得到变量值总和，再除以变量值的个数得到的，这样计算的算术均值称为简单算术均值，其计算方法称为简单算术平均法，计算公式为

$$\text{简单算术均值：}\quad \mu=\frac{x_1+x_2+\cdots+x_N}{N}=\frac{\sum_{i=1}^{N}x_i}{N}\quad\left(\text{简记为}\mu=\frac{\sum x_i}{N}\right)\tag{4.5}$$

式中，μ 表示算术均值；N 表示数据个数；$\sum x_i$ 表示变量 x 的 N 个变量值之和。

例 4.8　根据第三章例 3.5 中 40 名学生的统计学成绩原始数据，计算这 40 名学生统计学成绩的平均分。

解　学习成绩是绝对数，由于是未分组的原始数据，所以可按简单算术均值计算统计学成绩的平均分，计算结果为

$$\mu=\frac{\sum x_i}{N}=\frac{68+89+\cdots+70+87}{40}=76.8(\text{分})$$

计算结果说明，这 40 名学生统计学成绩的平均分为 76.8 分。

2) 加权算术均值

当所掌握的绝对数数据为分组数据(单变量值分组和组距分组)时，为获得变量值的总和需要将各组变量值与各组的频数相乘，再除以变量值的个数(频数之和)得到算术均值，这样计算的算术均值称为加权算术均值，其计算方法称为加权算术平均法。计算公式为

$$\text{加权算术均值：}\quad \mu=\frac{x_1f_1+x_2f_2+\cdots+x_kf_k}{f_1+f_2+\cdots+f_k}=\frac{\sum_{i=1}^{k}x_if_i}{\sum_{i=1}^{k}f_i}\quad\left(\text{简记为}\mu=\frac{\sum x_if_i}{\sum f_i}\right)\tag{4.6}$$

式中，k 为组数，$x_1,x_2,\cdots,x_k$ 为各组变量值，$f_1,f_2,\cdots,f_k$ 为各组变量值的频数，$\sum x_if_i$ 为变量值总量。

根据单变量值分组数据和组距分组数据计算加权算术均值时，方法是一致的，只不过组距分组数据的各组变量值是用组中值替代的。用组中值代表各组的变量值是以组内变量值的均匀分布为假定前提的，而这种假定与实际情况可能存在差异，因此用组中值计算的加权算术均值往往是其真值的近似值。

例 4.9 根据第三章表 3.18 中 20 名工人日加工零件数频数分布表的数据，计算这 20 名工人日加工零件数的平均数。

解 表 3.18 资料属于单变量值分组频数分布，所以需要用加权算术均值公式计算。表 4.7 是 20 名工人日加工零件数平均数计算表。根据式(4.6)可得 20 名工人日加工零件数的平均数(按频数计算)为

$$\mu=\frac{\sum x_i f_i}{\sum f_i}=\frac{318}{20}=15.9(\text{件})$$

表 4.7 20 名工人日加工零件数的平均数计算表(按频数计算)

工人日加工零件数 x_i /件	频数 f_i /人	频率 $\frac{f_i}{\sum f_i}$ /%	$x_i f_i$
13	2	10	26
14	2	10	28
15	4	20	60
16	5	25	80
17	3	15	51
18	3	15	54
19	1	5	19
合计	20	100	318

计算结果表明，这 20 名工人日加工零件数的平均数为 15.9 件。

例 4.10 根据例 3.5 中形成的某班级 40 名学生统计学成绩频数分布表数据，按频数计算 40 名学生统计学成绩的平均分。

解 40 名学生统计学成绩频数分布表数据属于组距分组资料，可选用组中值代表各组变量值，根据式(4.6)计算加权算术均值(表 4.8)，于是得 40 名学生统计学成绩的平均分为

$$\mu=\frac{\sum x_i f_i}{\sum f_i}=\frac{3080}{40}=77(\text{分})$$

计算结果表明，该班 40 名学生统计学成绩的平均分为 77 分。

表 4.8 40 名学生统计学平均成绩计算表(按频数计算)

按成绩分组/分	组中值 x_i /分	学生数 f_i /人	频率 $\frac{f_i}{\sum f_i}$ /%	$x_i f_i$
60 以下	55	3	7.5	165
60～70	65	6	15.0	390
70～80	75	15	37.5	1125
80～90	85	12	30.0	1020
90 以上	95	4	10.0	380
合计	—	40	100.0	3080

可以看出同一资料根据例 4.8 和例 4.10 计算的结果存在差异，这是由于组距分组资料以

组中值作为各组变量值的代表值计算造成的。实际上，利用组距分组资料计算的算术均值通常只是算术均值实际值的近似值，而不是真值。只有在各组内数据分布完全符合均匀分布的前提下，利用组中值计算的算术均值才会与利用原始数据计算的结果一致。

由式(4.6)可知，加权算术均值的大小不仅受各组变量值 x_i 的影响，而且也受各组频数 f_i 的影响。频数多的变量值对算术均值的影响大，频数少的变量值对算术均值的影响小。频数反映了各变量值对算术均值的影响程度或重要程度，具有权衡轻重的作用，因此频数也称为权数，加权算术均值的名称即由此而来。当各组变量值的次数为相对数形式的频率时，可将加权算术均值的计算公式变形为式(4.7)的形式，则更容易理解权数的作用。

$$\mu=\frac{\sum x_i f_i}{\sum f_i}=\sum x_i\cdot\frac{f_i}{\sum f_i} \tag{4.7}$$

由式(4.7)可知，加权算术均值受各组变量值 x_i 和各组频率 $\frac{f_i}{\sum f_i}$ 的共同影响。频率大的组变量值计入算术均值的份额多，其对算术均值的影响就大；反之，频率小的组变量值计入算术均值的份额小，其对算术均值的影响就小，这体现了频率对算术均值也具有权衡轻重的作用，并且表现更加明显，因此频率常被称为实质权数。因为频率有一个重要性质，那就是各组频率之和等于 1，所以可利用频率与各组变量值的乘积之和来直接计算加权算术均值。

例 4.11　仍以第三章例 3.5 中形成的 40 名学生统计学成绩频数分布表数据，按频率计算 40 名学生统计学成绩的平均分。

解　按频率计算 40 名学生统计学成绩的平均分计算过程见表 4.9。

表 4.9　40 名学生统计学平均成绩计算表(按频率计算)

按成绩分组/分	组中值 x_i/分	学生数 f_i/人	频率 $\frac{f_i}{\sum f_i}$/%	$x_i\cdot\frac{f_i}{\sum f_i}$
60 以下	55	3	7.5	4.125
60～70	65	6	15.0	9.750
70～80	75	15	37.5	28.125
80～90	85	12	30.0	25.500
90 以上	95	4	10.0	9.500
合计	—	40	100.0	77

根据式(4.7)，40 名学生统计学成绩的平均分(按频率计算)为

$$\mu=\sum x_i\cdot\frac{f_i}{\sum f_i}=77(分)$$

按频率计算的结果与按频数计算的结果完全相同，因此算术均值计算时可根据实际情况灵活选择权数，其中频率是反映各组变量值对均值影响程度的更好权数形式。

权数起作用的前提是各组的频数 f_i 或频率 $\frac{f_i}{\sum f_i}$ 必须有差异。当各组变量值出现的频数 f_i

或频率 $\frac{f_i}{\sum f_i}$ 相等时，各组变量值对算术均值的影响程度一致，权数的作用就消失了，此时加权算术均值等于简单算术均值。若将变量值分为 k 组，当各组的频数 f_i 均相等且等于 f 时，则有

$$\mu=\frac{\sum x_i f_i}{\sum f_i}=\frac{\sum x_i f}{\sum f}=\frac{f\sum x_i}{kf}=\frac{\sum x_i}{k} \tag{4.8}$$

因此，简单算术均值与加权算术均值并没有本质区别，只是根据掌握的资料不同选择了不同的计算形式而已，简单算术均值可视为加权算术均值的特殊形式。此外，当各组变量值不变、频数等比例增加或减少时，频数发生了变化而频率并没有发生变化，此时加权算术均值也不发生变化。另外，也要注意，不是在所有情况下频数和频率都是计算算术均值的合适权数，权数的选择必须考虑权数和变量值之间的联系，即两者相乘具有实际意义，这在相对数或平均数的算术均值计算中尤其需要注意。

2. 相对数和平均数的算术均值计算

一般情况下，相对数与平均数直接相加没有现实意义，所以在对相对数求均值或根据各组的均值求总均值时，直接将各组相对数或平均数进行求和除以数据个数计算算术均值的做法不妥。这种情况下，应根据相对数或平均数的实际含义，选择相对数或平均数的分子或分母数据作为权数计算均值。

例 4.12　某公司所属 10 家企业的产值计划完成程度资料见表 4.10，试求这 10 家企业产值的平均计划完成程度。

表 4.10　10 家企业产值计划完成程度情况表

产值计划完成程度分组/%	企业数/家	计划产值/万元
90～100	3	60
100～110	5	500
110～120	2	100
合计	10	660

解　本例研究的变量是企业产值的计划完成程度相对数，为了计算该公司 10 家企业产值的平均计划完成程度，是用企业数作权数，还是用已知的计划产值作权数是一个需要斟酌的问题。企业数虽然是产值计划完成程度的频数，但不是合适的权数：一方面各企业规模大小不同，表现为产值规模存在差异，对产值平均计划完成程度的影响程度大小不一，而用企业数作为权数不能体现这一差异；另一方面产值计划完成程度与企业数的乘积不具有实际经济意义。如果采用各企业的计划产值(产值计划完成程度的分母资料)作为权数，产值计划完成程度与计划产值的乘积正好等于实际产值，经济意义明确。因此，应采用能够反映各企业产值规模的计划产值作为权数，采用加权平均法计算这 10 家企业产值的平均计划完成程度。

以计划产值作为权数，采用加权算术平均法的计算过程见表 4.11。

表 4.11 10 家企业产值平均计划完成程度计算表

产值计划完成程度分组/%	组中值 x_i /%	计划产值 f_i /万元	实际产值 $x_i f_i$ /万元
90～100	95	60	57
100～110	105	500	525
110～120	115	100	115
合计	—	660	697

10 家企业产值的平均计划完成程度为

$$\mu=\frac{\sum x_i f_i}{\sum f_i}=\frac{697}{660}=105.61\%$$

计算结果表明，该单位 10 家企业产值的平均计划完成程度为 105.61%，超额完成计划 5.61%。由此例可以看出，分组条件下在已知相对数的分母数据时，总体的相对数等于各组相对数的加权算术均值，其权数为相对数的分母数据。另外，各组相对数的平均数实质上就是总体的相对数，相对数的平均数本质上是按派生法计算的，即相对数的分子与分母之比。

3. 算术均值的数学性质

算术均值的含义容易理解，计算简单，且在计算中采用了所有变量值，因此在实际生活中应用非常广泛，是均值最主要的表现形式。此外，算术均值还具有良好的数学性质，主要表现在以下方面。

(1) 各变量值与算术均值的离差之和为零。

$$\sum(x_i-\mu)=0,\quad \sum(x_i-\mu)f_i=0 \tag{4.9}$$

这一性质表明，算术均值是一组数据的重心，它是将各数据的差异抽象后用来代表变量值的一般水平。

(2) 各变量值与算术均值的离差平方和为最小。

$$\sum(x_i-\mu)^2 \leqslant \sum(x_i-C)^2,\quad \sum(x_i-\mu)^2 f_i \leqslant \sum(x_i-C)^2 f_i \tag{4.10}$$

式中，C 为任意常数值。这一性质说明，若以离差平方来衡量各个变量值与数据分布中心的差异，算术均值作为数据集中趋势的代表值是最理想的，这一思想在统计研究中具有广泛的应用。

(二) 调和均值

调和均值(harmonic mean)是各变量值倒数的算术均值的倒数，也称为倒数平均数，实际应用中，它更多是以算术均值的变形形式存在。因此调和均值的计算也可分为绝对数的调和均值计算、相对数和平均数的调和均值计算。

1. 绝对数的调和均值计算

下面通过将例 4.9 的已知条件进行调整来说明调和均值的概念、计算方法以及与算术均值之间的关系。

例 4.13 某车间 20 名工人日加工零件数见表 4.12，求这 20 名工人平均日加工零件数。

表 4.12　20 名工人日加工零件数据表

日加工零件数/件	日加工零件总数/件
13	26
14	28
15	60
16	80
17	51
18	54
19	19
合计	318

解　根据表 4.12 中的数据计算平均日装配量，首先根据各组日加工零件数总数与日加工零件总数，计算各组工人数并求和得到工人总数，再将所有工人日加工零件总数与工人总数相除得到平均日加工零件数。20 名工人平均日加工零件数的计算过程见表 4.13。

表 4.13　20 名工人平均日加工零件数计算表

日加工零件数/件	日加工零件总数/件	工人数/人
13	26	2
14	28	2
15	60	4
16	80	5
17	51	3
18	54	3
19	19	1
合计	318	20

$$
\begin{aligned}
\text{平均日加工零件数} &= \frac{\sum \text{日加工零件总数}}{\sum \text{日加工零件总数}/\text{日加工零件数}} \\
&= \frac{\text{工人日加工零件总数}}{\text{工人总数}} = \frac{318}{20} = 15.9(\text{件})
\end{aligned}
$$

该车间工人平均日加工零件数的计算结果与例 4.9 的计算结果相同。

对比分析例 4.9 与例 4.13 的计算过程可知，均值的计算需要根据所掌握资料的不同而采用不同的方法。当所掌握的资料为各组变量值以及均值计算公式中的分母数据时，可选择分母数据作为权数采用算术均值公式计算均值；当所掌握的资料为各组变量值以及均值计算公式中的分子数据时，则需要采用调和均值的计算方法计算均值，即将均值计算公式中的分子数据与变量值相除，得到均值计算公式中的分母数据，然后再对比计算均值。

综上，先用变量值的倒数计算出均值计算公式中的分母数据，然后再计算均值的方法称为调和均值法，所计算的均值称为调和均值，用 $\bar{x}_H$ 表示。根据已知数据的情况不同，调和均值的计算分为加权调和均值和简单调和均值两种计算形式。

1) 加权调和均值

当掌握各组的分子资料且不全相等时，可采用加权调和法计算均值，其计算公式为

$$\text{加权调和均值：}\quad \overline{x}_H=\frac{m_1+m_2+\cdots+m_k}{\dfrac{m_1}{x_1}+\dfrac{m_2}{x_2}+\cdots+\dfrac{m_k}{x_k}}=\frac{\sum\limits_{i=1}^{k}m_i}{\sum\limits_{i=1}^{k}\dfrac{m_i}{x_i}}\quad\left(\text{简记为}\overline{x}_H=\frac{\sum m_i}{\sum\dfrac{m_i}{x_i}}\right)\tag{4.11}$$

式中，$\overline{x}_H$ 表示调和均值，x_i 表示各组变量值，m_i 表示各组变量值之和，k 为分组组数。

将例 4.13 中各组工人日加工零件总数记为 $m_i(i=1,2,\cdots,k)$，日加工零件数记为 x_i，则 $\dfrac{m_i}{x_i}$ 为各组工人数，于是工人平均日加工零件数即可按式(4.11)的形式计算。

2) 简单调和均值

当掌握各组的分子资料且完全相等时，应采用简单调和法计算均值。其计算公式为

$$\text{简单调和均值：}\quad \overline{x}_H=\frac{1}{\dfrac{\dfrac{1}{x_1}+\dfrac{1}{x_2}+\cdots+\dfrac{1}{x_N}}{N}}=\frac{N}{\sum\limits_{i=1}^{N}\dfrac{1}{x_i}}\quad\left(\text{简记为}\overline{x}_H=\frac{N}{\sum\dfrac{1}{x_i}}\right)\tag{4.12}$$

式中，N 表示变量值的个数。

如果例 4.13 中的各组工人日加工零件总数均相等，则式(4.11)中的 m_i 便可约掉，简化为式(4.12)的形式。因此，调和均值与算术均值一样，其简单形式是加权形式的特例。

2. 相对数和平均数的调和均值计算

实际应用中，调和均值常见于根据各组相对数和各组均值计算总均值的情况。前面在说明相对数和各组均值的总体算术均值的计算中，已经对权数的选择进行了阐述，即选择与各组相对数或各组均值相乘具有实际经济意义的变量作为权数，这一权数正好是算术均值计算公式中的分母数据，而不再是频数。作为上述问题的延续，当所掌握的资料是各组相对数或各组均值的分子资料时，则需要采用调和均值的方法计算均值。这一原理在平均指数计算中也得以体现，具体见第六章统计指数。

例 4.14 市场上早晨、中午、傍晚某种蔬菜的价格分别是：早晨 0.67 元/千克，中午 0.5 元/千克，傍晚 0.4 元/千克。①如果早晨、中午、傍晚各买 1 元钱的蔬菜，试计算所购买该种蔬菜的平均价格；②如果早上买 1 元钱的，中午买 2 元钱的，傍晚买 3 元钱的该种蔬菜，试计算所购买该种蔬菜的平均价格。

解 本例中掌握的数据一个是早晨、中午、傍晚蔬菜的购买价格，一个是早晨、中午、傍晚蔬菜的购买金额，蔬菜价格是组均值，蔬菜的购买金额是所购买蔬菜总平均价格计算公式中的分子数据，因此需要采用调和均值计算购买蔬菜的平均价格。

(1) 第一种情况。早晨、中午、傍晚蔬菜的购买金额相等，均为 1 元钱，即属于各组分子数据完全相等的情况，因此应采用简单调和均值的计算公式，购买蔬菜的平均价格为

$$\overline{x}_H=\frac{N}{\sum\dfrac{1}{x_i}}=\frac{1+1+1}{\dfrac{1}{0.67}+\dfrac{1}{0.5}+\dfrac{1}{0.4}}=\frac{3}{1.5+2+2.5}=0.5(\text{元/千克})$$

计算结果表明，所购买该种蔬菜的平均价格为 0.5 元/千克。

(2) 第二种情况。早晨、中午、傍晚蔬菜的购买金额不全相等，因此应采用加权调和均值的计算公式，购买蔬菜的平均价格为

$$\bar{x}_H=\frac{\sum m_i}{\sum\frac{m_i}{x_i}}=\frac{1+2+3}{\frac{1}{0.67}+\frac{2}{0.5}+\frac{3}{0.4}}=\frac{6}{13}=0.46(\text{元/千克})$$

如果三次蔬菜的购买金额均为 2 元钱，试计算所购买蔬菜的平均价格。如果三次蔬菜的购买金额均为 10 元钱，所购买蔬菜的平均价格计算结果又会如何呢？请读者思考。

3. 调和均值与算术均值的关系

调和均值与算术均值并无本质区别，两者只是由于所掌握资料的不同，采用了不同的计算形式而已，统计研究中，调和均值通常作为算术均值的变形形式使用。因为 $m_i=x_if_i$，调和均值与算术均值的变形关系可表示为

$$\bar{x}_H=\frac{\sum m_i}{\sum\frac{m_i}{x_i}}=\frac{\sum x_if_i}{\sum\frac{x_if_i}{x_i}}=\frac{\sum x_if_i}{\sum f_i}=\mu$$

即若所掌握的资料为各变量值 x_i 及均值计算公式中的分子数据 m_i 时，应采用调和均值形式计算；若所掌握的资料为各变量值 x_i 及均值计算公式中的分母数据 f_i 时，应采用算术均值形式计算。

例 4.15　某门课程三个班的及格率、总人数、及格人数资料见表 4.14，试选择不同权数数据，分别计算该门课程三个班的总平均及格率。

表 4.14　某门课程三个班的及格率、总人数与及格人数数据表

班级	及格率 x_i /%	总人数 f_i /人	及格人数 m_i /人
一班	91.87	49	45
二班	95.65	46	44
三班	93.33	45	42
合计	—	140	131

解　(1) 若选择三个班各自的总人数(总平均及格率计算公式中的分母)作为权数计算总平均及格率，应采用加权算术均值方法计算

$$\mu=\frac{\sum x_if_i}{\sum f_i}=\frac{91.87\%\times 49+95.65\%\times 46+93.33\%\times 45}{49+46+45}=93.57\%$$

(2) 若选择三个班各自的及格人数(总平均及格率计算公式中的分子)作为权数计算总平均及格率，应采用加权调和均值方法计算

$$\bar{x}_H=\frac{\sum m_i}{\sum\frac{m_i}{x_i}}=\frac{45+44+42}{\frac{45}{91.87\%}+\frac{44}{95.65\%}+\frac{42}{93.33\%}}=93.57\%$$

计算结果表明，用两种方法计算的该课程三个班的总平均及格率相同，均为 93.57%，进一步验证了算术均值与调和均值的变形关系。

(三) 几何均值

算术均值与调和均值均要求各变量值直接相加或经过转换后相加具有实际经济意义，但现实中，有些变量的变量值的乘积才具有实际经济意义，此时需要计算几何均值。

几何均值(geometric mean)是 N 个变量值乘积的 N 次方根，通常用 $\overline{x}_G$ 表示。根据掌握的资料是否分组，几何均值分为简单几何均值和加权几何均值。

1. 简单几何均值

当所掌握的资料为未分组的原始数据时，采用简单几何均值计算，计算公式为

$$\text{简单几何均值：}\quad \overline{x}_G=\sqrt[N]{x_1x_2\cdots x_N}=\sqrt[N]{\prod_{i=1}^{N}x_i}\quad\left(\text{简记为}\ \overline{x}_G=\sqrt[N]{\prod x_i}\right) \tag{4.13}$$

式中，$\overline{x}_G$ 表示几何均值，x_i 表示变量值，N 表示变量值的个数，$\prod$ 为连乘符号。

例 4.16　某汽车装配厂三个车间分别负责汽车装配的一道工序，其合格率分别为 99.8%，98.7%，97.9%，计算三个车间汽车装配的平均合格率。

解　由于汽车装配是由三个车间顺次连续完成，第二个车间加工的是第一个车间完工的合格品，第三个车间加工的又是第二个车间完工的合格品，因此，三个车间产品的总合格率是三个车间合格率的连乘积。因此，三个车间汽车装配的平均合格率为

$$\overline{x}_G=\sqrt[N]{\prod x_i}=\sqrt[3]{99.8\%\times 98.7\%\times 97.9\%}=98.80\%$$

计算结果表明，三个车间汽车装配的平均合格率为 98.80%。如果各个车间的实际合格率用 98.80%代替，则装配出的合格产品数量与实际情况相同。

2. 加权几何均值

当所掌握的资料为分组数据时，则采用加权几何均值计算，计算公式为

$$\text{加权几何均值：}\ \overline{x}_G=\sqrt[\sum_{i=1}^{k}f_i]{x_1^{f_1}x_2^{f_2}\cdots x_k^{f_k}}=\sqrt[\sum_{i=1}^{k}f_i]{\prod_{i=1}^{k}x_i^{f_i}}\quad\left(\text{简记为}\ \overline{x}_G=\sqrt[\sum f_i]{\prod x_i^{f_i}}\right) \tag{4.14}$$

式中，f_i 表示各变量值出现的次数，其他符号与简单几何均值相同。

例 4.17　某商业银行以复利计息存期为 10 年的定期存款，10 年的年利率分别是：第 1～2 年为 4%；第 3～5 年为 5%；第 6～8 年为 7%；最后两年为 8%。计算该商业银行 10 年定期存款的平均年利率。

解　根据变量的实际经济意义，计算平均年利率时，必须先将各年利率加 1 还原为年本利率，然后按加权几何平均计算出平均年本利率，再减去 1 得到平均年利率。

该商业银行 10 年定期存款的平均年利率计算过程见表 4.15。

表 4.15　商业银行 10 年定期存款平均年利率计算表

年利率/%	年本利率 x_i /%	年数 f_i /年	$x_i^{f_i}$
4	104	2	1.0816
5	105	3	1.1576
7	107	3	1.2250
8	108	2	1.1664
合计	—	10	—

该商业银行 10 年定期存款的平均年利率为

$$\bar{x}_G = \sqrt[\sum f_i]{\prod x_i^{f_i}} = \sqrt[10]{1.04^2 \times 1.05^3 \times 1.07^3 \times 1.08^2} - 1 = 5.99\%$$

几何均值在实际应用中有很多限制，如被平均的变量值中有一个为零，则不能计算几何均值；如变量值为负数，开奇次方就会形成虚根，失去意义。几何均值适用于各个变量值存在连乘积关系的场合，实际应用中常用于平均发展速度的计算，具体见第五章时间序列数据分析的相应内容。

综上，均值的表现形式主要有众数、分位数、算术均值、调和均值和几何均值。各均值既存在差异，又存在联系，在应用时应注意其适用性。分类数据可以计算众数，顺序数据可以计算众数和分位数，数值型数据可以计算众数、分位数、算术均值、调和均值和几何均值。高层级类型数据可计算适用于低层级类型数据的均值，而低层级类型数据不一定能计算适用于高层级类型数据的均值。

四、均值之间的关系及其适用性

(一) 众数、中位数、算术均值的关系及其适用性

1. 众数、中位数和算术均值的数量关系

众数、中位数和算术均值的含义和计算方法虽有所不同，但都是反映某一变量值集中趋势的测度值，彼此间存在一定的数量关系，这种关系可用来反映变量值的分布形态。

对具有单峰钟型分布的变量值而言，众数、中位数和算术均值之间存在如下数量关系。

(1) 当变量值为对称分布时，众数、中位数、算术均值三者完全相等，即 $M_o = M_e = \mu$，这一数量关系如图 4.1 所示。

(2) 当变量值呈右偏分布时，说明数据存在极大值，由于算术均值受极端值的影响，极大值拉动其向右靠近，三者的数量关系为 $M_o < M_e < \mu$，这一数量关系如图 4.2 所示。

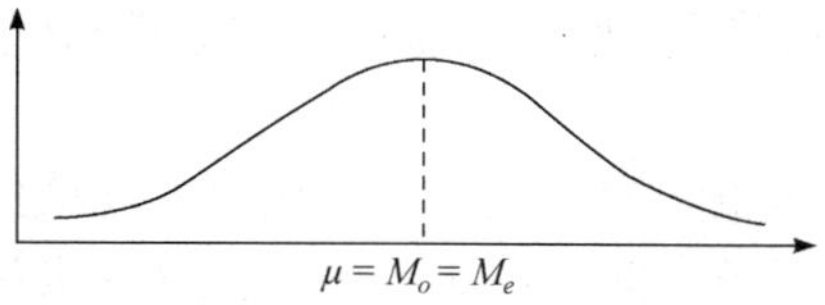

图 4.1　对称分布众数、中位数、算术均值关系图

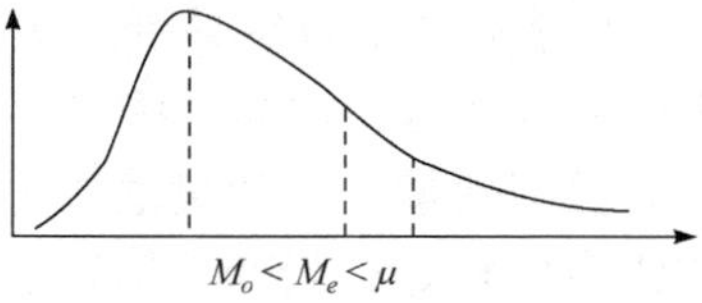

图 4.2　右偏分布众数、中位数、算术均值关系图

(3) 当变量值呈左偏分布时，说明数据存在极小值，极小值拉动算术均值向左靠近，三者的数量关系为 $\mu < M_e < M_o$，这一数量关系如图 4.3 所示。

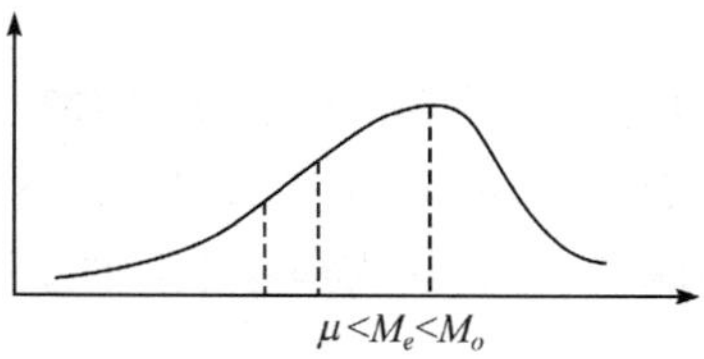

图 4.3　左偏分布众数、中位数、算术均值关系图

在非对称钟型分布条件下，众数、中位数和算术均值三者的差异程度取决于变量值分布的偏斜程度。偏斜程度越大，三者之间的差异越大；偏斜程度越小，三者之间的差异越小。

英国统计学家卡尔·皮尔逊根据研究提出，在钟型分布偏斜程度不大的情况下，无论右偏还是左偏，众数、中位数和算术均值间存在一定的数量关系：中位数处于算术均值和众数之间，而且它与众数的距离约是与算术均值距离的 2 倍，这一近似关系用公式表示为

$$\left|M_e - M_o\right| \approx 2\left|\mu - M_e\right| \tag{4.15}$$

根据式(4.15)，可得

$$\begin{cases} M_o \approx 3M_e - 2\mu \\ M_e \approx \dfrac{M_o + 2\mu}{3} \\ \mu \approx \dfrac{3M_e - M_o}{2} \end{cases} \tag{4.16}$$

对于一组服从钟形分布的变量值，在已知众数、中位数和算术均值其中两个均值的条件下，可根据式(4.16)计算出另一个均值的数值。

例 4.18　根据某城市职工月工资的调查资料，计算得月工资的众数为 4043 元，中位数为 4271 元，问算术均值是多少？并说明该城市职工月工资的分布形态及判断依据。

解　根据式(4.16)，该城市职工月工资的算术均值为

$$\mu = \frac{3M_e - M_o}{2} = \frac{3\times 4271 - 4043}{2} = 4385(\text{元})$$

因为 $M_o < M_e < \mu$，所以该城市职工月工资分布呈右偏分布，多于一半的职工月工资小于算术均值。

2. 众数、中位数和算术均值的适用性

算术均值易被理解和接受，数学性质优良，实际应用中往往更倾向用算术均值来反映所研究变量值的一般水平，如用平均成绩来反映某班某门课程考试成绩的一般水平。但算术均值不适用于所有数据，且容易受到极端值的影响，这就需要了解各均值的适用条件与优缺点，从而在不同条件下选择出最佳测度值。

对于数值型变量，当变量值接近正态分布或者分布偏斜程度较小时，用算术均值作为集中趋势的代表值较好；当变量值存在极端值且偏斜程度较大时，由于算术均值易受极端值的影响，会出现明显超过一半的变量值小于或大于算术均值的情况，导致其对数据的代表性程度降低，而中位数不受极端值的影响，具有统计上的稳健性，此种条件下用中位数作为集中趋势的代表值较好；当变量值存在明显的集中趋势且分布偏斜程度较大时，可用众数作为集中趋势的代表值。对于顺序数据，一般用中位数作为集中趋势的代表值。分类数据的集中趋势的代表值只能选用众数。

例 4.19　21 名职工月工资(单位：元)分别为 3560，3678，3789，4162，4162，4685，4812，4971，5025，5384，5523，5625，5948，6574，6896，7231，8546，8892，9610，25163，86450 元。分别计算 21 名职工月工资的众数、中位数和算术均值，并说明谁更能代表职工月工资的一般水平。

解　计算 21 名职工月工资的众数、中位数和算术均值，计算结果分别为 4162 元、5523 元和 10508 元。众数方面，21 个变量值中只有 2 个变量值等于 4162 元，变量值没有呈现比较明显的集中趋势，众数的代表性不好。变量值存在两个极大值，变量分布呈现明显的右偏

分布，计算出的算术均值 10508 元偏大，21 个变量值中只有 2 个超过了算术均值，大部分变量值与其差距较大，因此算术均值的代表性也不好。中位数不受极端值的影响，当变量值存在极端值且偏斜程度较大时，用中位数作为集中趋势的代表值较好。因此，本例应采用中位数作为职工月工资一般水平的代表值。

(二) 算术均值、调和均值和几何均值的关系及其适用性

算术均值、调和均值和几何均值都是数值均值，都是根据所有变量值计算的。如果从纯数量关系上考察，这三种均值的关系如下：

当所有变量值都相等时，计算的三种均值相等，即 $\mu=\overline{x}_G=\overline{x}_H$。

当所有变量值不全相等时，计算的三种均值的结果为 $\mu>\overline{x}_G>\overline{x}_H$，即算术均值最大，调和均值最小，几何均值居中。当变量值中存在极端值时，极端值对这三种均值的影响程度存在差别，极大值对算术均值的影响较大，极小值对调和均值的影响最大，而极端值对几何均值的影响较小，几何均值最具稳健性。

实际应用中，采用何种数值均值作为变量值的代表值需根据具体情况而定。适宜用算术均值计算的，不能用调和均值或几何均值替代，反之亦然。算术均值是应用最为广泛的一种均值，因为其计算方法与现实相符合，即现实中将变量值加总具有经济意义。调和均值通常是作为算术均值的变形形式使用，其本质与算术均值没有差异。几何均值只适用于各个变量值存在连乘积关系的场合。

五、均值应用中的注意事项

在统计分析中，为了保证均值计算和应用的科学性，更好地发挥其作用，应用时应注意以下三个问题。

1. 计算和应用均值应注意总体同质性

所谓同质总体，就是被研究现象总体的各个体性质是相同的。只有在同质总体中，才能按某一变量值计算其均值，否则，就有可能被均值掩盖现象的本质差别。例如，不能把粮食作物和经济作物混同计算平均亩产量；不能把满分为 100 分的英语成绩与满分为 150 分的数学成绩混同计算平均成绩。

2. 用组均值来补充说明总均值

在分组条件下，总均值的大小不但受各组变量值大小的影响，而且还受总体内部结构的影响。因此，利用均值进行对比分析时，必须用组均值来补充说明总均值。

例 4.20　某工业企业甲、乙两小组的工资情况见表 4.16。

表 4.16　某工业企业甲、乙两小组工资情况表

按熟练程度分组	甲组				乙组			
	人数/人	比重/%	工资总额/元	平均工资/(元/人)	人数/人	比重/%	工资总额/元	平均工资/(元/人)
技术工	4	40	16480	4120	7	70	27230	3890
学徒工	6	60	17560	2927	3	30	8190	2730
合计	10	100	34040	3404	10	100	35420	3542

表 4.16 资料说明，该企业乙组合计平均工资比甲组合计平均工资高 138 元，但从技术工

和学徒工两组的组平均工资来看，甲组均高于乙组。出现这一结果的原因在于，两组工人不同工资水平的技术工和学徒工的比重不同。工资水平较高的技术工的人数比重甲组比乙组少 30 个百分点，而工资水平较低的学徒工的人数比重甲组比乙组多 30 个百分点。在这种情况下，只有用技术工和学徒工各自的组平均工资补充说明总平均工资，才能得出正确的结论。

3. 用频数分布补充说明均值

均值能说明现象的一般水平，它一方面将各变量值的差异抽象化，另一方面又掩盖了各变量值的差异及其分布情况。因此，科学准确把握变量值的特征，需要在应用均值的同时，具体分析研究变量值的分布情况，用频数分布来补充说明均值。

第二节　数据离散程度的度量

一、离散程度及其测度值

(一) 离散程度及变异指标

集中趋势测度值是对数据一般水平的概括，但却掩盖了数据彼此之间的差异性。数据的差异性是数据分布特征的另一方面，数据的差异程度也称为离散程度，它反映了各变量值远离其中心值的程度，因此也称为离中趋势。因此，数据差异程度的测度值称为离散程度测度值，也称为变异指标，下面统一表述为变异指标。

(二) 变异指标的作用与分类

1. 变异指标的作用

变异指标在统计分析和统计推断中都具有重要作用。

(1) 判断算术均值对一组变量值代表性的高低。算术均值作为一组变量值的代表值，其代表性的高低与该组数据的离散程度有直接关系：变异指标越大，数据的离散程度就越大，算术均值的代表性就越低；反之，变异指标越小，数据离散程度就越小，算术均值的代表性就越高。变异指标的这一作用主要用于对比两组或多组截面数据的算术均值代表性问题。

(2) 判断社会经济活动过程的节奏性或风险程度。例如考察某企业的生产情况，如果各期(如每日、每旬、每月等)的产量差异很大，则计算出的变异指标就大，说明该企业生产的均衡性较差，或前松后紧，或时作时辍，生产中存在着突变现象，执行过程缺乏节奏性，应该采取措施纠正这一现象。资产组合理论的核心理念是在投资过程中把预期收益和风险结合起来考虑，而不仅把收益最大化作为决策的唯一标准，这一理念是投资史上的一大突破。而变异指标正是反映风险程度的测度值，投资品的价格或收益率时间序列数据波动越大，其投资风险越大，此时变异指标就越大。变异指标的这一作用主要用于对比两组或多组时间序列数据的节奏性或风险程度。

(3) 变异指标是推断统计理论中一个很重要的基础指标。根据样本统计量推断总体参数时，需要掌握标准误差这一重要的抽样误差形式，以反映样本统计量与总体参数的平均差异，而标准误差与变异指标中的标准差密切相关，因此变异指标是影响抽样误差的重要因素之一。具体内容见本书第七章统计推断理论中的相关内容。

2. 变异指标的分类

变异指标有多种表现形式，不同类型数据计算的变异指标有所不同，变异指标结果既有绝对数形式，又有相对数和平均数形式，常用的变异指标主要有异众比率、全距和内距、方差和标准差、离散系数、标准分数等。

二、异众比率

异众比率(variation ratio)是非众数值(组)的频数占全部变量值总频数的比重。异众比率的作用是衡量众数对一组变量值的代表性程度。异众比率越大，说明非众数值(组)的频数占总频数的比重越大，则众数的代表性就越差；反之，异众比率越小，则众数的代表性就越好。异众比率常常作为分类数据的离散程度测度值，其计算公式为

$$V_r = \frac{\sum f_i - f_{Mo}}{\sum f_i} = 1 - \frac{f_{Mo}}{\sum f_i} \tag{4.17}$$

式中，V_r 表示异众比率；f_{Mo} 表示众数(组)的频数；$\sum f_i$ 表示总频数。

例 4.21　在一项有 50 人参与的“你最喜欢的饮料品牌”调查中，有 30%的人喜欢“可口可乐”，是所有饮料品牌中频率最高的饮料品牌，“可口可乐”是众数，所以可用“可口可乐”代表大家最喜欢的饮料品牌。但是，喜欢其他品牌饮料的人数占 70%，即异众比率为 70%，其取值比较大，说明用“可口可乐”来代表最喜欢的饮料品牌代表性并不好。

三、全距和内距

(一) 全距

全距(range)又称极差，是一组变量值的最大值与最小值之差，用 R 表示。全距能够说明一组变量值的最大变动范围。全距越大，变量值的变动范围越大；反之，全距越小，变量值的变动范围越小。

全距适合数值型数据计算。对于未分组的原始数据和单变量值分组数据，全距计算公式为

$$R = \max(x_i) - \min(x_i) \tag{4.18}$$

对于组距分组数据，全距可近似计算，计算公式为

$$R \approx \text{最高组的上限值} - \text{最低组的下限值} \tag{4.19}$$

根据统计分组理论，组距分组中的最高组的上限一般大于实际数据的最大值，而最低组的下限一般小于或等于实际数据的最小值，因此根据组距分组数据计算的全距通常大于实际全距，它只是全距的一个近似值。另外，对于开口组形式的组距分组数据，除非知道最大值和最小值，一般就不能计算全距了。

全距的优点在于计算方法简便，意义明确。实际工作中常用于工业产品质量的检查和控制。正常生产条件下，产品质量性能指标，如强度、硬度、浓度、长度等总是在一定范围内波动，如果超过了一定范围，就说明生产可能出现了问题，应采取相应措施进行纠偏，保证生产正常运转。此外，在编制频数分布表时，全距还是确定组数、组距的重要依据。但如果数据存在极端值，全距的大小直接受到两个极端值的影响，并不能准确地反映中间变量值的差异程度，因而其反映数据的差异程度较为粗略，代表性不好。

(二) 内距

内距(interquartile range)是一组变量值的上四分位数 Q_3 与下四分位数 Q_1 之差，也称为四分位差，用 IQR 表示，则

$$\mathrm{IQR} = Q_3 - Q_1 \tag{4.20}$$

内距反映了中间 50%数据的离散程度，其取值越小，说明中间 50%的数据越集中，离散程度越小；其取值越大，说明中间 50%的数据越分散，离散程度越大。此外，由于中位数处于所有数据的中间位置，也处于中间 50%数据的中间位置，所以内距的大小在一定程度上说明了中位数对一组变量值的代表性程度。

相对于全距，内距避免了极端值的影响，但依然是由两个特殊位置的变量值决定的，同样不能反映全部数据的差异程度。

四、方差、标准差和离散系数

(一) 方差和标准差

方差(variance)是各变量值与其算术均值离差平方的算术均值。标准差(standard deviation)则是方差的算术平方根，用来测量各变量值与其算术均值之间的平均离差，因此也称为均方差。在国家计量技术规范中，标准差的正式名称为标准偏差，简称标准差。

方差和标准差是对全部变量值差异情况的综合考察，根据所掌握资料是否分组，方差和标准差的计算有简单平均法和加权平均法两种形式。本节主要介绍总体的方差和标准差的计算，对于样本的方差和标准差的计算与总体的有所区别，相关内容详见本书第七章的第二节。

1. 简单平均法

设总体的方差为 σ^2，总体的标准差为 σ。对于未分组的原始数据，σ^2 和 σ 采用简单平均法计算，这样总体简单方差和总体简单标准差的计算公式为

$$\text{总体简单方差：} \sigma^2 = \frac{\sum (x_i - \mu)^2}{N} \tag{4.21}$$

$$\text{总体简单标准差：} \sigma = \sqrt{\frac{\sum (x_i - \mu)^2}{N}} \tag{4.22}$$

例 4.22 甲、乙两企业某年各月产值资料见表 4.17，试分别计算两企业月产值的方差和标准差。

表 4.17 甲、乙两企业月产值方差、标准差计算表

甲企业				乙企业			
月份	产值 $x_{甲}$/万元	$x_{甲}-\mu_{甲}$	$(x_{甲}-\mu_{甲})^2$	月份	产值 $x_{乙}$/万元	$x_{乙}-\mu_{乙}$	$(x_{乙}-\mu_{乙})^2$
1	110	10	100	1	70	−30	900
2	98	−2	4	2	65	−35	1225
3	95	−5	25	3	84	−16	256
4	99	−1	1	4	120	20	400
5	98	−2	4	5	91	−9	81
6	100	0	0	6	100	0	0
7	97	−3	9	7	68	−32	1024

续表

甲企业				乙企业			
月份	产值 $x_{甲}$/万元	$x_{甲}-\mu_{甲}$	$(x_{甲}-\mu_{甲})^2$	月份	产值 $x_{乙}$/万元	$x_{乙}-\mu_{乙}$	$(x_{乙}-\mu_{乙})^2$
8	98	−2	4	8	73	−27	729
9	102	2	4	9	140	40	1600
10	101	1	1	10	120	20	400
11	102	2	4	11	110	10	100
12	100	0	0	12	159	59	3481
合计	1200	0	156	合计	1200	0	10196

解　本资料为未分组的原始数据，所以甲、乙两企业月产值的方差和标准差可采用简单平均法计算。

甲企业月产值的算术均值、方差和标准差分别为

$$\mu_{甲}=\frac{\sum x_{甲}}{N_{甲}}=\frac{1200}{12}=100(万元)$$

$$\sigma_{甲}^2=\frac{\sum\left(x_{甲}-\mu_{甲}\right)^2}{N_{甲}}=\frac{156}{12}=13(万元^2)$$

$$\sigma_{甲}=\sqrt{\frac{\sum\left(x_{甲}-\mu_{甲}\right)^2}{N_{甲}}}=\sqrt{13}=3.61(万元)$$

乙企业月产值的算术均值、方差和标准差分别为

$$\mu_{乙}=\frac{\sum x_{乙}}{N_{乙}}=\frac{1200}{12}=100(万元)$$

$$\sigma_{乙}^2=\frac{\sum\left(x_{乙}-\mu_{乙}\right)^2}{N_{乙}}=\frac{10196}{12}=849.67(万元^2)$$

$$\sigma_{乙}=\sqrt{\frac{\sum\left(x_{乙}-\mu_{乙}\right)^2}{N_{乙}}}=\sqrt{\frac{10196}{12}}=29.15(万元)$$

计算结果表明，虽然甲、乙两个企业月平均产值均为 100 万元，但乙企业的标准差为 29.15 万元，远大于甲企业的标准差 3.61 万元，说明乙企业各月产值差异较大，稳定性较差，月平均产值的代表性较差。需要注意，并非任意两个总体的标准差都能进行比较，只有研究对象、计量单位、平均水平一致时才可比较，否则需要消除量纲和平均水平的差异才能比较，具体内容见离散系数。

2. 加权平均法

对于分组数据(包括单变量值分组和组距分组数据)，总体方差与总体标准差则需采用加权平均法计算，总体加权方差和总体加权标准差的计算公式分别为

$$总体加权方差：\quad \sigma^2=\frac{\sum\left(x_i-\mu\right)^2 f_i}{\sum f_i} \tag{4.23}$$

$$\text{总体加权标准差：} \quad \sigma = \sqrt{\frac{\sum (x_i - \mu)^2 f_i}{\sum f_i}} \tag{4.24}$$

与加权算术均值的计算一致，当组距分组数据计算总体加权方差和总体加权标准差时，各组变量值取各组的组中值作为代表值进行计算。另外，当所掌握的权数为频率资料时，总体加权方差和加权标准差可直接以频率为权数进行计算。

例 4.23　根据第三章例 3.5 中形成的 40 名学生统计学成绩频数分布表数据，计算 40 名学生统计学成绩的标准差。

解　本例题资料属于组距分组数据资料，为计算 40 名学生统计学成绩的标准差，需要先计算各组组中值作为各组变量值的代表值，采用加权平均法计算。例 4.10 已计算出 $\mu = 77$ 分，40 名学生统计学成绩的标准差计算过程见表 4.18。

表 4.18　40 名学生统计学成绩标准差计算表

按成绩分组/分	组中值 x_i/分	学生数 f_i/人	$x_i - \mu$	$(x_i - \mu)^2$	$(x_i - \mu)^2 f_i$
60 以下	55	3	−22	484	1452
60～70	65	6	−12	144	864
70～80	75	15	−2	4	60
80～90	85	12	8	64	768
90 以上	95	4	18	324	1296
合计	—	40	—	—	4440

根据式(4.24)，得

$$\sigma = \sqrt{\frac{\sum (x_i - \mu)^2 f_i}{\sum f_i}} = \sqrt{\frac{4440}{40}} = 10.54(\text{分})$$

计算结果表明，40 名学生统计学成绩的标准差为 10.54 分，说明 40 名学生统计学成绩与平均分 77 分相比，平均相差 10.54 分。

方差和标准差都是根据全部变量值的离差计算的，因此能够准确地反映出全部数据的离散程度，并且是最重要也是应用最广泛的数值型数据的离散程度测度值。当然，由于方差的计量单位与研究变量的计量单位不同，所以方差的结果并不容易解释。但标准差的计量单位与研究变量的计量单位相同，含义更容易解释，所以从实际意义看标准差比方差更加明确。

3. 方差的数学性质

(1) 方差等于各变量值平方的算术均值减去各变量值算术均值的平方。

$$\sigma^2 = \overline{x^2} - \mu^2$$

方差的这一数学性质可使总体的方差和标准差的计算更为简便，未分组原始数据的简单平均法和分组数据的加权平均法的计算公式分别为

$$\text{未分组数据：} \quad \sigma^2 = \frac{\sum x_i^2}{N} - \left(\frac{\sum x_i}{N}\right)^2 \tag{4.25}$$

$$\sigma=\sqrt{\frac{\sum x_i^2}{N}-\left(\frac{\sum x_i}{N}\right)^2} \tag{4.26}$$

分组数据：

$$\sigma^2=\frac{\sum x_i^2 f_i}{\sum f_i}-\left(\frac{\sum x_i f_i}{\sum f_i}\right)^2 \tag{4.27}$$

$$\sigma=\sqrt{\frac{\sum x_i^2 f_i}{\sum f_i}-\left(\frac{\sum x_i f_i}{\sum f_i}\right)^2} \tag{4.28}$$

例 4.24　以例 4.23 中的数据，用简便方法计算方差和标准差，计算过程见表 4.19。

表 4.19　40 名学生统计学成绩标准差计算表(简便方法)

按成绩分组/分	组中值 x_i/分	学生数 f_i/人	$x_i f_i$	$x_i^2 f_i$
60 以下	55	3	165	9075
60～70	65	6	390	25350
70～80	75	15	1125	84375
80～90	85	12	1020	86700
90 以上	95	4	380	36100
合计	—	40	3080	241600

解　将表 4.19 中的数据代入式(4.27)和(4.28)得方差和标准差分别为

$$\sigma^2=\frac{\sum x_i^2 f_i}{\sum f_i}-\left(\frac{\sum x_i f_i}{\sum f_i}\right)^2=\frac{241600}{40}-\left(\frac{3080}{40}\right)^2=6040-5929=111(\text{分}^2)$$

$$\sigma=\sqrt{\frac{\sum x_i^2 f_i}{\sum f_i}-\left(\frac{\sum x_i f_i}{\sum f_i}\right)^2}=\sqrt{111}=10.54(\text{分})$$

计算结果表明，按简便方法计算的 40 名学生统计学成绩的标准差与例 4.23 中的计算结果相同。

(2) 分组条件下，总体方差等于组间方差加组内方差的算术均值，即

$$\sigma^2=\sigma_{\text{组间}}^2+\overline{\sigma_{\text{组内}}^2}$$

组距分组条件下，式(4.23)根据各组组中值与总均值的离差平方计算的总体方差反映了各组变量值之间的差异，本质上是一种组间方差，没有把组内各变量值的差异反映出来。反映各变量值之间差异的总方差除了包括组间方差外，还应包括各组内部各变量值之间的差异即组内方差。可以证明，分组条件下，总体的方差等于组间方差与组内方差的算术均值之和。

(二) 离散系数

前面介绍的变异指标，无论是绝对数形式的全距和内距，还是平均数形式的方差和标准差，都是带有计量单位的，其数值大小还与变量值的水平高低有关，因此不适宜进行数据离散程度的直接比较，只有同类现象且对比数据的均值和量纲都相同时方可进行比较。因此，

在对比两个不同水平、不同量纲的变量离散程度时，应将均值水平和量纲的差异消除掉，采用反映相对离散程度的离散系数进行比较。

离散系数又称变异系数，它是变异指标与其算术均值的比值，是反映一组变量值相对离散程度的测度值。变异系数以无名数表示，因此可以用于比较不同数据组的离散程度和均值代表性的高低。最为常见的离散系数是标准差系数(coefficient standard deviation)，它是标准差与算术均值的比值，通常用V_σ表示，其计算公式为

$$V_\sigma = \frac{\sigma}{\mu} \times 100\% \tag{4.29}$$

例 4.25　甲、乙两城市职工的月平均工资分别为 8632 元、5348 元，标准差分别为 1692 元、1071 元，请比较两个城市职工月工资的差异程度。

解　已知$\mu_{甲} = 8632元$，$\sigma_{甲} = 1692元$；$\mu_{乙} = 5348元$，$\sigma_{乙} = 1071元$。虽然比较的甲、乙两城市职工的月平均工资的计量单位相同，但由于两市职工的月平均工资水平不同，所以不可直接使用标准差比较，需要计算标准差系数才可比较。

根据式(4.29)分别计算两城市职工月工资的标准差系数，得

$$V_{\sigma_{甲}} = \frac{\sigma_{甲}}{\mu_{甲}} \times 100\% = \frac{1692}{8632} \times 100\% = 19.60\%$$

$$V_{\sigma_{乙}} = \frac{\sigma_{乙}}{\mu_{乙}} \times 100\% = \frac{1071}{5348} \times 100\% = 20.03\%$$

从标准差来看$\sigma_{甲} > \sigma_{乙}$，甲城市职工的月工资差异程度更大，但从标准差系数看$V_{\sigma_{甲}} < V_{\sigma_{乙}}$，甲城市职工的月工资不仅水平更高，而且差异更小。

比较数据的差异程度，其最终结果是以离散系数为准判断的。如果直接按标准差判断，要么因为计量单位不同无法比较，要么虽能够比较，但结论可能与以离散系数为准的判断正好相反。

例 4.26　某班男生的平均身高为 1.75 米，标准差为 0.05 米；平均体重为 65 千克，标准差为 7 千克，试比较该班男生身高和体重的差异程度。

解　已知$\mu_{身高} = 1.75米$，$\sigma_{身高} = 0.05米$；$\mu_{体重} = 65千克$，$\sigma_{体重} = 7千克$。身高和体重的计量单位不同，显然利用标准差无法直接比较，因此需要消除量纲的差异方可比较，分别计算两者的标准差系数再进行比较即可消除量纲不同的影响。于是，根据式(4.29)分别计算身高和体重的标准差系数，得

$$V_{身高} = \frac{\sigma_{身高}}{\mu_{身高}} \times 100\% = \frac{0.05}{1.75} \times 100\% = 2.86\%$$

$$V_{体重} = \frac{\sigma_{体重}}{\mu_{体重}} \times 100\% = \frac{7}{65} \times 100\% = 10.77\%$$

根据标准差系数计算结果得$V_{体重} > V_{身高}$，因此该班男生体重的差异程度大于身高的差异程度。

五、标准分数

对于来自不同均值和标准差的两个总体的个体数据，往往也不能直接进行比较。若进行

比较，需要将它们转化为同一尺度的数据才能进行，这种转化方法通常是将数据进行标准化，即计算标准分数。

标准分数(standard score)是将变量值与其算术均值的离差除以标准差后的测度值，也称作标准化值或 Z 值。设某变量值的标准分数为 Z_i，则其计算公式为

$$Z_i = \frac{x_i - \mu}{\sigma} \tag{4.30}$$

从式(4.30)可以看出 Z 值大于 0 的数据是那些比算术均值大的数据，Z 值小于 0 的数据是那些比算术均值小的数据，Z 值等于 0 的数据是与算术均值相等的数据。Z 值是对数据在一组数据中的相对位置的测度，它是无量纲的相对数，因此可以对不同数据组中每个变量值的相对位置进行比较。比如，某位同学先后参加了两次英语考试，两次英语考试的均值和标准差均不同，该位同学两次考试成绩的标准分数分别为 1.2 和 1.3，则说明第二次考试的成绩更为理想。需要注意的是，标准分数的比较只具有相对意义，不具有绝对意义，如上例中不能说第二次考试比第一次考试多 0.1。实际上，标准分数只是将一组原始数据进行了线性变换，变换后的数据均值为 0、标准差为 1，变量值在该组数据中的相对位置并没有发生改变。

根据原始数据与标准分数的变换关系可知，将服从一般正态分布的数据进行标准化后的 Z 值具有如下分布规律(图 4.4)：

(1) 约有 68.27% 的 Z 值分布在均值加减 1 个标准差的范围内；

(2) 约有 95.45% 的 Z 值分布在均值加减 2 个标准差的范围内；

(3) 约有 99.73% 的 Z 值分布在均值加减 3 个标准差的范围内。

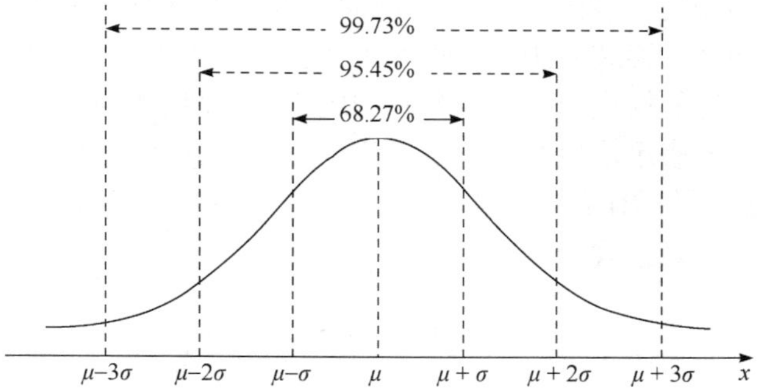

图 4.4　正态分布概率图

由图 4.4 可知，一组数据中低于或高于算术均值 3 个标准差以上的数据只占全部数据的 0.27%，统计上将这样的数据称为离群值。如果对一组原始数据进行标准化，则 Z 值的绝对值超过 3 的数据即为离群值。离群值的出现可能是记录错误，也可能是该数据不属于这组数据，还可能确实是非正常的数据，也属于这个数据集，记录没有错误。所以离群值的识别不是一件容易的事，要仔细鉴别。

例 4.27　某企业工人平均月工资为 5800 元，标准差为 984 元。其中某班组 9 名工人月工资资料见表 4.20，试计算该班组 9 名工人月工资的标准分数并判断是否存在离群值。

解　根据式(4.30)，计算结果见表 4.20。

表 4.20　9 名工人月工资标准分数计算表

工人编号	月工资 x_i /元	标准分数 Z_i
1	5500	−0.30
2	4750	−1.07
3	4780	−1.04
4	6080	0.28
5	5850	0.05
6	6960	1.18
7	8000	2.24
8	5250	−0.56
9	5500	−0.30

计算结果表明，9 名工人月工资的标准分数均在[−3, 3]范围之内，不存在离群值。

第三节　0-1 变量分布特征的度量

一、0-1 变量的概念与比例

在所有变量集合中，部分变量只有两个变量值，如人的性别表现为男或女，产品的质量表现为合格或不合格，人们对某种意见表示为同意或不同意等。此类变量的两个变量值一般分别用 1，0 (用 1 表示具有某种属性如合格产品的取值，用 0 表示不具有该种属性如不合格产品的取值)或是、非来表示，因此将此类变量称为 0-1 变量或是非变量，0-1 变量的分布称为两点分布，为了方便，下面统一用 0-1 变量来表示。

为了反映 0-1 变量值的构成，需要计算其构成比例，即取值为 1 和 0 的变量值的频数占总频数的比重。一般用 π 表示取值为 1 的变量值的频数占总频数的比重，用 $1-\pi$ 表示取值为 0 的变量值的频数占总频数的比重。如果用 N_1，N_0 和 N 分别表示取值为 1 和 0 的变量值频数以及总频数，则比例的计算公式为

$$\pi = \frac{N_1}{N}, \quad 1-\pi = \frac{N_0}{N} \tag{4.31}$$

式中，π 代表变量值为 1 的比例，$1-\pi$ 代表变量值为 0 的比例。

二、0-1 变量的集中趋势测度值

0-1 变量的集中趋势测度值主要指算术均值，与一般的数值型变量的计算方法类似，具体计算过程见表 4.21。

表 4.21　0-1 变量算术均值计算表

变量值 x_i	频数 f_i	频率 $\frac{f_i}{\sum f_i}$	$x_i f_i$	$x_i \frac{f_i}{\sum f_i}$
1	N_1	π	N_1	π
0	N_0	$1-\pi$	0	0
合计	N	1	N_1	π

根据加权算术均值的计算公式(4.6)得 0-1 变量的算术均值为

$$\mu_\pi = \frac{\sum x_i f_i}{\sum f_i} = \frac{1\times N_1 + 0\times N_0}{N} = \frac{N_1}{N} = \pi \tag{4.32}$$

也可以用公式(4.7)计算得到 0-1 变量的算术均值为

$$\mu_\pi = \sum x_i \cdot \frac{f_i}{\sum f_i} = 1\times\pi + 0\times(1-\pi) = \pi \tag{4.33}$$

由此可见，0-1 变量的算术均值等于取值为 1 的变量值频数占总频数的比例π。

三、0-1 变量的离散程度测度值

同样，0-1 变量也可以计算方差与标准差。根据公式(4.23)得 0-1 变量的方差为

$$\begin{aligned}\sigma_\pi^2 &= \frac{\sum (x_i-\mu_\pi)^2 f_i}{\sum f_i} = \frac{(1-\pi)^2 N_1 + (0-\pi)^2 N_0}{N} \\ &= (1-\pi)^2\pi + \pi^2(1-\pi) = \pi(1-\pi)\left[(1-\pi)+\pi\right] = \pi(1-\pi)\end{aligned} \tag{4.34}$$

0-1 变量的标准差为

$$\sigma_\pi = \sqrt{\frac{\sum (x_i-\mu_\pi)^2 f_i}{\sum f_i}} = \sqrt{\pi(1-\pi)} \tag{4.35}$$

由上述计算结果可知，0-1 变量的方差为取值 1，0 两个变量值的比例 π 和 $1-\pi$ 的乘积。显然，当$\pi = 1-\pi = 0.5$时，即当 0-1 变量取值 1，0 两个变量值的频数(频率)相等时，0-1 变量的方差最大，为 0.25，标准差最大为 0.5，此时 0-1 变量的离散程度最大。

例 4.28　某班 40 名学生在某次数学考试中，38 人及格，2 人不及格，计算该班此次数学考试是否及格变量的方差和标准差。

解　根据式(4.34)和式(4.35)计算此次数学考试是否及格的方差和标准差，得

$$\pi = \frac{38}{40}\times 100\% = 95\%,\qquad 1-\pi = \frac{2}{40}\times 100\% = 5\%$$

$$\sigma_\pi^2 = \pi(1-\pi) = 95\%\times 5\% = 4.75\%,\qquad \sigma_\pi = \sqrt{4.75\%} = 21.79\%$$

计算结果表明，该班此次数学考试是否及格变量的方差、标准差分别为 4.75%和 21.79%。

第四节　数据分布形态的度量

集中趋势和离散程度是数据分布的两个重要特征，除此之外，为了全面把握数据分布的特征，还需要了解数据分布形态是否对称、偏斜的程度以及分布的扁平程度等。偏态系数和峰度系数是这些方面分布特征的测度值。

一、偏态与偏态系数

偏态是指数据分布的不对称性特征。它由统计学家卡尔·皮尔逊于 1895 年首次提出，人们常见的钟型分布有对称分布和不对称分布，不对称分布又分为左偏和右偏分布。本章第一节介绍了如何利用众数、中位数与算术均值的数量关系，来判断数据分布呈对称、左偏、右

偏分布，但要精确度量数据分布的不对称程度，则需要计算偏态系数(coefficient of skewness)，用SK表示，人们常采用中心矩法计算偏态系数，它是变量的三阶中心矩 (各变量值离差三次方的算术均值)与变量标准差的三次方的比值。计算公式为

$$\text{未分组数据：}\quad \mathrm{SK}=\frac{\sum(x_i-\mu)^3}{\sigma^3 N} \tag{4.36}$$

$$\text{分组数据：}\quad \mathrm{SK}=\frac{\sum(x_i-\mu)^3 f_i}{\sigma^3\sum f_i} \tag{4.37}$$

由式(4.36)和(4.37)可以看出，当数据呈对称分布时，三阶中心矩等于0，此时偏态系数的值等于 0；当数据呈不对称分布时，各变量值离差三次方后不能相互抵消，就形成或正或负的三阶中心矩。当三阶中心矩为正时，意味着数据存在极大值，则偏态系数的值就大于 0，数据呈右偏分布；反之，当三阶中心矩为负时，意味着数据存在极小值，偏态系数的值小于0，数据呈左偏分布。偏态系数SK的绝对值越大，表示数据的偏斜程度越大。

在计算偏态系数时，之所以将三阶中心矩除以σ^3，是因为三阶中心矩含有计量单位，为消除计量单位的影响，就用σ^3去除三阶中心矩，转化为相对数，便于比较不同数据分布的偏斜程度。

二、峰度与峰度系数

峰度是指数据分布的平峰或尖峰形态。峰度也是由统计学家卡尔·皮尔逊于1905年提出的，对数据分布峰度的测度值称为峰度系数(coefficient of kurtosis)，用K表示。

峰度的测度通常使用四阶中心矩，并将四阶中心矩除以标准差的四次方得到峰度系数。实践中，数据的峰度测度通常与标准正态分布进行比较，而标准正态分布的峰度系数等于3，因此峰度系数的计算公式为

$$\text{未分组数据：}\quad K=\frac{\sum(x_i-\mu)^4}{\sigma^4 N}-3 \tag{4.38}$$

$$\text{分组数据：}\quad K=\frac{\sum(x_i-\mu)^4 f_i}{\sigma^4\sum f_i}-3 \tag{4.39}$$

若峰度系数$K=0$，表示数据分布为标准正态分布；若峰度系数$K>0$，表示数据分布的形态比标准正态分布更尖峭，称为尖峰分布(图4.5(a))，此时的数据分布更为集中；若峰度系数$K<0$，表示数据分布的形态比标准正态分布更平坦，称为平峰分布(图 4.5(b))，此时的数据分布更为分散。

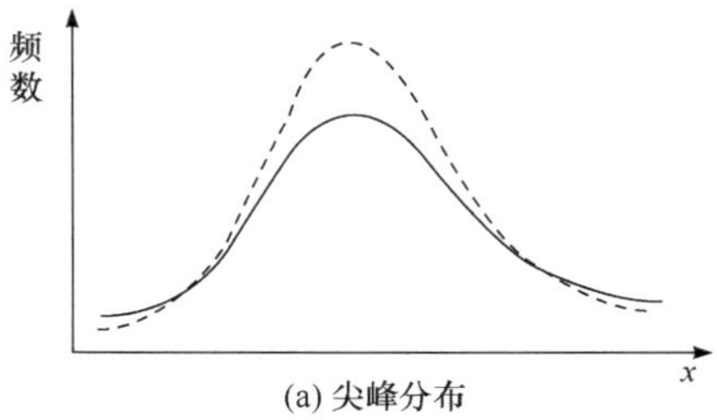

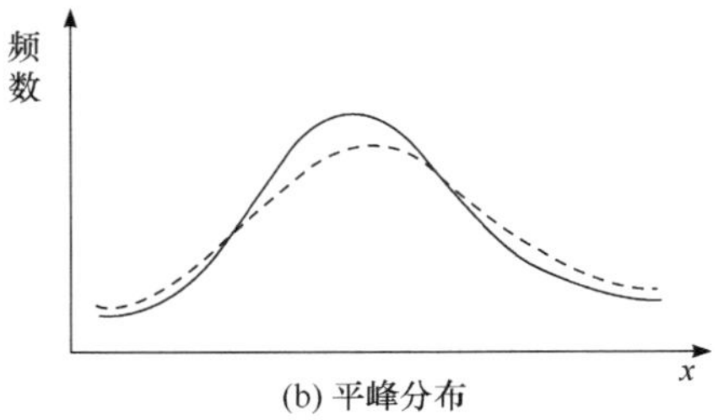

图 4.5　尖峰分布与平峰分布示意图

例 4.29　根据某地区 2021 年农村居民家庭人均可支配收入分组数据(表 4.22)，计算农村居民家庭人均可支配收入的偏态系数与峰度系数。

表 4.22　某地区 2021 年农村居民家庭人均可支配收入的偏态系数与峰度系数计算表

家庭人均可支配收入分组/千元	组中值 x_i	频率 $\frac{f_i}{\sum f_i}$/%	$x_i\frac{f_i}{\sum f_i}$	$(x_i-\mu)^2\frac{f_i}{\sum f_i}$	$(x_i-\mu)^3\frac{f_i}{\sum f_i}$	$(x_i-\mu)^4\frac{f_i}{\sum f_i}$
5 以下	2.5	1.28	0.032	4.094	−73.216	1308.218
5～10	7.5	13.45	1.009	22.327	−287.657	3701.568
10～15	12.5	21.35	2.669	13.271	−104.626	823.195
15～20	17.5	20.52	3.591	1.707	−4.922	14.117
20～25	22.5	16.93	3.809	0.758	1.604	3.420
25～30	27.5	10.35	2.846	5.241	37.295	265.987
30～35	32.5	6.46	2.100	9.483	114.897	1393.937
35～40	37.5	3.23	1.211	9.463	161.961	2774.710
40～45	42.5	1.68	0.714	8.217	181.731	4022.071
45～50	47.5	1.81	0.860	13.309	360.874	9791.231
50 以上	52.5	2.94	1.544	30.324	973.894	31293.164
合计	—	100	20.384	118.193	1361.836	55391.618

解　(1) 偏态系数计算。根据表 4.22 数据，得

$$\mu=\sum x_i\frac{f_i}{\sum f_i}=20.384(\text{千元})$$

$$\sigma=\sqrt{\sum(x_i-\mu)^2\frac{f_i}{\sum f_i}}=\sqrt{118.193}=10.87(\text{千元})$$

$$\text{SK}=\frac{\sum(x_i-\mu)^3\frac{f_i}{\sum f_i}}{\sigma^3}=\frac{1361.836}{10.87^3}=1.06$$

计算的偏态系数为正值，说明该地区农村居民家庭人均可支配收入呈右偏分布，即人均可支配收入较少的家庭占多数，而人均可支配收入较高的家庭则占少数。具体分布如图 4.6 所示。

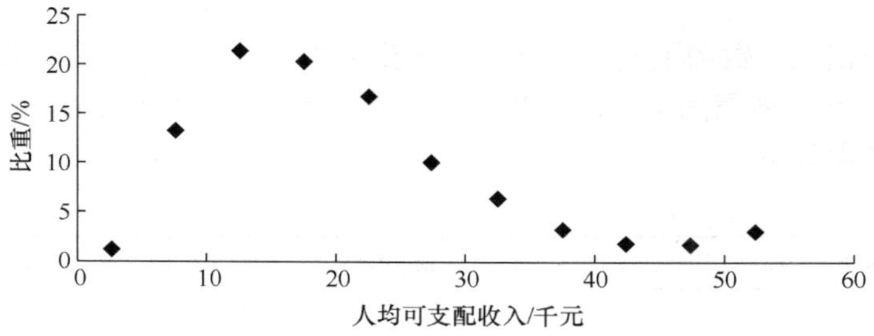

图 4.6　农村居民家庭人均可支配收入分布图

(2) 峰度系数计算

$$K=\frac{\sum(x_i-\mu)^4\frac{f_i}{\sum f_i}}{\sigma^3}-3=\frac{55391.618}{10.87^4}-3=0.97$$

峰度系数 $K=0.97>0$，说明该地区农村居民家庭人均可支配收入呈尖峰分布。

思考与练习

一、思考题

1. 什么是集中趋势？反映集中趋势的测度值有哪些？
2. 如何理解权数的意义？简单算术均值和加权算术均值之间的关系如何？
3. 如何用众数、中位数和算术均值的位置关系来判断数据的分布形态特征？
4. 简述众数、中位数和算术均值的特点及适用场合。
5. 什么是离散程度？反映离散程度的测度值有哪些？
6. 变异指标的作用有哪些？
7. 什么是标准差系数？如何运用标准差系数判断集中趋势测度值的代表性？
8. 什么是标准分数？标准分数与原始数据之间的关系如何？
9. 什么是偏态？如何度量数据分布的偏态程度？
10. 什么是峰度？如何度量数据分布的峰度水平？

二、练习题

1. 200 名工人生产某产品的日产量资料如下。

日产量/件	工人数/人	工人比重/%
25	20	10
30	50	25
35	80	40
40	36	18
45	14	7
合计	200	100

要求：分别根据工人数和工人比重资料，计算 200 名工人的平均日产量。

2. 某集团公司将其所属的生产同种产品的 9 个下属企业，按其生产该产品平均单位成本进行分组，分组数据如下。

单位产品成本/(元/件)	企业数/家	产量比重/%
10～12	2	20
12～14	3	42
14～18	4	38
合计	9	100

要求：计算这 9 个下属企业生产产品的平均单位成本。

3. 甲、乙两农贸市场某农产品价格及成交量、成交额的资料如下。

品种	价格/(元/千克)	甲市场的成交额/万元	乙市场的成交量/万千克
A	1.2	1.2	2
B	1.4	2.8	1
C	1.5	1.5	1
合计	—	5.5	4

要求：计算确定该农产品哪个市场的平均价格更高？

4. 某产品需经四个车间连续加工，已知四个车间制品的合格率分别为 95%，90%，98%，97%。要求：计算四个车间的平均合格率。

5. 某班数学考试成绩资料如下。

成绩分组/分	学生数/人
60 以下	2
60～70	8
70～80	14
80～90	20
90～100	6
合计	50

要求：计算该班数学考试成绩的众数、中位数和算术均值，并说明该班数学考试成绩的分布形态。

6. 某工厂有 60 名工人，对某种部件装配时间的分组数据如下。

装配时间分组/分	工人人数/人
16～20	1
20～24	6
24～28	14
28～32	24
32～36	10
36～40	5
合计	60

要求：(1) 计算全部工人该部件平均装配时间；

(2) 计算全部工人该部件装配时间的标准差。

7. 甲、乙两单位职工人数及月工资资料如下。

甲单位		乙单位	
月工资/元	职工人数/人	月工资/元	职工人数/人
3545	4	3540	10
3855	8	3860	22
4070	15	4075	34
4285	20	4287	35
4595	10	4597	8
5015	3	5020	2
合计	60	合计	111

要求：通过计算说明哪个单位职工的平均工资更具有代表性？

8. 一家公司在招收职员时，首先要通过两项能力测试。所有应试者在 A 项测试中，平均分数是 80 分，标准差是 15 分；在 B 项测试中，平均分数是 200 分，标准差是 50 分。其中一位应试者在 A 项测试中得了 95 分，在 B 项测试中得了 225 分。

要求：确定该位应试者的哪一项测试更为理想？

9. 某高校大学生 2021 年参加英语四级考试的有 2500 人，通过的有 2175 人，试计算该高校大学生英语四级考试"是否通过"的均值和标准差。

三、综合案例分析

资料：人口老龄化是指人口生育率降低和人均寿命延长导致的总人口中因年轻人口数量减少、年长人口数量增加而导致的老年人口比例相应增长的动态。国际惯例认为，当一个国家或地区 60 岁以上老年人口占人口总数的 10%，或 65 岁以上老年人口占人口总数的 7%，即意味着这个国家或地区的人口处于老龄化社会。

下表是某些地区 60 岁以上人口占比数据。

地区	60 岁以上人口占比/%		地区	60 岁以上人口占比/%		地区	60 岁以上人口占比/%	
	2010 年	2020 年		2010 年	2020 年		2010 年	2020 年
1	12.54	19.63	9	15.01	18.79	17	17.42	21.87
2	13.02	21.66	10	11.42	15.98	18	16.30	21.71
3	13.00	19.85	11	11.44	16.87	19	12.84	15.38
4	11.53	18.92	12	14.75	20.90	20	11.06	14.91
5	11.48	19.78	13	12.73	18.08	21	7.67	8.52
6	15.43	25.72	14	13.93	20.42	22	12.85	19.20
7	13.21	23.06	15	14.54	19.88	23	12.44	17.03
8	13.03	23.22	16	9.73	12.35	24	9.45	12.14

续表

地区	60 岁以上人口占比/%		地区	60 岁以上人口占比/%		地区	60 岁以上人口占比/%	
	2010 年	2020 年		2010 年	2020 年		2010 年	2020 年
25	15.07	23.38	28	13.12	16.69	30	9.67	13.52
26	15.99	21.84	29	11.33	14.65	31	9.66	11.28
27	13.89	18.70						

为了描述人口老龄化的区域分布特征和发展变化趋势，利用 SPSS 软件将上表中数据进行描述性分析，得到 2010 年和 2020 年这些地区 60 岁以上人口占比的各分布特征测度值如下。

年份	N	最小值	最大值	全距	中位数	算术均值	标准差	方差	偏态系数	峰度系数
2010	31	7.67	17.42	9.75	12.85	12.76	2.236	4.98	−0.11	−0.12
2020	31	8.52	25.72	17.20	18.92	18.26	4.02	16.12	−0.51	−0.11

请你思考和回答下列问题：

1. 指出表中的分布特征测度值分别属于哪一类型？

2. 根据集中趋势的测度值取值，说明 2020 年 60 岁以上人口占比的分布偏态特征如何？这一结论与利用偏态系数的分析结论是否一致？

3. 根据全距和标准差两个测度值的结果，说明两者在度量数据离散程度时哪一个更好？

4. 根据峰度系数结果，说明 60 岁以上人口占比是尖峰分布还是平峰分布？

5. 对比分析 2010 年和 2020 年 60 岁以上人口占比各测度值结果，说明两个不同时期人口老龄化区域分布特征的不同之处。

四、课程思政

如何理解“被平均”现象，怎样正确使用各种不同的均值？

当一组数据的分布接近正态分布时，其众数、中位数和算术均值会比较接近，此时用其中的任何一个来代表此组数据的一般水平均可。但当数据的分布形态偏斜程度较大时，数据会存在较为严重的“被平均”现象，如仍然采用算术均值作为数据一般水平的代表值则会产生误解。

先看一个案例：小强是一个正在找工作的大学毕业生。在招聘广告中，他看到了一家公司宣称月平均工资 2 万元。看到这么高的工资待遇，小强非常心动，就发去了自己的求职简历并获得了面试机会。但面试之后的小强却大失所望，感觉自己被该公司的广告宣传“欺骗了”。原来，这家公司是一家初创的微型企业，公司只有 5 个人，分别是老板和 4 名刚入职不久的员工。老板月工资 8 万元，员工月工资 5 千元。5 个人的平均工资的确是 2 万元，但这一平均工资能真实反映这家公司的工资水平吗？能给求职者提供有价值的参考吗？显然是不能。

类似的情况非常常见，如国家统计局数据显示，2021 年全国城镇非私营单位就业人员年平均工资为 106837 元，首次超过 10 万元，其中年平均工资最高的是信息传输、软件和信息技术服务业，达到 201506 元，超过 20 万元大关。就业人员的年平均工资是按照算术均值进行计算的，算术均值是所有变量值之和与变量值个数的比值，但现实生活中人们对算术均值的认识往往存在以下两个误区：误区之一是算术均值代表大多数数据的取值，误区之二是算术均值是所有数据的中间分界线，一半的数据大于算术均值，另一半的数据小于算术均值。因此，看到这一数据，很多人会因为自己的工资水平没有达到算术均值的水平，感觉拖了大家的后腿，产生失落感。其实，2021 年全国城镇非私营单位就业人员年平均工资为 106837 元，并不代表大多数就业人员的工资水平为 106837 元，也不代表一半以上的就业人员的工资水平大于 106837 元。因为就业人员的工资很可能存在极大值，平均工资受极大值的影响偏大，超过平均工资的人数可能只占很小比例。同样，信息传输、软件和信息技术服务业就业人员工资超过 201506 元的也很可能占较小比例。

因此，现实生活中我们应该准确理解算术均值存在的“被平均”现象，正确使用各种不同的均值。当数据存在严重的偏斜程度时，可采用切尾均值(比如选秀比赛中去掉最高分和最低分来计算选手的最终得分)、中位数和众数来反映数据的一般水平。所以本章介绍的各种均值计算方法都不是凭空产生的，正是实际案例中遇到了相关问题，聪明的统计学家们才想出来这么多好的点子来进行解决，印证了统计学科是一门从实际问题出发的方法论学科！

请你结合现实中的情况，列举使用均值时出现的错误并进行正确认识。

第四章练习题参考答案

第五章　时间序列数据分析

【章前阅读】

2023 年上半年社会消费品零售总额增长 8.2%[①]（一部分）

上半年，社会消费品零售总额 227588 亿元，同比增长 8.2%。其中，除汽车以外的消费品零售额 205178 亿元，增长 8.3%。6 月份，社会消费品零售总额 39951 亿元，同比增长 3.1%。2022 年 6 月至 2023 年 6 月社会消费品零售总额同比增速见图 5.1。

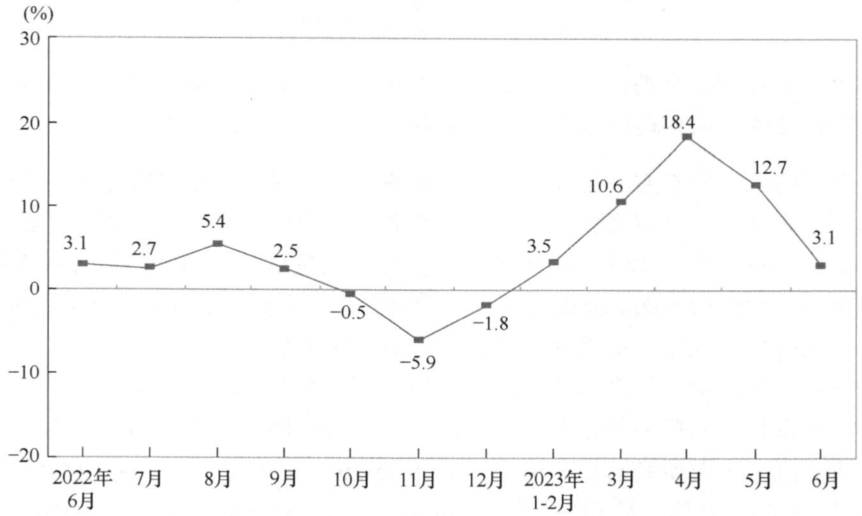

图 5.1　社会消费品零售总额同比增速

数据均为未扣除价格因素的名义增速

按经营单位所在地分，上半年，城镇消费品零售额 197532 亿元，同比增长 8.1%；乡村消费品零售额 30056 亿元，增长 8.4%。按消费类型分，上半年，商品零售 203259 亿元，同比增长 6.8%；餐饮收入 24329 亿元，增长 21.4%。2022 年 6 月至 2023 年 6 月按消费类型分零售额同比增速见图 5.2。

按零售业态分，上半年，限额以上零售业单位中便利店、专业店、品牌专卖店、百货店零售额同比分别增长 8.2%、5.4%、4.6%、9.8%，超市零售额同比下降 0.4%。

上半年，全国网上零售额 71621 亿元，同比增长 13.1%。其中，实物商品网上零售额 60623 亿元，增长 10.8%，占社会消费品零售总额的比重为 26.6%；在实物商品网上零售额中，吃类、穿类、用类商品分别增长 8.9%、13.3%、10.3%。

① 资料来源：2023 年上半年社会消费品零售总额增长 8.2%，国家统计局网站，https://www.stats.gov.cn/sj/zxfb/202307/t20230715_1941269.html，引用日期 2024 年 6 月 6 日。

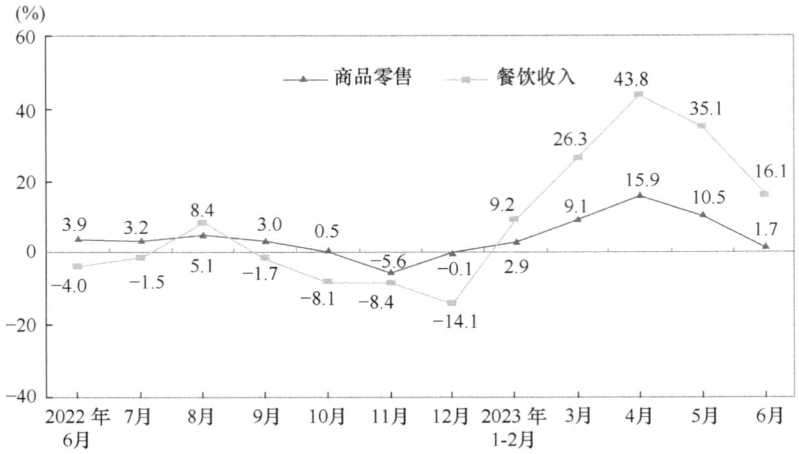

图 5.2　按消费类型分零售额同比增速

数据均为未扣除价格因素的名义增速

问题：你了解增长速度吗？同比增长是怎么回事？你还了解哪些增长的说法？如何判断研究现象的变化趋势？相信通过本章的学习你会解开心中的疑惑。

第四章介绍的统计分析方法是针对截面数据的，它体现了客观现象的静态特征。为了全面了解和认识客观现象，不仅需要从静态上分析客观现象的基本特征，而且还需要从动态上研究其发展变化的过程和规律性。时间序列数据分析就是从动态角度认识客观现象发展变化过程及其规律的统计分析方法。通过时间序列数据分析，人们能够认识客观现象的量变过程，揭示现象的变化趋势和规律，从而预测现象的未来变化水平。

时间序列数据分析就其发展的历史阶段和所使用的统计分析方法来看，有传统时间序列数据分析方法和现代时间序列数据分析方法两种。现代时间序列数据分析方法是基于随机过程理论的分析方法，主要研究自回归模型(autoregressive model，AR)、移动平均模型(moving average model，MA)、自回归移动平均模型(autoregressive moving average model，ARMA)等。本章主要介绍传统时间序列数据分析方法，包括时间序列数据的描述性分析和时间序列数据的构成因素分析两大内容。现代时间序列数据分析方法请参见专门的相关文献。

第一节　时间序列概述

一、时间序列的概念

时间序列数据分析依赖于客观现象发展过程所形成的时间序列。时间序列(time series) 也称为动态数列，它是反映客观现象某一特征的数据按时间先后顺序排列而成的统计数列。时间序列由两个基本要素构成：一是现象所属的时间，称为时间要素；二是现象在不同时间条件下的统计数据，称为数据要素。时间要素中的时间可以是一段时期，也可以是某一时点，现实生活中常常表现为年度、季度、月度等时期或期初、期末等的时点。数据要素的数据既可以是反映客观现象总规模、总水平的绝对数，也可以是反映其相对水平或一般水平的相对数或平均数。表 5.1 是我国国内生产总值等的时间序列。

表 5.1　2010～2020 年我国国内生产总值等的时间序列

年份	国内生产总值/亿元	年末总人口数/万人	年平均人口数/万人	人均国内生产总值/元	第三产业增加值比重/%	全国居民人均可支配收入/元
2010	412119.3	134091	133770.5	30807.9	44.2	12519.5
2011	451480.1	134916	134503.5	33566.4	44.3	13805.2
2012	486983.3	135922	135419.0	35961.2	45.5	15266.7
2013	524803.1	136726	136324.0	38496.8	46.9	16503.3
2014	563773.8	137646	137186.0	41095.6	48.3	17820.0
2015	603470.9	138326	137986.0	43734.2	50.8	19141.7
2016	644801.2	139232	138779.0	46462.4	52.4	20351.0
2017	689596.8	140011	139621.5	49390.4	52.7	21840.8
2018	736143.0	140541	140276.0	52478.2	53.3	23248.1
2019	779947.2	141008	140774.5	55404.0	54.3	24597.7
2020	798257.0	141212	141110.0	56569.8	54.5	25134.6

资料来源：国家统计局，《中国统计年鉴 2021》，http://www.stats.gov.cn/tjsj/ndsj/，引用日期 2024 年 6 月 6 日。

注：国内生产总值和人均国内生产总值按 2010 年不变价计算得到，全国居民人均可支配收入利用居民消费价格指数调整为 2010 年不变价。

二、时间序列的种类

时间序列按其数据要素的表现形式不同，可分为绝对数时间序列、相对数时间序列和平均数时间序列三种类型。其中绝对数时间序列是基础序列，相对数和平均数时间序列则是派生序列。

(一) 绝对数时间序列

将反映客观现象总规模或总水平的绝对数按时间先后顺序排列而成的统计数列称为绝对数时间序列，它反映客观现象在不同时间上绝对水平的变化情况。例如，表 5.1 中的国内生产总值和年末总人口数时间序列都是绝对数时间序列。绝对数按其反映的时间状况不同分为时期数据和时点数据，因此绝对数时间序列又分为时期序列(time period series)和时点序列(time point series)两类。

1. 时期序列

当绝对数时间序列中的数据反映的是客观现象在一段时期发展过程的总量时，就称该时间序列为时期序列。例如，表 5.1 中的我国国内生产总值时间数列就是一个时期序列。

时期序列的特点是：①时期序列中不同时间的数据具有可加性，即相加具有一定的实际意义，相加后的数据表示客观现象在更长一段时期内发展变化的累计总量。例如，2010～2020 年我国国内生产总值的总量是各年国内生产总值之和。②时期序列中每个数据的大小与其所属时间的长短有直接联系。在时期序列中，每个数据所对应的时间长度称为“时期”。时期的长短，主要根据研究目的而定，可以是日、旬、月、季、年或更长时间。一般来说，时期越长其对应的数据就越大，反之就越小。例如，2010～2020 年我国国内生产总值的总量一定大于其中某年的国内生产总值。③时期序列中的每个数据，通常是通过连续不断登记或计算取得的。

2. 时点序列

当绝对数时间序列中的数据反映的是客观现象在某一时点上发展的总量时，则称该时间序列为时点序列。例如，表 5.1 中的我国年末总人口数时间序列就是一个时点序列。

时点序列具有如下特点：①时点序列中不同时点的数据不具有直接可加性，即直接相加不具有实际意义。这是由于时点序列中每个数据都表明客观现象在某一时点上的总量，相加后无法说明属于哪一时点上的总量。②时点序列中各数据的大小与其间隔长短没有直接联系。在时点序列中，相邻两个数据间的时间距离称为“间隔”。由于时点序列各数据只表明客观现象在某一时点上的总量，所以数据大小与时间间隔长短没有直接联系。例如，企业年末职工人数可能大于年内某月末职工人数，也可能小于某月末职工人数。③时点序列中的每个数据通常是间隔一定时期通过非经常性登记取得的。

(二) 相对数时间序列

将反映客观现象某一特征的相对数按时间先后顺序排列而成的统计数列称为相对数时间序列。它反映客观现象间相互联系的变化情况，具体说明现象的结构、比例关系、比较关系、强度等的相对变化结果。如表 5.1 中的人均国内生产总值时间序列和第三产业增加值比重时间序列均为相对数时间序列。

众所周知，相对数是两个有联系的绝对数对比派生的结果，通常的派生情况主要有三种：一是所对比的两个绝对数均为时期数据，如某年第三产业增加值比重是由第三产业增加值与同期国内生产总值对比的结果；二是一个时期数据与一个时点数据对比，如某年人均国内生产总值，它是相应年份的时期数据国内生产总值与时点数据年末人口数的平均数对比的结果；三是所对比的两个绝对数均为时点数据，如某年末第三产业从业人员比重是年末第三产业从业人员数与全部三次产业从业人员数的比值。相对数时间序列是由绝对数时间序列派生的，其情况与相对数的派生情况是一致的，因此，对相对数时间序列有关问题的研究也是按派生方法解决的。

在相对数时间序列中，由于各数据的对比基础不同，相对数时间序列中的各数据直接相加没有意义，即相对数时间序列数据不具有可加性。

(三) 平均数时间序列

将反映客观现象某一特征的平均数按时间先后顺序排列而成的统计数列称为平均数时间序列。它反映客观现象一般水平在不同时间上的发展变化情况。例如，表 5.1 中的我国年平均人口数时间序列和全国居民人均可支配收入时间序列均为平均数时间序列。

平均数时间序列又可分为两种：一种是由静态平均数形成的平均数时间序列；另一种是由动态平均数形成的平均数时间序列。前者如表 5.1 中的全国居民人均可支配收入时间序列，后者如我国年平均人口数时间序列。

与相对数类似，平均数也是绝对数对比派生的结果。在平均数时间序列中，各个数据直接相加也没有实际意义，即平均数时间序列数据也不具有可加性。

三、时间序列的编制原则

编制时间序列的目的之一是通过同类客观现象在不同时间上的数值来反映客观现象的变化过程及其规律性。因此，保持时间序列两个基本要素的“可比性”就成为编制时间序列应遵循的基本原则。具体来讲，可比性原则有以下四点要求。

(一) 时间要素应尽量统一

由于时期序列中各数据的大小与所属时期的长短有直接关系，时间越长，数据就越大，反之就越小。因此，时期序列中各数据所属时期的长短应前后统一。各数据所属时期长短不一，往往就难以作直接比较。

对于时点序列来说，由于各数据对应客观现象在某一时点的总量，两时点间隔的长短，对时点数据的大小没有直接影响，所以不存在时期长短统一的问题。但为了有利于对比，相邻两时点的间隔长度最好能保持一致。因此，时间要素的可比性只是编制时间序列的一般原则，不能绝对化。当时点序列中相邻两时点的间隔长度均相等时，称该时点序列为间隔相等时点序列；若时点序列中相邻两时点的间隔长度存在差异，则称该时点序列为间隔不等时点序列。

(二) 数据的总体范围应该一致

所谓总体范围，即所研究的客观现象总体所包括的空间范围。比如，要研究某地区的人口变动情况，如果该地区的行政区划发生了变化，那么，变动前后的人口数据就不能直接对比，需要加以调整，使得前后总体范围相同，然后再进行动态分析。

(三) 数据的经济内容应该相同

同一名称的变量，如果其包含的经济内容已经改变，这也是不可比的。根据这样的时间序列进行对比分析，就会得出错误的结论。

(四) 数据的计算口径应该可比

这里的计算口径可比包括计算方法、计算价格、计量单位等的一致性。如在研究某企业劳动生产率的增长情况时，如果各时期劳动生产率的计算方法不一致，有的是按全部职工人数计算的全员劳动生产率，有的则是按生产工人数计算的工人劳动生产率，则劳动生产率的对比就失去意义；再比如，总产值有的按现价计算，有的按不变价计算，或有的计量单位是万元，有的是元，这样编制的时间序列也会导致时间序列失去可比性。

四、时间序列数据的分析方法

编制时间序列的目的是对时间序列数据进行分析，以观察客观现象的动态变化过程及其规律性。传统时间序列数据分析常用的方法有两种：一是时间序列数据的描述性分析，二是时间序列数据的构成因素分析。

时间序列数据的描述性分析包括两种方法：一是利用时间序列统计图——线图进行分析；二是对时间序列数据进行计算分析，具体包括利用时间序列数据计算客观现象的平均发展水平、增长量、平均增长量、发展速度、增长速度、平均发展速度、平均增长速度等，以上内容常常被称为水平分析和速度分析。

时间序列数据的构成因素分析，是在对影响时间序列数据的因素进行分解基础上，分别测定各因素变动规律的一种统计分析方法。

时间序列数据是多种因素共同作用的结果，影响时间序列数据的因素通常被归纳为四大类：长期趋势、季节变动、循环变动和不规则变动。

1. 长期趋势

长期趋势(long-term trend)是指在相当长的一段时期内，客观现象沿某一方向持续变化的一种态势，通常以 T 表示。长期趋势是时间序列最基本的影响因素，是受某种长期的、决定性的因素影响而形成的结果。按变化方向的不同分为上升趋势、下降趋势和水平趋势；按变化的表现形式不同分为线性趋势和非线性趋势。

2. 季节变动

季节变动(seasonal variation)是指在一年或更短的时期内，客观现象由于受到自然或社会因素等的影响而形成的具有某种固定规律的重复变动，通常以 S 表示。如时令商品的产量与销售量、旅行社的旅游收入、不同服装的销售量等都会受到季节变动因素的影响。应注意的是，这里提到的“季节”并非专指通常意义上的“春、夏、秋、冬四季”，季节变动中的“季节”是广义的概念，可以理解为气候、制度、习俗等引起客观现象某种固定规律变动的一切因素。

3. 循环变动

循环变动(cyclical variation)是指客观现象在持续若干年的时间内发生的涨落交替的周期变动，通常以 C 表示。循环变动的周期长短不一，没有固定规律，而且通常周期较长，循环变动是涨落相间的交替变化。如康德拉季耶夫周期为长期循环变动，周期长达 50～60 年，库兹涅茨周期为 15～25 年，而基钦周期为 40 个月等。循环变动与长期趋势不同，它不是单一方向的持续变动，而是围绕长期趋势发生的有涨有落的波动。循环变动与季节变动也不同，循环变动的周期长短很不一致，而季节变动则有明显的固定周期规律，且季节变动的周期最长为 1 年，循环变动的规律性不甚明显，通常较难识别。

4. 不规则变动

不规则变动(irregular variation)是指客观现象由于受到偶然性因素影响而引起的无规律、不规则的变动，它包括随机变动和异常变动两种类型，通常以 I 表示。随机变动是短暂的，它可以通过平均的方法进行消除。异常变动则是突发事件的影响引起的变动，这种变动一般无法做出解释，也不能通过平均方法来消除，需要做特殊处理。本章的不规则变动主要是指随机变动。

以上所说的影响时间序列数据的四大因素，是指影响时间序列数据的完备因素，但不是所有的时间序列都同时包含这些因素。一般来说，在时间序列中，长期趋势和不规则变动是经常存在的，季节变动和循环变动因素则不一定存在。比如按年度顺序编制的时间序列就没有季节变动因素的影响。

将时间序列数据与各影响因素之间的关系用某种数学关系式表示出来，就形成了时间序列组合模型。时间序列组合模型基本形式有两种：加法模型(additive model)和乘法模型(multiplicative model)。

加法模型可表示为 $y_i = T_i + S_i + C_i + I_i$ 。使用加法模型的基本假设前提是：四种因素对时间序列数据的影响是相互独立的。在加法模型中，每个因素均取与时间序列数据 y_i 相同计量单位的绝对数来表示。当需测定某种因素的变动规律时，可用相减的方法。如当长期趋势 T_i 测定出来后，用 y_i 减去 T_i ，即得不含长期趋势 T_i 的时间序列。如果时间序列只受三个因素 T_i ，S_i 和 I_i 的影响，则 $y_i - T_i = S_i + I_i$ ，得到包含季节变动和不规则变动的时间数列，进一步消除 I_i 因素，就可分析季节变动的规律了。

乘法模型可表示为 $y_i = T_i \times S_i \times C_i \times I_i$ 。使用乘法模型的基本假设前提是：四种因素对时间序列数据的影响不是相互独立的。在乘法模型中，长期趋势 T_i 取与时间序列数据 y_i 相同计量单位的绝对数，而其余影响因素均以相对数来表示。根据乘法模型，当测定某个影响因素的变动规律时，可用除法进行。例如，当求出季节变动 S_i 以后，用 y_i 除以 S_i ，则可得不含季节变动的时间序列：$\dfrac{y_i}{S_i} = T_i \times C_i \times I_i$ ；若再求出长期趋势 T_i ，再用 T_i 去除，则可得到不含长期趋势和季节变动的时间序列：$\frac{y_i}{S_i \times T_i} = C_i \times I_i$。

需要说明的是，由于时间序列中的四种因素不一定同时存在，因此，当季节变动或循环变动因素不存在时，在加法模型中的 S_i 和 C_i 分别取值为 0，而在乘法模型中的 S_i 和 C_i 则分别取值为 1。

根据时间序列数据的统计特征可以将时间序列分为平稳序列和非平稳序列两类。平稳序列(stationary series)是基本上不存在长期趋势的时间序列。这类时间序列的基本特征是时间序列数据基本上围绕某个固定水平上下波动，虽然在不同时间上的波动程度不同，但不存在规律性，其波动是随机的。非平稳序列(non-stationary series)是包含长期趋势、季节变动或循环变动因素的时间序列。它可分为有趋势的时间序列、有趋势和季节变动的时间序列、几种因素混合在一起的复合型时间序列。

时间序列的上述两种分析方法，各有其特点和作用，它们分别揭示了客观现象不同方面的表现。

第二节　时间序列数据的描述性分析

一、时间序列数据的图形分析

线图(line chart)也称时序图，是用于展示时间序列数据特征的统计图。它是在直角坐标系中用折线表现数据动态变化的图形，主要用于显示时间序列数据随时间变化的特征，如研究客观现象的变化趋势和周期特征、异常点、升降转折点等。这种方法简单、直观、易懂易用；但获取的信息少且粗略。只有具有相当丰富的知识和分析经验，才能获取更深层次的信息，分析结果具有较大的主观性。

线图的制作通常以横轴表示时间，纵轴表示客观现象在不同时间上的数据。将不同时间及与其对应的数据看成一个个坐标点，连接所有坐标点即可形成线图。图 5.3 是根据表 5.1 中的国内生产总值、年末总人口数、全国居民人均可支配收入等时间序列绘制的线图。

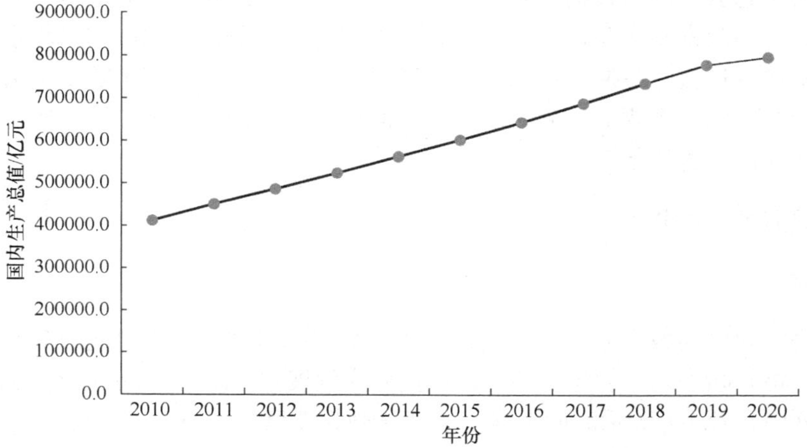

(a) 2010～2020年我国国内生产总值线图

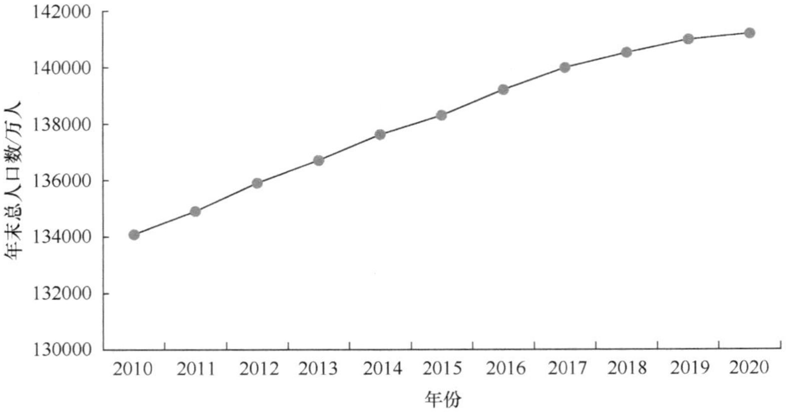

(b) 2010～2020年我国年末总人口数线图

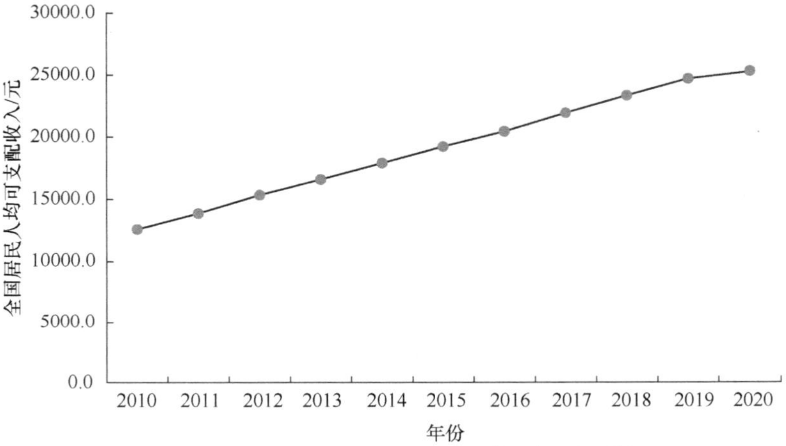

(c) 2010～2020年全国居民人均可支配收入线图

图 5.3　时间序列线图

由图 5.3 可以看出，2010～2020 年我国国内生产总值、年末总人口数、全国居民人均可支配收入均呈增长趋势，但增长速度有所不同，并且三个时间序列均有放缓的趋势出现。线图虽然能够帮助人们观察到客观现象的变化趋势等问题，但研究时期内的平均水平、各期变化的绝对量及平均变化量、各期变化的相对程度以及平均变化程度都不能给出清晰的说明。因此，为研究上述问题，需要对研究时期内的时间序列数据做进一步计算分析，这便是时间序列数据的水平分析和速度分析。

二、时间序列数据的水平分析

(一) 发展水平

发展水平是时间序列数据分析的基础，只要根据研究目的编制出时间序列，发展水平就形成了。通常，将时间序列中的每一项统计数据称为发展水平(level of development)。

在时间序列中，若用 t_i 表示时间要素，y_i 表示数据要素，并设时间序列的时间顺序为 t_1，t_2，…，t_n，相应时间的统计数据为 y_1，y_2，…，y_n，则 $y_i(i=1,2,\cdots,n)$ 称为现象在时间 $t_i(i=1,2,\cdots,n)$ 上的发展水平，它表示现象在某一时间上所达到的具体水平。

根据发展水平在时间序列中所处位置的不同，发展水平可分为最初发展水平、中间发展水平和最末发展水平三种。在上述时间序列中的 y_1 称为最初发展水平，y_n 称为最末发展水平，中间各项 $y_2,\cdots,y_{n-1}$ 称为中间发展水平，这种表述的时间序列，其发展水平共有 n 项。顺便说明，为了研究和描述问题的需要，有时将时间序列的时间顺序描述为 $t_0,t_1,t_2,\cdots,t_n$，相应的发展水平表示为 $y_0,y_1,y_2,\cdots,y_n$。这时，y_0 称为最初发展水平，y_n 称为最末发展水平，中间各项 $y_1,y_2,\cdots,y_{n-1}$ 称为中间发展水平，这种表述的时间序列发展水平共有 $n+1$ 项。

从对比角度看，发展水平可分为基期水平和报告期水平两种。所谓“基期”即作为对比基准的时期，相应的发展水平叫基期水平；所谓“报告期”即所研究的时期，也叫计算期，相应的发展水平称为报告期水平。常用的“基期”有：“报告期的前一期”、“固定基期”和“去年同期”。由于采用的基期不同，形成了三种不同的对比方法，依次来说分别是“环比”、“总比”和“同比”。三种对比的结果不同，其意义也不相同，对比过程中要注意根据研究目的进行合理选择。

需要说明，“基期”和“报告期”都不是固定不变的，它会随研究目的的改变而不同。同样，基期水平和报告期水平也会随着“基期”和“报告期”的改变而变化。

(二) 平均发展水平

平均发展水平(average level of development)又称为序时平均数(time series average)或动态平均数，是研究时期内不同时间上发展水平的平均数，它概括地描述了客观现象在研究时期内所达到的一般水平，消除了客观现象在不同时间上随机变动因素的影响。平均发展水平与静态平均数的主要区别在于：①静态平均数从静态上反映客观现象的一般水平，而平均发展水平则从动态上反映客观现象的一般水平；②静态平均数是根据频数分布计算的，而平均发展水平则是根据时间序列数据计算的。

不同的时间序列，其发展水平的数据表现形式不同，是否具有可加性不同，因此平均发展水平有不同的计算方法。

1. 绝对数时间序列的平均发展水平

绝对数时间序列平均发展水平是计算相对数或平均数时间序列平均发展水平的基础。

1) 时期序列的平均发展水平

时期序列中的发展水平可以相加，从而可以得到客观现象在一段时期的累计总量，所以时期序列的平均发展水平可直接用研究时期内各期发展水平之和除以研究时期内发展水平的项数来计算，即采用简单算术平均法计算。其计算公式为

$$\overline{y}=\frac{y_1+y_2+\cdots+y_n}{n}=\frac{\sum y_i}{n}\quad (i=1,2,\cdots,n) \tag{5.1}$$

式中，$\overline{y}$ 为平均发展水平；y_i 为第 i 时期的绝对数发展水平；n 为研究时期内发展水平的项数。

例 5.1　根据表 5.1 中我国国内生产总值时间序列数据，计算 2011～2020 年我国国内生产总值的年平均发展水平。

解　根据式(5.1)得

$$\overline{y}=\frac{\sum y_i}{n}=\frac{6279256.4}{10}=627925.64\ (\text{亿元})$$

计算结果表明，按 2010 年不变价计算，2011～2020 年我国国内生产总值的年平均发展水

平为 627925.64 亿元。

2) 时点序列的平均发展水平

时点序列中的各发展水平反映的是时点现象在特定时点上的总量状况，由于时点序列中各发展水平的大小与其间隔长短没有直接联系，因而需要选择特定的时点进行统计，这样时点序列的平均发展水平计算，通常要根据不同情况采用不同的计算方法。

(1) 连续时点序列的平均发展水平。

时点是瞬间概念，严格讲不存在“连续”之说。但对于有些时点现象，人们通常每天都统计，如储蓄所每天的存、贷款余额，企业每天的出勤人数等。于是，人们把研究时期内逐日统计数据并按日加以排列编制的时点序列称为连续时点序列。

连续时点序列分为两种情况：间隔相等连续时点序列和间隔不等连续时点序列。下面分别说明它们的平均发展水平计算方法。

所谓间隔相等连续时点序列是将时点现象数据完全按日历顺序排列而成的时间序列，其相邻两时点的间隔长度均为“1 天”。间隔相等连续时点序列的平均发展水平可用式(5.1)的简单算术平均法计算。

例 5.2　某储蓄所某年 1 月 1～5 日登记的存款余额分别为 766 万元、664 万元、843 万元、578 万元、639 万元，求这 5 天平均每天的存款余额。

解　根据式(5.1)得这 5 天平均每天的存款余额为

$$\overline{y}=\frac{\sum y_i}{n}=\frac{766+664+843+578+639}{5}=698\ (\text{万元})$$

计算结果表明，该储蓄所 1 月 1～5 日平均每天的存款余额为 698 万元。

有些时点现象，如企业职工人数等，并非每天都在变化，因此人们将“逐日统计”变为了“变化统计”，即在时点现象变动时进行记录，不变化时则不再记录，从而形成间隔不等连续时间序列。这时可用各数据持续的天数 f_i 为权数，按加权算术平均法计算，其计算公式为

$$\overline{y}=\frac{\sum y_i f_i}{\sum f_i}\quad (i=1,2,\cdots,n) \tag{5.2}$$

例 5.3　某企业人事部门对该企业 1 月职工人数的统计情况是：1 日为 280 人，11 日起增加 80 人至月底，试计算该企业 1 月的平均职工人数。

解　根据式(5.2)得，该企业 1 月的平均职工人数为

$$\overline{y}=\frac{\sum y_i f_i}{\sum f_i}=\frac{280\times 10+360\times 21}{10+21}=334\ (\text{人})$$

计算结果表明，该企业 1 月的平均职工人数为 334 人。

根据连续时点序列计算的平均发展水平比较准确，但现实中不可能对各种时点现象均进行逐日统计，从而出现了间断时点序列。

(2) 间断时点序列的平均发展水平。

如果对时点现象在一段时期的期初或期末时点数据进行统计，这样形成的时间序列称为间断时点序列，例如，表 5.1 中我国年末总人口数时间序列。对于间断时点序列，由于时点数据的间隔通常以月度、季度、年度为单位，故不能再用连续时点序列的方法精确计算平均发展水平，而只能在一定假设下求其近似值。

为了计算间断时点序列的平均发展水平，通常假定：上期期末的时点数据即为本期期初的数据，并假定时点现象的数量在相邻两时点间是均匀变动的。在上述假定基础上，考虑间断时点序列的间隔长度是否相等，分两种情况分别计算。

第一，间隔相等间断时点序列的平均发展水平。如果间断时点序列中相邻两时点的间隔长度均相等，则称该时点序列为间隔相等间断时点序列。间隔相等间断时点序列平均发展水平可在前述假定的前提下按下列公式计算：

$$\overline{y}=\frac{\dfrac{y_1+y_2}{2}+\dfrac{y_2+y_3}{2}+\cdots+\dfrac{y_{n-1}+y_n}{2}}{n-1}=\frac{\dfrac{y_1}{2}+y_2+\cdots+\dfrac{y_n}{2}}{n-1} \tag{5.3}$$

式(5.3)形式上表现为研究时期内时间序列的最初、最末两项发展水平(y_1和y_n)折半与中间各项发展水平($y_2,y_3,\cdots,y_{n-1}$)的平均数，故称为“首末折半法”。

例 5.4　根据表 5.1 中我国年末总人口数时间序列数据，计算 2011～2020 年我国的年平均人口数。

解　表 5.1 中我国年末总人口数时间序列属于间隔相等间断时点序列，根据式(5.3)，得 2011～2020 年我国的年平均人口数为

$$\begin{aligned}\overline{y}&=\frac{\dfrac{y_1+y_2}{2}+\dfrac{y_2+y_3}{2}+\cdots+\dfrac{y_{n-1}+y_n}{2}}{n-1}\\&=\frac{\dfrac{134091+134916}{2}+\dfrac{134916+135922}{2}+\cdots+\dfrac{141008+141212}{2}}{11-1}\\&=\frac{\dfrac{134091}{2}+134916+\cdots+141008+\dfrac{141212}{2}}{10}\\&=138197.95(\text{万人})\end{aligned}$$

计算结果表明，2011～2020 年我国的年平均人口数为 138197.95 万人。

第二，间隔不等间断时点序列的平均发展水平。如果间断时点序列中相邻两时点的间隔长度不尽相同，则称该时点序列为间隔不等间断时点序列。这时，应以各相邻时点的间隔长度 f_i 为权数，对各相邻时点数据的简单算术均值按加权算术平均法计算，计算公式为

$$\overline{y}=\frac{\left(\dfrac{y_1+y_2}{2}\right)f_1+\left(\dfrac{y_2+y_3}{2}\right)f_2+\cdots+\left(\dfrac{y_{n-1}+y_n}{2}\right)f_{n-1}}{\sum\limits_{i=1}^{n-1}f_i} \tag{5.4}$$

可以看出，式(5.3)实际上是式(5.4)在权数 $f_i(i=1,2,\cdots,n-1)$ 均相等情况下的特例。

由于间断时点序列平均发展水平的计算存在假设前提，并不一定完全符合实际情况，所以计算的结果通常是近似值。为使间断时点序列平均发展水平的计算结果尽可能地接近实际，时点序列的间隔长度应越短越好。

例 5.5　某仓库 2021 年月末商品库存有关数据见表 5.2，计算 2021 年该仓库的月平均商品库存量。

表 5.2　某仓库 2021 年月末商品库存量

时间	上年末	1 月末	5 月末	8 月末	10 月末	12 月末
商品库存量/吨	1362	1396	1414	1596	1672	1800
间隔长度/月	0	1	4	3	2	2

解　商品库存量时间序列属于间隔不等间断时间序列，按照前述假定，将上年末的库存量作为本年初的库存量，其他各月末的库存量作为下月初的库存量，于是，根据式(5.4)得 2021 年该仓库的月平均商品库存量为

$$\overline{y}=\frac{\left(\frac{y_1+y_2}{2}\right)f_1+\left(\frac{y_2+y_3}{2}\right)f_2+\cdots+\left(\frac{y_{n-1}+y_n}{2}\right)f_{n-1}}{\sum_{i=1}^{n-1}f_i}$$

$$=\frac{\frac{1362+1396}{2}\times 1+\frac{1396+1414}{2}\times 4+\frac{1414+1596}{2}\times 3+\frac{1596+1672}{2}\times 2+\frac{1672+1800}{2}\times 2}{1+4+3+2+2}$$

$$=\frac{18254}{12}=1521.17(\text{吨})$$

计算结果表明，2021 年该仓库的月平均商品库存量为 1521.17 吨。

2. 相对数或平均数时间序列的平均发展水平

相对数和平均数通常是由两个绝对数对比派生得到的，即 $y_i=\frac{a_i}{b_i}$ 。由于时间序列中相对数和平均数都不具有直接的可加性，因此相对数或平均数时间序列的平均发展水平 $\overline{y}$ 不能采用简单算术平均法计算，而应根据相对数或平均数时间序列的分子和分母时间序列的平均发展水平 $\overline{a}$ 和 $\overline{b}$ 对比派生得到。即首先根据相对数或平均数时间序列的分子和分母时间序列的类型分别计算各自的平均发展水平，然后再进行对比派生得到相对数或平均数时间序列的平均发展水平，这种算法称为派生法，基本计算公式为

$$\overline{y}=\frac{\overline{a}}{\overline{b}} \tag{5.5}$$

式中，$\overline{a}$ 和 $\overline{b}$ 分别代表分子和分母时间序列的平均发展水平，它们是按绝对数时间序列平均发展水平的计算方法求得的。

计算相对数或平均数时间序列的平均发展水平，关键是搞清楚相对数或平均数时间序列中分子和分母的时间序列类型(时期序列还是时点序列)，然后按式(5.5)计算平均发展水平。

对相对数时间序列来讲，派生情况分为三种：一是分子和分母序列均为时期序列；二是分子和分母序列均为时点序列；三是分子序列是时期序列，分母序列为时点序列。无论是哪种情况，都要按式(5.5)进行计算，下面说明常见的应用公式。

(1) 分子和分母序列均为时期序列时，计算公式为

$$\overline{y}=\frac{\overline{a}}{\overline{b}}=\frac{\frac{\sum a_i}{n}}{\frac{\sum b_i}{n}}=\frac{\sum a_i}{\sum b_i}\quad (i=1,2,\cdots,n) \tag{5.6}$$

(2) 分子和分母序列均为间隔相等间断时点序列时，计算公式为

$$\bar{y}=\frac{\bar{a}}{\bar{b}}=\frac{\left(\frac{a_1}{2}+a_2+a_3+\cdots+a_{n-1}+\frac{a_n}{2}\right)\div(n-1)}{\left(\frac{b_1}{2}+b_2+b_3+\cdots+b_{n-1}+\frac{b_n}{2}\right)\div(n-1)}=\frac{\frac{a_1}{2}+a_2+a_3+\cdots+a_{n-1}+\frac{a_n}{2}}{\frac{b_1}{2}+b_2+b_3+\cdots+b_{n-1}+\frac{b_n}{2}} \tag{5.7}$$

(3) 分子是时期序列，分母是间隔相等间断时点序列时，计算公式为

$$\bar{y}=\frac{\bar{a}}{\bar{b}}=\frac{\sum_{i=1}^{n}a_i\div n}{\left(\frac{b_1}{2}+b_2+b_3+\cdots+b_n+\frac{b_{n+1}}{2}\right)\div(n+1-1)} \tag{5.8}$$

对平均数时间序列来讲，基本情况分为两种：一种是由静态算术均值形成的平均数时间序列；另一种是由动态平均数(平均发展水平)形成的平均数时间序列。前一种情况的平均发展水平按式(5.5)进行计算，而后一种情况的平均发展水平则按简单算术平均法计算。例如，根据表 5.1 中的年平均人口数计算我国 2011～2020 年这 10 年的年平均人口数，可直接加总各年平均人口数，再除以年数 10 即可。

在此，以表 5.1 中人均国内生产总值时间序列的平均发展水平计算为例，说明式(5.8)的具体运用，其他时间序列如第三产业增加值比重、全国居民人均可支配收入的平均发展水平计算请读者思考。

例 5.6　根据表 5.1 中的有关数据，计算 2011～2020 年我国年人均国内生产总值。

解　设 a 表示国内生产总值，是时期数据；b 表示年末总人口数，是时点数据；y 表示人均国内生产总值，则根据表 5.1 中的国内生产总值时间序列计算的 2011～2020 年我国年人均国内生产总值为

$$\bar{a}=\frac{\sum a_i}{n}=\frac{451480.1+486983.3+\cdots+798257.0}{10}=\frac{6279256.4}{10}=627925.64\,(\text{亿元})$$

根据表 5.1 中的年末总人口数时间序列计算的 2011～2020 年我国年均人口数为

$$\bar{b}=\frac{\frac{b_1}{2}+b_2+\cdots+b_{n-1}+\frac{b_n}{2}}{n-1}=\frac{\frac{134091}{2}+134916+\cdots+141008+\frac{141212}{2}}{11-1}=138197.95\,(\text{万人})$$

所以，2011～2020 年我国年人均国内生产总值为

$$\bar{y}=\frac{\bar{a}}{\bar{b}}=\frac{627925.64}{138197.95}=45436.68\,(\text{元/人})$$

计算结果表明，按 2010 年不变价计算，2011～2020 年我国年人均国内生产总值为 45436.68 元/人。

(三) 增长量

增长量(increment)是时间序列中的报告期水平与基期水平之差，用于描述客观现象在研究时期内变化的绝对量。增长量有正负之分，若为正数，表示增长；若为负数，则表示减少，因此增长量又被称为增减量，其计算公式为

$$\text{增长量}=\text{报告期水平}-\text{基期水平} \tag{5.9}$$

由于选择的基期不同，增长量有逐期增长量、累计增长量、年距增长量之分。

逐期增长量(time by time increment)是报告期水平与报告期的前一期水平之差，用于反映客观现象逐期增减变化的绝对量。

累计增长量(cumulative increment)是报告期水平与某一固定基期水平之差，用于说明客观现象在一段时期总的增减变化的绝对量，也叫总增长量。

年距增长量(annual increment)或称同比增长量，是客观现象报告期发展水平与上年同月(季)发展水平相减的差，用于反映客观现象本年某月(季)水平较上年同月(季)水平增减的绝对量。年距增长量的计算是为了消除季节因素的影响，适合月度或季度数据编制的时间序列。

设时间序列的发展水平为 $y_i\left(i=0,1,\cdots,n\right)$,增长量为 $\Delta y_i\left(i=1,2,\cdots,n\right)$，则三种增长量计算公式为

$$\text{逐期增长量：}\Delta y_{i(\text{逐期})}=\text{报告期水平}-\text{报告期的前一期水平}=y_i-y_{i-1}\quad(i=1,2,\cdots,n)\tag{5.10}$$

$$\text{累计增长量：}\Delta y_{i(\text{累计})}=\text{报告期水平}-\text{固定基期水平}=y_i-y_0\quad(i=1,2,\cdots,n)\tag{5.11}$$

$$\text{年距增长量：}\Delta y_{i(\text{年距})}=\text{报告期某月(季)发展水平}-\text{上年同月(季)发展水平}\tag{5.12}$$

式(5.11)中，将固定基期水平确定在了时间序列的最初水平上，这只是为了公式描述的方便，实际应用中，可以根据研究问题的需要来确定研究问题的固定基期水平。

容易证明，研究时期内各逐期增长量和累计增长量之间存在如下数量关系。

(1) 整个研究时期内各逐期增长量之和等于相应时期的累计增长量，即

$$\sum(y_i-y_{i-1})=y_n-y_0\quad(i=1,2,\cdots,n)\tag{5.13}$$

(2) 相邻两时期的累计增长量之差等于该相邻时期的逐期增长量，即

$$(y_i-y_0)-(y_{i-1}-y_0)=y_i-y_{i-1}\quad(i=1,2,\cdots,n)\tag{5.14}$$

(四) 平均增长量

平均增长量(average increment)是研究时期内各逐期增长量的序时平均数，用于说明客观现象在研究时期内平均每期增减的绝对量。

计算平均增长量，可以将研究时期内逐期增长量求和除以逐期增长量的个数；也可根据累计增长量与逐期增长量的关系，直接用研究时期的累计增长量除以时间序列项数减 1 求得。计算公式为

$$\text{平均增长量}=\frac{\text{逐期增长量之和}}{\text{逐期增长量个数}}=\frac{\text{累计增长量}}{\text{时间序列项数}-1}\tag{5.15}$$

用符号表示

$$\bar{\Delta}=\frac{\sum(y_i-y_{i-1})}{n}=\frac{y_n-y_0}{n}\quad(i=1,2,\cdots,n)\tag{5.16}$$

式(5.15)中，分母的(时间序列项数−1)即为逐期增长量的个数，式(5.16)中，n 为时间序列 $y_i(i=0,1,\cdots,n)$ 的项数(n+1)减去 1 的结果。

由式(5.16)容易得到 $y_n=y_0+n\bar{\Delta}$，即用上述方法计算的平均增长量，能够保证所推算的最后一期理论发展水平与实际发展水平一致，式(5.16)通常称为计算平均增长量的“水平法”。

此外，平均增长量还可用“最小二乘法”进行估计，参见本章线性趋势方程的测定内容。

例 5.7 根据表 5.1 我国国内生产总值时间序列数据，计算 2011～2020 年我国国内生产总值各年的逐期增长量及年平均增长量。

解 根据式(5.10)和式(5.11)，可得 2011～2020 年我国国内生产总值各年的逐期增长量和累计增长量，见表 5.3 中第(2)、(3)两列。

表 5.3 2011～2020 年我国国内生产总值的增长量 (单位：亿元)

年份	国内生产总值	逐期增长量	累计增长量
(甲)	(1)	(2)	(3)
2010	412119.3	—	—
2011	451480.1	39360.8	39360.8
2012	486983.3	35503.2	74864.0
2013	524803.1	37819.8	112683.8
2014	563773.8	38970.7	151654.5
2015	603470.9	39697.1	191351.6
2016	644801.2	41330.3	232681.9
2017	689596.8	44795.6	277477.5
2018	736143.0	46546.2	324023.7
2019	779947.2	43804.2	367827.9
2020	798257.0	18309.8	386137.7

由式(5.16)，可得 2011～2020 年我国国内生产总值的年平均增长量为

$$\overline{\Delta}=\frac{\sum(y_i-y_{i-1})}{n}=\frac{39360.8+35503.2+\cdots+43804.2+18309.8}{10}$$

$$=\frac{386137.7}{10}=38613.77(\text{亿元})$$

计算结果表明，按 2010 年不变价计算，2011～2020 年我国国内生产总值年平均增加 38613.77 亿元。

三、时间序列数据的速度分析

(一) 发展速度

发展速度(speed of development)是报告期水平与基期水平的比值，通常用百分数或倍数表示，用于说明客观现象报告期水平是基期水平的百分之几或几倍。发展速度大于 100% (或 1)，说明客观现象发展水平上升，反之，说明客观现象发展水平下降。其计算公式为

$$\text{发展速度}=\frac{\text{报告期水平}}{\text{基期水平}} \tag{5.17}$$

由于选择的基期不同，发展速度可分为环比发展速度、定基发展速度和年距发展速度。

环比发展速度(chain speed of development)是报告期水平与报告期的前一期水平之比，反映客观现象逐期发展变化的相对程度，基期为报告期的前一期；定基发展速度(development speed of fixed base)是报告期水平与某一固定基期水平之比，反映客观现象在一段时期的总发展变化程度，因此也称为总发展速度。固定基期通常选择时间序列的最初时期。

为了消除季节因素的影响，实际工作中，通常将客观现象报告期某月(季)的发展水平与上年同月(季)的发展水平进行对比(即所谓“同比”)，反映客观现象报告年某月(季)较上年同月(季)发展变化的相对程度，这样计算的发展速度称为年距发展速度(annual development speed)(或称同比发展速度)。年距发展速度的基期为去年同期。

设时间序列的发展水平为 $y_i(i=0, 1, 2,\cdots, n)$，即该时间序列共有$(n+1)$项发展水平，又设发展速度为 $R_i(i=1, 2, \cdots, n)$，即共有 n 项发展速度，且将固定基期确定在时间序列的最初时期，则各种不同发展速度的计算公式为

$$\text{环比发展速度：}\ R_{i(\text{环比})}=\frac{\text{报告期水平}}{\text{报告期的前一期水平}}=\frac{y_i}{y_{i-1}}\quad (i=1,2,\cdots,n) \tag{5.18}$$

$$\text{定基发展速度：}\ R_{i(\text{定基})}=\frac{\text{报告期水平}}{\text{固定基期水平}}=\frac{y_i}{y_0}\quad (i=1,2,\cdots,n) \tag{5.19}$$

$$\text{年距发展速度：}\ R_{i(\text{年距})}=\frac{\text{报告年某月(季)发展水平}}{\text{上年同月(季)发展水平}} \tag{5.20}$$

容易验证，研究时期内各环比发展速度与定基发展速度之间具有如下数量关系。

(1) 定基发展速度等于相应时期内各环比发展速度的连乘积；

(2) 相邻时期两个定基发展速度的商等于相应时期的环比发展速度。

用公式表示为

$$\prod_{i=1}^{n}\frac{y_i}{y_{i-1}}=\frac{y_n}{y_0}\quad (i=1,2,\cdots,n) \tag{5.21}$$

$$\frac{y_i}{y_0}\div\frac{y_{i-1}}{y_0}=\frac{y_i}{y_{i-1}}\quad (i=1,2,\cdots,n) \tag{5.22}$$

(二) 增长速度

增长速度(increment speed)也称为增长率(growth rate)，是报告期的增长量与基期水平之比，用于说明客观现象报告期水平比基期水平增长了百分之几或几倍，是反映客观现象增长程度的相对数。

增长速度可根据增长量计算，也可根据发展速度求得。其基本计算公式为

$$\text{增长速度}=\frac{\text{报告期增长量}}{\text{基期水平}}=\frac{\text{报告期水平}-\text{基期水平}}{\text{基期水平}}=\text{发展速度}-100\%\ (\text{或 }1) \tag{5.23}$$

增长速度与发展速度所说明的问题不同。发展速度说明客观现象在不同时间的发展程度，而增长速度则是说明客观现象在不同时间的增长(或降低)程度。因此，当发展速度大于100% (或 1)时，增长速度为正值，表示客观现象的增长程度；当发展速度小于 100% (或 1)时，增长速度为负值，表示客观现象的降低程度。发展速度总是正值，而增长速度则可能为负值。

由于选择的基期不同，增长速度可分为环比增长速度、定基增长速度和年距增长速度。

环比增长速度是报告期逐期增长量与报告期的前一期水平之比，用于反映客观现象发展水平逐期变动的方向和程度；定基增长速度是累计增长量与某一固定基期水平之比，用于反映客观现象发展水平在研究时期内的总变动方向和程度，所以可称为总增长速度。

环比增长速度和定基增长速度的计算公式为

$$环比增长速度=\frac{逐期增长量}{报告期的前一期水平}=\frac{y_i-y_{i-1}}{y_{i-1}}=\frac{y_i}{y_{i-1}}-1$$
$$=环比发展速度-1\quad(i=1,2,\cdots,n)\tag{5.24}$$

$$定基增长速度=\frac{累计增长量}{固定基期水平}=\frac{y_i-y_0}{y_0}=\frac{y_i}{y_0}-1$$
$$=定基发展速度-1\quad(i=1,2,\cdots,n)\tag{5.25}$$

与增长量类似，对于月度或季度数据，可以计算年距增长速度。它可以根据报告期的年距增长量除以上年同月(季)发展水平求得，亦可直接由年距发展速度减去 100% (或 1)计算。计算公式为

$$年距增长速度=\frac{报告期年距增长量}{上年同月(季)发展水平}$$
$$=年距发展速度-100\%(或1)\tag{5.26}$$

需要指出，研究时期内各环比增长速度与定基增长速度之间没有直接的换算关系，两者之间的换算需要利用发展速度与增长速度的关系来进行。

若由环比增长速度推算定基增长速度，可先将环比增长速度加 100% (或 1)还原为环比发展速度，然后将各期环比发展速度连乘得研究时期的定基发展速度，再将研究时期的定基发展速度减 100% (或 1) 得研究时期的定基增长速度。

同理，若以相邻两时期的定基增长速度推算相邻时期的环比增长速度，则可先将相邻时期的定基增长速度分别加 100% (或 1)还原为定基发展速度，然后将相邻时期的定基发展速度相除得到环比发展速度，再减 100% (或 1)而求得。

经济生活中，常常遇到一些变量之间存在着和、差、积、商的关系。对于存在以上关系的变量增长速度的计算可按下列办法处置。

(1) 变量和(差)的增长速度。

如果某变量是有关变量的和(差)，它们都是时间的函数，则该变量的增长速度为有关变量增长速度的加权和(或差)，其权数为基期有关变量值占研究变量总量的比重。

(2) 变量积(商)的增长速度。

如果某变量是有关变量的积(商)，它们都是时间的函数，则该变量的增长速度为各有关变量增长速度的和(或差)。

例 5.8　根据表 5.1 中我国国内生产总值时间序列数据，计算 2011～2020 年我国国内生产总值各年的发展速度和增长速度。

解　根据式(5.18)和式(5.19)及式(5.24)和式(5.25)，可得计算结果见表 5.4。

表 5.4　2011～2020 年我国国内生产总值各年的发展速度和增长速度

年份	国内生产总值/亿元	环比发展速度/%	定基发展速度/%	环比增长速度/%	定基增长速度/%	增长 1%的绝对值/亿元
(甲)	(1)	(2)	(3)	(4)	(5)	(6)
2010	412119.3	—	100	—	0	—
2011	451480.1	109.55	109.55	9.55	9.55	4121.19
2012	486983.3	107.86	118.17	7.86	18.17	4514.80

续表

年份	国内生产总值/亿元	环比发展速度/%	定基发展速度/%	环比增长速度/%	定基增长速度/%	增长 1%的绝对值/亿元
(甲)	(1)	(2)	(3)	(4)	(5)	(6)
2013	524803.1	107.77	127.34	7.77	27.34	4869.83
2014	563773.8	107.43	136.80	7.43	36.80	5248.03
2015	603470.9	107.04	146.43	7.04	46.43	5637.74
2016	644801.2	106.85	156.46	6.85	56.46	6034.71
2017	689596.8	106.95	167.33	6.95	67.33	6448.01
2018	736143.0	106.75	178.62	6.75	78.62	6895.97
2019	779947.2	105.95	189.25	5.95	89.25	7361.43
2020	798257.0	102.35	193.70	2.35	93.70	7799.47

利用表 5.4 中的数据，容易验证发展速度与增长速度间的有关关系。

(三) 平均发展速度

平均发展速度(average speed of development)是研究时期内各期环比发展速度的序时平均数，用于描述客观现象在研究期内平均每期变化的相对程度。平均发展速度可能大于100%(或 1)，也可能小于 100%(或 1)，前者说明客观现象在研究时期内平均来说是逐期递增的，后者说明客观现象在研究时期内平均来说是逐期递减的。

平均发展速度所要平均的环比发展速度是一种动态相对数，由于研究时期内客观现象的总发展速度(定基发展速度)是相应时期内各环比发展速度的连乘积，因此它不能用前面的相对数时间序列计算平均发展水平的方法。根据研究者关心的重点不同，计算平均发展速度有几何平均法(geometric average method)和方程法(equation method)两种方法。

1. 几何平均法计算平均发展速度

平均发展速度的几何平均法计算公式为

$$\bar{R}=\sqrt[n]{\prod_{i=1}^{n} R_i}=\sqrt[n]{\frac{y_n}{y_0}} \tag{5.27}$$

式中，$\bar{R}$ 表示平均发展速度；R_i 代表各期的环比发展速度；y_n, y_0 分别代表研究时期的最末和最初发展水平的绝对数。

式(5.27)的两个公式，形式虽然不同但其本质是一致的，可根据所掌握数据的不同选择使用。如果掌握客观现象在研究时期内各期的环比发展速度 R_i，可用式(5.27)的前半部分计算；如果掌握客观现象在研究时期的最初绝对水平 y_0 和最末绝对水平 y_n，则选用后半部分计算。

根据式(5.27)很容易得到：$y_n = y_0(\bar{R})^n$。这体现了几何平均法计算平均发展速度的基本思路，即从最初发展水平 y_0 出发，每期按平均发展速度 $\bar{R}$ 发展，经过 n 期后将达到最末期的理论发展水平与最末期的实际发展水平相等。同时，上式也是根据基期水平和既定平均发展速度对未来发展水平进行预测的公式。

由式(5.27)还可以看出，按几何平均法计算平均发展速度，实际上只与研究时期的最初发展水平 y_0 和最末发展水平 y_n 有关，而与中间各期的发展水平无关。这一特点表明，几何平均法旨在考察现象在最末期所应达到的发展水平。所以，在实际应用中，如果关心的是客观现象在最末期要达到的发展水平，如实现国内生产总值的翻番目标等，采用几何平均法计算平均发展速度比较合适。

几何平均法计算平均发展速度只考虑了客观现象的最初发展水平和最末发展水平，如果中间各期的发展水平忽高忽低或最初和最末发展水平受特殊因素的影响过高或过低，几何平均法计算的平均发展速度就缺乏代表性。再者，实际工作中，有时人们关心的并非是最末发展水平，而是研究时期内各期发展水平的总和，这时计算平均发展速度就需要用方程法。

2. 方程法计算平均发展速度

平均发展速度的方程法也叫累计法，其设计思路是：从最初发展水平 y_0 出发，每期按平均发展速度 $\bar{x}$ (以示与几何平均法的不同)发展，经过 n 期发展后将达到：各期的理论发展水平之和等于各期的实际发展水平之和，即

$$y_0\bar{x} + y_0\bar{x}^2 + y_0\bar{x}^3 + \cdots + y_0\bar{x}^n = y_1 + y_2 + \cdots + y_n$$

整理得

$$y_0(\bar{x} + \bar{x}^2 + \bar{x}^3 + \cdots + \bar{x}^n) = \sum_{i=1}^{n} y_i$$

两边同除以 y_0，得

$$\bar{x} + \bar{x}^2 + \bar{x}^3 + \cdots + \bar{x}^n = \sum_{i=1}^{n} \frac{y_i}{y_0} \tag{5.28}$$

解方程(5.28)所得的正根，即为方程法计算的平均发展速度。

平均发展速度的方程法计算比较复杂，实际应用中，人们通常借助前人编制的《累计法平均增长速度查对表》(附录 A 中的附表 5)求解。具体方法是首先判断研究资料是递增型还是递减型，即根据实际资料求得 $\sum_{i=1}^{n} \frac{y_i}{y_0}$ (即研究时期的定基发展速度之和)，再除以研究时期数 n，若 $\left(\sum_{i=1}^{n} \frac{y_i}{y_0}\right) \div n$ 的结果大于 1，即为递增型资料，查表结果为平均增长速度；若 $\left(\sum_{i=1}^{n} \frac{y_i}{y_0}\right) \div n$ 的结果小于 1，即为递减型资料，查表结果为平均降低速度。然后根据《累计法平均增长速度查对表》中的信息 $\sum_{i=1}^{n} \frac{y_i}{y_0}$，结合研究的时期数 n 查表得平均增长(降低)速度，进而根据平均增长速度和平均发展速度的关系得到平均发展速度。当 $\sum_{i=1}^{n} \frac{y_i}{y_0}$ 的数值介于《累计法平均增长速度查对表》中两个数值之间时，可采用比例插值法求出近似的平均增长速度。随着计算机的普及，关于平均发展速度的方程法计算还可使用 Excel 中的单变量求解方法。

平均发展速度的方程法计算考虑了研究时期内各期的发展水平，侧重于考察全期发展水平总和。因此，按方程法计算的平均发展速度推算出的各期发展水平的累计值等于各期实际发展水平的累计值。

几何平均法和方程法由于计算的理论依据不同，对同一时间序列计算出的平均发展速度会有所不同，因此应注意它们的应用条件。如果关注的是客观现象在研究时期内各期发展水平总和，如基建投资额、植树造林面积等，采用方程法计算比较适宜。如果研究者关心的是客观现象在最末期应达到的发展水平，如翻番目标等则采用几何平均法计算才算合理。

顺便说明，平均发展速度还可通过其他方法估计。如果对研究现象的时间序列拟合指数

曲线 $\hat{y}=ab^{t_i}$，则该曲线中的 b 值即为利用“最小二乘法”估计的平均发展速度，具体方法见第三节的有关内容。

(四) 平均增长速度

平均增长速度(average increment speed)是研究时期内各期环比增长速度的序时平均数，说明客观现象在研究时期内平均每期增长的相对程度。

平均发展速度与平均增长速度之间存在如下关系：

$$\text{平均增长速度} = \text{平均发展速度} - 100\%(\text{或 } 1) \tag{5.29}$$

平均增长速度可能是正数，也可能是负数。当平均发展速度大于 100%(或 1)时，平均增长速度为正数，说明客观现象在研究时期内发展水平增长的平均程度；当平均发展速度小于 100%(或 1)时，平均增长速度是负数，说明客观现象在研究时期内发展水平降低的平均程度。

由于环比增长速度的连乘积并不等于定基增长速度，因此不能计算环比增长速度的几何均值，即不能直接计算平均增长速度。由式(5.29)可以看出，平均增长速度的计算依赖于平均发展速度的结果，即平均发展速度是计算平均增长速度的基础。要想计算平均增长速度，必须先计算出平均发展速度，然后根据式(5.29)计算平均增长速度。

例 5.9 根据表 5.4 的数据，按 2010 年不变价计算 2011～2020 年我国国内生产总值的年平均发展速度和年平均增长速度。

解 根据式(5.27)得到 2011～2020 年我国国内生产总值的年平均发展速度为

$$\bar{R}=\sqrt[n]{\prod_{i=1}^{n}R_i}=\sqrt[10]{109.55\%\times107.86\%\times\cdots\times102.35\%}=106.83\%$$

或

$$\bar{R}=\sqrt[n]{\frac{y_n}{y_0}}=\sqrt[10]{\frac{798257.0}{412119.3}}=\sqrt[10]{1.9370}=106.83\%$$

按 2010 年不变价，根据式(5.29)计算的 2011～2020 年我国国内生产总值的年平均增长速度为

$$\text{年平均增长速度}=\bar{R}-100\%=106.83\%-100\%=6.83\%$$

计算结果表明，按 2010 年不变价计算，2011～2020 年我国国内生产总值的年平均发展速度为 106.83%，平均每年增长 6.83%。

四、时间序列数据描述性分析应用中注意的问题

时间序列数据描述性分析中水平分析和速度分析研究的问题各有侧重，分析结果的表现形式也各有不同，但二者可以结合使用，从而全面认识客观现象的动态变化特征。在运用时间序列数据描述性分析方法分析问题时，应注意以下三点。

(一) 合理选择研究问题的基期

在描述性分析中，无论是水平分析还是速度分析，根据研究目的合理进行基期选择是非常重要的。例如，要反映我国改革开放以来人民生活水平的变化情况，就应选择 1978 年为基期；若研究新中国成立以来我国经济建设取得的伟大成就，则应以 1949 年为基期。这样，基

期的选择一要注意根据研究目的来确定，二要避开异常时期。如果基期水平由于异常因素的影响而过高或过低，相应的水平分析和速度分析的结论将会失去意义，甚至做出错误的结论。

（二）注意总平均发展速度与分段平均发展速度的结合分析

客观现象的具体数量表现在不同的历史阶段往往存在差异，具体表现为有的时期多一些，有的时期少一些；其变化有的时期快一些，有的时期慢一些；有的时期上升，有的时期下降。为了更好地反映现象变动的实际情况，往往需要用分段平均发展速度来补充说明现象的总平均发展速度，甚至可以利用环比发展速度进行补充说明。

（三）注意速度分析与水平分析的结合应用

首先，当时间序列中的发展水平出现 0 或负数时，不宜直接计算发展速度，更适宜用绝对数进行分析。例如，假定某企业连续五年的利润额分别为 4 万元、2 万元、0 万元、–1 万元、2 万元，对利润额计算发展速度，要么不符合数学公理，要么无法解释其实际意义。

其次，在有些情况下，不能单纯就速度论速度，要注意速度与水平的结合分析。当比较不同总体同类现象的增长速度时，如果各自的基期水平差距较大，仅用增长速度无法全面认识客观现象的增长情况，人们经常使用增长 1%的绝对值来补充说明增长速度。

增长 1% 的绝对值表示每增长一个百分点所带来的增长量，它一般只对环比增长速度计算，所以其计算公式为

$$\begin{aligned}\text{增长 1\% 的绝对值} &= \frac{\text{逐期增长量}}{\text{环比增长速度}\times 100}\\ &= \frac{y_i - y_{i-1}}{\dfrac{y_i - y_{i-1}}{y_{i-1}}\times 100} = \frac{y_{i-1}}{100} = \frac{\text{报告期的前一期水平}}{100}\end{aligned} \tag{5.30}$$

根据表 5.1 中我国国内生产总值时间序列数据，计算的我国国内生产总值在 2011～2020 年各年增长 1% 的绝对值见表 5.4 的第(6)列。

第三节　时间序列数据的趋势分析

一、研究长期趋势的目的与意义

长期趋势是指在相当长的一段时期内，客观现象沿某一方向持续发展变化的一种态势，它是时间序列数据影响因素中最基本、最常见的因素。因此，长期趋势是就较长时期而言的，一般地说，研究长期趋势所选的时期越长越好，时间越长，越能反映客观现象发展变化的基本趋势。

长期趋势的测定和分析是时间序列分析的一项重要工作，研究长期趋势的目的与意义：一是认识客观现象随时间变化的规律性；二是对客观现象未来的发展水平做出预测；三是为了从时间序列中剔除长期趋势因素，便于研究其他影响因素的变动规律。

测定长期趋势的基本思想就是通过一定的方法对时间序列数据进行修匀，使修匀后的时间序列排除季节变动、循环变动和不规则变动等因素的影响，从而凸显出基本趋势。具体的

测定方法包括线图法、时距扩大法、移动平均法、趋势方程拟合法等。根据表现形式的不同，长期趋势有线性趋势(linear trend)和非线性趋势(non-linear trend)之别，下面分别说明线性趋势和非线性趋势的测定方法。

二、线性趋势的测定及预测

线性趋势也称直线趋势，是指随着时间的推移客观现象所呈现出的稳定增长或下降的线性变化态势。线性趋势的测定方法有很多，这里介绍常用的两种方法。

(一) 移动平均法

移动平均法(moving average method)是通过对时间序列发展水平计算一系列序时平均数的方式，消除原时间序列中其他因素的影响，并以这些序时平均数作为相应时期的趋势值来测定长期趋势的一种方法。

移动平均法的基本操作是，先确定一个时间长度作为移动步长(也叫移动间隔)，然后以其为固定长度，对时间序列采用逐期递移的方式计算一系列序时平均数，这些序时平均数对时间序列的波动起到一定的修匀作用，削弱了时间序列中其他因素的影响，从而呈现出客观现象在较长时期的变动趋势。

若设移动步长为 K，就称为 K 项移动平均。移动平均法有简单移动平均法和加权移动平均法两种，两者的主要区别在于，在计算序时平均数的过程中是否对不同时期的发展水平赋予不同的权数。在此主要介绍简单移动平均法。

应用简单移动平均法研究长期趋势时，应注意下列五个问题。

(1) 简单移动平均法对时间序列具有修匀或平滑作用。修匀程度的强弱与移动步长 K 的长短有关。移动步长 K 越长，修匀作用越强，即趋势线越平滑。例如，用 5 项移动平均比 3 项移动平均平滑效果可能要好些。

(2) 简单移动平均法中移动步长(移动间隔)K 的确定，应视时间序列的特点而定。若原时间序列无明显周期波动，一般选择奇数项移动平均，即将移动步长 K 确定为奇数项。

若原时间序列存在较明显的周期性波动，则移动步长 K 的确定要以客观现象的周期长度为准。事实证明，当移动步长 K 的长度等于客观现象的周期长度或其整数倍时，就能把周期性波动和随机变动消除，从而使修匀后的时间数列只显示长期趋势。所以，当时间序列为若干年的季度数据时可取 $K = 4$，即进行 4 项移动平均；当时间序列为若干年的月度数据时就取 $K = 12$，即进行 12 项移动平均，这样可消除季节因素的影响，能较准确地揭示客观现象的长期趋势。

对于以天为时间单位的时间序列，如果存在星期规律(如“周一效应”或“周末效应”)，则以星期内数据个数为移动步长的长度。需要注意，现象的周期长度往往不是固定的，因此按固定的周期长度对原时间序列进行移动平均，很难完全消除循环变动的影响。

(3) 简单移动平均数代表的是移动步长中间位置上的趋势值。移动步长 K 可能是奇数，也可能为偶数。当 K 为奇数时，则移动平均一次即得趋势值，并放在移动步长的中间位置，如表 5.5 中的 3 项移动平均和 5 项移动平均。以 3 项移动平均为例，第一个移动平均数为 $(39403.98+44013.89+45440.52)\div 3 = 42952.80$，即可对正 2016 年第二季度；第二个移动平均数为 $(44013.89+45440.52+48927.36)\div 3 = 46127.26$，即可对正 2016 年第三季度，以此类推。

当 K 为偶数时，由于移动平均数都应放在移动步长的中间位置，所以偶数项移动平均还需进行一次“移正平均”，即对第一次移动平均值序列进行 2 项移动平均，这样才能使趋势值正好对应原时间序列的某一时期。趋势值与实际值的时间相对应，便于从时间序列中消除长期趋势的影响，来研究时间序列中其他影响因素的变动规律。如表 5.5 中的 4 项移动平均，第一个移动平均数为 (39403.98+44013.89+45440.52+48927.36)÷4 = 44446.44，对应 2016 年的第二季度和第三季度中间位置，第二个移动平均数为(44013.89+45440.52+48927.36+43383.57)÷4 = 45441.34，对应 2016 年的第三季度和第四季度中间位置。然后计算(44446.44+45441.34)÷2= 44943.89，即移正平均值，正好对应 2016 年的第三季度，其他处置以此类推。

(4) 简单移动平均后的新时间序列比原时间序列的项数少，称为“缺项”，移动平均后的时间序列缺项具有“对称性”特点，即首尾所缺的项数相同。

移动步长越长，虽能更好地修匀时间数列，但所得趋势值的项数就越少，所以移动步长也不宜太长。一般情况下，当移动步长 K 为奇数时，趋势值的项数 = $n-K+1$，这样首尾各少 $(K-1)/2$ 项，共丢失 $K-1$ 项。当移动步长 K 为偶数时，趋势值的项数 = $n-K$，这样首尾各缺 $K/2$ 项，共缺少 K 项。如例 5.10 中，进行 3 项移动平均时(即 $K=3$)，原序列项数为 20 项，则移动平均后的趋势值项数为 18 项，首尾各缺 1 项；进行 4 项移动平均时，趋势值项数为 16 项，首尾各缺 2 项。所以，简单移动平均法使原时间数列首尾各丢失部分信息量，而且移动步长 K 越长，缺失项数会越多。

(5) 测定长期趋势的目的之一在于预测未来，但简单移动平均法没有建立起反映客观现象变化规律的统计模型，从而一般不能进行外推预测，要进行外推预测必须借助其他方法。

简单移动平均法采用简单算术平均法，适用于长期趋势为直线型时间序列的修匀，不适宜非线性趋势的时间序列。当测定非线性趋势时，需要采用加权移动平均法，权数的确定通常采用“近大远小”的原则。

例 5.10　根据国家统计局网站搜集到我国 2016～2020 年各季度货物周转量的数据(表 5.5)，利用简单移动平均法测定货物周转量的长期趋势，要求移动步长 K 分别取 3 项、4 项和 5 项，并比较移动平均后的时间序列变化。

解　根据简单移动平均法的测定方法，测定结果见表 5.5 的第(2)至第(5)列。

表 5.5　我国 2016～2020 年各季度货物周转量及移动平均计算表　(单位：亿吨 · 公里)

时间	货物周转量	3 项移动平均	4 项移动平均	移正平均	5 项移动平均
(甲)	(1)	(2)	(3)	(4)	(5)
2016 年第一季度	39403.98	—	—	—	—
2016 年第二季度	44013.89	42952.80	—	—	—
			44446.44		
2016 年第三季度	45440.52	46127.26		44943.89	44233.86
			45441.34		
2016 年第四季度	48927.36	45917.15		45992.54	46037.78
			46543.75		
2017 年第一季度	43383.57	46911.49		47085.54	47189.97
			47627.33		
2017 年第二季度	48423.54	47193.98		47735.28	48060.06
			47843.24		

续表

时间	货物周转量	3 项移动平均	4 项移动平均	移正平均	5 项移动平均
(甲)	(1)	(2)	(3)	(4)	(5)
2017 年第三季度	49774.84	49329.79		47794.30	46873.01
			47745.37		
2017 年第四季度	49790.99	47519.31		48046.35	48362.58
			48347.34		
2018 年第一季度	42992.10	47871.50		48526.40	48919.33
			48705.46		
2018 年第二季度	50831.42	48343.61		49301.35	49876.00
			49897.25		
2018 年第三季度	51207.31	52198.96		50187.04	48979.88
			50476.83		
2018 年第四季度	54558.16	50358.63		50769.33	51015.75
			51061.83		
2019 年第一季度	45310.42	51013.33		51545.65	51865.04
			52029.48		
2019 年第二季度	53171.42	51186.58		52156.85	52739.01
			52284.22		
2019 年第三季度	55077.90	54608.82		51430.56	49523.61
			50576.91		
2019 年第四季度	55577.13	49712.07		50096.56	50327.25
			49616.20		
2020 年第一季度	38481.19	47795.64		49342.54	50270.68
			49068.87		
2020 年第二季度	49328.59	46899.45		49111.57	50438.84
			49154.26		
2020 年第三季度	52888.58	52711.95	—	—	—
2020 年第四季度	55918.69	—	—	—	—

货物周转量时间序列与移动平均趋势值时间序列的比较见图 5.4，移动步长越长，移动平均趋势线越平滑。由图 5.4 可以看出，我国 2016～2020 年各季度货物周转量的变化趋势，受疫情的影响货物周转量出现下行情况。

(二) 线性趋势方程拟合法

线性趋势方程拟合法是对时间序列拟合线性趋势方程，消除其他影响因素，揭示客观现象线性长期趋势规律的方法。由于方程式表现为函数关系，由趋势线方程计算出的趋势值不包含不规则变动，因而特别适合只包含长期趋势和不规则变动因素的时间序列测定趋势值；又由于趋势线方程具有延伸功能，便于对未来时期的趋势值作出外推预测，因此，线性趋势方程拟合法在 $y = T \times I$ 序列的长期趋势测定中应用较为广泛。

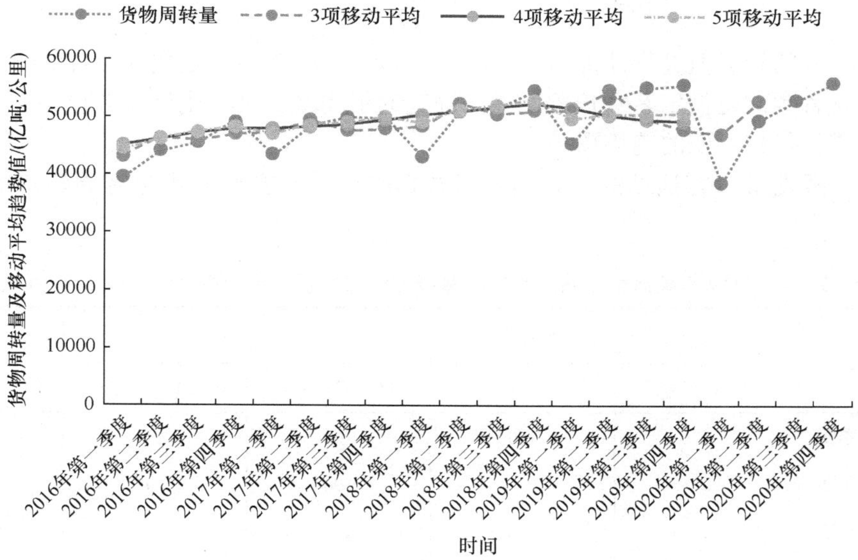

图 5.4　货物周转量时间序列与移动平均趋势值时间序列的比较

实践中，当时间序列发展水平的逐期增长量(一次差)相等或大致相等时，可以拟合线性趋势方程。线性趋势方程的一般形式为

$$\hat{y}_i = a + bt_i \tag{5.31}$$

其中，$\hat{y}_i$ 为发展水平 y_i 对应的趋势值；t_i 为时间变量，通常取其编号，即 $t_i = 1,2,\cdots,n$；a 为截距，是 t_i=0 时 $\hat{y}_i$ 的初始值；b 为趋势线斜率，其实际意义是时间 t_i 每变动一个单位时，发展水平的平均变动数量，即平均增长量。同时 b 在理论上有正负两种不同的符号，正号表示增长趋势，负号表示下降趋势。

线性趋势方程中的两个未知参数 a 和 b 通常按“最小二乘法”(least squares method)原理进行估计。该方法要求满足如下条件：各期实际发展水平(y_i)与其趋势值($\hat{y}_i$)的离差平方和为最小，即 $\sum(y_i - \hat{y}_i)^2$ =最小值。进而根据求极值的原理得到如下标准方程组：

$$\begin{cases} \sum y_i = na + b\sum t_i \\ \sum t_i y_i = a\sum t_i + b\sum t_i^2 \end{cases} \tag{5.32}$$

解方程组(5.32)，得参数 a，b 的计算公式为

$$\begin{cases} b = \dfrac{n\sum t_i y_i - \sum t_i \sum y_i}{n\sum t_i^2 - \left(\sum t_i\right)^2} \\ a = \dfrac{\sum y_i}{n} - b \times \dfrac{\sum t_i}{n} = \overline{y} - b\overline{t} \end{cases} \tag{5.33}$$

将求解的参数 a 和 b 的值代入式(5.31)即可得到拟合的线性趋势方程 $\hat{y}_i = a + bt_i$ 的具体形式。

根据所拟合的线性趋势方程，将 $t_i = 1,2,\cdots,n$ 分别代入拟合的线性趋势方程可得研究时期内各期发展水平的趋势值 $\hat{y}_i (i = 1,2,\cdots,n)$，从而观察和描述客观现象变化的长期趋势。此外，还可根据估计的 b 值的符号来确定长期趋势的变化方向：b 为正时为增长趋势；b 为负时为下

降趋势。

要想对未来的趋势值进行外推预测，可将 $t_i = n+1, n+2, \cdots$ 分别代入拟合的线性趋势方程来计算。但这种预测是假定客观现象始终按固定的平均增长量变化且保持趋势方向不变，因此一般不宜进行很长时期的趋势预测。

例 5.11 根据某市客运站的旅客周转量数据(表 5.6)，拟合该市旅客周转量的线性趋势方程。

表 5.6 2017～2019 年某市客运站旅客周转量线性趋势方程拟合计算表 (单位：万人 · 公里)

时间	t_i	旅客周转量 y_i	$t_i y_i$	t_i^2	$\hat{y}_i$
(甲)	(1)	(2)	(3) = (1) × (2)	(4) = $(1)^2$	(5)
2017 年第一季度	1	100	100	1	96.25
2017 年第二季度	2	95	190	4	98.75
2017 年第三季度	3	98	294	9	101.25
2017 年第四季度	4	107	428	16	103.75
2018 年第一季度	5	110	550	25	106.25
2018 年第二季度	6	105	630	36	108.75
2018 年第三季度	7	107	749	49	111.25
2018 年第四季度	8	115	920	64	113.75
2019 年第一季度	9	123	1107	81	116.25
2019 年第二季度	10	115	1150	100	118.75
2019 年第三季度	11	120	1320	121	121.25
2019 年第四季度	12	125	1500	144	123.75
合计	78	1320	8938	650	1320

解 设旅客周转量的线性趋势方程为：$\hat{y}_i = a + bt_i$。

由表 5.6 的计算数据知，$n = 12, \sum t_i = 78, \sum y_i = 1320, \sum t_i y_i = 8938, \sum t_i^2 = 650$。

将以上资料代入求解参数 a，b 的计算公式(5.33)得

$$\begin{cases} b = \dfrac{n\sum t_i y_i - \sum t_i \sum y_i}{n\sum t_i^2 - \left(\sum t_i\right)^2} = \dfrac{12 \times 8938 - 78 \times 1320}{12 \times 650 - 78^2} = 2.50 \\ a = \overline{y} - b\overline{t} = \dfrac{1320}{12} - 2.50 \times \dfrac{78}{12} = 93.75 \end{cases}$$

所以，旅客周转量的线性趋势方程为 $\hat{y}_i = 93.75 + 2.50t_i$。

将时间序列中各期的 t_i 值 $(t_i = 1, 2, \cdots, 12)$ 依次代入已拟合的旅客周转量线性趋势方程 $\hat{y}_i = 93.75 + 2.50t_i$ 中，可得研究时期 2017 年第一季度至 2019 年第四季度内的各季度旅客周转量趋势值，见表 5.6 第(5)列。旅客周转量的线性趋势值与原时间序列水平比较见图 5.5。

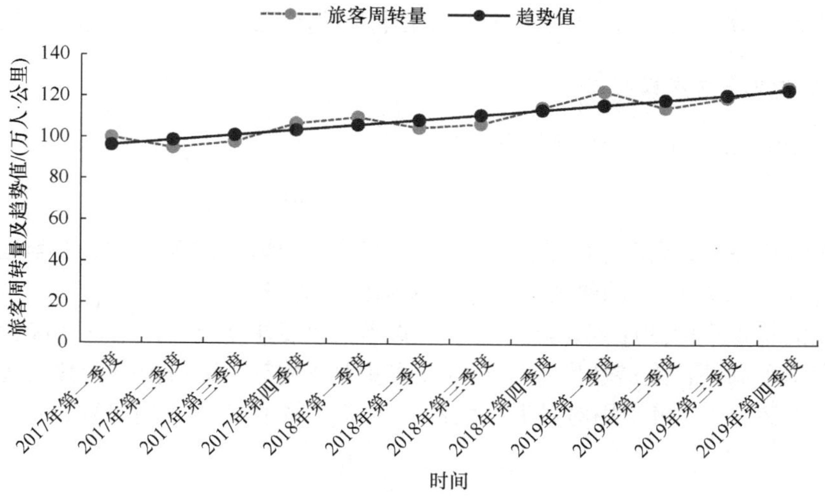

图 5.5　旅客周转量的线性趋势值与原时间序列水平比较

若预测 2020 年第一季度的旅客周转量趋势值，可将 $t_i=13$ 代入拟合的旅客周转量线性趋势方程 $\hat{y}_i=93.75+2.50t_i$，得

$$\hat{y}_{13}=93.75+2.50\times 13=126.25\ (\text{万人}\cdot\text{公里})$$

即 2020 年第一季度的旅客周转量为 126.25 万人 · 公里。

其他未来时期的外推预测值以此类推。

三、非线性趋势的测定

若时间序列的长期趋势不是线性的，而是呈现某种有规律的非线性变化形式，就需要拟合适当的非线性趋势方程。非线性趋势方程的形式很多，有二次曲线、指数曲线、修正指数曲线、龚珀兹曲线、逻辑斯谛曲线等形式。

(一) 二次曲线趋势方程

二次曲线(curve of second order)趋势方程为

$$\hat{y}_i=a+bt_i+ct_i^2 \quad (i=1,2,\cdots,n) \tag{5.34}$$

该曲线的特点是现象各期发展水平的二次差相等。所谓二次差是指各期发展水平逐期增长量的逐期增长量。实践中，只要时间序列各期发展水平的二次差大致相等，即可拟合二次曲线趋势方程。

二次曲线趋势方程中的三个未知参数 a，b，c 仍可按最小二乘法原理估计。根据最小二乘法原理得到下列标准方程组：

$$\begin{cases}\sum y_i=na+b\sum t_i+c\sum t_i^2\\ \sum t_iy_i=a\sum t_i+b\sum t_i^2+c\sum t_i^3\\ \sum t_i^2y_i=a\sum t_i^2+b\sum t_i^3+c\sum t_i^4\end{cases} \tag{5.35}$$

解方程组(5.35)，可得参数 a，b，c 的值，从而拟合出二次曲线趋势方程的具体形式。

二次曲线趋势方程的拟合，也可将 t_i 和 t_i^2 分别视为两个自变量，按多元线性回归的方式用最小二乘法估计参数 a，b，c，具体方法参见第十章的多元线性回归模型的估计内容。

(二) 指数曲线趋势方程

指数曲线(exponential curve) 趋势方程为

$$\hat{y}_i = ab^{t_i} \quad (i=1,2,\cdots,n) \tag{5.36}$$

式中，a, b 为未知参数，若 $b>1$，趋势值 $\hat{y}_i$ 随 t_i 的增加而增加；若 $b<1$，趋势值 $\hat{y}_i$ 随 t_i 的增加而减少；若 $a>0$，$b<1$，趋势值 $\hat{y}_i$ 逐渐减少到以 0 为极限。

指数曲线的特点是时间序列各期发展水平的环比发展速度或环比增长速度相等。实践中，只要各期发展水平的环比发展速度或环比增长速度大致相等，即可拟合指数曲线趋势方程。

为了估计参数 a, b，可利用对数形式估计。将式(5.36)两边取常用对数，得

$$\lg \hat{y}_i = \lg a + t_i \lg b \tag{5.37}$$

运用最小二乘法基本原理，可以得到求解 $\lg a$ 和 $\lg b$ 的标准方程组：

$$\begin{cases} \sum \lg y_i = n\lg a + (\lg b)\sum t_i \\ \sum (t_i \lg y_i) = (\lg a)\sum t_i + (\lg b)\sum t_i^2 \end{cases} \tag{5.38}$$

解式(5.38)标准方程组，可得 $\lg a$ 和 $\lg b$ 的具体计算公式为

$$\begin{cases} \lg b = \dfrac{n\sum (t_i \lg y_i) - \left(\sum t_i\right)\left(\sum \lg y_i\right)}{n\sum t_i^2 - \left(\sum t_i\right)^2} \\ \lg a = \dfrac{\sum \lg y_i}{n} - \lg b\left(\dfrac{\sum t_i}{n}\right) \end{cases} \tag{5.39}$$

利用时间序列发展水平，可由式(5.39)计算出 $\lg a$，$\lg b$，再取反对数即可得参数 a, b 的估计值。

(三) 其他非线性趋势方程

1. 修正指数曲线趋势方程

在一般指数曲线的基础上增加一个常数 K，即为修正指数曲线(modified exponential curve)，其趋势方程的一般形式为

$$\hat{y}_i = K + ab^{t_i} \quad (i=1,2,\cdots,n) \tag{5.40}$$

式中，K, a, b 为未知参数，$K>0, a\neq 0, 0<b\neq 1$。

修正指数曲线的特点是各期发展水平一次差的环比值相等。实践中，只要时间序列各期发展水平一次差的环比值大致相等，即可拟合修正指数曲线趋势方程。

修正指数曲线用于描述这样一类现象：初期现象发展水平增长迅速，随后增长率逐渐降低，最终以 K 为增长极限，即当 $K>0, a<0, 0<b<1$ 时，$t_i \to \infty$，$\hat{y}_i \to K$。例如，某种刚问世的新产品，初期销售量增长可能很快，当市场拥有量接近饱和时，销售量逐渐趋于某一稳定的水平。现实生活中有许多事物的发展过程符合修正指数曲线的形式。

2. 龚珀兹曲线趋势方程

龚珀兹曲线(Gompertz curve)是以英国统计学家和数学家 B.Gompertz 而命名的。龚珀兹曲线趋势方程为

$$\hat{y}_i = Ka^{b^{t_i}} \quad (i=1,2,\cdots,n) \tag{5.41}$$

式中，K,a,b 为未知参数，$K>0, 0<a\neq 1, 0<b\neq 1$。

龚珀兹曲线的特点是各期发展水平对数一次差的环比值相等。实践中，只要时间序列各期发展水平对数一次差的环比值大致相等，即可拟合龚珀兹曲线趋势方程。

龚珀兹曲线所描述的现象是：初期现象发展水平增长缓慢，以后逐渐加快，当达到一定程度后，增长率又逐渐下降，最后接近一条水平线。该曲线的两端都有渐近线，其上渐近线为 $\hat{y}_i = K$，下渐近线为 $\hat{y}_i = 0$。该曲线多用于新产品的研制、发展、成熟和衰退分析，工业生产的增长、产品的寿命周期、一定时期内人口增长等现象也符合该曲线。

3. 逻辑斯谛曲线趋势方程

逻辑斯谛曲线(logistic curve)是由比利时数学家 P. F. 韦吕勒(Verhulst)在研究人口增长规律时提出来的，它又称为生长理论曲线。该曲线所描述的现象特征与龚珀兹曲线类似，其数据特征是各期发展水平倒数一次差的环比值相等。所以实践中，人们常对各期发展水平倒数一次差的环比值大致相等的现象拟合逻辑斯谛曲线趋势方程。

逻辑斯谛曲线趋势方程为

$$\hat{y}_t = \frac{1}{K+ab^{t_i}} \quad (i=1,2,\cdots,n) \tag{5.42}$$

式中，K,a,b 为未知参数。

以上三种非线性趋势方程的参数估计通常采用“三和法”。“三和法”的基本思路是：将时间序列分为项数相等的三个部分，分别对每部分的发展水平求和，根据这三个和与模型参数的关系求解参数的估计值。龚珀兹曲线与逻辑斯谛曲线可通过数据变换转化为修正指数曲线形式后再进行参数估计，具体方法请参考有关文献。

四、趋势方程的选择

趋势方程的选择是定性分析和定量分析相结合的过程，通常有以下四种方法。

(1) 定性分析。即根据所研究现象的客观性质及其相关的理论知识，从定性角度选择合理的趋势方程。

(2) 图形分析。即根据所研究现象的时间序列绘制相应的时间序列线图来确定适当的趋势方程类型。

(3) 数据特征分析。即根据所研究现象时间序列发展水平的数据变化特征，按以下标准选择相应趋势方程：①若时间序列发展水平的一次差(逐期增长量)大致相等，可选择线性趋势方程；②若时间序列发展水平的二次差(逐期增长量的逐期增长量)大致相等，可选择二次曲线趋势方程；③若时间序列发展水平的环比发展速度大致相等，可选择指数曲线趋势方程；④若各发展水平一次差的环比速度大致相等，可选择修正指数曲线趋势方程；⑤若各发展水平对数一次差的环比速度大致相等，可选择龚珀兹曲线趋势方程；⑥若各发展水平倒数一次差的环比速度大致相等，可选择逻辑斯谛曲线趋势方程。

(4) 估计标准误差分析。如果对同一时间序列有几种趋势方程可供选择，可通过比较不同趋势方程的估计标准误差来决定最终趋势方程的选择，选择标准是估计标准误差小者为好。估计标准误差的计算公式为

$$s_y = \sqrt{\frac{\sum (y_i - \hat{y}_i)^2}{n-m}} \tag{5.43}$$

式中：n 为时间序列的项数，m 为趋势方程中待估计参数的个数。

第四节　时间序列数据的季节变动分析

一、季节变动分析的目的

测定季节变动主要在于分析过去、认识规律、预测未来。其具体目的：一是通过对现象过去实际发展水平的分析，把握现象的季节变动规律；二是为了对现象未来发展水平做出预测，以便提前对经济活动做出合理的安排；三是为了消除时间序列中的季节变动因素影响，分析时间序列其他影响因素的变动规律。

二、季节指数

测定季节变动需要计算季节指数(seasonal index)。根据时间序列乘法模型，季节指数是以相对数形式表现的，它是客观现象在特定时期(通常为 1 年)各月(季)的发展水平与全年总平均水平的比值，它以全年的总平均水平为基准，用百分比(%)形式来反映各月(季)水平相对于全年总平均水平的高低程度。

季节指数是由一系列数据组成的。如果掌握的是月度时间序列数据，则有 12 个季节指数；如果掌握的是季度时间序列数据，则有 4 个季节指数。季节指数的取值不同，其意义有所不同。当季节指数大于 100% 时，说明该月(季)是“旺季”，反之是“淡季”；当季节指数等于 100% 时，说明该月(季)不受季节因素的影响。当研究现象受到季节因素的影响较大时，表现为季节指数偏离 100% 的程度越大。

季节指数应满足以下基本特性：在一个完整的季节周期内，各季节指数之和应等于季节周期的长度(1200% 或 400%)。如果不满足以上特征，需要通过计算调整系数进行调整。

三、季节指数的测定方法

季节指数的测定通常有两种方法：按月(季)平均法和趋势剔除法。

在进行季节指数测定前，通常首先根据时间序列发展水平绘制线图来观察现象变动所包含的影响因素，从而选择合理的季节指数测定方法。为避免随机变动因素的影响，测定季节指数时所掌握的时间序列发展水平应尽可能多一些，根据经验，无论哪种方法一般需要 3～5 年的分月(季)度数据，至少需要 3 个季节周期的数据。当然如果季节变动的规律性不是很稳定，则所需要的数据应多一些为好。为了叙述方便，本节的讨论以周期一年的季节变动来说明，其测定的基本原理和方法也适合周期小于一年的季节变动。

(一) 按月(季)平均法

按月(季)平均法也叫同期平均法是测定季节指数的一种常用方法，它适用于包含水平趋势、季节变动和不规则变动的时间序列，即时间序列中不存在明显的上升或下降的长期趋势和循环变动因素。如果依据的时间序列是月度数据，叫做按月平均法，如果依据的时间序列是季度数据，叫做按季平均法。该方法的基本思想是：首先计算同月(季)发展水平的平均数，

再与月(季)发展水平的总平均数(代表水平趋势值)对比来测算季节指数。按月(季)平均法的具体步骤是:

(1) 计算时间序列中各年同月(季)发展水平的简单算术均值，得到同月(季)发展水平的平均数，以消除同期不规则变动因素的影响;

(2) 计算时间序列全部月(季)发展水平的简单算术均值，得到月(季)发展水平的总平均数作为水平趋势值的估计值，这一处理过程消除了月(季)之间的不规则变动因素的影响;

(3) 将同月(季)发展水平的平均数与月(季)发展水平的总平均数进行相除，即得季节指数(S_i)。其计算公式为

$$\text{按月(季)平均法：季节指数}(S_i)=\frac{\text{同月(季)发展水平的平均数}}{\text{月(季)发展水平的总平均数}}\times 100\% \tag{5.44}$$

容易证明，按月(季)平均法测算的季节指数能够自动满足季节指数的基本特征。

例 5.12　根据国家统计局网站搜集到我国 2016～2019 年各月客运量(单位：万人)资料见表 5.7，试绘出我国 2016～2019 年各月客运量线图，观察是否能用按月平均法测定季节指数，并计算出各月的季节指数。

解　图 5.6 是根据表 5.7 数据绘制的我国 2016～2019 年各月客运量线图。可以看出，客运量具有较明显的季节变动特征，且基本呈水平趋势，因此可用按月平均法来测定其季节变动规律，我国 2016～2019 年各月客运量季节指数的计算见表 5.7。

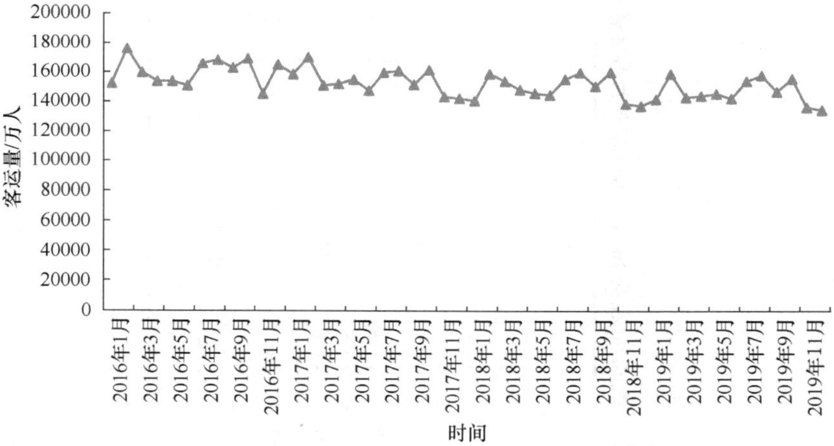

图 5.6　我国 2016～2019 年各月客运量线图

(1) 客运量的同月平均数计算。以 1 月为例，1 月的同月平均数计算为

$$(152065+158298+140457+141698)\div 4=592518\div 4=148129.5\ (\text{万人})$$

其他 2～12 月的同月平均数按同样的方法计算，不再赘述。

(2) 客运量的总月平均数计算。它有两种算法：一是用 4 年客运量的总和除以 4 年的总月数 48 得到，即 7323130 ÷ 48 = 152565.21 万人；二是利用已计算出的 12 个月的同月平均数，采用简单算术平均法计算得到，即

$$\frac{148129.50+165785.25+\cdots+140845.75+144648.8}{12}=152565.21\ (\text{万人})$$

表 5.7　我国 2016～2019 年各月客运量及季节指数计算表　(单位：万人)

年份	月份												合计
	1	2	3	4	5	6	7	8	9	10	11	12	
2016	152065	175722	159371	153500	153512	150600	165607	167882	162532	168978	145182	164801	1919752
2017	158298	169843	150790	151801	154809	147328	159482	160568	151328	161350	143222	142152	1850971
2018	140457	158733	153760	147988	145737	144472	155055	159663	150435	159886	138616	137176	1791978
2019	141698	158843	143032	143977	145481	142289	153968	157821	146875	155616	136363	134466	1760429
合计	592518	663141	606953	597266	599539	584689	634112	645934	611170	645830	563383	578595	7323130
同月平均	148129.5	165785.25	151738.25	149316.5	149884.75	146172.25	158528	161483.5	152792.5	161457.5	140845.75	144648.8	152565.21
季节指数/%	97.09	108.67	99.46	97.87	98.24	95.81	103.91	105.85	100.15	105.83	92.32	94.81	1200

(3) 客运量的月季节指数计算。将客运量的同月平均数分别除以总的月平均数 152565.21 万人，即可得到各月的季节指数。仍以 1 月为例，1 月的季节指数为

$$\frac{148129.5}{152565.21}\times 100\% = 97.09\%$$

其余 2～12 月的各月季节指数以此类推。

季节指数表明，我国客运量的季节变动规律是 2 月、7 月、8 月、9 月、10 月为客运旺季，其他各月为客运淡季。2 月、7 月、8 月、9 月、10 月客运量比全年平均客运量分别高 8.67% (即 108.67% −100%)、3.91% (即 103.91% −100%)、5.85% (即 105.85% −100%)、0.15% (即 100.15% −100%)、5.83% (即 105.83% −100%)，淡季中，11 月客运量最低，只是全年平均客运量的 92.32%，比全年平均客运量少 7.68%。

按月(季)平均法计算季节指数的方法简单、易于理解。但该方法要求原时间序列没有明显的上升或下降的长期趋势和循环变动因素。但实际生活中，许多时间序列会包含长期趋势和循环变动因素，且很少能够通过简单平均予以消除。当时间序列发展水平存在明显的上升趋势时，年末的月(季)季节指数就会高于年初的月(季)季节指数；当存在明显下降趋势时，年末的月(季)季节指数就明显低于年初的月(季)季节指数。只有当时间序列的长期趋势和循环变动不明显或影响不重要可忽略不计时，采用按月(季)平均法季节指数比较合适。因此，当时间序列存在明显的上升或下降的长期趋势时，按月(季)平均法计算的季节指数不够准确，需要采用趋势剔除法计算季节指数。

(二) 趋势剔除法

假定时间序列各影响因素以乘法模型形式存在，趋势剔除法的基本思想是：对包含明显增长或下降趋势的时间序列测定季节变动规律时，必须首先剔除时间序列中的长期趋势因素，然后再计算季节指数。这种先剔除长期趋势，而后测定季节指数的方法就称为趋势剔除法。其中，时间序列中的趋势值可采用移动平均法求得，也可用趋势方程拟合法确定。利用前者测定季节指数的方法称为移动平均趋势剔除法，而用后者测定季节指数的方法则称为趋势方程剔除法，测定季节指数最为常用的方法是移动平均趋势剔除法。这是因为在长期趋势、季节变动和不规则变动三种因素共存时，若采用趋势方程拟合法直接对时间序列计算趋势值，则会因为季节变动的影响而使得趋势值不准确，而移动平均法则可同时消除季节变动和不规则变动的影响，只反映出长期趋势。移动平均趋势剔除法的具体步骤如下。

(1) 计算移动平均值(M_i)。对时间序列发展水平计算移动步长为 12(月度数据)或 4(季度数据)的中心化移动平均值。通过移动平均，可以消除季节变动和不规则变动因素，以便观察时间序列的长期趋势变动规律。

假定时间序列的组合模型为 $y_i = T_i \times S_i \times C_i \times I_i$，则所求移动平均值包含长期趋势和循环变动，结果即为 $M_i = T_i \times C_i$，可称为趋势–循环值；若时间序列不包含循环变动因素，即 $y_i = T_i \times S_i \times I_i$，则所求移动平均值就是长期趋势值，即 $M_i = T_i$。

(2) 剔除长期趋势值(或趋势–循环值)因素。将时间序列各期发展水平 y_i 除以相应时间的移动平均值 M_i，可消除长期趋势值 T_i 或趋势–循环值 $T_i \times C_i$，从而得到只包含季节变动和不规则变动的相对数时间序列，即

$$\frac{y_i}{M_i}=\frac{y_i}{T_i\times C_i}=\frac{T_i\times C_i\times S_i\times I_i}{T_i\times C_i}=S_i\times I_i \quad 或 \quad \frac{y_i}{M_i}=\frac{T_i\times S_i\times I_i}{T_i}=S_i\times I_i$$

(3) 消除不规则变动 I。将各年同期的 $S_i\times I_i$ 时间序列发展水平进行简单算术平均，消除不规则变动 I_i，即得到季节指数 S_i。

(4) 计算调整季节指数。若经上述过程计算的季节指数不满足季节指数的基本特征要求，即不满足季节指数之和等于 1200% 或 400% 的要求，则需要进行调整。调整的方法是首先计算调整系数，然后用调整系数分别乘以步骤(3)中计算的各月(季)季节指数，即得调整季节指数。调整系数的计算公式为

$$月度数据：调整系数=\frac{1200\%}{调整前各月季节指数之和} \tag{5.45}$$

$$季度数据：调整系数=\frac{400\%}{调整前各季季节指数之和} \tag{5.46}$$

例 5.13　某水产销售公司 2017～2019 年各季度水产品销售量的资料(单位：万千克)见表 5.8，绘制水产销售公司 2017～2019 年各季度水产品销售量线图，按移动平均趋势剔除法测定水产品销售量的季节指数。

表 5.8　移动平均趋势剔除法测定水产品销售量季节指数计算表(Ⅰ)

时间	销售量 y_i	4 项移动平均	移正平均趋势值 M_i	y_i/M_i
(甲)	(1)	(2)	(3)	(4)
2017 年第一季度	1.05	—	—	—
2017 年第二季度	0.85	—	—	—
		1.3550		
2017 年第三季度	2.04		1.4525	1.4045
		1.5500		
2017 年第四季度	1.48		1.6563	0.8936
		1.7625		
2018 年第一季度	1.83		2.065	0.8862
		2.3675		
2018 年第二季度	1.70		2.5788	0.6592
		2.7900		
2018 年第三季度	4.46		2.9625	1.5055
		3.1350		
2018 年第四季度	3.17		3.4038	0.9313
		3.6725		
2019 年第一季度	3.21		3.9063	0.8218
		4.1400		
2019 年第二季度	3.85		4.3438	0.8863
		4.5475		

续表

时间	销售量 y_i	4 项移动平均	移正平均趋势值 M_i	y_i / M_i
(甲)	(1)	(2)	(3)	(4)
2019 年第三季度	6.33	—	—	—
2019 年第四季度	4.80	—	—	—

解　根据表 5.8 资料绘制的水产销售公司 2017～2019 年各季度水产品销售量线图见图 5.7。

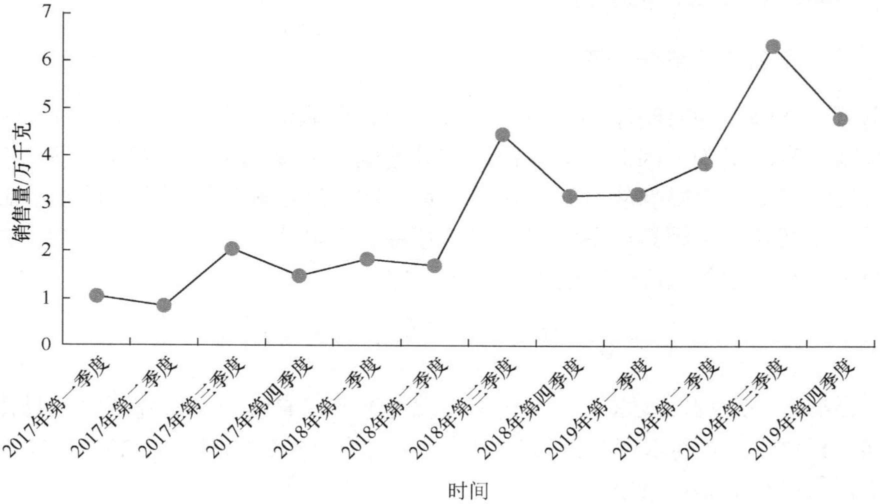

图 5.7　水产销售公司 2017～2019 年各季度水产品销售量线图

由图 5.7 可以看出，水产销售公司 2017～2019 年各季度水产品销售量存在明显的上升趋势和受季节变动因素影响，因此可按趋势剔除法计算季节指数。

首先，计算 4 项移动平均值 M_i，计算结果见表 5.8 第(3)列。

其次，用原时间序列各季度的销售量 y_i 除以对应季度的移动平均趋势值 M_i，求得 y_i/M_i，计算结果见表 5.8 第(4)列。

最后，将表 5.8 中的 y_i/M_i 时间序列重新安排，见表 5.9。

表 5.9　移动平均趋势剔除法测定水产品销售量季节指数计算表(Ⅱ)

年份	第一季度	第二季度	第三季度	第四季度	合计	平均
2017	—	—	1.4045	0.8936	2.2981	1.14905
2018	0.8862	0.6592	1.5055	0.9313	3.9822	0.99555
2019	0.8218	0.8863	—	—	1.7081	0.85405
同季平均	0.8540	0.77275	1.4550	0.91245	3.9942	0.99855
调整季节指数/%	85.5240	77.3872	145.7113	91.3775	400	100

根据表 5.9，计算 y_i/M_i 时间序列的各年同季数据的平均数，消除不规则变动，得到各季度季节指数。由于 4 个季度的同季平均数总和为 3.9942，不等于 400%，需进行调整，其调整

系数为

$$\text{调整系数}=\frac{400\%}{399.42\%}=1.001452$$

将调整系数分别乘以各年同季平均数，即得调整季节指数，计算结果见表 5.9 的最后一行。

计算结果表明，水产销售公司水产品销售量的季节变动规律是：第三季度为销售旺季，比其趋势值高出 45.7113%，其他季度为销售淡季，其中第一、二、四季度销售量只相当于趋势值的 85.5240%，77.3872%和 91.3775%。

四、发展水平的季节影响调整与预测

(一) 发展水平的季节影响调整

含有季节变动因素的时间序列，由于受季节因素影响而产生波动，时间序列中的其他特征也不能清晰地表现出来，因此，为方便研究其他因素的变动规律，对包含季节变动的时间序列，需要先将季节因素影响从时间序列中剔除，这一过程称为发展水平的季节影响调整。

假定时间序列各影响因素以乘法模型形式存在，发展水平的季节影响调整方法是将原时间序列各期发展水平除以相应时期的季节指数，即

$$\frac{y_i}{S_i}=\frac{T_i\times S_i\times C_i\times I_i}{S_i}=T_i\times C_i\times I_i \tag{5.47}$$

结果为季节影响调整后的发展水平，反映了在没有季节因素影响下研究现象的具体水平。

例 5.14　根据表 5.8 的水产品销售量和表 5.9 的季节指数资料，对 2017～2019 年各季度的水产品销售量作季节影响调整。

解　根据表 5.9 中的季节指数及式(5.47)，水产销售公司 2017～2019 年各季度水产品销售量作季节影响调整后的数据见表 5.10 最后一列。季节影响调整后的销售量与原时间序列销售量的比较见图 5.8。可以看出，季节影响调整后的销售量基本呈线性增长趋势。

表 5.10　水产品销售量的季节影响调整

时间	销售量 y_i /万千克	季节指数 s_i /%	消除季节影响的销售量 (y_i/s_i) /万千克
2017 年第一季度	1.05	85.5240	1.23
2017 年第二季度	0.85	77.3872	1.10
2017 年第三季度	2.04	145.7113	1.40
2017 年第四季度	1.48	91.3775	1.62
2018 年第一季度	1.83	85.5240	2.14
2018 年第二季度	1.70	77.3872	2.20
2018 年第三季度	4.46	145.7113	3.06
2018 年第四季度	3.17	91.3775	3.47
2019 年第一季度	3.21	85.5240	3.75
2019 年第二季度	3.85	77.3872	4.97
2019 年第三季度	6.33	145.7113	4.34
2019 年第四季度	4.80	91.3775	5.25

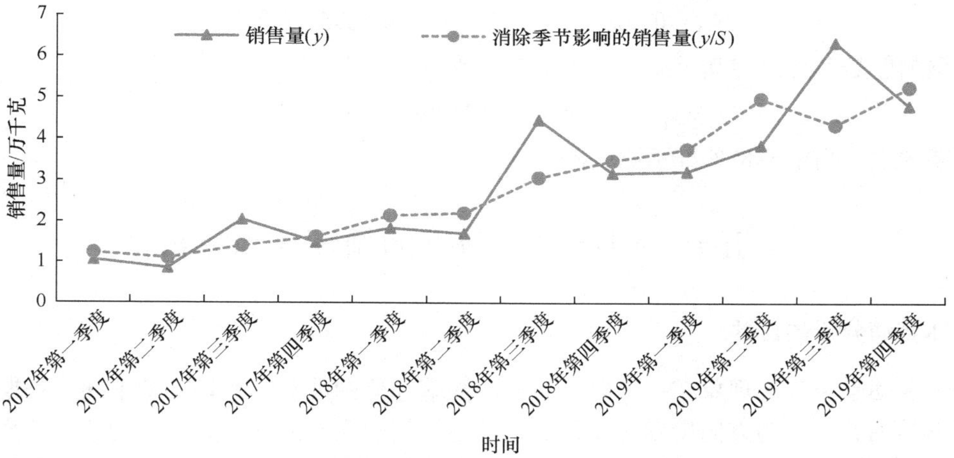

图 5.8　季节影响调整销售量与原时间序列销售量比较

(二) 包含季节因素影响的发展水平预测

对剔除了季节因素的时间序列可建立各种模型以实现预测，并利用季节指数可以对模型趋势值进行还原，以实现对发展水平的最终预测。

按月(季)平均法计算的季节指数本质上是相对于全年总的月(季)平均水平的变化程度，由于按月(季)平均法适合包含水平趋势的时间序列，所以，欲对此现象的发展水平做出预测，只需要以水平趋势值乘以相应时期的季节指数即可。

趋势剔除法计算的季节指数，实际上是相对于现象长期趋势的变化程度，所以，欲对研究现象的发展水平做出预测，则需要首先预测出研究现象变化的长期趋势值，再乘以相应时期的季节指数即可。

以例 5.14 中消除季节因素影响的水产品销售量资料为例，经计算，消除季节因素影响的水产品销售量的线性趋势方程为 $\hat{y}_i = 0.2864 + 0.3987t_i$。将 $t_i = 1, 2, 3, \cdots, 12$ 分别代入上述线性趋势方程得到各年各季度水产品销售量的趋势值，再乘以对应季度的季节指数即得到相应季度水产品销售量的最终预测值。

若对 2019 年各季度水产品销售量进行预测，则

$$\text{第一季度趋势值}\quad \hat{y}_9 = 0.2864 + 0.3987 \times 9 = 3.8747(\text{万千克})$$

$$\text{第一季度预测值}\quad \hat{y}_9 s_1 = 3.8747 \times 85.5240\% = 3.31(\text{万千克})$$

$$\text{第二季度趋势值}\quad \hat{y}_{10} = 0.2864 + 0.3987 \times 10 = 4.2734(\text{万千克})$$

$$\text{第二季度预测值}\quad \hat{y}_{10} s_2 = 4.2734 \times 77.3872\% = 3.31(\text{万千克})$$

$$\text{第三季度趋势值}\quad \hat{y}_{11} = 0.2864 + 0.3987 \times 11 = 4.6721(\text{万千克})$$

$$\text{第三季度预测值}\quad \hat{y}_{11} s_3 = 4.6721 \times 145.7113\% = 6.81(\text{万千克})$$

$$\text{第四季度趋势值}\quad \hat{y}_{12} = 0.2864 + 0.3987 \times 12 = 5.0708(\text{万千克})$$

$$\text{第四季度预测值}\quad \hat{y}_{12} s_4 = 5.0708 \times 91.3775\% = 4.63(\text{万千克})$$

对于外推预测，其方法与上面的一致。如预测 2020 年第一季度的水产品销售量，则先根据所求的水产品销售量的线性趋势方程求得其趋势值为

$$\hat{y}_{13} = 0.2864 + 0.3987 \times 13 = 5.4695(\text{万千克})$$

其最终预测值是趋势值与其对应季度的季节指数相乘，即

$$\hat{y}_{13}s_1 = 5.4695 \times 85.5240\% = 4.68(\text{万千克})$$

其他时期的水产品销售量外推预测以此类推。

第五节　时间序列数据的循环变动分析

一、循环变动分析的目的

循环变动是指客观现象在一个较长时期内涨落起伏的波动。循环变动不同于长期趋势变动，它不是朝着单一的方向持续运动，而是涨落相间的交替波动；它也不同于季节变动，季节变动有固定的规律，且变动周期大多为 1 年，而循环变动则无固定规律，变动周期多在一年以上，且周期长短、变动形态、波动幅度都不固定。例如，产品通常有导入期、成长期、成熟期、衰退期、替代期等经济寿命周期，但不同产品的生命周期并不一致；又如，由于周期性因素的影响，宏观经济的增长通常也会产生周期性波动，这被称为经济周期，经济周期的长短从来不会一致。

测定客观现象循环变动的目的，一是从数量上揭示现象循环变动的规律性；二是为了深入研究不同现象周期性循环变动的内在联系，有助于分析引起循环变动的原因；三是通过对循环变动规律的认识，对现象未来的发展做出科学的判断，为制定有效遏制循环变动不利影响的决策方案提供依据。

二、循环变动分析的方法

由于循环变动通常隐匿在一个较长时期的变动过程中，常与不规则波动交织在一起，很难单纯用统计方法加以描述和分析，必须借助一定的定性分析。测定循环变动常用的方法是剩余法。

剩余法的基本原理是：首先从时间序列中分解并剔除长期趋势和季节变动因素，剩下循环变动和不规则变动因素；然后再通过移动平均消除不规则变动因素，所得结果即为循环变动系数。根据所掌握的时间序列数据的不同，剩余法可分为以下两种情况。

(一) 年度数据的循环变动测定

假定时间序列各影响因素以乘法模型形式存在，如果掌握的是按年度数据编制的时间序列，则季节变动因素不存在，此时短期的不规则变动因素趋于消失，可以忽略不计。这样时间序列只受长期趋势和循环变动两种因素的影响。根据乘法模型，则有 $y_i = T_i \times C_i$，进而 $C_i = \dfrac{y_i}{T_i}$，即将原时间序列的发展水平 y_i 除以对应时期的长期趋势值 T_i，即可得到循环变动系数 C_i。

这种方法适用于由年度数据形成的时间序列，容易理解，方法简单。但对由月(季)度数据编制的时间序列，就不能再用此方法。

(二) 月(季)度数据的循环变动测定

在由月(季)度数据编制的时间序列中，存在长期趋势和季节变动因素的影响，同时还会受

到不规则变动因素的影响。为了同时消除长期趋势和季节变动因素的影响，根据乘法模型 $y_i = T_i \times S_i \times C_i \times I_i$，就需要将原时间序列中的各期发展水平除以对应时期的长期趋势值 T_i 和季节指数 S_i，得到包含不规则变动的循环变动系数 $C_i \times I_i$，然后再通过移动平均法消除不规则变动 I_i 的影响得到循环变动系数 C_i。

由月(季)度数据编制的时间序列，其循环变动测定的计算步骤如下。

(1) 用适当方法分别计算出各期的长期趋势值和季节指数。

(2) 消除长期趋势和季节变动因素，求得包含不规则变动的循环变动系数。计算公式为

$$\frac{y_i}{T_i \times S_i} = \frac{T_i \times S_i \times C_i \times I_i}{T_i \times S_i} = C_i \times I_i \tag{5.48}$$

(3) 对(2)中的结果进行移动平均处理，以消除不规则变动因素，即得循环变动系数，通常用百分数表示。

至于在循环变动测定中，是先消除季节变动因素还是先消除长期趋势因素，似乎没有统一的定论。常见的是先消除季节变动因素，再消除长期趋势因素，然后测定循环变动系数，因为比较容易对月(季)数据通过移动平均方法抵消季节变动因素，从而使得长期趋势及随后的循环变动的测定更加准确可靠。

例 5.15　假定某地区 2013～2018 年各季度的农业生产资料零售额(单位：万元)数据见表 5.11，试对农业生产资料零售额进行循环变动分析。

表 5.11　农业生产资料零售额及其循环变动系数计算表

时间	编号 t_i	零售额 y_i/万元	季节指数 S_i/%	季节影响调整 (y_i/S_i)/万元	趋势值 T_i/万元	($C_i \times I_i$)/%	C_i/%
(甲)	(1)	(2)	(3)	(4) = (2) / (3)	(5)	(6) = (4) / (5)	(7)
2013 年第一季度	1	82.40	90.37	91.18	90.47	100.78	—
2013 年第二季度	2	108.00	117.56	91.87	92.06	99.80	—
2013 年第三季度	3	99.90	108.31	92.24	93.64	98.50	101.12
2013 年第四季度	4	83.00	83.76	99.09	95.23	104.06	100.30
2014 年第一季度	5	90.50	90.37	100.14	96.81	103.44	99.48
2014 年第二季度	6	104.80	117.56	89.15	98.39	90.60	99.82
2014 年第三季度	7	109.50	108.31	101.10	99.98	101.12	99.75
2014 年第四季度	8	88.60	83.76	105.78	101.56	104.15	101.53
2015 年第一季度	9	95.80	90.37	106.01	103.15	102.77	103.51
2015 年第二季度	10	130.00	117.56	110.58	104.73	105.58	102.79
2015 年第三季度	11	117.40	108.31	108.39	106.32	101.95	101.24
2015 年第四季度	12	88.20	83.76	105.30	107.90	97.59	99.37
2016 年第一季度	13	95.90	90.37	106.12	109.49	96.92	97.42
2016 年第二季度	14	126.00	117.56	107.18	111.07	96.49	96.25
2016 年第三季度	15	116.40	108.31	107.47	112.66	95.39	96.35
2016 年第四季度	16	90.70	83.76	108.29	114.24	94.79	97.42

续表

时间	编号 t_i	零售额 y_i /万元	季节指数 S_i /%	季节影响调整 (y_i / S_i)/万元	趋势值 T_i /万元	($C_i \times I_i$)/%	C_i /%
(甲)	(1)	(2)	(3)	(4) = (2) / (3)	(5)	(6) = (4) / (5)	(7)
2017 年第一季度	17	105.20	90.37	116.41	115.83	100.50	98.66
2017 年第二季度	18	140.10	117.56	119.17	117.41	101.50	99.62
2017 年第三季度	19	129.30	108.31	119.38	119.00	100.32	99.44
2017 年第四季度	20	98.50	83.76	117.60	120.58	97.53	99.47
2018 年第一季度	21	106.30	90.37	117.63	122.17	96.29	100.03
2018 年第二季度	22	154.20	117.56	131.17	123.75	105.99	100.81
2018 年第三季度	23	136.20	108.31	125.75	125.34	100.33	—
2018 年第四季度	24	110.30	83.76	131.69	126.92	103.76	—

解　(1) 先消除季节变动因素(其中季节指数用移动平均趋势剔除法计算得到)，得无季节变动的时间序列，见表 5.11 中第(4)列。

(2) 利用消除了季节因素影响的时间序列(见表 5.11 中的第(4)列)建立的线性趋势方程为 $\hat{y}_i = 88.886 + 1.5848t_i$，将 t_i =1, 2, …, 24 分别代入线性趋势方程得“趋势值 T_i”，见表 5.11 第(5)列。

(3) 将表 5.11 中第(4)列数据除以对应时间的第(5)列数据即得无季节变动、无长期趋势的时间序列，见表 5.11 中第(6)列。

(4) 最后对第(6)列数据通过移动平均法消除不规则变动因素，得到循环变动系数，见表 5.11 中的第(7)列。

农业生产资料的循环变动系数图见图 5.9。

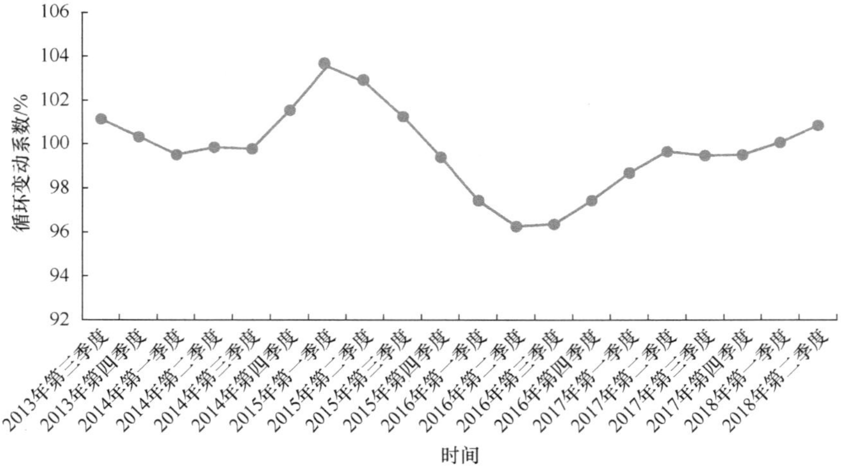

图 5.9　农业生产资料零售额循环变动系数图

不规则变动是不能直接测定的，不过从时间序列中逐一消除长期趋势、季节变动、循环变动因素后的剩余成分可以归结为不规则变动。一般无法确定不规则变动的确切变动方向和具体数值，至多可以判断其变动的区间范围。分析不规则变动时，要特别注意对异常变动的分析研究。

思考与练习

一、思考题

1. 什么是时间序列？它分为哪几种类型？
2. 时期序列和时点序列的区别有哪些？
3. 时间序列的构成因素有哪些？利用这些因素建立的组合模型是什么？
4. 时间序列的编制原则是什么？
5. 简述逐期增长量和累计增长量的数量关系。
6. 简述定基发展速度与环比发展速度之间的数量关系。
7. 简述定基增长速度与环比增长速度之间的数量关系。
8. 现象线性趋势的测定方法有哪些？试做简要说明。
9. 非线性趋势方程有哪些常见类型？请说明它们的特点并写出具体的趋势方程形式。
10. 简述移动平均法的基本思想。
11. 如何根据时间序列数据特征选择合适的趋势线？
12. 简述季节变动分析的基本原理和具体方法。
13. 季节指数计算中的按月(季)平均法和趋势剔除法有什么不同？
14. 采用趋势剔除法测定季节指数时，为何常用移动平均法计算长期趋势值？
15. 如何对现象变动进行循环变动分析？

二、练习题

1. 某超市某年1～4月商品销售额及销售人数见下表。

月份	1	2	3	4
商品销售额/万元	300	350	280	250
月初销售人数/人	40	45	40	42

要求计算：(1) 第一季度该超市平均每月销售额。

(2) 第一季度该超市平均销售人员数。

(3) 第一季度该超市平均每名销售人员的销售额。

(4) 第一季度该超市平均每月每名销售人员的销售额。

2. 某工业企业某年第二季度各月的总产值和工人数见下表。

月份	3	4	5	6
总产值/万元	1500	1600	1650	1850
月末工人数/人	600	615	630	660

要求计算：(1) 第二季度各月的工人劳动生产率。

(2) 第二季度月平均工人劳动生产率。

(3) 第二季度的工人劳动生产率。

3. 某企业某年各季度销售收入和流动资金有关资料见下表。

时间	第一季度	第二季度	第三季度	第四季度
销售收入/万元	110	120	126	125
期初流动资金余额/万元	90	70	78	52
流动资金周转次数/次	1.38	1.62	1.94	1.64

又知，该年年末流动资金余额为 100 万元。要求计算：(1) 该企业流动资金季平均周转次数。

(2) 该企业年流动资金周转次数。

(3) 该企业上半年流动资金周转次数。

(4) 该企业下半年季平均流动资金周转次数。

(提示：流动资金周转次数=销售收入/流动资金平均占用额)

4. 我国 2010～2020 年社会消费品零售总额资料见下表。

年份		2010	2011	2012	2013	2014	2015	2016	2017	2018	2019	2020
社会消费品零售总额/亿元		158008.0	187205.8	214432.7	242842.8	271896.1	300930.8	332316.3	366261.6	377783.1	408017.2	391980.6
增长量/亿元	逐期											
	累计											
发展速度/%	环比											
	定基											
增长速度/%	环比											
	定基											
增长 1%的绝对值/亿元												

要求：(1) 计算我国 2011～2020 年社会消费品零售总额各年的逐期增长量和累计增长量、环比发展速度和定基发展速度、环比增长速度和定基增长速度以及增长 1% 的绝对值，并填入表中。

(2) 计算我国 2011～2020 年社会消费品零售总额的年平均增长量。

(3) 计算我国 2011～2020 年社会消费品零售总额的年平均发展速度。

(4) 如果 2021 年后继续按照 2011～2020 年的年平均发展速度发展，试预测我国 2021 年的社会消费品零售总额。

5. 某企业产量第 2 年比第 1 年增加 2%，第 3 年比第 2 年下降 5%，第 4 年是第 1 年的 1.2 倍，第 5 年产量为 25 万吨，比第 4 年多 10%，第 6 年产量为 30 万吨，第 7 年预计达到 37 万吨。要求计算：(1) 第 2 年至第 7 年的环比发展速度。

(2) 以第 1 年为基期的定基发展速度。

(3) 第 1 年至第 7 年的各年的产量。

(4) 以第 1 年为基期产量的年平均发展速度。

6. 某销售公司连续 9 年的冰箱销售额见下表。

年度	第 1 年	第 2 年	第 3 年	第 4 年	第 5 年	第 6 年	第 7 年	第 8 年	第 9 年
销售额/万元	80	83	87	89	95	101	105	110	125

要求：(1) 分别用三项和四项移动平均法计算冰箱销售额的趋势值，并进行比较分析。

(2) 应用最小二乘法拟合冰箱销售额的线性趋势方程，说明冰箱销售额平均每年增长多少？并计算出这 9 年各年销售额的趋势值。

(3) 预测第 10 年冰箱销售额将达到的水平。

(4) 根据表中数据拟合一条指数曲线趋势方程，计算其估计标准误差且与线性趋势方程的估计标准误差进行比较，说明该资料拟合哪一种趋势方程更好。

7. 某旅游风景区 2017～2019 年各月的旅游收入见下表，单位：万元。

月份	2017 年	2018 年	2019 年
1	116	145	180
2	154	210	245
3	220	312	325
4	392	520	535
5	642	684	710
6	1642	1872	1923
7	2810	3120	3350
8	1204	1382	1576
9	384	482	625
10	183	248	437
11	125	130	258
12	95	112	166

要求：(1) 绘制 2017～2019 年各月旅游收入的线图。

(2) 试用按月平均法计算各月季节指数。

(3) 按移动平均趋势剔除法计算各月季节指数。

(4) 根据两种季节指数计算方法的使用条件，说明该资料适合用哪种方法计算季节指数？

三、综合案例分析

请根据你在第三章综合案例分析中搜集的我国 2010～2020 年现价国内生产总值及三次产业增加值数据，思考并回答下列问题：

1. 分别绘制我国 2010～2020 年现价国内生产总值及其第一、第二、第三产业增加值的线图，观察各自的变化趋势，写出你的结论。

2. 分别计算我国 2011～2020 年现价国内生产总值及其第一、第二、第三产业增加值的逐年增长量和 2010～2020 年的总增长量(列表计算)，并验证逐年增长量和总增长量之间的关系。

3. 分别计算我国 2011～2020 年现价国内生产总值及其第一、第二、第三产业增加值的年发展速度和增长速度，并分别计算他们在 2011～2020 年的总发展速度和总增长速度以及年平均发展速度和年平均增长速度(列表计算)。

4. 请你根据问题 1 的结论，用 Excel 添加趋势线功能分别拟合我国 2010～2020 年现价国内生产总值及第一、第二、第三产业增加值的趋势方程，计算各条方程的估计标准误差的值从而观察趋势线的拟合优度。

5. 能否根据我国 2010～2020 年现价国内生产总值及第一、第二、第三产业增加值的数据研究各自的季节变动规律？请说明理由。

要求：1～4 题均使用 Excel 有关功能进行处理，不使用手工计算。

四、课程思政

趋势分析是决策判断的重要依据①

当今世界上最伟大的统计学家之一——C. R. 拉奥(C. R. Rao)在他的统计学哲理论著《统计与真理——怎样运用偶然性》中指出：“在终极的分析中，一切知识都是历史；在抽象的意义下，一切科学都是数学；在理性的基础上，所有的判断都是统计学。”今天，对统计学的理解、研究和实际应用已经扩展到整个自然科学、社会科学、工程技术、管理、经济、艺术和文学等领域。

我们每天早上出门前需要看一下天气预报。天气预报就是统计历史的天气数据并对之进行建模，然后预测未来的天气。

出门上班，我们会用电子地图，它会自动绕开拥堵的路段。按照历史统计数据，即使走更远的路也比拥堵但更近的路段要快。

到了公司，老板让预测一下未来商品的需求量进而制订生产计划。于是统计历史的销售情况和增长率，并考虑到当年的具体情况可能会导致需求减少。

中午闲暇时间，看看你买的股票怎么样。最近特斯拉疯涨，国内对新能源汽车政策又十分利好，于是你觉得应该投资新能源汽车板块。

下午逛了一会儿电商平台，发现平台推送的竟然就是你要买的东西，于是果断下单。平台采集了你的搜索记录、页面的浏览记录，通过统计分析给你推送了你可能最需要的商品。

可以看到，一天的生活都充斥着统计学。有人说：“越繁荣的国家，统计越完备。”其实，这句话把因果关系给弄颠倒了。通过行政渠道、抽样调查以及有关统计方法，我们能够收集到大量的社会经济数据和人口数据，制定公共政策不再是那种带有不可预测成功概率的赌博

① 资料来源：https://zhuanlan.zhihu.com/p/105853678?utm_source=wechat_session，引用日期 2024 年 6 月 6 日。

或者是碰运气的事情。在当今科学技术领域内，基于有效的信息，我们能制定出最佳决策，而且由信息的反馈和控制可继续跟踪所做出的决策。其实大数据时代来临以后，给人们思维带来的最大转变就是从“因果关系”到“强相关关系”的转变，统计思维愈发变得重要。

请你谈谈对“在理性的基础上，所有的判断都是统计学”的理解及其对现实生活的意义。

第五章练习题参考答案

第六章　统计指数分析

【章前阅读】

“口红指数”

2001 年，美国“9 · 11”恐怖袭击事件发生以后，国际化妆品牌雅诗兰黛的名誉主席伦纳德 · 兰黛提出了一个名为“口红指数”的理论。他以雅诗兰黛的口红销量为依据分析发现，口红在经济形势不明朗的情况下依然会呈现出逆势热销的趋势。口红作为一种消费者可以负担的轻奢商品，几乎挽救了所有挣扎在经济衰退周期中的化妆品零售商。但近些年来，人们越来越注重卫生和健康，在公共场合佩戴口罩的人越来越多。当人们戴上口罩后，微笑的嘴巴也就看不到了，这个时候，“口红指数”还会继续生效吗？

我们经常听说过指数，如居民消费价格指数、生产价格指数或消费信心指数等。指数在统计学中非常常见，为比较不同时间、不同地点的测量值提供了一种有效方法。

问题：指数是什么，它有何作用？指数是如何编制出来的？本章将向你揭示指数的秘密。

对客观现象进行对比分析通常有两种情况：一是对单一事物的变动进行分析，这种方法简单，也容易理解。如研究某种商品价格或销售量的变动，它可将不同时期的价格或销售量的数值直接对比，这一问题由前面几章的相关内容已经解决。二是对计量单位不同、使用价值不同的多种事物构成的复杂现象总体的某种特征进行综合对比。如研究多种商品的价格或销售量的综合变动。这时，简单的数量对比已经无能为力了。既要保持对比的结果具有实际意义，又能反映总体某种特征的综合变动程度，最好的办法就是借助指数理论来进行研究。本章在认识指数的含义、特点、作用的基础上，重点介绍总指数、静态指数的编制方法及其指数因素分析法，简要说明指数在综合评价中的应用。

第一节　统计指数概述

一、统计指数的概念及性质

统计指数，简称为指数(index)，产生于人们测定价格变动的活动中。指数起源于 17 世纪中期的欧洲，距今有 300 多年的历史。300 多年来，随着指数理论的发展，指数概念基本上可区分为广义指数和狭义指数两类。

广义指数泛指各种相对数，如比较相对数、发展速度、计划完成相对数等。英国百科全书将指数定义为“指数是用来测定一个变量值对于另一个特定变量值大小的相对数”就是这方面的代表。

狭义指数则是一种特殊相对数，它是反映复杂现象总体某一方面数量特征综合变动方向和变动程度的相对数。所谓复杂现象总体，是指由计量单位不同或性质各异的事物所组成的、数量上不能直接加总的总体。例如，某商场同时销售棉布、鞋帽和成衣等商品，由于各种商品的性质不同、使用价值不同、计量单位不同，故不能直接相加计算报告期与基期相比的销售量综合变动，而采用指数的方法则可以解决这一问题。

统计指数通常是就狭义指数而言的，狭义指数具有以下性质。

(1) 相对性。狭义指数是复杂现象总体某一方面数量特征综合对比形成的特殊相对数，它可以是该数量特征在不同时间上综合对比形成的动态指数，也可以是该数量特征在不同空间上综合对比形成的空间指数。如居民消费价格指数就是动态指数，而反映两个地区零售商品的价格指数则属于空间指数。

(2) 综合性。狭义指数不是反映个体的某一特征变动，而是反映多种不同个体构成的复杂现象总体的某一特征的综合变动，所以它是一种综合的结果。如居民消费价格指数概括反映了居民在所有生活消费支出项目上的价格综合变动，而不是反映在某一消费品支出项目上的价格变动。

(3) 平均性。总体中每个个体某一特征的变动参差不齐，狭义指数所反映的是总体中所有个体某一特征变动的一般水平，是一种平均意义上的变动。例如，某地区本年与上年相比，居民消费价格指数为 103%，表示该地区居民各项生活消费支出项目的价格平均上涨了 3%，但有的消费品涨价幅度可能高于 3%，有的消费品涨价幅度可能低于 3%，更有一些消费品的价格可能是没有变化或是下跌的。

二、统计指数的分类

(一) 动态指数和静态指数

统计指数按照对比的性质不同，可以分为动态指数(dynamic index)和静态指数(static index)。动态指数是反映现象特征在不同时间上动态变化的相对数，其对比基础是同一现象在基期的水平。在动态指数中，按照指数编制过程中所采用的基期不同，可分为定基指数和环比指数。定基指数是指在指数数列中各个指数的基期相同，即都以某一固定时期为基期编制的指数。如果指数数列中的各个指数都以报告期的前一期为基期编制，则称为环比指数。

静态指数包括两类：一类是反映同类现象特征在同一时期不同空间对比形成的相对数，即空间指数；另一类是反映复杂现象总体在同一时期的实际完成数与计划任务数对比的相对数，该类指数又称计划完成指数。静态指数是动态指数的扩展。

(二) 个体指数和总指数

统计指数按照研究对象的范围不同，可以分为个体指数(individual index)和总指数(total index)。个体指数是反映总体中某一个体某种数量特征变动的相对数，个体指数属于广义指数范畴，也就是发展速度。例如，反映某种产品产量变动的指数为个体产量指数，反映某种商品价格变动的指数为个体价格指数。通常，个体指数的编制是将现象的报告期水平与基期水平直接对比。例如，

$$\text{个体数量指数：} k_q = \frac{q_1}{q_0} \tag{6.1}$$

$$\text{个体质量指数：} k_p = \frac{p_1}{p_0} \tag{6.2}$$

式中，k 代表个体指数；q 代表数量因素；p 代表质量因素；下标 1，0 分别代表报告期和基期。

总指数是反映复杂现象总体某一方面数量特征综合变动程度的相对数。例如，反映多种不同商品价格综合变动程度的价格总指数，反映多种不同产品产量综合变动的产量总指数等，均为总指数。

总指数属于狭义指数范畴，因此，习惯上人们称狭义指数的编制方法即为总指数的编制方法。总指数包括综合指数和平均指数两种基本形式。

此外，在编制总指数时，可以使用分组的方法，即对现象总体包含的个体进行分组，首先编制每一组的统计指数，然后综合成总指数。这样，在总指数和个体指数之间就产生了类指数，它是用来说明总体中某一组现象某一数量特征综合变动程度的相对数。例如，商品零售价格总指数下设粮食类价格指数、服装类价格指数等；工业产量指数下设重工业类产量指数和轻工业类产量指数等。从理论上讲，类指数属于总指数，其编制方法与总指数基本相同。但在总指数的编制过程中，类指数起到的是个体指数的作用。

(三) 数量指数和质量指数

统计指数按照指数化因素的性质不同，可以分为数量指数(quantity index)和质量指数(quality index)。所谓指数化因素是指数所要测定其变化的因素。数量指数是说明现象数量的总规模、总水平变化的相对数，其指数化因素是数量指标。如产品产量总指数、职工人数指数等属于数量指数。质量指数是说明现象相对水平或平均水平数量变化的相对数，其指数化因素是质量指标。如价格总指数、单位产品成本总指数、劳动生产率总指数等属于质量指数。这两类指数的编制既有联系又有区别。

(四) 对象指数和因素指数

在指数因素分析中，统计指数按照分析对象与其影响因素的关系，可以分为对象指数和因素指数。如分析企业不同产品的总产值变化受产量和价格变动的影响时，总产值指数即为对象指数，而产量指数和价格指数被称为因素指数。根据研究对象的不同，对象指数可以是两个不同时期的绝对数直接对比的总值(量)指数，也可以是两个不同时期的平均数直接对比的平均数指数等，它们都是动态指数。对象指数从考察的范围看属于总指数；但从编制方法看，则属于广义指数的范畴，可视同个体指数，因为对象指数都是两个不同时期的数值直接对比的发展速度。

三、统计指数的作用

(一) 指数能够反映研究现象数量特征的变动方向和变动程度

这是指数的最基本作用。指数所研究的现象，从广义角度看，既包括简单现象，也包括复杂现象，因而编制的指数既包括个体指数，又包括各因素综合变动的总指数。不管是哪种指数，其结果一般是用百分数表示的，当指数大于或小于 100% 时，表示现象上升或下降变动的方向；而比 100% 大多少或少多少，则表明现象上升或下降变动的相对程度。例如，某地区商品零售物价指数为 104%，则说明该地区商品零售物价整体是上涨的，该地区商品零售物价水平平均上涨了 4%，但具体到某种商品价格可能有涨有跌。

(二) 利用指数体系可以对研究现象的总变动进行影响因素分析

研究现象的总变动包括总绝对数变动和总平均数变动等。研究现象的总绝对数或总平均数变动总是由多种因素变动综合作用的结果。例如，商店商品销售额的变动受各种商品销售量和销售价格两个因素的共同影响；企业职工总平均工资的变动受各类职工人数与各类职工平均工资水平两个因素变动的共同影响。对于这种受两个或两个以上因素影响的总体现象，可以利用指数体系从相对数和绝对数两个方面分别分析各因素变动对研究对象总变动的影响方向和影响程度以及影响的绝对效果。

(三) 利用指数可以对研究现象进行综合评价

随着指数在实际应用中的不断发展，指数在综合评价中也发挥着越来越重要的作用。例如，利用加权平均指数评价和测定一个地区经济效益的高低；利用加权平均指数测定综合国力指数或企业竞争力指数；利用指数原理建立对国民经济发展变动的综合评价和预警系统等。

第二节 总指数的编制

编制总指数的基本方法有综合指数法和平均指数法两种，习惯上把这两种方法编制的总指数分别称为综合指数和平均指数。

一、综合指数

(一) 编制综合指数的基本原理

假如一个绝对数可以分解为两个或两个以上的影响因素相乘，为了单纯度量某个因素的变动方向和变动程度，就可以固定其他影响因素编制综合指数。所谓综合指数是通过对两个时期不同、范围相同的多个不同个体的某一特征同度量综合之后，进行总体绝对数量对比来反映总体该特征综合变动方向和变动程度的总指数。其重要意义在于它能够全面、准确地反映所研究现象总体某一特征的综合变动方向和变动程度以及随之产生的绝对效果。

编制综合指数的特点是：先综合后对比。由于复杂现象总体中每个个体的使用价值不同、计量单位不同，所以其数量特征的表现均不能直接加总而对比，这种现象叫做不同度量。因此编制综合指数首先应解决综合问题，然后解决对比问题。

1. 综合问题

为了能够把不能直接相加的各个个体的某一数量表现改变为可以相加的现象总体数量，即解决综合加总问题，必须引入同度量因素。

所谓同度量因素，就是使不同度量的现象过渡到可以同度量的媒介因素。例如，不同商品的价格，由于计量单位不同不能相加，如果都乘以各自的销售量得出销售额就可以相加了，这里的销售量对价格来讲就是同度量因素。

在编制综合指数过程中选择同度量因素的主要标准是：同度量因素与指数化因素之间必须具有客观联系，即同度量因素与指数化因素的乘积必须具有实际意义。例如，销售量乘以价格是商品销售额、工人数乘以平均工资是工资总额、产量乘以单位成本是总成本等，它们之间可以互为同度量因素。而没有经济联系的因素之间是不能互为同度量因素的。

同度量因素在编制综合指数过程中具有两个主要作用。一是同度量作用，即作为一种媒介，使计量单位不同、使用价值不同而不能直接相加的现象，过渡到可以直接相加的媒介因素。二是权数作用，即起着权衡各个不同个体的某一数量特征在综合指数中的作用，也就是说，同度量因素比较大的变量值对综合指数的影响程度大，反之则小。如在编制价格总指数时，销售量就起着权数的作用；同样在编制销售量总指数时，价格起着权数的作用。正因如此，综合指数又被人们称为加权综合指数。

2. 对比问题

引入同度量因素后，虽然解决了综合问题，但同时又产生了同度量综合后客观现象总量的对比不仅包括指数化因素的变动，而且包含同度量因素的变动问题，由此造成不能很好研究指数化因素变动的麻烦。为解决这一问题，在编制综合指数过程中必须将同度量因素的时期加以固定，以度量指数化因素的变动程度。为此，在编制综合指数的过程中，要求指数化因素的分子和分母必须分别为报告期和基期资料，而同度量因素的分子和分母必须为同一时期的资料，即固定同度量因素的时期不变，单纯反映指数化因素的变动。

综上所述，编制综合指数的基本原理是：首先，引入同度量因素，使不能直接相加的不同个体数量得以综合；其次，固定同度量因素，使综合总量的对比只反映指数化因素的变动。

(二) 编制综合指数的方法

若以 I 表示综合指数，下标 m 表示同度量因素所属的时间，I_q 和 I_p 分别表示数量指数和质量指数，则编制综合指数的基本公式为

$$\text{数量指数：}\quad I_q=\frac{\sum q_1 p_m}{\sum q_0 p_m} \tag{6.3}$$

$$\text{质量指数：}\quad I_p=\frac{\sum q_m p_1}{\sum q_m p_0} \tag{6.4}$$

需要说明的是，同度量因素所属的时期有基期、报告期等，即 $m=0,1$ 或其他时期 (其中 0 和 1 分别代表基期和报告期)，因为不同时期的同度量因素数值不同，所以使用不同时期的同度量因素编制的同一指数的结果及其意义会有所不同。那么，同度量因素究竟固定在哪个时期好呢？对于这一问题，统计学界有着不同的主张，因而也就产生了将同度量因素固定在不同时期的综合指数编制形式，其中最为常见的是拉氏指数和派氏指数。

拉氏指数(Laspeyres index)是 1864 年由德国学者拉斯贝尔斯(Laspeyres)提出的一种编制综合指数的方法，拉氏指数的特点是将同度量因素的时期固定在基期。从经济意义上看，拉氏指数将同度量因素固定在基期，是为了反映指数化因素的纯变动。

拉氏的数量指数和质量指数编制公式分别为

$$\text{拉氏数量指数：}\quad I_q=\frac{\sum q_1 p_0}{\sum q_0 p_0} \tag{6.5}$$

$$\text{拉氏质量指数：}\quad I_p=\frac{\sum q_0 p_1}{\sum q_0 p_0} \tag{6.6}$$

派氏指数(Paasche index)是 1874 年由德国学者帕舍(Paasche)提出的另一种编制综合指数

的方法，派氏指数的特点是将同度量因素的时期固定在报告期。从经济意义上看，派氏指数将同度量因素固定在报告期，是为了反映在报告期同度量因素条件下指数化因素的变动。

派氏的数量指数和质量指数编制公式分别为

$$派氏数量指数：\quad I_q=\frac{\sum q_1p_1}{\sum q_0p_1} \tag{6.7}$$

$$派氏质量指数：\quad I_p=\frac{\sum q_1p_1}{\sum q_1p_0} \tag{6.8}$$

由于拉氏指数和派氏指数确定同度量因素的时期不同，从而存在一些差异。

首先，拉氏指数将同度量因素固定在基期水平上，在定基指数数列中，各指数不受同度量因素结构变动的影响，因而可比性强。派氏指数将同度量因素固定在报告期水平，无论是在定基指数序列还是环比指数序列中，由于同度量因素结构的不断变化，各期指数的可比性受到影响。

其次，两种方法编制的同一指数其意义有所差别。以价格指数为例，拉氏价格指数是以基期的销售量及其结构为基础考察各种商品价格的平均变化，进而可以考察消费者为维持基期消费水平，由于价格变化而使消费者增减的支出。派氏价格指数则是以报告期的销售量及其结构为基础考察各种商品价格的平均变化，进而可以考察消费者为维持报告期消费水平，由于价格变化而使消费者增减的支出。当报告期和基期的消费结构不同时，拉氏和派氏价格指数的结果一定不同，相比之下，派氏指数由于立足于报告期，其结果更具有现实意义。

最后，对同一指数，拉氏指数的结果一般大于派氏指数的结果。这一结论成立的前提条件是：所考察的个体数量指数和个体质量指数存在负相关关系。具体来说，有两种情况：①两者的绝对水平呈反方向变化；②两者的绝对水平虽然同向变化，但它们变化的速率呈反方向变化，即其中的指数化因素上升(或下降)速率加快时，同度量因素的上升(或下降)速率在变慢。现实中，以上情况还是存在的，如产量和单位成本的关系、商品购买量和价格之间的关系等。

下面以数量指数和质量指数的编制来说明拉氏指数和派氏指数的具体应用。

1. 数量指数的编制

实际应用中，数量指数通常是按照拉氏数量指数编制的，即按式(6.5)编制。

例 6.1　假设某商店三种不同商品的销售量和价格资料见表 6.1，试编制该商店三种不同商品的拉氏销售量总指数。

表 6.1　某商店三种不同商品的销售量和价格资料

商品名称	计量单位	销售量		价格/元	
		基期 q_0	报告期 q_1	基期 p_0	报告期 p_1
甲	米	420	466	30	25
乙	件	240	240	40	43
丙	台	188	160	20	20

解　为编制该商店三种不同商品的拉氏销售量总指数，需要首先计算出三种商品的基期销售额和报告期假定的销售额，具体计算结果见表 6.2。

表 6.2　商品销售额计算表

商品名称	计量单位	销售量		基期价格 p_0	销售额/元	
		基期 q_0	报告期 q_1		基期 q_0p_0	报告期假定 q_1p_0
甲	米	420	466	30	12600	13980
乙	件	240	240	40	9600	9600
丙	台	188	160	20	3760	3200
合计	—	—	—	—	25960	26780

根据表 6.2 中的数据和式(6.5)，该商店三种不同商品的拉氏销售量总指数为

$$I_q = \frac{\sum q_1 p_0}{\sum q_0 p_0} = \frac{26780}{25960} = 103.16\%$$

计算结果表明，在价格固定在基期不变情况下，该商店三种不同商品的总销售量报告期比基期平均增长了 3.16%。

由于将各种不同商品的价格固定在了基期，所以拉氏销售量总指数反映的是所有商品销售量的纯变动程度。其分子与分母的差额反映的是，按商品的基期价格计算，由于报告期商品销售量的变动，商店增加(或减少)了多少销售额。

本例中，报告期商品销售量的整体增长使商店增加的销售额为

$$\Delta_q = \sum q_1 p_0 - \sum q_0 p_0 = 26780 - 25960 = 820\,(\text{元})$$

即报告期商品销售量的整体增长使商店销售额增加了 820 元。

以上关于销售量总指数的编制方法也适宜其他数量指数的编制。

2. 质量指数的编制

实际应用中，质量指数通常是按照派氏质量指数编制的，即按式(6.8)编制。

例 6.2　根据表 6.1 的资料，编制该商店三种不同商品的派氏价格总指数。

解　根据式(6.8)编制的该商店三种不同商品的派氏价格总指数为

$$I_p = \frac{\sum q_1 p_1}{\sum q_1 p_0} = \frac{466\times25+240\times43+160\times20}{466\times30+240\times40+160\times20} = \frac{25170}{26780} = 93.99\%$$

价格变动影响的销售额为

$$\Delta_p = \sum q_1 p_1 - \sum q_1 p_0 = 25170 - 26780 = -1610\,(\text{元})$$

计算结果表明，该商店三种不同商品的价格报告期比基期平均下跌了 6.01%，由于该商店商品整体价格水平下跌，商店出售当前商品数量的销售额减少了 1610 元。

需要说明，派氏价格总指数的分子与分母之差，一方面说明，商店在出售当前商品数量情况下，由于整体价格的变动而增加或减少的销售额；另一方面说明，交易的另一方消费者总体在购买当前商品数量情况下，由于整体价格的涨跌而多支出或少支出的消费额。由此可见，用式(6.8)编制的派氏价格总指数，具有很强的现实意义。

以上关于商品价格总指数的编制方法也适宜其他质量指数的编制。

综上所述，无论编制数量指数还是质量指数，都必须引入同度量因素并将它固定下来，以研究指数化因素的变动。若是侧重于反映指数化因素的纯变动，同度量因素应固定在基期；若是注重说明指数化因素变动的实际效果，同度量因素应固定在报告期。

实际工作中，编制综合指数一般遵循如下原则：编制数量指数时，将同度量因素固定在基期，采用拉氏数量指数公式编制；编制质量指数时，将同度量因素固定在报告期，采用派氏质量指数公式编制。

二、平均指数

(一) 编制平均指数的基本原理

平均指数是以个体指数为基础，通过对个体指数加权平均而编制的总指数，它是总指数的另一种编制形式。这说明，总指数本质上反映的是全部个体指数的平均水平。

编制平均指数的特点是：先对比后平均。首先，编制个体指数。其次，由于总体中不同的个体常常具有不同的重要程度，因而在编制平均指数的过程中必须对个体指数进行适当加权，即采用加权平均形式编制平均指数。这就产生了平均指数编制过程中的“形式”问题和“权数”问题。

编制平均指数最常用的形式是加权平均形式，常见有两种：一是加权算术平均形式，以此形式编制的平均指数称为加权算术平均指数(weighted arithmetic average index)；二是加权调和平均形式，以此形式编制的平均指数称为加权调和平均指数(weighted harmonic average index)。此外，理论上还有以加权几何平均形式编制的几何平均指数，但因其计算复杂，意义不太直观，故应用相对较少，但也有一定的实用价值，请参见本章综合评价指数模型的说明，在此不做赘述。

关于权数的确定，既要考虑所编制指数的实际意义，又要考虑编制过程中权数数据获取的可行性，人们通常主要选择基期实际价值量(q_0p_0)、报告期实际价值量(q_1p_1)和固定权数(W)三种。

综上所述，编制平均指数的基本原理是：首先，根据研究问题的需要，对构成总体的个体编制有关个体指数，得到无量纲化的相对数作为编制平均指数的基础；其次，选择合适的权数对个体指数进行加权平均，从而得到平均指数形式的总指数。

(二) 编制加权算术平均指数的方法

加权算术平均指数是对个体指数采用加权算术平均形式编制的总指数。

根据使用的权数不同，有下面两种情况。

1. 基期价值加权算术平均指数

在已知基期实际价值量(q_0p_0)的条件下，以其为权数对个体指数(k)进行加权算术平均，即可编制出基期价值加权算术平均指数，其编制的基本公式为

$$I=\frac{\sum kq_0p_0}{\sum q_0p_0} \tag{6.9}$$

当个体指数与其对应权数同全面资料的计算范围完全一致时，加权算术平均指数就是拉氏综合指数的变形。

设个体数量指数为 $k_q=\dfrac{q_1}{q_0}$，则加权算术平均数量指数为

$$I_q=\frac{\sum k_q q_0 p_0}{\sum q_0 p_0}=\frac{\sum \frac{q_1}{q_0} q_0 p_0}{\sum q_0 p_0}=\frac{\sum q_1 p_0}{\sum q_0 p_0}=\text{拉氏数量指数}$$

设个体质量指数为 $k_p=\dfrac{p_1}{p_0}$，则加权算术平均质量指数为

$$I_p=\frac{\sum k_p q_0 p_0}{\sum q_0 p_0}=\frac{\sum \frac{p_1}{p_0} q_0 p_0}{\sum q_0 p_0}=\frac{\sum q_0 p_1}{\sum q_0 p_0}=\text{拉氏质量指数}$$

实践中，人们经常使用加权算术平均数量指数公式来编制数量指数。以销售量总指数为例，按基期价格和报告期销售量计算的报告期假定销售额(q_1p_0)的数据往往不易取得，而基期的实际销售额资料(q_0p_0)和各种商品的个体销售量指数(k_q)常常是容易得到的，这时可用基期销售额(q_0p_0)为权数，按加权算术平均指数公式来编制销售量总指数。因此，基期价值加权算术平均指数是编制数量指数的又一重要方法。而加权算术平均质量指数虽然可以变形为拉氏质量指数，但质量指数编制通常使用派氏质量指数，所以加权算术平均质量指数较少使用。

例 6.3　根据表 6.1 资料，按加权算术平均指数法编制该商店三种不同商品的销售量总指数。

解　根据表 6.1 整理的有关数据见表 6.3。

表 6.3　加权算术平均指数计算表

商品名称	计量单位	个体销售量指数 k_q	基期销售额 q_0p_0
甲	米	1.1095	12600
乙	件	1.0000	9600
丙	台	0.8511	3760
合计	—	—	25960

该商店三种不同商品的销售量总指数为

$$\begin{aligned}I_q&=\frac{\sum k_q q_0 p_0}{\sum q_0 p_0}\\&=\frac{1.1095\times 12600+1.0000\times 9600+0.8511\times 3760}{12600+9600+3760}\\&=\frac{26780}{25960}=103.16\%\end{aligned}$$

可以看出，该商店三种不同商品的销售量总指数结果与前面拉氏销售量总指数的结果是一致的。

2. 固定权数加权算术平均指数

当权数不是基期实际价值(q_0p_0)数据，而是某种固定权数(W)时，编制的加权算术平均

指数称为固定权数加权算术平均指数。固定权数是经过调整计算的一种不变权数，通常用比重表示。这时加权算术平均指数与拉氏综合指数就不存在变形关系，两者的计算结果也不会相等。

设个体指数为k，则编制固定权数加权算术平均指数的基本公式为

$$I=\frac{\sum kW}{\sum W} \tag{6.10}$$

固定权数加权算术平均指数在国内外统计工作中得到了广泛的应用。例如，西方国家编制的工业生产指数，我国编制的工业生产者价格指数、商品零售价格指数、居民消费价格指数等，都是采用这种方法编制的。

表 6.4 是我国 2020 年全国商品零售价格分类指数。我国商品零售价格指数的编制方法与居民消费价格指数类似，见本节“总指数的应用”中居民消费价格指数的编制过程说明。

表 6.4　全国商品零售价格分类指数(2020 年) (上年=100)

项目名称	全国	城市	农村
商品零售价格指数	101.4	101.3	102.1
一、食品	109.0	108.8	110.6
粮食	101.2	101.3	101.2
食用油	104.1	103.5	106.4
菜	106.7	106.7	107.1
畜肉类	138.2	137.7	140.3
禽肉类	102.5	102.7	101.2
水产品	103.1	102.9	103.8
蛋类	90.8	91.1	89.5
奶类	101.2	101.2	100.8
干鲜瓜果类	91.6	91.8	90.6
糖果糕点类	101.0	101.0	101.0
调味品	101.3	101.3	101.1
其他食品类	101.9	101.9	101.6
在外餐饮	104.8	104.6	105.8
二、饮料、烟酒	101.2	101.2	101.0
茶及饮料	100.5	100.5	100.6
酒类	102.1	102.2	101.9
三、服装、鞋帽	99.7	99.7	99.6
服装	99.8	99.8	99.7
鞋帽袜	99.2	99.1	99.5
四、纺织品	99.8	99.9	99.5
服装材料	100.6	100.6	100.3

续表

项目名称	全国	城市	农村
床上用品	99.6	99.7	99.2
五、家用电器及音像器材	98.0	97.9	98.5
六、文化办公用品	100.2	100.2	100.6
七、日用品	100.2	100.2	100.0
日用百货	100.0	100.1	99.9
八、体育娱乐用品	99.8	99.8	100.1
九、交通、通信用品	98.6	98.6	98.2
十、家具	99.8	99.8	99.8
十一、化妆品	101.3	101.4	100.7
十二、金银饰品	117.0	117.3	114.7
十三、中西药品及医疗保健用品	100.9	100.7	102.0
医疗卫生器具	102.1	101.6	105.5
中药	102.5	102.5	102.9
西药	100.1	99.9	101.5
十四、书报杂志及电子出版物	101.5	101.5	101.4
十五、燃料	91.1	91.0	92.0
十六、建筑材料及五金电料	100.3	100.2	100.6
建筑装璜(潢)材料	100.2	100.1	100.5
五金水暖	100.5	100.4	100.8

资料来源：国家统计局编，《中国统计年鉴 2021》，中国统计出版社，2021 年 9 月。

(三) 编制加权调和平均指数的方法

加权调和平均指数是对个体指数采用加权调和平均形式编制的总指数。

由于使用的权数不同，有如下两种形式的加权调和平均指数。

1. 报告期价值加权调和平均指数

在已知报告期实际价值量(q_1p_1)的条件下，以其为权数对个体指数(k)进行加权调和平均即可编制出报告期价值加权调和平均指数，其编制的基本公式为

$$I=\frac{\sum q_1p_1}{\sum\frac{q_1p_1}{k}} \tag{6.11}$$

当个体指数与其对应权数与全面资料计算范围完全一致时，加权调和平均指数就是派氏综合指数的变形。

设个体数量指数为 $k_q=\frac{q_1}{q_0}$，则加权调和平均数量指数为

$$I_q=\frac{\sum q_1p_1}{\sum\frac{q_1p_1}{k_q}}=\frac{\sum q_1p_1}{\sum\frac{q_0}{q_1}q_1p_1}=\frac{\sum q_1p_1}{\sum q_0p_1}=\text{派氏数量指数}$$

设个体质量指数为 $k_p=\frac{p_1}{p_0}$，则加权调和平均质量指数为

$$I_p=\frac{\sum q_1p_1}{\sum\frac{q_1p_1}{k_p}}=\frac{\sum q_1p_1}{\sum\frac{p_0}{p_1}q_1p_1}=\frac{\sum q_1p_1}{\sum q_1p_0}=\text{派氏质量指数}$$

实践中，加权调和平均质量指数为人们所常用，并常常用它编制诸如价格总指数等质量指数。在已知各不同商品的个体价格指数(k_p)和报告期实际销售额资料(q_1p_1)的情况下，可用报告期实际销售额(q_1p_1)为权数，按加权调和平均指数公式编制价格总指数。因此，报告期价值加权调和平均指数是编制质量指数的又一重要方法，而加权调和平均数量指数则较少使用。

例 6.4　根据表 6.1 资料，按加权调和平均指数方法编制该商店三种不同商品的价格总指数。

解　根据表 6.1 整理的有关数据见表 6.5。

表 6.5　加权调和平均指数计算表

商品名称	计量单位	个体价格指数 k_p	报告期销售额 q_1p_1
甲	米	0.833	11650
乙	件	1.075	10320
丙	台	1.000	3200
合计	—	—	25170

该商店三种不同商品的价格总指数为

$$I_p=\frac{\sum q_1p_1}{\sum\frac{q_1p_1}{k_p}}=\frac{25170}{\frac{11650}{0.833}+\frac{10320}{1.075}+\frac{3200}{1.000}}=\frac{25170}{26786}=93.97\%$$

上述结果与前述派氏商品价格总指数的结果应该是一致的，但由于计算个体指数不能整除造成了计算结果的一定误差。

2. 固定权数加权调和平均指数

设 W 为某一固定时期的权数，编制固定权数加权调和平均指数的基本公式为

$$I=\frac{\sum W}{\sum\frac{W}{k}} \tag{6.12}$$

这种加权调和平均指数在统计实际工作中应用较少。

三、综合指数与平均指数的关系

1. 综合指数与平均指数的区别

(1) 综合指数与平均指数的编制程序不同。综合指数是通过引进同度量因素后再加总对比，而平均指数是先编制出个体指数后再综合平均。简言之，编制综合指数是先综合后对比，

编制平均指数则是先对比后平均。

(2) 综合指数与平均指数的编制方法不同。综合指数采用相对数公式编制；平均指数则使用了加权平均数的编制形式。

(3) 综合指数与平均指数的编制条件不同。综合指数适用于全面资料编制；而平均指数既可以用全面资料编制，也可以用非全面资料编制，即只需对少数有代表性的个体指数加权平均即可，所需资料比较少，因此，它比综合指数更具有现实应用的价值。

(4) 综合指数与平均指数使用的权数不同。综合指数一般要用实际资料为权数；而平均指数不仅可以用实际资料为权数还可以用经过修正的固定权数，这就为指数的编制提供了便利条件，从而可以保证指数编制的及时性与结果的可比性。

(5) 综合指数与平均指数的作用不同。利用非全面资料编制的平均指数通常只能反映现象变动的相对程度，而综合指数则能从相对数和绝对数两方面反映现象的变动状况。

2. 综合指数与平均指数的联系

综合指数和平均指数的联系主要表现为：针对同一现象总体和相同的指数编制范围，在一定的权数条件下，两类指数之间具有变形关系，即平均指数可作为综合指数的一种变形形式，两者的结果是一致的。不过，如果离开了特定的权数条件，两种指数之间就不存在变形关系。因此，可以说平均指数又是一种独立的指数编制形式。

四、总指数的应用

总指数在实践中具有广泛的应用，下面以我国编制的几种价格指数为例进行说明。

(一) 居民消费价格指数和商品零售价格指数

居民消费价格指数(consumer price index，CPI)也称消费者价格指数，它是反映一定时期内居民所消费的货物和服务价格水平变动程度和变动趋势的相对数。

为了满足及时性要求，我国居民消费价格指数按月编制，并公布月度和年度数据；为了各层面分析的需要，它既分别编制全国与地区的居民消费价格指数，又分别编制城市居民与农村居民的消费价格指数。全国居民消费价格指数是对城市居民与农村居民的消费价格指数进行综合汇总计算的结果。

以 2015 年为基期的全国居民消费价格指数的调查范围涵盖全国城乡居民生活消费的 8 大类别、262 个基本分类，其中的 8 大类别具体包括：食品烟酒、衣着、居住、生活用品及服务、交通和通信、教育文化和娱乐、医疗保健、其他用品和服务。

实践中，我国采用抽样调查方法抽选确定调查网点，按照“定人、定点、定时”的原则，直接派人到调查网点采集原始价格。当前，数据来源于全国(不含港、澳、台地区)31 个省(自治区、直辖市)的 500 个市县、8.8 万家价格调查点，包括商场(店)、超市、农贸市场、服务网点和互联网电商等。

我国采用拉氏价格指数编制居民消费价格指数，其编制过程如下。

1. 代表规格品平均价格计算

价格是经常变动的，先计算代表规格品在一个调查点的平均价格，再根据各调查点的价格计算月度平均价格。代表规格品的月度平均价格采用简单算术平均法计算，其计算公式为

$$P_i = \frac{1}{m}\sum_{j=1}^{m}\left(\frac{1}{n}\sum_{l=1}^{n} p_{ijl}\right) = \frac{1}{m}\sum_{j=1}^{m} p_{ij} \tag{6.13}$$

式中，p_{ijl} 为第 i 个规格品在第 j 个调查点的第 l 次调查价格；p_{ij} 为第 i 个规格品在第 j 个调查点的月度平均价格；m 为调查点的个数；n 为调查次数。

2. 基本分类指数的编制

首先，编制代表规格品的价格指数，采用个体指数的编制方法，其编制公式为

$$k_{ti}=\frac{P_{ti}}{P_{(t-1)i}}\times 100\% \tag{6.14}$$

式中，k_{ti} 为第 i 个规格品在报告期(t)价格与上期($t-1$)价格对比的相对数。

其次，编制基本类别月环比价格指数，根据代表规格品的价格指数采用几何平均法编制各基本类别的月环比价格指数，其编制公式为

$$G_{ti}=\sqrt[n]{k_{t1}\times k_{t2}\times\cdots\times k_{tn}}\times 100\% \tag{6.15}$$

式中，G_{ti} 为 t 期第 i 个基本类别的月环比价格指数。

3. 各类定基指数的编制

定基指数编制的具体方法采用国际通行的链式拉氏公式，以便使价格指数能够更真实地反映固定时期总体价格水平变动中的纯价格变动，准确地解释价格的走势，实现月距环比价格指数(月环比价格指数)与年距环比指数（月同比价格指数）之间的逻辑检验。编制公式为

$$L_t=L_{t-1}\times\frac{\sum Q_{2015}P_t}{\sum Q_{2015}P_{t-1}} \tag{6.16}$$

式中，L 代表定基指数；$Q_{2015}P_t$ 表示固定篮子货物和服务的金额，且 $Q_{2015}P_t=Q_{2015}P_{t-1}\times K_i$。

4. 全省(区、市)指数的编制

全省(区、市)指数根据全省(区、市)城镇和农村指数按城乡居民消费支出数据加权平均编制。

5. 全国指数的编制

全国指数根据全国城市和农村居民消费价格指数按城乡居民消费支出数据加权平均编制。

6. 指数的换算方法

月环比价格指数等于当月定基价格指数与上月定基价格指数之比；月同比价格指数等于当月定基价格指数与上年同月定基价格指数之比；年度价格指数等于当年各月定基价格指数的简单算术平均数与上年各月定基价格指数的简单算术平均数之比。即

$$I_{\text{环比}}=\frac{\text{报告月定基指数}}{\text{上月定基指数}}\times 100\% \tag{6.17}$$

$$I_{\text{同比}}=\frac{\text{报告月定基指数}}{\text{上年同月定基指数}}\times 100\% \tag{6.18}$$

$$I_{\text{年度}}=\frac{\text{当年各月定基指数的简单算术平均数}}{\text{上年各月定基指数的简单算术平均数}}\times 100\% \tag{6.19}$$

居民消费价格指数除了反映城乡居民购买生活消费品和服务项目价格的变动趋势和程度，还有许多其他用途。

(1) 反映通货膨胀状况。通货膨胀的严重程度是用通货膨胀率来反映的，它说明了一定时期内商品价格持续上涨的幅度。通货膨胀率若以居民消费价格指数来计算，其计算公式为

$$\text{通货膨胀率} = \frac{\text{报告期CPI}-\text{基期CPI}}{\text{基期CPI}} \times 100\% \tag{6.20}$$

(2) 反映货币购买力变动。货币购买力是指单位货币所能购买到的消费品和服务的数量。居民消费价格指数上涨，货币购买力则下降；反之则上升。居民消费价格指数的倒数就是货币购买力指数，计算公式为

$$\text{货币购买力指数} = \frac{1}{\text{CPI}} \times 100\% \tag{6.21}$$

(3) 测定职工实际工资水平。居民消费价格指数的提高意味着实际工资的减少，居民消费价格指数的下降意味着实际工资的提高。因此，可利用居民消费价格指数将名义工资转化为实际工资，其计算公式为

$$\text{实际工资} = \frac{\text{名义工资}}{\text{CPI}} = \text{名义工资} \times \text{货币购买力指数} \tag{6.22}$$

商品零售价格指数(retail price index，RPI)是反映一定时期城乡商品零售价格变动趋势和程度的指数。商品零售价格的变动直接影响城乡居民的生活支出和国家的财政收入，影响居民购买力和市场供需的平衡，影响消费和积累的比例关系。因此借助该指数可以从一个侧面对上述经济活动进行观察和分析。

居民消费价格指数和商品零售价格指数都属于价格指数，在编制的方法上没有本质区别，但两者的研究对象不同，它们的编制目的是不相同的。

居民消费价格指数属于消费领域的价格指数，通过它可以观察居民生活消费品及服务项目价格变动对居民生活的影响，为各级政府掌握居民消费状况，研究和制定居民消费价格政策、工资政策提供科学依据。商品零售价格指数属于流通领域的价格指数，通过它可以掌握零售商品的平均价格水平，为各级政府制定经济政策，研究市场流通提供科学依据。

在编制权数的来源和调查商品的范围上两者也不同。

(1) 编制居民消费价格指数的权数来源于居民用于各类商品和服务项目的消费支出额以及各种商品、服务项目的实际消费支出额的构成比重，根据住户调查资料计算。编制商品零售价格指数的权数来源于各类消费品零售额和各种消费品零售额的构成比重，主要根据社会消费品零售额资料计算。

(2) 居民消费价格的调查范围是居民用于日常生活消费的商品和服务项目价格，它既包括商品又包括非商品与服务，如学杂费、保育费等。但不包括居民一般不消费而主要供集团消费的商品，如办公用品、轿车等。居民消费价格包括的商品按居民消费性质分为八大类。而商品零售价格指数包括的商品按用途分为 16 大类。商品零售价格只反映商品价格的变动，包括居民消费和集团消费的商品价格变动，而不反映非商品与服务价格的变动。

(二) 工业生产者价格指数

工业生产者价格指数(producer price index, PPI)也称工业品价格指数，现行的工业品价格指数包括两方面的内容：①工业生产者出厂价格指数；②工业生产者购进价格指数。

工业生产者出厂价格指数是反映一定时期内工业品出厂价格总水平的变动趋势和变动程

度的相对数，包括工业企业售给本企业以外所有单位的各种产品和直接售给居民用于生活消费的产品。

工业生产者购进价格指数是反映工业中间产品消耗的货物和服务购进价格的变动趋势及变动程度的相对数。我国目前主要编制原材料、燃料、动力购进价格指数。

1957 年，我国开始编制工业品出厂价格指数，并且加工整理了 1952～1957 年的全国工业品出厂价格总指数，以及主要工业品的出厂价格指数。后来由于在价格制度上长期实行单一的调拨价格，工业品价格长期保持不变，继续编制这样的工业品价格指数已失去了现实意义，故于 1962 年停编。改革开放以后，我国工业产品价格逐步由单一价格形式转向多种价格形式，为了适应我国价格体制改革的需要，国家统计局从 1984 年起恢复了工业品价格指数的编制工作。经过 1985～1987 年这 3 年的试编，1988 年正式由全国各省、自治区、直辖市编制工业品价格指数，并上报国家统计局。1991 年国家统计局正式制定了“工业品价格统计调查方案”。

我国目前编制的工业生产者价格指数共有四种分组：①轻、重工业分组；②生产资料和生活资料分组；③工业部门分组；④工业行业分组。原材料、燃料、动力购进价格指数有两种分组：①材料类别分组；②工业行业分组。

工业生产者出厂价格统计调查涵盖 1638 个基本分类的 20000 多种工业产品的价格；工业生产者购进价格统计调查涵盖 900 多个分类的 10000 多种工业产品的价格。

工业生产者价格调查采用重点调查与典型调查相结合的调查方法。重点调查将年主营业务收入 2000 万元以上的企业列为调查对象，采用主观选择的方法选择调查企业；典型调查是把年主营业务收入 2000 万元以下的企业作为调查对象，采用典型调查方法。工业生产者价格调查涉及全国 400 多个城市的 5 万余家工业企业。

工业生产者价格指数的编制过程为：首先，编制各代表规格品的价格变动相对数；其次，根据各代表品所属代表规格品的价格变动相对数，采用几何平均法编制代表品的环比价格指数；然后，根据各基本分类所属代表品的环比价格指数，采用几何平均法编制基本分类的环比价格指数；最后，将基本分类的环比价格指数汇总为更高级别的环比指数和定基指数。

(三) 固定资产投资价格指数

1990 年，国家统计局开始编制固定资产投资价格指数(price indices for investment in fixed assets)方案，1991 年起开始编制固定资产投资价格指数。固定资产投资价格指数是反映固定资产投资额价格变动趋势和程度的相对数。

固定资产投资价格调查的目的在于通过调查和搜集全社会、国民经济各门类及各类工程固定资产投资经济活动中涉及的各种价格资料和费用资料，并掌握各种平均价格水平和费用标准，编制与固定资产投资活动有关的各种价格指数。编制固定资产投资价格指数可以及时、准确地反映全社会、国民经济各门类及各类工程固定资产投资中涉及的各类投资品价格的变动趋势和变动幅度，消除按现价计算的固定资产投资指标中的价格变动因素，真实地反映全社会、国民经济各门类及各类工程固定资产的规模、速度、结构和效益，为国家及各部门科学地制定、检查固定资产投资计划和进行国民经济核算提供科学的、可靠的依据。如可利用固定资产投资价格指数中的建筑安装工程价格指数缩减现价建筑业增加值，计算不变价建筑业增加值。

固定资产投资价格调查采用重点调查与典型调查相结合的方法。在固定资产投资价格调查中，建筑安装工程价格和设备工具、器具价格（机械工业产品出厂价格）采用重点调查方法，而其他费用价格调查则采用典型调查方式。

固定资产投资额是由建筑安装工程投资完成额，设备、工器具购置投资完成额和其他费用投资完成额三部分组成的。编制固定资产投资价格指数应首先分别编制上述三部分投资的价格指数，然后采用加权算术平均法编制固定资产投资价格总指数。编制公式为

$$I=\sum K_i\frac{W_i}{\sum W_i} \tag{6.23}$$

其中，I 为固定资产投资价格总指数；K_i 为分类价格指数；$\frac{W_i}{\sum W_i}$ 为权数，即上述三部分投资的前三年投资完成额的平均比重。

(四) 股票价格指数

股票在最初发行时,通常是按面值出售的。股票面值是指股票票面上所标明的金额。但股票在证券市场上交易时，就出现了与面值不一致的市场价格。股票价格一般是指股票在证券市场上交易时的市场价格。股票价格是一个时点值，有开盘价、收盘价、最高价、最低价等，但通常以收盘价作为该种股票当天的价格。股票价格受多种因素的影响，但正常情况下通常与两个直接因素相关：一是预期股息；二是银行存款利息率。股票价格的高低与预期股息成正比，与银行利息率成反比。因此，股票价格的形成可以用下列公式计算：

$$\text{股票价格}=\frac{\text{票面价值}\times\text{预期股息}}{\text{存款利息率}} \tag{6.24}$$

股票市场上每时每刻都有多种股票进行交易，且价格各异，有涨有跌。用某一种股票的价格显然不能反映整个股票市场的价格变动，这就需要计算股价平均数和编制股票价格指数。

1. 股价平均数

股价平均数是股票市场上多种股票在某一时点上的算术平均值，一般以收盘价来计算。其计算公式为

$$\text{股价平均数}=\frac{1}{n}\sum_{i=1}^{n}p_i \tag{6.25}$$

式中，p_i 为第 i 种股票的收盘价；n 为样本股票数。

因股票市场上股票交易品种繁多,股价平均数(股票价格指数也是一样)只能就样本股票来计算。但所选择的样本股票必须具有代表性和敏感性。代表性是指在种类繁多的股票中，既要选择不同行业的股票，又要选择能代表该行业股价变动趋势的股票；敏感性是指样本股票价格的变动能敏感地反映出整个股市价格的升降变化趋势。

2. 股票价格指数

股票价格指数(stock price index)是反映某一股票市场上多种股票价格变动趋势的一种相对数，简称股价指数，其单位一般以“点”(point)表示，即将基期指数作为 100，每上升或下降一个百分点称为“1 点”。

股票价格指数的编制方法有很多，但一般以发行量为权数进行加权综合。其编制公式为

$$I_p = \frac{\sum q_i p_{1i}}{\sum q_i p_{0i}} \tag{6.26}$$

其中，p_{1i} 为第 i 种样本股票报告期价格；p_{0i} 为第 i 种样本股票基期价格；q_i 为第 i 种股票的发行量，可以确定为基期，也可确定为报告期，但大多是报告期的发行量。

目前，世界主要证券交易所都有自己的股票价格指数，比如，美国的道琼斯股票价格指数和标准普尔股票价格指数、英国的伦敦金融时报指数、德国的法兰克福 DAX 指数、法国的巴黎 CAC40 指数、瑞士的苏黎世 SMI 指数、日本的日经指数等。我国上海和深圳两个证券交易所也编制了自己的股票价格指数，如上证综合指数和上证 180 指数、深证成份指数和综合指数等。

上海证券交易所股价指数，简称上证综合指数，该指数自 1991 年 7 月 15 日起正式发布，以 1990 年 12 月 19 日为基日(基日为 100 点)，以现有所有上市的股票(包括 A 股和 B 股)为样本，以报告期股票发行量为权数进行编制。上证综合指数在编制上有以下几个特点。

第一，以在上海证券交易所挂牌上市的全部股票作为编制对象。这种做法优点在于能较全面、准确地反映某一时点股票价格的全面变动情况，充分考虑行业分布，兼顾公司的不同规模和实力，因而具有广泛的代表性。同时，又产生如下两个缺陷：一是敏感性较差，即不能敏感地反映主要上市公司股票价格对市场大势的影响；二是只要有新股上市，就得计入指数中，使得指数内部结构变动频繁，影响了指数内部结构的稳定性和指数前后的可比性。

第二，以发行量作为权数。采用发行量作为权数编制股价指数是国际上通行的做法，这主要是因为国外的股票发行量一般都可上市流通。但我国股票发行量中的国家股和法人股约占总股本的 70%，且不能上市流通。将如此巨大份额的不能上市流通的股本列入权数范围内，所编制的指数只能反映潜在的流通市场，而不能反映现实市场股价的综合变动情况。

第三，指数基日定为 100 点。这也是国际惯例之一，并比较容易被人接受和理解。

与上证综合指数相关的一组指数叫上证分类指数，上证分类指数主要包括两类：一类是 A 股指数和 B 股指数，对上海证券交易所上市的 A 股和 B 股分别计算，以分别反映 A 股和 B 股的股价整体变动状况，指数的基日分别为 1990 年 12 月 19 日和 1992 年 2 月 21 日，基日均为 100 点，该分类指数自 1992 年 2 月 21 日起正式发布；另一类是行业分类指数，对在上海证券交易所上市的股票按工业、商业、房地产、公用事业和综合类等 5 大类分别计算，以反映不同行业的景气状况及股票价格变动情况。上证分类指数的基期为 1993 年 4 月 30 日，基期指数定为 1358.78 点(以 1993 年 4 月 30 日上证综合指数收盘数确定)，以相应类别的全部上市股票发行股数为权数分别编制，行业分类指数自 1993 年 6 月 1 日起正式发布。

深证综合指数是以发行量作为权数来编制的，以所有在深圳证券交易所上市的股票为采样股。它以 1991 年 4 月 3 日为基日，基日指数定为 100。当有新股上市时，在其上市后第二天纳入采样股计算，若某一采样股暂停买卖时，将其剔除于指数的编制范围之外。若其在交易时间内突然停牌，则取其最后成交价格按盘编制即时指数，直至收市后，再进行必要的调整，将其剔除。深证综合指数的主要特点如下。

第一，以上市的全部股票为指数股纳入指数编制范围。其编制范围的确立主要基于：①由于当时深圳股市处于刚起步阶段，上市股票仅 5 种，无法也不需要同国际上其他股票市场发达的国家一样，采用样本股编制股价指数；②将所有上市股票都纳入指数编制范围，能全面、准确地反映某一时点股票价格变动的情况。然而，包含所有上市股票编制的深证综合指数也有不足之处。①若遇新股上市，则在第二天，指数公式都要变更一次。如深圳股市在

1991～1994 年四年时间里，由 5 只股票增至 142 只，深圳综合指数公式已变更了 137 次。指数编制方法的变更，使每只股票对指数的影响不断降低，指数内部结构变动频繁，影响其前后的可比性。此外，新股上市由于上市价格不稳定，获利套现较多，高开低走，还会拖累指数下跌，引起指数较大的波动。②按照指数编制的原理，采用加权平均法编制的综合股价指数，是反映各种股票价格综合平均变动的综合指标，若纳入指数编制范围的股票越多，由于综合平均的作用，则反映每日股价波动的敏感性就越差。而若在指数中包含了各种劣等股，那么该指数就不能敏感反映主要上市公司股票价格变动对市场大势的影响。

第二，采用发行量为权数，则有其不适合国情之处，国外一般发行股都可上市流通，而我国发行的股票中，国家股、法人股占有很大比例，占总股本的 70%～80%，而这部分股票又不进入市场流通。将比例如此高的不参与流通的股本划入权数范围，就不能如实反映市场交易中股价的真实变动。

和上证指数系列一样，与深证综合指数相关的也有一组分类指数，同样包括两类：一类是 A 股指数和 B 股指数，其基日分别为 1991 年 4 月 3 日和 1992 年 2 月 28 日，基日指数均为 100 点，分别于 1992 年 10 月 4 日和 1992 年 10 月 6 日开始发布；另一类是行业分类指数，与上证分类指数相比，深证行业分类指数的行业分类更细，包括农林牧渔、采掘、制造(又分为食品饮料、纺织服装、木材家具、造纸印刷、石化塑胶、电子、金属非金属、机械设备、医药生物 9 大类)、水电煤气、建筑、运输仓储、信息技术、批发零售、金融保险、房地产、社会服务、传播文化、综合共 13 个门类，分类指数以 1991 年 4 月 3 日为基日，基日指数为 100 点，从 2001 年 7 月 2 日起开始发布。

第三节　静态指数的编制

一、静态指数的编制方法

本章第一节已说明，静态指数包括两类：一类是空间指数；另一类是计划完成指数。静态指数是动态指数的扩展。

静态指数中的空间指数编制一般不再直接采用综合指数的编制方法，而是采用它的调整型指数公式。因为在综合指数的编制过程中，对于同一种综合指数，无论是数量指数还是质量指数，由于采用不同的形式，所得指数结果是不同的。对此，西方统计学家提出了偏误理论，并将偏误理论归纳为型偏误(type bias)和权偏误(weight bias)两类。型偏误是指指数编制过程中选择的方法不同，其指数结果表现出数值差异。权偏误是指指数编制选用的权数不同，其指数结果表现出数值差异。通过论证，西方学者认为，综合指数既有型偏误，也有权偏误，从而拉氏指数和派氏指数既有型偏误又有权偏误，它们在权偏误上表现出的规律是：当权数(同度量因素)与指数化因素的变动方向一致时，派氏指数存在权上偏，拉氏指数存在权下偏；当权数(同度量因素)与指数化因素的变动方向相反时，派氏指数为权下偏，拉氏指数为权上偏。为了解决综合指数的偏误，人们对综合指数提出了调整型公式，调整的途径主要是不同权数的再平均方法和不同指数公式的再平均方法，马-埃指数是其中的一种调整形式。

马-埃指数是由英国经济学家马歇尔(A. Marshall)首先提出，后被同是英国经济学家的埃奇沃思(F. Y. Edgeworth)所推广，所以称为马歇尔-埃奇沃思指数，简称为马-埃指数。用该指数编制物量指数和物价指数的公式分别为马–埃物量指数：$$I_q=\frac{\sum q_1(p_0+p_1)/2}{\sum q_0(p_0+p_1)/2}=\frac{\sum q_1p_0+\sum q_1p_1}{\sum q_0p_0+\sum q_0p_1} \tag{6.27}$$

马–埃物价指数：$$I_p=\frac{\sum p_1(q_0+q_1)/2}{\sum p_0(q_0+q_1)/2}=\frac{\sum q_0p_1+\sum q_1p_1}{\sum q_0p_0+\sum q_1p_0} \tag{6.28}$$

马–埃指数采用的同度量因素是拉氏指数和派氏指数相应权数的平均值，按马–埃指数公式编制的指数结果在拉氏指数和派氏指数的结果之间，是对拉氏指数和派氏指数权偏误的修正办法之一。它能够克服单纯使用拉氏指数或派氏指数所造成的偏误，因此它在实践中主要用于空间指数的编制。

静态指数中的计划完成指数编制一般可以采用综合指数的编制原理来进行，但根据问题的研究需要，可以采用计划任务数作为同度量因素，也可采用实际完成数作为同度量因素。

二、空间指数

空间指数适用于两个国家、地区或单位间的静态对比，理论上它有两种编制方法。一种是首先在确定对比地区的基础上，以对比地区的有关特征数量为同度量因素，采用类似综合指数的形式编制，但这样编制的指数存在型偏误和权偏误。另一种是采用马–埃指数编制。由于直接采用不同对比地区的有关数量特征为同度量因素编制的同一指数的结果并不具有一致性，甚至会出现相互矛盾，即出现指数结果均大于 100% 或均小于 100% 的情况。为避免上述情况的发生，通常选择马–埃指数公式进行编制，马–埃指数公式不管以哪个地区作为对比基准，其结果都具有一致性，即满足基位互换测验的要求，以不同地区为基准的指数结果正好互为倒数关系。

例 6.5　设有 A,B 两市市场上均销售相同规格的三种不同商品,其有关销售数据见表 6.6。试编制两市的物价指数。

表 6.6　A，B 两市市场三种商品销售情况

商品名称	计量单位	销售量		价格/元		销售额/元			
		A 市 q_A	B 市 q_B	A 市 p_A	B 市 p_B	A 市 q_Ap_A	B 市 q_Bp_B	假定 q_Ap_B	假定 q_Bp_A
甲	米	600	500	300	310	180000	155000	186000	150000
乙	台	2000	3000	70	64	140000	192000	128000	210000
丙	件	10000	10300	8	6	80000	61800	60000	82400
合计	—	—	—	—	—	400000	408800	374000	442400

解　(1) 采用综合指数公式编制。

如果以 B 市作为对比基准来观察 A 市的情况,则应以 A 市商品销售量 q_A 作为同度量因素，于是有

$$I_p=\frac{\sum q_Ap_A}{\sum q_Ap_B}=\frac{400000}{374000}=106.95\%$$

计算结果说明，这三种不同商品整体物价水平 A 市比 B 市平均高出 6.95%。

如果以 A 市作为对比基准来观察 B 市的情况，则应以 B 市商品销售量 q_B 作为同度量因素，于是有

$$I_p = \frac{\sum q_B p_B}{\sum q_B p_A} = \frac{408800}{442400} = 92.41\%$$

计算结果说明，这三种不同商品整体物价水平 B 市比 A 市平均低 7.59%。

由于对比基准的不同，上面两种方法计算的结果虽然表明两市物价对比的变动方向一致，但其变动的程度是不同的。为了更好地对比两市的物价水平，需要采用马–埃指数公式编制两市的物价指数。

(2) 采用马–埃指数公式编制。

如果以 B 市作为对比基准来观察 A 市的情况，采用马–埃指数公式则有

$$I_p = \frac{\sum p_A(q_A + q_B)/2}{\sum p_B(q_A + q_B)/2} = \frac{\sum q_A p_A + \sum q_B p_A}{\sum q_A p_B + \sum q_B p_B} = \frac{400000 + 442400}{374000 + 408800} = 107.61\%$$

如果以 A 市作为对比基准来观察 B 市的情况，采用马–埃指数公式则有

$$I_p = \frac{\sum p_B(q_A + q_B)/2}{\sum p_A(q_A + q_B)/2} = \frac{\sum p_B q_A + \sum p_B q_B}{\sum p_A q_A + \sum p_A q_B} = \frac{374000 + 408800}{400000 + 442400} = 92.92\%$$

计算结果表明，如果以 B 市作为对比基准来观察 A 市的情况，说明这三种不同商品整体物价水平 A 市比 B 市平均高出 7.61%；如果以 A 市作为对比基准来观察 B 市的情况，说明这三种不同商品整体物价水平 B 市比 A 市平均低 7.08%。指数结果正好互为倒数关系，所以空间指数的编制需要采用马–埃指数公式。

如果编制两市的物量指数，则根据式(6.27)的原理编制即可。

三、计划完成指数

为了说明问题的方便，以产品成本计划完成指数进行说明。产品成本计划的检查是企业经营管理中非常重要的一个环节，考察企业产品成本计划完成情况时，指数的编制一般有两种方法：一是用产品实际产量作为同度量因素进行编制，二是以产品计划产量作为同度量因素进行编制，但两者存在一定的差异。

用产品实际产量作为同度量因素具有较现实的经济意义，此时产品成本计划完成指数为

$$I_Z = \frac{\sum q_1 z_1}{\sum q_1 z_n} \tag{6.29}$$

式中，z_1，z_n 分别表示各种产品的实际单位成本和计划单位成本；q_1 表示各种产品的实际产量。

为了防止企业通过改变产品构成的方法来“实现”计划完成情况，可以使用产品计划产量作为同度量因素编制指数，此时的产品成本计划完成指数为

$$I_Z = \frac{\sum q_n z_1}{\sum q_n z_n} \tag{6.30}$$

式中，q_n 表示各种产品的计划产量。

例 6.6　搜集到某企业某年三种不同产品的单位成本和产量数据见表 6.7，试编制该企业

产品成本计划完成指数。

表 6.7　某企业三种不同产品单位成本和产量

产品名称	计量单位	产量		单位产品成本/元		总成本/万元			
		计划 q_n	实际 q_1	计划 z_n	实际 z_1	q_nz_n	q_1z_n	q_nz_1	q_1z_1
甲	万件	5	8	35	33	175	280	165	264
乙	万盒	7	6	14	15	98	84	105	90
丙	万台	9	9	58	58	522	522	522	522
合计	—	—	—	—	—	795	886	792	876

解　(1) 用产品实际产量作为同度量因素，企业产品成本计划完成指数为

$$I_Z=\frac{\sum q_1z_1}{\sum q_1z_n}=\frac{876}{886}=98.87\%$$

计算结果表明，企业某年三种产品成本计划完成指数为 98.87%，比计划少完成了 1.13%。

(2) 用产品计划产量作为同度量因素，企业产品成本计划完成指数为

$$I_Z=\frac{\sum q_nz_1}{\sum q_nz_n}=\frac{792}{795}=99.62\%$$

计算结果表明，企业某年三种产品成本计划完成指数为 99.62%，比计划少完成了 0.38%。

上述两种编制方法所产生的结果差异，是由于产品计划产量和实际产量的结构不同所引起的，实际应用中应根据研究需要合理选择编制公式。

第四节　指数因素分析

一、指数体系的概念与作用

(一) 指数体系的概念

现象之间是相互联系的，指数体系(index system)实际上是现象之间的静态关系在指数上的反映，它可从广义和狭义两个角度去理解。

广义指数体系是由若干个具有一定联系的指数所构成的整体。例如，工业产品质量指数、工业劳动生产率指数、工业消耗量指数、工业成本指数、工业品出厂价格指数、工业销售量指数、产品库存量指数等。这些指数从不同侧面反映了工业经济总体的有关变动情况，存在一定的内在联系，因此，这一系列指数就组成了一个工业经济指数体系。

狭义指数体系是指不仅具有一定联系，而且保持一定数量对等关系的三个或三个以上指数所构成的有机整体。当一种现象总量可分解为若干因素连乘的共同影响时，即可对现象的总变动建立相应的狭义指数体系，这样指数体系实质上是现象静态关系的动态化结果。

例如，商品销售额可以分解为商品销售量与其价格的乘积，所以有商品销售额指数体系

商品销售额指数 ＝ 销售量总指数 × 价格总指数

商品销售额的变动额 ＝ 销售量变动对销售额的影响额+价格变动对销售额的影响额

产品总成本可以分解为产量与其单位成本相乘，故有总成本指数体系

总成本指数 = 产量总指数 × 单位成本总指数

总成本的变动额 = 产量变动对总成本的影响额+单位成本变动对总成本的影响额

工资总额可以分解为职工人数与其平均工资的乘积，因此有工资总额指数体系

工资总额指数 = 职工人数总指数 × 平均工资总指数

工资总额的变动额 = 职工人数变动对工资总额的影响额

+ 平均工资变动对工资总额的影响额

企业工人总平均工资可以分解为各组工人平均工资与工人结构两个影响因素连乘，故有工人总平均工资指数体系

总平均工资指数 = 固定构成指数×结构影响指数

总平均工资的变动额 = 各组工人平均工资变动对总平均工资的影响额 + 工人结构变动对总平均工资的影响额

因此，狭义指数体系中，指数间的数量对等关系，有相对数关系和绝对数关系两种表现形式。一般将相对数关系等式左边的指数称为研究对象指数，而等式右边的指数称为因素指数。研究对象指数既可以是总量指数，也可以是总平均数指数(可变构成指数)，而因素指数则是根据综合指数或平均指数的一般原理编制的数量指数和质量指数，因素指数必须使用不同的指数形式才能满足狭义指数体系的要求。这样，狭义指数体系中的相对数关系可描述为：研究对象指数等于各因素指数的连乘积。绝对数关系可描述为：研究对象的总变动额等于各因素变动的影响额之和。

本节主要研究综合指数形式的狭义指数体系。

(二) 指数体系的作用

1. 利用指数体系可以进行指数间的互相推算

由于狭义指数体系表现为研究对象指数等于各因素指数的连乘积，因此，当已知指数体系中的某几个指数时，可以推算出某个未知指数。例如，可以利用国内生产总值指数体系，将国内生产总值指数除以国内生产总值物量指数得国内生产总值物价指数。

2. 利用指数体系可以对现象的总变动进行指数因素分析

根据狭义指数体系中各指数之间相对数和绝对数的关系，可以从相对数和绝对数两个方面分析各因素变动对所研究现象总变动的影响，即进行指数因素分析。这种分析不仅适用于对研究对象的总绝对数变动进行指数因素分析，也适用于对研究对象的总平均数变动进行指数因素分析等。例如，对企业生产产品的总成本变动进行产量和单位产品成本变动的两个因素指数分析；对企业工人总平均工资分解为各组工人平均工资与工人结构两个因素进行指数因素分析等。

二、指数因素分析法

狭义指数体系是指数因素分析法的基础，指数因素分析法是研究现象总变动中各因素影响程度和影响绝对效果的常用方法之一。

所谓指数因素分析法，是利用狭义指数体系，对现象的总变动从数量上分析其受各影响因素影响程度和绝对效果的一种统计分析方法。指数因素分析法不仅可以分析各影响因素对

所研究现象总变动的影响方向和程度，即进行相对分析，而且还可以分析各影响因素对所研究现象总变动影响的绝对效果，即进行绝对分析。

常用狭义指数体系中，各因素指数的编制遵循编制综合指数的一般原理，即编制数量指数采用拉氏数量指数形式，编制质量指数采用派氏质量指数形式，只有因素指数采用不同的形式才能建立起相应的指数体系。但狭义指数体系的建立又是灵活的，它还可以根据研究目的和实际情况，在全面资料情况下采用平均指数形式的指数体系对研究现象进行指数因素分析，它与综合指数形式的指数体系分析结论是一致的。

(一) 指数因素分析法的种类

(1) 按分析对象的特点不同，可分为简单现象因素分析和复杂现象因素分析。

简单现象因素分析的基础是简单现象的总量指数及其指数体系，如某企业工人工资总额变动的分析；复杂现象因素分析的基础是复杂现象的总量指数及其指数体系，如某商店多种商品销售额变动的因素分析。

(2) 按分析对象的数据表现形式不同，可分为总绝对数变动的因素分析和总平均数变动的因素分析。

对企业工人工资总额的变动所进行的指数因素分析为总绝对数变动的因素分析，而对企业工人总平均工资变动的指数因素分析则为总平均数变动的因素分析。

(3) 按研究对象分解的影响因素数量的不同，可分为两因素分析和多因素分析。

指数因素分析法中最基本的是两因素分析，即把研究对象分解为两个影响因素相乘进行的指数因素分析。当把研究对象分解为三个及以上因素相乘时，所进行的指数因素分析称为多因素分析。如对企业产品总成本变动进行产量和单位产品成本变动影响的指数因素分析即为两因素分析，若对企业产品原材料支出额变动进行产品产量、单位产品原材料消耗量(即单耗)、单位原材料价格变动影响的指数因素分析即为多因素分析。

(二) 指数因素分析法的步骤

指数因素分析法的步骤可以归纳为以下三步：

(1) 根据研究目的确定研究对象及其影响因素，编制研究对象指数并计算其增减变动的绝对数；

(2) 编制各因素指数并计算各因素变动对总变动的影响绝对数，有几个影响因素就编制几个因素指数；

(3) 依据编制的对象指数及各因素指数结果建立狭义指数体系，以此为基础，用文字分析各影响因素变动对研究对象总变动的影响程度及影响绝对效果。

三、总绝对数变动的指数因素分析

(一) 两因素分析

客观现象总体可以分为简单现象总体和复杂现象总体两种。在此首先说明复杂现象总体的总绝对数变动的两因素分析问题，然后说明简单现象总体的两因素分析问题。

对复杂现象总体的总绝对数变动进行两因素分析，常用的综合指数体系为相对数关系：$\dfrac{\sum q_1p_1}{\sum q_0p_0}=\dfrac{\sum q_1p_0}{\sum q_0p_0}\times\dfrac{\sum q_1p_1}{\sum q_1p_0}$ (6.31)

绝对数关系：$\sum q_1p_1-\sum q_0p_0=\left(\sum q_1p_0-\sum q_0p_0\right)+\left(\sum q_1p_1-\sum q_1p_0\right)$ (6.32)

例 6.7 根据表 6.1 的资料，对该商店商品销售额的变动进行指数因素分析。

解 该商店商品销售额的计算表见表 6.8。

表 6.8 商品销售额计算表

商品名称	计量单位	销售量		价格/元		销售额/元		
		基期 q_0	报告期 q_1	基期 p_0	报告期 p_1	基期实际 q_0p_0	报告期实际 q_1p_1	报告期假定 q_1p_0
甲	米	420	466	30	25	12600	11650	13980
乙	件	240	240	40	43	9600	10320	9600
丙	台	188	160	20	20	3760	3200	3200
合计	—	—	—	—	—	25960	25170	26780

(1) 销售额指数及其变动额。

销售额指数为

$$I_{qp}=\frac{\sum q_1p_1}{\sum q_0p_0}=\frac{25170}{25960}\times100\%=96.96\%$$

销售额的增减额为

$$\Delta_{qp}=\sum q_1p_1-\sum q_0p_0=25170-25960=-790(\text{元})$$

该商店销售额的变动，是由于各种商品销售量和价格两个因素变动共同作用的结果，所以需要进一步编制销售量总指数和价格总指数，并分别分析两个因素的变动对商店销售额变动的影响。

(2) 销售量总指数及其变动影响额。

销售量总指数为

$$I_q=\frac{\sum q_1p_0}{\sum q_0p_0}=\frac{26780}{25960}\times100\%=103.16\%$$

销售量增长对销售额变动的影响额为

$$\Delta_q=\sum q_1p_0-\sum q_0p_0=26780-25960=820(\text{元})$$

(3) 价格总指数及其变动影响额。

价格总指数为

$$I_p=\frac{\sum q_1p_1}{\sum q_1p_0}=\frac{25170}{26780}\times100\%=93.99\%$$

价格下跌对销售额变动的影响额为

$$\Delta_p=\sum q_1p_1-\sum q_1p_0=25170-26780=-1610(\text{元})$$

(4) 建立指数体系并进行分析。

将以上指数联系起来，形成如下指数体系：

相对数关系：96.96% = 103.16% × 93.99%

绝对数关系：−790 元 = 820 元 + (−1610)元

指数体系表明，该商店商品销售额报告期比基期下降了 3.04%，是由于三种不同商品的销售量平均增长 3.16% 和价格平均下跌 6.01% 两者共同作用的结果。同时，三种不同商品的销售量平均增长使商店销售额增加了 820 元，三种不同商品的平均价格下跌使商店销售额减少了 1610 元，两因素共同作用使商店销售额减少了 790 元。

例 6.7 是对复杂现象总体而言的，对简单现象总体的总绝对数变动进行指数两因素分析的指数体系为

$$\frac{q_1 p_1}{q_0 p_0} = \frac{q_1 p_0}{q_0 p_0} \times \frac{q_1 p_1}{q_1 p_0} \tag{6.33}$$

$$q_1 p_1 - q_0 p_0 = (q_1 p_0 - q_0 p_0) + (q_1 p_1 - q_1 p_0) \tag{6.34}$$

可以看出，对简单现象总体的总绝对数变动进行指数因素分析时，各因素指数的编制不需要引入同度量因素(当然也可引入，其指数结果与不引入是一致的)，可直接将研究因素的报告期数值除以基期数值得到因素指数，但在进行绝对数分析时则一定要引入同度量因素，这是简单现象总体绝对数变动指数因素分析的主要特点。另外，它与复杂现象总体的总绝对数变动指数因素分析的原理是一致的，只是各指数编制的公式中不再需要“Σ”符号。

(二) 多因素分析

当研究对象总量被分解为三个或三个以上影响因素连乘时，分别测定各因素变动对总变动的影响程度和影响的绝对效果就是指数多因素分析。

绝对数变动的指数多因素分析和两因素分析的方法基本相同，但由于多因素分析指数体系中所包含的影响因素较多，编制指数的过程较为复杂。因此，进行指数多因素分析时需要注意以下四个问题。

(1) 合理安排各因素的排列顺序，一般是数量因素在前，质量因素在后，并且相邻两因素的乘积具有实际意义。例如，就工业企业产品原材料支出额影响因素的排列顺序而言，要按产品产量、单位产品原材料消耗量(即单耗)、单位原材料价格的顺序排列，即

原材料支出额 = 产量 × 单耗 × 单位原材料价格

上式中，产量与单耗的乘积为原材料消耗总量，具有实际意义；而单耗与单位原材料价格的乘积表示单位产品原材料消耗额，也具有实际意义。又如，分析商品利润额的变动时，可以将利润额分解为商品销售量、商品价格和销售利润率，三者之间呈如下关系：

商品利润额 = 商品销售量 × 商品价格 × 销售利润率

其中，商品销售量与商品价格的乘积等于销售额，商品价格与销售利润率的乘积为单位商品利润，相邻因素两两相乘均具有明显的实际意义。

(2) 当测定某一因素变动的影响时，必须将其他所有影响因素都作为同度量因素固定不变。

(3) 同度量因素所属时期的选择，仍然按照编制综合指数的一般原则处理。即在测定数量因素变动的影响时，以基期质量因素为同度量因素；而在测定质量因素变动的影响时，以报告期数量因素为同度量因素。

(4) 在各因素按上述原则排列好后，按顺序依次编制各因素指数来测定各自的影响程度和影响的绝对效果。通常，在编制某个因素指数时，该因素之前的因素都固定在报告期，之后的因素都固定在基期。这样，在基期总量的基础上，依次替代各个影响因素，将每次替代后与替代前的总量进行对比，所得结果即为此次替代的因素指数，各因素指数的分子与分母的差额表示该因素变动对所研究现象的绝对影响效果。因此，这种分析方法又常被称为“连锁替代法”。

例 6.8　已知某公司三种不同商品的销售数据见表 6.9，试对该公司销售利润额的变动进行指数因素分析。

表 6.9　某公司三种不同商品的销售数据

商品名称	计量单位	销售量		价格/元		销售利润率/%		销售利润额/元			
		q_0	q_1	p_0	p_1	r_0	r_1	$q_0p_0r_0$	$q_1p_0r_0$	$q_1p_1r_0$	$q_1p_1r_1$
甲	千克	1000	1150	30	33	10	11	3000	3450	3795	4174.5
乙	件	220	330	80	70	15	13	2640	3960	3465	3003
丙	套	800	850	180	188	8	10	11520	12240	12784	15980
合计	—	—	—	—	—	—	—	17160	19650	20044	23157.5

解　销售利润额与销售量、价格、销售利润率之间的关系为

$$销售利润额(qpr)=销售量(q)\times价格(p)\times销售利润率(r)$$

根据上述关系，可建立如下指数体系：

$$\frac{\sum q_1p_1r_1}{\sum q_0p_0r_0}=\frac{\sum q_1p_0r_0}{\sum q_0p_0r_0}\times\frac{\sum q_1p_1r_0}{\sum q_1p_0r_0}\times\frac{\sum q_1p_1r_1}{\sum q_1p_1r_0} \tag{6.35}$$

$$\sum q_1p_1r_1-\sum q_0p_0r_0=\left(\sum q_1p_0r_0-\sum q_0p_0r_0\right)+\left(\sum q_1p_1r_0-\sum q_1p_0r_0\right)+\left(\sum q_1p_1r_1-\sum q_1p_1r_0\right) \tag{6.36}$$

(1) 销售利润额指数为

$$I_{qpr}=\frac{\sum q_1p_1r_1}{\sum q_0p_0r_0}=\frac{23157.5}{17160}=134.95\%$$

销售利润额的变动额为

$$\Delta_{qpr}=\sum q_1p_1r_1-\sum q_0p_0r_0=23157.5-17160=5997.5\ (元)$$

(2) 销售量总指数为

$$I_q=\frac{\sum q_1p_0r_0}{\sum q_0p_0r_0}=\frac{19650}{17160}=114.51\%$$

销售量变动的影响额为

$$\Delta_q = \sum q_1 p_0 r_0 - \sum q_0 p_0 r_0 = 19650 - 17160 = 2490\text{(元)}$$

(3) 价格总指数为

$$I_p = \frac{\sum q_1 p_1 r_0}{\sum q_1 p_0 r_0} = \frac{20044}{19650} = 102.01\%$$

价格变动的影响额为

$$\Delta_p = \sum q_1 p_1 r_0 - \sum q_1 p_0 r_0 = 20044 - 19650 = 394\text{(元)}$$

(4) 销售利润率总指数为

$$I_r = \frac{\sum q_1 p_1 r_1}{\sum q_1 p_1 r_0} = \frac{23157.5}{20044} = 115.53\%$$

销售利润率变动的影响额为

$$\Delta_r = \sum q_1 p_1 r_1 - \sum q_1 p_1 r_0 = 23157.5 - 20044 = 3113.5\text{(元)}$$

(5) 建立指数体系并进行分析。

根据以上指数结果建立的指数体系为

相对数关系：$134.95\% = 114.51\% \times 102.01\% \times 115.53\%$

绝对数关系：$5997.5\text{元} = 2490\text{元} + 394\text{元} + 3113.5\text{元}$

指数体系表明，该公司三种不同商品的利润额共增长了 34.95%，公司利润额增加了 5997.5 元。其中，由于三种不同商品的销售量平均增长了 14.51%，公司利润额增加了 2490 元；由于三种不同商品的价格平均提高了 2.01%，公司利润额增加了 394 元；由于三种不同商品的销售利润率平均提高了 15.53%，公司利润额增加了 3113.5 元。

四、总平均数变动的指数因素分析

现实生活中，人们经常需要分析同一现象两个时期的总平均数变动，例如，分析企业工人总平均工资的变动，分析公司工人劳动生产率的变动等，这些分析就需要利用平均数指数体系进行。

在统计分组条件下，现象的总平均数是各组平均数加权算术平均的结果。因此，总平均数的变动受到两个因素的共同影响：一个是各组平均数变动的影响；另一个是总体内部结构变动的影响。为了反映现象总体总平均数的变动，并进一步分析各组平均数和总体内部结构变动对总平均数变动的影响，可进行总平均数变动的两因素分析，其分析的基本原理和过程与现象总绝对数变动的指数因素分析相同。即分析其中一个因素变动时假定另一个因素不变，通常将数量性质的因素固定在报告期，而将质量性质的因素固定在基期。具体来说，通常将各组平均数作为质量因素，而将总体内部结构作为数量因素，各因素指数的编制需遵循综合指数的一般编制原理。

对现象总平均数的变动进行指数因素分析，需要编制可变构成指数、固定构成指数和结构影响指数，各指数的具体含义及编制方法说明如下。

(一) 可变构成指数

统计上把在分组条件下包含各组平均数及其相应总体内部结构这两个因素共同变动影响的总平均数指数，称为可变构成指数。它是根据报告期和基期的实际总平均数直接对比编制的，其编制公式为

$$\text{可变构成指数：}I_{\bar{x}}=\frac{\sum x_1f_1}{\sum f_1}\div\frac{\sum x_0f_0}{\sum f_0}=\frac{\bar{x}_1}{\bar{x}_0}\tag{6.37}$$

式中，$\bar{x}_1$ 和 $\bar{x}_0$ 分别表示现象在报告期和基期的实际总平均数。

(二) 固定构成指数

为了反映各组平均数变动的影响程度，需要编制固定构成指数。为消除总体内部结构变动的影响，固定构成指数编制时应将总体内部结构固定在报告期，其编制遵循质量指数编制的一般原则。其编制公式为

$$\text{固定构成指数：}I_x=\frac{\sum x_1f_1}{\sum f_1}\div\frac{\sum x_0f_1}{\sum f_1}=\frac{\bar{x}_1}{\bar{x}_n}\tag{6.38}$$

式中，$\bar{x}_n$ 表示现象假定的总平均数。

(三) 结构影响指数

为了反映总体内部结构变动对总平均数变动的影响程度，需要编制结构影响指数。为了消除各组平均数变动的影响，结构影响指数编制应将各组平均数固定在基期，遵循数量指数编制的一般原则。其编制公式为

$$\text{结构影响指数：}I_f=\frac{\sum x_0f_1}{\sum f_1}\div\frac{\sum x_0f_0}{\sum f_0}=\frac{\bar{x}_n}{\bar{x}_0}\tag{6.39}$$

依据上述三个指数建立的总平均数指数体系为

$$\text{相对数关系：}\frac{\sum x_1f_1}{\sum f_1}\div\frac{\sum x_0f_0}{\sum f_0}=\left(\frac{\sum x_1f_1}{\sum f_1}\div\frac{\sum x_0f_1}{\sum f_1}\right)\times\left(\frac{\sum x_0f_1}{\sum f_1}\div\frac{\sum x_0f_0}{\sum f_0}\right)\tag{6.40}$$

或

$$\frac{\bar{x}_1}{\bar{x}_0}=\frac{\bar{x}_1}{\bar{x}_n}\times\frac{\bar{x}_n}{\bar{x}_0}$$

$$\text{绝对数关系：}\frac{\sum x_1f_1}{\sum f_1}-\frac{\sum x_0f_0}{\sum f_0}=\left(\frac{\sum x_1f_1}{\sum f_1}-\frac{\sum x_0f_1}{\sum f_1}\right)+\left(\frac{\sum x_0f_1}{\sum f_1}-\frac{\sum x_0f_0}{\sum f_0}\right)\tag{6.41}$$

或

$$\bar{x}_1-\bar{x}_0=(\bar{x}_1-\bar{x}_n)+(\bar{x}_n-\bar{x}_0)$$

例 6.9　设某企业所属甲、乙两个分厂生产某种相同产品的数据见表 6.10。试对该企业产品总平均单位成本的变动进行指数因素分析。

表 6.10　某企业某种产品生产数据

企业	产量/台		单位成本/元		总成本/元		
	f_0	f_1	x_0	x_1	x_0f_0	x_1f_1	x_0f_1
甲分厂	70	70	1200	1220	84000	85400	84000
乙分厂	30	130	1000	900	30000	117000	130000
合计	100	200	—	—	114000	202400	214000

解　基期的实际总平均单位成本为

$$\bar{x}_0=\frac{\sum x_0f_0}{\sum f_0}=\frac{114000}{100}=1140\,(\text{元})$$

报告期的实际总平均单位成本为

$$\bar{x}_1=\frac{\sum x_1f_1}{\sum f_1}=\frac{202400}{200}=1012\,(\text{元})$$

假定的总平均单位成本为

$$\bar{x}_n=\frac{\sum x_0f_1}{\sum f_1}=\frac{214000}{200}=1070\,(\text{元})$$

(1) 产品实际总平均单位成本的变动。

可变构成指数为

$$I_{\bar{x}}=\frac{\sum x_1f_1}{\sum f_1}\div\frac{\sum x_0f_0}{\sum f_0}=\frac{\bar{x}_1}{\bar{x}_0}=\frac{1012}{1140}=88.77\%$$

总平均单位成本变动额为

$$\Delta_{\bar{x}}=\frac{\sum x_1f_1}{\sum f_1}-\frac{\sum x_0f_0}{\sum f_0}=\bar{x}_1-\bar{x}_0=1012-1140=-128\,(\text{元})$$

(2) 单位产品成本变动的影响。

固定构成指数为

$$I_x=\frac{\sum x_1f_1}{\sum f_1}\div\frac{\sum x_0f_1}{\sum f_1}=\frac{\bar{x}_1}{\bar{x}_n}=\frac{1012}{1070}=94.58\%$$

单位产品成本变动对总平均单位成本的影响额为

$$\Delta_x=\frac{\sum x_1f_1}{\sum f_1}-\frac{\sum x_0f_1}{\sum f_1}=\bar{x}_1-\bar{x}_n=1012-1070=-58\,(\text{元})$$

(3) 产量结构变动的影响。

结构影响指数为

$$I_f=\frac{\sum x_0f_1}{\sum f_1}\div\frac{\sum x_0f_0}{\sum f_0}=\frac{\bar{x}_n}{\bar{x}_0}=\frac{1070}{1140}=93.86\%$$

产量结构变动对总平均单位成本的影响额为

$$\Delta_f = \frac{\sum x_0 f_1}{\sum f_1} - \frac{\sum x_0 f_0}{\sum f_0} = \overline{x}_n - \overline{x}_0 = 1070 - 1140 = -70\,(\text{元})$$

(4) 建立指数体系并进行文字分析。

根据以上指数结果建立的指数体系为

相对数关系：88.77% = 94.58% × 93.86%

绝对数关系：−128 元 = −58 元 + (−70)元

指数体系表明：从相对数看，企业产品总平均单位成本下降了 11.23%，是各分厂单位产品变动使企业产品总平均单位成本下降 5.42% 和产量结构变动使企业产品总平均单位成本下降 6.14% 两者共同作用的结果。从绝对数看，企业产品总平均单位成本减少了 128 元，是各分厂单位产品成本变动使企业产品总平均单位成本减少 58 元和产量结构变动使企业产品总平均单位成本减少 70 元共同作用的结果。

第五节 综合评价指数

一、综合评价的意义及局限性

综合评价是针对所研究的对象，根据研究目的建立合理的评价体系，并利用一定的评价方法和模型，对研究对象进行总体定量评判的一种统计分析方法。

之所以对研究的对象进行综合评价，是由事物的复杂性决定的。人们不可能单从事物的一个方面来对事物做出综合评判，如大学的排名，就不是从学校培养的学生人数，或学校的科研水平单方面评价的，而是集合了学校在多方面情况的综合结果。为达到对研究对象的全面认识，必须把反映被研究对象的多方面的信息综合起来，形成一个综合值，并通过这一综合值进行排序、横向或纵向比较，实现综合评价。

在综合评价中，同样的数据，采用的方法不同，可能会有不同的结论。因此，综合评价具有自己的局限性，主要表现在以下两方面。

(1) 评价过程的主观性。综合评价需要首先建立综合评价体系，不同研究者可能会选择不同的变量构造综合评价体系，各变量也可能赋予不同的权数，选择不同的综合评价模型，这无不体现研究者的主观意愿。

(2) 评价结果的不唯一性。同一个评价对象，由于不同评价者采用的评价体系不同，会有不同的评价结果。即使同样的评价体系，评价者可能由于选择的评价方法不同，对不同评价变量的赋权不同，均会出现不同的评价结果。

二、综合评价的工作步骤

综合评价是一项十分复杂的工作，在实践中，综合评价的方法不断涌现，各种方法也具有不同的特点，但基本工作步骤如下。

(一) 确定综合评价目的

综合评价目的明确，为确定评价体系提供了方向性的指导。

(二) 建立综合评价体系

综合评价体系的合理性，是保证综合评价结果的科学性和准确性的关键。综合评价体系是由一系列反映评价对象诸方面的变量构成的，各变量的选取应注意客观性、全面性、独立性、可比性、可操作性等原则。

(三) 确定评价变量的同向化和无量纲化方法

评价体系中的各变量往往具有不同的性质，有的具有正向性(数值越大越好)，有的具有逆向性(数值越小越好)，有的则是在一定范围内取值较好的适度变量。有的变量用绝对数表示，而有的则用相对数或平均数表示。

为了避免不同性质的变量作用相互抵消和解决无量纲化问题，在综合评价时，必须注意两点。一是所有变量必须从同一方向说明评价对象。当存在逆向性变量时，采用合适的方法将其转化为正向性变量，常见的如倒数法。二是所有变量必须无量纲化。只有将不同变量进行无量纲化处理，才可进行综合和比较。常用的无量纲化方法有相对化处理、统计标准化、功效系数法等。

(四) 确定各评价变量的权数

当人们认为评价体系中的各变量对综合评价所起的作用不同时，需要对各变量根据其相对重要程度赋予不同的权数。权数通常以相对数表示，其和为 1，即归一化处理。如果评价体系是多层次的，则要求每一层次中，同一层次各变量的权数之和等于 1。

确定权数的方法有两类。一是主观赋权法，是指由若干专家根据他们的专业知识和经验来确定各评价变量权数的方法。其特点是能够集中专家的集体智慧，但却难以找到客观的评价标准。二是客观赋权法，是指根据评价变量的实际数值确定评价权数的方法。这类方法的特点是客观性强，但有时难以反映评价的导向性。

(五) 计算综合评价值并进行分析评价

在对各评价变量进行了同向化和无量纲化后，结合确定的各评价变量的相应权数，选择合适的综合评价模型，计算出综合评价值。根据综合评价值，可以对评价对象进行排序、比较，确定评价对象的优势与不足，提出相应的改进措施。

三、综合评价指数模型

综合评价指数就是将综合评价结果进行指数化的一种综合评价数量技术。

(一) 无量纲化处理方法

综合评价指数的建立，需要对评价体系中的变量进行无量纲化处理，较常用的方法有以下几种。

1. 相对化处理法

变量的相对化处理，就是先对每个评价变量确定一个标准值，然后将实际值与标准值进行对比，从而消除计量单位的影响。

对于正向性变量，相对化处理的公式为

$$Z_i = \frac{x_i}{x_s} \tag{6.42}$$

对于逆向性变量，相对化处理的公式为

$$Z_i = \frac{x_s}{x_i} \tag{6.43}$$

式(6.42)和(6.43)中，Z_i 为相对化处理后的值，x_i 为第 i 变量的实际值，x_s 为第 i 变量的标准值。

对于适度变量进行相对化处理，可事先确定一个理想的标准值，当实际值小于标准值时，按式(6.42)处理，当实际值大于标准值时，按式(6.43)处理。

2. 统计标准化法

利用标准化处理的前提是：所进行标准化处理的变量服从正态分布。变量标准化的公式为

$$Z_i = \frac{x_i - \mu_i}{\sigma_i} \tag{6.44}$$

式中，Z_i 为第 i 变量标准化后的值，x_i 为第 i 变量的实际值，μ_i 为第 i 变量的算术均值，σ_i 为第 i 变量的标准差。

对于逆向性变量，变量标准化的值需改变式(6.44)标准化后的符号，即

$$Z_i = -\frac{x_i - \mu_i}{\sigma_i} = \frac{\mu_i - x_i}{\sigma_i} \tag{6.45}$$

3. 功效系数法

功效系数法是借助多目标规划原理中的功效函数，对各评价变量进行评判得分消除量纲的一种方法，通常使用改进的功效函数进行变量的评分，改进功效函数的计算公式为

$$Z_i = \frac{x_i - x_i^s}{x_i^h - x_i^s} \times 40 + 60 \tag{6.46}$$

式中，Z_i 为第 i 变量的得分，x_i 为第 i 变量的实际值，x_i^s 为第 i 变量的不容许值，x_i^h 为第 i 变量的满意值。

(二) 综合评价指数模型

有了各评价变量无量纲化的值，结合确定的各变量的权数，就可以计算综合评价指数了。综合评价指数通常有两种计算方法。

1. 加权算术平均指数模型

采用加权算术平均法计算综合评价指数，计算公式为

$$I = \frac{\sum_{i=1}^{n} Z_i w_i}{\sum_{i=1}^{n} w_i} = \frac{\sum Z_i w_i}{\sum w_i} \tag{6.47}$$

式中，Z_i 为经上述有关方法无量纲化处理后的变量值；w_i 为各变量的权数，且 $\sum_{i=1}^{n} w_i = 1$。

加权算术平均指数模型具有以下特点：

(1) 适宜于各评价变量相互独立的场合；

(2) 各评价变量间可以相互线性补偿；

(3) 评价结果能够体现各评价变量的独立功能。

2．加权几何平均指数模型

采用加权几何平均法计算综合评价指数，计算公式为

$$I=\sqrt[\sum_{i=1}^{n}w_i]{\prod_{i=1}^{n}Z_i^{w_i}}=\sqrt[\sum w_i]{\prod Z_i^{w_i}} \tag{6.48}$$

加权几何平均指数模型相对于加权算术平均指数模型具有以下特点：

(1) 适用于各变量间具有较强的关联关系；

(2) 对变量值变动的反应比加权算术平均指数模型敏感；

(3) 当对于某些变量具有一票否决要求时，适合采用该模型。

例 6.10　某年 A，B，C，D 四个地区国有工业企业经济效益统计数据见表 6.11，要求按功效系数法对这四个地区的国有工业企业经济效益进行综合评价。

表 6.11　某年四个地区国有工业企业经济效益统计资料

评价体系	不容许值	满意值	实际值				权数
			A 地区	B 地区	C 地区	D 地区	
工业增加值率/%	24.0	50.0	28.17	24.18	27.19	29.48	0.15
总资产贡献率/%	6.0	10.0	6.94	8.50	8.87	6.09	0.20
流动资产周转率/%	1.2	1.8	1.43	1.79	1.56	1.18	0.10
成本费用利润率/%	2.0	10.0	5.02	6.48	6.43	1.67	0.15
全员劳动生产率/元	30000	90000	63878	52425	82327	31252	0.20
产品销售率/%	95.0	100.0	95.95	98.39	99.02	99.09	0.20

解　(1) 利用式 (6.46) 计算各变量的功效分数，具体计算如下：

$$A\text{ 地区工业增加值率功效分数}=\frac{x_i-x_i^s}{x_i^h-x_i^s}\times 40+60=\frac{28.17-24.0}{50.0-24.0}\times 40+60=66.4\text{ (分)}$$

$$A\text{ 地区总资产贡献率功效分数}=\frac{x_i-x_i^s}{x_i^h-x_i^s}\times 40+60=\frac{6.94-6.0}{10.0-6.0}\times 40+60=69.4\text{ (分)}$$

同理，可计算出四个地区国有工业企业经济效益其他各变量的功效分数见表 6.12。

表 6.12　四个地区国有工业企业经济效益各变量的功效分数

评价体系	功效分数 Z_i /分				功效分数×权数 Z_iw_i /分				权数 w_i
	A 地区	B 地区	C 地区	D 地区	A 地区	B 地区	C 地区	D 地区	
工业增加值率	66.4	60.3	64.9	68.4	9.96	9.04	9.74	10.26	0.15
总资产贡献率	69.4	85	88.7	60.9	13.88	17.00	17.74	12.18	0.20
流动资产周转率	75.3	99.3	84	58.7	7.53	9.93	8.40	5.87	0.10

续表

评价体系	功效分数 Z_i /分				功效分数×权数 Z_iw_i /分				权数 w_i
	A 地区	*B* 地区	*C* 地区	*D* 地区	*A* 地区	*B* 地区	*C* 地区	*D* 地区	
成本费用利润率	75.1	82.4	82.2	58.4	11.27	12.36	12.32	8.75	0.15
全员劳动生产率	82.6	75	94.9	60.8	16.52	14.99	18.98	12.17	0.20
产品销售率	67.6	87.1	92.2	92.7	13.52	17.42	18.43	18.54	0.20
综合评价指数	—	—	—	—	72.68	80.75	85.61	67.77	1.00

(2) 计算综合评价指数并进行分析。

按式(6.47)，用加权算术平均指数模型计算综合评价指数。*A* 地区国有工业企业经济效益的综合评价指数计算如下：

$$\begin{aligned} I_A &= \frac{\sum Z_i w_i}{\sum w_i} \\ &= \frac{66.4\times0.15+69.4\times0.20+75.3\times0.10+75.1\times0.15+82.6\times0.20+67.6\times0.20}{0.15+0.20+0.10+0.15+0.20+0.20} \\ &= 72.68(\text{分}) \end{aligned}$$

同理可计算出 *B*，*C*，*D* 地区国有工业企业经济效益的综合评价指数，它们分别是 80.75 分、85.61 分、67.77 分。

从综合评价指数看，*C* 地区国有工业企业的经济效益最好，其次是 *B* 地区，*A* 地区第三，*D* 地区最差。

思考与练习

一、思考题

1. 什么是统计指数？狭义指数具有哪些性质？指数有何作用？
2. 指数可分为哪些类型？请举例说明。
3. 说明编制综合指数的基本原理及其编制特点。
4. 说明编制平均指数的基本原理及其编制特点。
5. 综合指数和平均指数有何区别和联系？
6. 什么是同度量因素？如何选择同度量因素？它在综合指数编制过程中有何作用？
7. 拉氏和派氏指数有何不同？试举例说明。
8. 我国居民消费价格指数是如何编制的？它有何作用？
9. 居民消费价格指数和商品零售价格指数有何区别？
10. 什么是工业生产者价格指数？它是如何编制的？
11. 什么是股票价格指数？我国上证和深证股票价格指数有何不同？
12. 说明静态指数的类型及其编制方法。
13. 什么是指数体系？它有哪些设计要求？其作用是什么？

14. 说明指数因素分析法的含义及基本分析步骤。

15. 平均数指数体系是如何建立的？可变构成指数、固定构成指数和结构影响指数三者在分析意义上有何区别，在数量上有何联系？

16. 进行总绝对数变动的指数多因素分析时应注意哪些问题？

17. 说明统计综合评价的工作步骤。

18. 说明统计综合评价中变量无量纲化处理的具体方法。

19. 说明综合指数评价模型的两种形式，并说明各自的应用特点。

二、练习题

1. 某地三种商品的价格和销售量数据见下表。

商品	计量单位	报告期销售量	基期价格/元	报告期价格/元
甲	千克	2850	8.0	9.2
乙	米	4320	12.0	13.2
丙	件	1040	40.0	38.0

要求：(1) 分别编制该地三种商品的个体价格指数。

(2) 编制该地三种商品的派氏价格总指数和因价格变动而增减的销售额。

2. 某厂生产数据见下表。

产品	基期总产值/万元	报告期比基期产量增减/%
甲	280	+12.5
乙	320	+8.0
丙	675	−4.0
丁	225	−12.0
合计	1500	—

要求：(1) 分别编制该厂四种产品的个体产量指数。

(2) 编制该厂的产品产量总指数和因产量变动而增减的总产值。

3. 某地五种商品的销售数据见下表。

商品名称	计量单位	价格/元		报告期销售额/元
		基期	报告期	
A	条	3.00	3.15	63000
B	千克	7.20	7.92	39600
C	双	15.00	16.80	42000

续表

商品名称	计量单位	价格/元		报告期销售额/元
		基期	报告期	
D	件	24.50	26.46	13230
E	米	13.80	12.42	43470
合计	—	—	—	201300

要求：(1) 分别编制该地各种商品的个体价格指数及它们各自变动对销售额的影响额。

(2) 编制该地五种商品的价格总指数及因价格变动而增减的销售额。

4. 搜集到甲、乙两地区三种商品的销售数据见下表。

商品名称	计量单位	销售量		价格/元	
		甲地区	乙地区	甲地区	乙地区
甲	万件	5	8	35	33
乙	万盒	7	6	14	15
丙	万台	9	9	58	58

要求：(1) 以乙地区作为对比基准，利用马-埃指数公式编制三种商品价格总指数，对两地区三种商品的整体价格水平作出比较。

(2) 以乙地区作为对比基准，利用马-埃指数公式编制三种商品销售量总指数，对两地区三种商品的整体销售量水平作出比较。

5. 已知报告期某商品销售额为 1568 亿元，基期销售额为 1400 亿元，报告期的价格较基期增长 7.1%，试从相对数和绝对数两方面分析商品销售额的变动及各影响因素的影响作用。

6.某省社会商品零售额今年和去年分别为 1851.36 亿元和 1371.02 亿元，全省零售价格今年比去年下降 1.2%。

要求：

(1) 计算今年与去年相比，该省因零售价格变动而增减的零售额。

(2) 计算今年与去年相比，该省社会商品零售量总指数及因零售量变动而增减的零售额。

(3) 从相对数和绝对数两方面验证零售价格、零售量和零售额三者之间的相互关系。

7. 某管理局下属三个工厂生产三种不同产品的有关数据见下表。

工厂名称	计量单位	产品产量		单位成本/元	
		基期	报告期	基期	报告期
甲厂	箱	840	966	1200	1500
乙厂	件	700	670	78	70
丙厂	吨	1176	1020	850	980

要求：运用指数因素分析法分析该管理局总成本变动受单位成本和产量变动的影响情况。

8. 设有某企业工人人数和月平均工资的分组数据见下表。

工人分组	工人人数/人		月平均工资/元	
	基期	报告期	基期	报告期
技术工人	300	420	1500	1800
一般工人	200	180	800	1200
合计	500	600	—	—

要求：对该企业工人总平均工资的变动进行指数因素分析。

9. 已知某企业三种产品的销售情况数据见下表。

产品名称	计量单位	销售量		价格/万元		销售利润率/%	
		基期	报告期	基期	报告期	基期	报告期
A	台	150	160	3.5	3.2	11	13
B	吨	250	250	1.8	1.76	20	19
C	只	5000	5500	0.029	0.031	7	8

要求：对该企业销售利润总额的变动进行三因素指数分析。

10. 设 *A*，*B* 两家企业的经济效益统计数据见下表。

评价体系	不容许值	满意值	*A* 企业	*B* 企业	权数/%
人均增加值/(万元/人)	35	55	40	50	30
增加值率/%	70	80	80	82	25
资金利润率/%	20	30	35	30	45

要求：(1) 分别计算每个企业各变量的功效分数。

(2) 分别采用加权算术平均指数模型和加权几何平均指数模型编制两个企业的经济效益综合评价指数，并比较它们的区别。

三、综合案例分析

资料：燕山食品厂具有多年经营历史，是一家主营膨化食品的老企业，以传统方便面为主要产品，一直以来经营状况良好。2012 年，受外部环境和自身产品单一影响，销量下滑，且出现亏损。对此，厂领导委托某商业调查公司开展经营决策咨询工作。如果厂领导将这项工作交于你负责，如何诊断亏损原因。

以下为搜集到的生产、销售、成本及利润情况，价格调整影响以及市场需求信息。

生产、销售、成本及利润情况

指标	单位	2011 年	2012 年
产量	万件	106	71
销售量	万件	102	74
平均销售价格	元/件	4.41	4.73
总成本	万元	443	376
其中：销售费用	万元	13	10
管理费用	万元	46	51
财务费用	万元	4	11
税金	万元	5	4
利润	万元	2	–30

2012 年价格调整对销量的影响

月份	3 月	4 月	5～7 月	8～11 月
出厂价格/元/件	4.49	4.71	5.15	6.7
去年销量/万件	13	11	28	20
前年销量/万件	11	10	29	50

膨化食品市场需求表

食品类型		数量/万件		价格/(元/件)		2012 年市场需求量/万件
		2010 年	2011 年	2010 年	2011 年	
传统方便面	外地食品厂	34	33	7～10	8～12	31
	燕山食品厂	10	6	4.5	6.2	6
	本市其他食品厂	14	16	7.6	9.2	6
	合计	58	55	—	—	43
替代食品	替代食品 1	11	15	13	14	8
	替代食品 2	26	22	12	17	10
	替代食品 3	56	48	14	15	37
	替代食品 4	27	6	8	8	16
	替代食品 5	117	128	74	73	128
	替代食品 6	89	110	59	100	41

燕山食品厂销售区域为本地及邻近 4 个城市，共计 2000 万人口。全厂有销售人员 14 人，按照销售收入的 2% 提成，不发工资，出差报销其住宿费和交通费，伙食费自理。据了解，其他食品厂的销售人员月收入平均 1 万～2 万元。

请你思考并回答下列问题：

1. 根据材料分析燕山食品厂的亏损原因。

2. 有人说，现在方便面不好卖的原因是其他替代食品太多了，人们更倾向于消费其他食品。正因如此，导致了产品销售不畅。你是否认同这种说法？请说明理由。有什么好的解决办法？

3. 如果今年固定费用预计为 90 万元，单位成本为 5.18 元，销售价格为 6.7 元，请测算保本销售量。

四、课程思政

你看到了“假”CPI？这才是 CPI 的真实含义！

2011 年 5 月，国家统计局发布的当年 4 月份统计数据显示，全国 CPI 环比上涨 0.2%，同比上涨 2.8%，同比涨幅为 18 个月来最高。不过，在大蒜等菜价连续暴涨之下，不少网友认为菜价“发烧”，物价的统计数据与实际情况存在差距。对此，国家统计局网站在头条位置刊载《中国信息报》文章，回应网民所说的蔬菜价格“发烧”和 CPI 未反映真实通胀水平等问题。

时任国家统计局社会经济调查总队城市司副司长的庞晓林指出：

(1) 宏观经济统计数据和人们的感受是一致的。例如，公众感受到通胀预期在逐渐增强，国家统计局发布的 CPI 数据也在变大，CPI 同比涨幅从 1 月份的 1.5% 到 4 月份的 2.8%，趋势是一致的。

(2) 公众感到蔬菜价格在“发烧”，统计数据也显示了这样的结果。今年 3 月份、4 月份全国蔬菜价格同比分别上涨 18.5% 和 24.9%。北京市涨得更多一些，3 月份、4 月份分别上涨 32.7% 和 32.6%。

(3) 对于大蒜价格暴涨，老百姓感受特别深，但可能消费者只感到大蒜价格涨很多，从而忽略了猪肉价格低于去年同期，其他蔬菜价格也没像大蒜一样疯涨。

(4) 如果拿国家公布的 CPI 和人们每天上街买东西所接触的每一种商品去比较，人们往往会产生误解或者错觉。这是因为，不同的人群对物价的感受是不一样的。产生这种差异的原因很多，也是近年来新闻媒体和网络质疑 CPI 的问题之一。

我国政府统计经过多年发展，统计数据质量不断提升，与国际标准和方法制度的接轨程度不断提升，凸显出官方统计改革发展的成绩。对于经济管理类的学生而言，应综合自身所学专业知识，首先读懂数据，正确理解数据，然后利用自己所学向身边的亲朋好友和社会公众传递正确的统计知识，做一个合格的统计科普达人。

请你自主查找资料，了解我国 CPI 指数编制过程中小类、中类、大类指数的编制方法。同时结合互联网快速发展背景下网络销售和大数据统计，思考它们对 CPI 编制的影响，提出自己的应对之策。

第六章练习题参考答案

第七章　统计推断理论

【章前阅读】

抽样调查可靠吗?

统计学从研究功能来看，可分为描述统计学和推断统计学，两者相辅相成。描述统计学是统计学的基础和前提，而推断统计学则是核心和关键。推断统计学是研究如何利用样本数据推断总体特征的统计方法，而所使用的样本数据通常采用抽样调查方式得到。比如从某高校所有在校生中抽取部分学生研究该高校大学生的消费支出情况；某企业采用寿命试验测定所生产灯泡的照明时间等，那么抽样调查得到的样本数据可靠吗?

要保证样本数据的可靠性，在抽样过程中需要注意：一是选择合适的抽样技术和抽样方法。采用不同的抽样技术会产生不同的抽样误差，另外采用重置抽样和不重置抽样的不同抽样方法对误差也有不同的影响，重置抽样比不重置抽样的误差要大。二是选择合适的样本容量。研究者可通过分析研究总体的变异性确定合适的样本容量。如果总体变异程度越高，表明总体分布越分散，那么需要的样本容量越大，反之总体变异程度越低，所需要的样本容量越小。三是尽量减少抽样误差。统计推断经常采用随机方式收集样本数据，用随机样本的特征推断总体的特征则会产生抽样误差，而抽样误差是统计推断效果的最常用的一个评价标准。抽样误差越小，表明样本对总体的代表性越高，推断精度越高。因此研究者一定要采用科学、严谨、合理的方法来减少抽样误差。

除了注意以上因素外，还应结合研究问题本身以及人力、物力、财力等具体情况科学、合理地进行抽样，以此来保证样本数据的质量。

问题：在收集数据时常用的抽样技术有哪些?如何选择合适的抽样技术和抽样方法?如何有效地控制抽样误差?通过本章学习，就可以解决这些问题。

统计推断是以概率抽样为基础，根据抽样分布理论，利用样本数据去估计或检验总体的数量特征。统计推断理论主要是指抽样分布理论，抽样分布是连接样本与总体的桥梁，是参数估计和假设检验的基础。本章在回顾总体、样本及其分布的基础上，重点说明抽样方法和抽样技术，统计量及其抽样分布理论，归纳用于评价统计推断效果的抽样误差的表现形式和特点，从而为第八章的参数估计和第九章的假设检验提供研究的理论基础。

第一节　抽样方法与抽样技术

一、从实物总体到分布总体

总体(population)是根据研究目的确定的所研究事物的整体。它由客观存在且具有某种(或某些)共同性质的众多个体所构成，常用 N 表示总体容量。总体又分实物总体和数值总体两种。在一个总体中，个体间具有某种(或某些)相同的性质——同质性，同时，个体之间在另一些特征上又存在差异——差异性，这些差异是统计研究的兴趣点。比如，考察某高校在校生每日用于浏览网页的时间长度，该高校所有在校生构成总体，称为实物总体，而研究者的兴趣点是学生每日浏览网页的时间长度，因此又可以将研究者感兴趣的变量及其变量值作为总体，称为数值总体。

总体中的个体很多，逐一研究个体的某变量值将会非常烦琐甚至不具有可操作性。由于随机变量 X 的分布能概括数值总体的特征，如随机变量 X 服从正态分布就记为 $X\sim N(\mu,\sigma^2)$，所以在统计推断中常利用随机变量 X 的分布来描述一个总体，称之为分布总体。在统计推断中，如无特别说明，总体均指分布总体，要说明总体，只需要给出总体分布即可。

总体的三个概念体现了统计研究由浅入深、逐步推进的过程。研究初期确定的是研究对象的实物形态，即实物总体；随着研究的细致化，将研究对象转化为感兴趣的变量及一组变量值，研究总体转化为数值总体；进一步地，当统计研究深入到对事物规律性特征认识的程度时，则研究对象即转化为随机变量及其分布了，总体随即表现为分布总体。表 7.1 归纳总结了不同形态总体的特点。

表 7.1　不同形态的总体及其特点

不同形态的总体	特点
实物总体	客观存在的实体，由具有共同性质的众多个体所构成，是研究对象的实物形态
数值总体	研究的变量与变量值，是研究兴趣点的定量转化形态
分布总体	随机变量及其分布，是研究兴趣点的规律化形态

二、样本与样本频数分布

样本(sample)是指从总体中随机抽取的部分个体的集合。样本用于代表总体，是总体的一个缩影，因此，可以用样本的数量特征推断总体的数量特征。样本容量 n 相对于总体容量 N 一般都比较小。通常，将 $n<30$ 的样本称为小样本，$n\geqslant 30$ 的样本称为大样本。根据数理统计理论，在用样本特征去推断总体特征时，大样本与小样本通常使用不同的推断方法。社会经济现象的统计推断中，绝大多数采用的是大样本。

样本频数分布，是指构成样本的个体所形成的频数分布及其相应的特征值。样本频数分布是总体分布的一个缩影，当样本容量 n 充分大时，样本频数分布趋于总体分布。不同样本的频数分布不尽相同，且与对应的总体分布存在或大或小的偏误。研究样本频数分布与总体分布的误差，需要借助于抽样分布，抽样分布的具体内容见本章第三节。

三、抽样方法与样本可能数目

(一) 抽样方法

按照随机原则从总体中抽取样本，其抽样方法有重置抽样和不重置抽样两种。

重置抽样(sampling with replacement)又称回置抽样，其具体做法是：从总体的 N 个个体中抽取一个容量为 n 的样本，每次从总体中随机抽取一个个体，观察登记后将该个体放回总体，保持总体容量不变，再进行下一个个体的抽取，如此重复 n 次，直至抽足 n 个个体。因此，重置抽样的特点是：n 次抽取可以看作 n 次独立试验，每次抽取在完全相同的条件下进行，每个个体中选或不中选的概率在各次抽选中都完全一样。但是，采用重置抽样的方法，同一个体有可能被重复抽到，从而影响样本的代表性，抽样误差也会变大。

不重置抽样(sampling without replacement)又称不回置抽样，其具体做法是：从总体的 N 个个体中抽取一个容量为 n 的样本，每次从总体中随机抽取一个个体，观察登记后不再放回总体，然后在剩余的总体容量中再抽取第二个个体，依次类推，直至抽足 n 个个体。因此，不重置抽样的特点是：每次抽样以后，总体容量都会减少一个个体，其 n 次抽取之间并不相互独立，每个个体中选或不中选的概率在各次抽取中是不同的，每次抽样时个体被抽中的概率随抽样次数的增加而增大，分别为 $1/N, 1/(N-1), \cdots, 1/(N-n+1)$。不重置抽样每次抽一个个体，连续抽 n 次，相当于一次从总体中抽取 n 个个体构成样本。

在不重置抽样中，每个个体只有一次被抽中的机会。因此，在样本容量 n 相同的情况下，采用不重置抽样获得的样本其代表性要高于重置抽样。实际工作中，多采用不重置抽样。

在重置抽样和不重置抽样方法中，又有考虑顺序抽样和不考虑顺序抽样两种情况。考虑顺序抽样是指各个个体中选顺序不同，也作为不同的样本。比如，从 1，2，3 这三个数中抽取两个数组成一个两位数，先抽到 1 后抽到 2 形成的 12，与先抽到 2 后抽到 1 形成的 21 相比，具有完全不同的意义，应视为不同的样本。不考虑顺序抽样是指只要组成样本的个体相同，不论各个个体的中选顺序是否一致都作为同一个样本。比如，从三件产品中抽取两件进行质量检验，先选中 1 号后选中 2 号，与先选中 2 号后选中 1 号，被视为同一个样本。实践中，多为不考虑顺序抽样。

(二) 样本可能数目

按一定抽样方法和一定样本容量从总体中抽取样本时可以抽取很多个样本，所有可能样本的个数称为样本可能数目，通常用 M 表示。理论或实践中比较有意义的样本可能数目有如下两种。

(1) 考虑顺序重置抽样的样本可能数目。从总体 N 个个体中考虑顺序重置抽取一个容量为 n 的样本，必须逐个抽取 n 次，每次抽取都有 N 种不同的抽法，此时样本可能数目 M 为

$$M = N^n \tag{7.1}$$

(2) 不考虑顺序不重置抽样的样本可能数目。从总体 N 个个体中不考虑顺序不重置抽取一个容量为 n 的样本，可看作从 N 个个体中抽取 n 个进行组合，此时样本可能数目 M 为

$$M = \mathrm{C}_N^n = \frac{N!}{n!(N-n)!} \tag{7.2}$$

四、抽样技术

(一) 抽样框与抽样单元

为说明抽样技术，需要首先了解抽样框与抽样单元这对基本概念。抽样框(sampling frame)是为了能够方便地实现抽样而编制的用来代替总体的一个框架。通常，抽样框是一份包含总体中所有个体的名单，这种抽样框即为名录框。有了抽样框，即可按一定的抽样技术进行抽样。除此以外，抽样框还有区域框、自然框等形式。区域抽样框中的个体是由地理位置定义的，比如由省、市、区、街道办事处、居委会、门牌号码等可以编制居民户抽样框；而自然抽样框则是把相关的自然现象概念作为抽样框使用，比如时间抽样框、距离抽样框。实践中也经常使用由以上形式组合编制的多重抽样框。实际应用时要注意，不同抽样技术要求的抽样框形式会有所不同，要编制与抽样技术相对应的抽样框形式。

抽样框中的每一部分称为抽样单元。抽样单元可以是个体，称为最小抽样单元，如简单随机抽样、分层抽样、等距抽样中的抽样单元即为个体；抽样单元也可以是由个体构成的集合，比如整群抽样、多阶段抽样等的抽样单元，其中整群抽样的抽样单元又称为“群”，多阶段抽样中的抽样单元又分为“初级抽样单元”“二级抽样单元”等。

有了抽样框，就可以在抽样框中抽取抽样单元实现抽样技术的应用。

(二) 概率抽样技术

抽样技术即样本的抽取技术，最为常见的是概率抽样，最基本的概率抽样技术有简单随机抽样、分层抽样、等距抽样、整群抽样四种形式。

1. 简单随机抽样

简单随机抽样(simple random sampling)也称为纯随机抽样，是指事先不对总体做任何处理，直接从总体的 N 个个体中随机抽取 n 个个体组成样本，使得总体中的每一个体都有相同的机会(概率)被抽中。因此，简单随机抽样的抽样框通常为总体的 N 个个体的名单目录即名录框形式。

简单随机抽样可以是从有限总体中逐个不重置地抽取 n 次，每次都在尚未入样的个体中等概率抽取；也可以是从有限总体中一次取得全部 n 个个体，只要保证全部可能的样本每个被抽到的概率都相等即可。比如体彩、福彩等通过摇奖机来抽取中奖号码，以及屏幕快速滚动身份证号、手机号等由抽奖嘉宾按下按钮锁定中奖号码，或者某晚会对到场人员随机发放带号码的小纸片然后抽号码等，都是实践中常见的简单随机抽样方式。由简单随机抽样得到的样本称为简单随机样本。

总体容量 N 很大或是无限总体时，编制一个包含总体中全部 N 个个体的抽样框并不容易或不可能，使抽样极为不便，因此在大规模统计推断中很少单独采用简单随机抽样。但是，因为简单随机抽样容易进行理论论证，并且当 N 不太大时实施也较方便，所以简单随机抽样成了其他抽样技术的基础。如无特别说明本书中的统计推断都是以简单随机抽样为基础的。

2. 分层抽样

分层抽样(stratified sampling)也称分类抽样，是在抽样之前先将总体的个体选择某种标准划分为若干层(类)，然后从每层(类)中独立地抽取一定数量的个体构成样本。比如，要研究某大学学生的生活费支出，可先将学生按学院名单进行分类，然后从各学院的学生中按一定比例抽取一定数量的学生构成样本，这就是分层抽样。如果在每层内均采用简单随机抽样，就称为分层随机抽样(stratified random sampling)。分层抽样的抽样框是总体 N 个个体的名单目录，同时要按照某一个(或多个)特性，将 N 个个体进行分层，类似于统计分组，分层要穷尽、互斥，同时要求层内差异尽可能小，而层间差异尽可能大。

分层抽样的优点是可以使样本分布在各个层内，从而使样本在总体中的分布较为均匀，在相同样本容量的条件下，分层抽样的样本通常对总体的代表性较高。当层内各个个体变量值差异较小(层内差异小)而层间各个个体变量值差异较大(层间差异大)时，采用分层抽样可以大大提高估计的精度。比如在居民收入调查中，先按收入水平高低将居民分为最高收入层、高收入层、中等偏上层、中等收入层、中等偏下层、低收入层、最低收入层，然后在各层内实施简单随机抽样，其估计精度会比直接采用简单随机抽样有显著提高。

3. 等距抽样

等距抽样又称系统抽样(systematic sampling)，它是先将总体的所有个体排序，并编号为

$1,2,\cdots,N$；其次，计算抽样间隔 $k=\left[\dfrac{N}{n}\right]$，在 $[1,k]$ 中随机抽取一个数字记为 r，则编号为 r 的个体入样；最后，按固定的抽样间隔 k 抽取剩余的 $(n-1)$ 个个体，抽中的个体编号可依次记为 $r+k$，$r+2k$，$\cdots$，$r+(n-1)k$。这样，等距抽样的抽样框也是总体 N 个个体的名单目录，但要事先进行排序并编号。

与其他抽样方法不同的是，等距抽样中只有样本中的第一个个体是随机抽取的，而样本中的其他个体都随第一个个体的确定而确定了。等距抽样的优点是实施简单，有时甚至不需要编制抽样框，只需给出总体所有个体的一个排序即可。如果对总体所有个体的排序规则有所了解并加以合理利用，那么等距抽样也能达到相当高的精度。

由于等距抽样操作简单因而在实践中得到了广泛的应用。比如，某储蓄所对储户的调查采取的抽样方式是在调查当日，对来储蓄所办理业务的所有储户，先随机抽取 1 人，然后按来所顺序每隔 10 人调查 1 人；对街道两旁树木病虫害的研究，从某棵树开始(起点)，每隔 20 棵树抽取 1 棵进行检测；有一叠发票，想要估计它的总金额以及某一类商品的发票在总发票中所占的比例，如果发票多，全面计量比较麻烦，可采取每隔 10 张抽 1 张进行观察的方法；图书馆对图书借阅情况进行调查，在按书名字母排列的借阅条目中，每隔一定数目抽取一条，进行相应的调查询问；等等，都是等距抽样的典型例子。

4. 整群抽样

整群抽样(cluster sampling)是先将总体划分为若干群，然后以“群”作为抽样单元从总体中抽取部分“群”作为样本，并对中选群中的所有个体进行全面调查。比如，某高校在对在校生进行的某项事项的调查中，从全校所有学生宿舍中抽取一定数量的宿舍，然后对抽中宿舍的所有学生都进行调查。这就是将每一个学生宿舍作为“群”的整群抽样。

整群抽样的抽样框是所有“群”的名单目录，而不需要所有个体的名单目录，因此整群抽样的实施比较方便，这是整群抽样的优点。但是整群抽样的误差通常要大一些。为提高整群抽样的效果，群的划分方式很重要，群的划分应尽量缩小群间差异，使每个群对总体都有较好的代表性，从而提高统计推断的精度。

实践中也经常采用以上抽样技术的组合形式，比如常见的多阶段抽样。在某市企业职工的收入满意度调查中，首先从本市所有企业中抽取部分企业，然后在抽中的企业内抽取部分职工进行调查，这样的抽样过程分两个阶段，因此称为两阶段抽样(two-stage sampling)。这里，企业被称为初级抽样单元，职工为二级抽样单元。两阶段抽样需要编制两级抽样框，即一级抽样框是包含本市所有企业的名单，二级抽样框是抽中企业的全部职工的名单。

如果总体可以划分成两个以上级别的抽样单元，每一级别的抽样单元由若干下一级别的抽样单元组成，相应地就存在多个级别的抽样框，抽样时先在一级抽样框中对一级抽样单元抽样，再在中选的一级抽样单元中对二级抽样单元抽样，依次类推，这种抽样方法称为多阶段抽样(multi-stage sampling)。多阶段抽样实施方便，而且只需对抽中的而不需对每个高级别的抽样单元建立关于低级别抽样单元的抽样框，调查费用也比较低。比如在省抽县、县抽乡、乡抽村、村抽户的农业产量四阶段抽样中，凡未被抽中的县、乡、村就不必编制关于乡、村、户的抽样框。多阶段抽样的主要缺点是估计量的结构比较复杂，估计量方差的估计也很复杂。

第二节　统　计　量

一、统计量的概念

统计量(statistic)是为了估计参数而定义的，它是样本特征的概括性数字度量。推断统计中，参数通常是未知的，是研究者想要了解的总体的某种特征，是统计推断的目标量。如果随机抽取的样本对总体具有足够的代表性，就可以利用样本统计量信息来推断参数。比如，某高校欲估计“所有在校生的平均日浏览网页时长”，这就是一个参数，是研究推断的目标量；随机抽取 400 名在校生组成一个样本，调查获得每人的日浏览网页时长，计算得到的这“400 名在校生的平均日浏览网页时长”就是一个统计量。只要样本对总体有足够的代表性，就可以根据这 400 人的平均日浏览网页时长来推断该高校所有在校生的平均日浏览网页时长。

统计量要与推断的参数相对应，通常用小写英文字母表示。如果只研究单个总体，人们所关心的参数通常有：单个总体均值 μ 、单个总体标准差 σ 、单个总体比例 π 等。与之相对应的统计量是：单个样本均值 $\bar{x}$ 、单个样本标准差 s 、单个样本比例 p 等。

如果研究者关心的是两个总体的参数是否有差异，就会涉及两个总体参数之差(或之比)的研究，常见的是：两个总体均值之差 $(\mu_1-\mu_2)$ 、两个总体比例之差 $(\pi_1-\pi_2)$ 、两个总体方差比 σ_1^2/σ_2^2 。相对应的统计量是：两个样本均值之差 $(\bar{x}_1-\bar{x}_2)$ 、两个样本比例之差 (p_1-p_2) 、两个样本方差比 s_1^2/s_2^2 。

显然，统计量是样本的函数，统计量的值会随样本的不同而变化，因此，统计量是一个随机变量，其表达式中不含未知参数。在抽取一个特定的样本后，通过调查可得到样本的观测值，进而可以计算出统计量的一个特定值。

二、统计量的计算

$\bar{x}$ ， s^2 和 p 是基本的统计量，它们的计算方法有的与总体参数的计算方法一致，有的则存在一定的差异。

(一) 样本均值

样本均值 $\bar{x}$ 作为总体均值 μ 的统计量，在计算方法上与总体均值并无差异，只是计算范围发生了变化。样本均值 $\bar{x}$ 是用样本观测值的和除以样本观测值的个数。根据样本观测值是否经过分组整理，样本均值 $\bar{x}$ 有样本的简单均值和样本的加权均值两种。

1. 样本简单均值

样本简单均值是直接将样本观测值的和除以其样本容量，它适合未经分组整理的样本观测值的均值计算。假设从容量为 N 的总体中随机抽取容量为 n 的一个样本，其相应的观测值分别记为 $x_1,x_2,\cdots,x_n$ ，则样本简单均值 $\bar{x}$ 的计算公式为

样本简单均值： $$\bar{x}=\frac{x_1+x_2+\cdots+x_n}{n}=\frac{\sum_{i=1}^{n}x_i}{n}\quad\left(\text{简记为}\bar{x}=\frac{\sum x_i}{n}\right)\tag{7.3}$$

2. 样本加权均值

若样本观测值是经分组整理的结果，则样本均值的计算需要以各组变量值出现的次数为权数对各组变量值加权计算，称为样本加权均值。设某样本观测值被分为k组，各组的变量值分别为$x_1,x_2,\cdots,x_k$，各组变量值的频数分别为$f_1,f_2,\cdots,f_k$，则样本加权均值$\overline{x}$的计算公式为

$$\text{样本加权均值：}\ \overline{x}=\frac{x_1f_1+x_2f_2+\cdots+x_kf_k}{f_1+f_2+\cdots+f_k}=\frac{\sum_{i=1}^{k}x_if_i}{\sum_{i=1}^{k}f_i}\quad\left(\text{简记为}\overline{x}=\frac{\sum x_if_i}{\sum f_i}\right)\tag{7.4}$$

需要注意的是，如果对样本观测值进行了组距分组，计算$\overline{x}$时各组变量值应取各组观测值的均值。通常各组观测值的均值未知，就用各组的组中值代替做近似值计算。

(二) 样本方差与样本标准差

样本方差s^2作为总体方差σ^2的统计量，其计算方法与总体方差的存在差异。总体方差是以总离差平方和除以总体容量来计算离差平方的均值，而样本方差是用样本的总离差平方和除以样本容量n减1($n-1$称为自由度)得到的。之所以采用自由度$(n-1)$计算，是因为这样计算的样本方差才是相应总体方差的无偏估计量，防止系统误差的产生。

样本标准差s是样本方差的算术平方根。标准差的计量单位与原始数据相同，因此比方差更容易解释。根据样本观测值是否分组整理，样本方差和标准差也有简单和加权两种算法。

1. 样本简单方差与简单标准差

未分组的样本资料(原始资料)采用简单平均法计算样本的方差，称之为样本简单方差。样本简单方差的算术平方根称为样本简单标准差。设某样本的n个观测值分别为$x_1,x_2,\cdots,x_n$，其简单均值为$\overline{x}$，则样本简单方差与标准差的计算公式分别为

$$\text{样本简单方差：}\quad s^2=\frac{\sum_{i=1}^{n}(x_i-\overline{x})^2}{n-1}=\frac{\sum(x_i-\overline{x})^2}{n-1}\tag{7.5}$$

$$\text{样本简单标准差：}\ s=\sqrt{\frac{\sum(x_i-\overline{x})^2}{n-1}}\tag{7.6}$$

2. 样本加权方差与加权标准差

如果将样本观测值分为k个组，各组变量值分别为$x_1,x_2,\cdots,x_k$，各组对应的频数分别为$f_1,f_2,\cdots,f_k$，数据分组情况下需要使用加权平均方法计算样本加权方差，样本加权方差的算术平方根称为加权标准差，它们的计算公式分别为

$$\text{样本加权方差：}\quad s^2=\frac{\sum_{i=1}^{k}(x_i-\overline{x})^2f_i}{\sum_{i=1}^{k}f_i-1}=\frac{\sum(x_i-\overline{x})^2f_i}{\sum f_i-1}\tag{7.7}$$

$$\text{样本加权标准差：}\quad s=\sqrt{\frac{\sum(x_i-\overline{x})^2f_i}{\sum f_i-1}}\tag{7.8}$$

如果根据组距分组数据计算样本加权方差 s^2，则各组变量值 x_i 用各组组中值近似代替。

(三) 0-1 变量的样本比例、样本方差和标准差

在商务与经济管理中，经常要进行比例估计。所谓比例(proportion)是指总体(或样本)中具有某种属性的个体数量与全部个体数量的比值。比如，产品可分为合格品和不合格品，合格品数(或不合格品数)与全部产品总数之比形成的合格率(或不合格率)就是比例；再如，学生考试中的及格率和不及格率也是比例；又如，新上岗职工中接受培训的人数比重和未接受培训的人数比重也是比例。

根据本书第四章第三节 0-1 变量分布特征的内容，π 为 0-1 变量的总体均值，$\pi(1-\pi)$ 为 0-1 变量的总体方差，其标准差为 $\sqrt{\pi(1-\pi)}$。

对于样本来讲，设样本中有 n 个个体，其中有 n_1 个个体具有研究者感兴趣的某种特征，有 n_0 个个体不具有研究者感兴趣的该种特征，且 $n_1+n_0=n$，则 0-1 变量的样本比例为

$$p=\frac{n_1}{n},\quad 1-p=\frac{n_0}{n} \tag{7.9}$$

p 为 0-1 变量的样本均值，那么，0-1 变量的样本方差和标准差分别为

0-1 变量的样本方差： $$s_p^2=\frac{n}{n-1}p(1-p) \tag{7.10}$$

0-1 变量的样本标准差： $$s_p=\sqrt{\frac{n}{n-1}p(1-p)} \tag{7.11}$$

实践中，比例推断问题往往是在大样本情况下进行，这时，式(7.10)和(7.11)中的($n-1$)通常可简化为 n，从而在大样本情况下 0-1 变量的样本方差和样本标准差简化为

0-1 变量的大样本方差： $$s_p^2=p(1-p) \tag{7.12}$$

0-1 变量的大样本标准差： $$s_p=\sqrt{p(1-p)} \tag{7.13}$$

例 7.1　某大学就业办公室从当年毕业的研究生中随机抽取了 12 名，调查了他们在工作半年后的月薪水平和是否接受过岗前培训的情况。调查得到的 12 名毕业生的月薪(单位：元)水平分别为 2750，2850，2950，2780，2655，2610，2790，3030，2840，3225，2820，2780。其中有 9 人曾经接受过岗前培训。要求：

(1) 计算月薪水平的均值及其方差与标准差；

(2) 计算接受岗前培训人数的比例及“是否接受岗前培训”变量的样本方差与标准差。

解　(1) 因为样本观测值未分组，所以可计算样本的简单均值。由式(7.3)得

$$\bar{x}=\frac{\sum x_i}{n}=\frac{2750+2850+\cdots+2780}{12}=2840(\text{元})$$

由式(7.5)和(7.6)得

$$\begin{aligned}s^2&=\frac{\sum(x_i-\bar{x})^2}{n-1}\\&=\frac{(2750-2840)^2+(2850-2840)^2+\cdots+(2780-2840)^2}{12-1}=27440.9091\end{aligned}$$

$$s=\sqrt{\frac{\sum(x_i-\bar{x})^2}{n-1}}=\sqrt{27440.9091}=165.65(\text{元})$$

(2) 由式(7.9)计算得样本中接受岗前培训人数的比例为

$$p=\frac{n_1}{n}=\frac{9}{12}=75\%$$

由式(7.10)和(7.11)计算得“是否接受岗前培训”变量的样本方差与标准差分别为

$$s_p^2=\frac{n}{n-1}p(1-p)=\frac{12}{11}\times0.75\times0.25=0.2045$$

$$s_p=\sqrt{\frac{n}{n-1}p(1-p)}=\sqrt{0.2045}=45.23\%$$

例 7.2　某高校随机抽取 400 名在校生，调查其日浏览网页时长，表 7.2 为样本观测值分组整理后的分布情况。要求：

(1) 计算该 400 名学生日浏览网页平均时长及其方差和标准差；

(2) 若日浏览网页时长在 300 分钟以上视为有网瘾，试计算有网瘾的学生比例为多少？计算“是否有网瘾”变量的样本方差和标准差。

表 7.2　400 名在校生日浏览网页时长分组资料

按日浏览网页时长分组/分钟	学生数/人
60 以下	40
60～120	60
120～180	80
180～240	100
240～300	80
300 以上	40
合计	400

解　表 7.2 为组距式分组资料，需用组中值作为各组变量值的近似值，计算过程见表 7.3。

表 7.3　400 名在校生日浏览网页时长分组计算表

按日浏览网页时长分组/分钟	学生数 f_i/人	组中值 x_i	$x_i f_i$	$(x_i-\bar{x})^2 f_i$
60 以下	40	30	1200	973440
60～120	60	90	5400	552960
120～180	80	150	12000	103680
180～240	100	210	21000	57600
240～300	80	270	21600	564480
300 以上	40	330	13200	829440
合计	400	—	74400	3081600

(1) 根据表 7.3，400 名学生平均日浏览网页时长为

$$\overline{x}=\frac{\sum x_i f_i}{\sum f_i}=\frac{74400}{400}=186(分钟)$$

400 名学生日浏览网页时长的方差和标准差分别为

$$s^2=\frac{\sum\left(x_i-\overline{x}\right)^2 f_i}{\sum f_i-1}=\frac{3081600}{399}=7723.3083$$

$$s=\sqrt{\frac{\sum\left(x_i-\overline{x}\right)^2 f_i}{\sum f_i-1}}=\sqrt{7723.3083}=87.88(分钟)$$

(2) 400 名学生中有网瘾的比例为

$$p=\frac{n_1}{n}=\frac{40}{400}=10\%$$

“是否有网瘾”变量的样本方差和标准差分别为

$$s_p^2=\frac{n}{n-1}p(1-p)=0.0902$$

$$s_p=\sqrt{\frac{n}{n-1}p(1-p)}=30.04\%$$

因为此题中的样本是大样本，故也可按式(7.12)和(7.13)直接计算。

第三节 随机变量的分布与抽样分布

随机变量都有一定的概率分布，统计量是随机变量，它也有自己的概率分布。统计量的概率分布被称为抽样分布(sampling distribution)，它是由统计量的所有可能取值及其概率所形成的分布。由于现实中不可能将所有的样本都抽取出来，因此抽样分布实际上是一种理论分布。抽样分布提供了统计量长远而稳定的信息，并建立了统计量与总体参数之间的联系，是统计推断重要的理论基础，大数定律和中心极限定理则为推断估计提供了主要的数学依据。概率分布与频数分布很相似，但频数分布是一种经验分布，反映的是实际调查数据或观测数据的分布。对概率分布的完整认识，既需要了解它的分布形态，也需要明确它的数学特征——数学期望和方差。

一、大数定律和中心极限定理

从随机变量中去寻找必然规律，必须借助大量观察法。所谓大量观察，就是观察次数趋向无限时的极限行为。采用极限方法得出的一系列定理，统称为极限定理。极限定理分为两类：一类是阐明大量随机现象平均结果稳定性的一系列定理，称为大数定律。另一类是研究在何种条件下，随机变量的分布可以近似为正态分布，称为中心极限定理。

伯努利大数定律表明，当 n 足够大时，频率与概率之差可以任意小，频率收敛于概率。从这一定理作出的引申是：如果事件 A 的概率很小，那么事件 A 的频率也很小，事件 A 就很少会发生。或者说，概率很小的随机事件在个别实验中几乎是不可能发生的，这一原理是假

设检验中拒绝原假设的依据。

切比雪夫定理表明，当试验次数足够多时，n个随机变量的平均值与单个随机变量的数学期望的差可以任意小，这为用样本统计量估计对应的总体参数提供了依据。

中心极限定理表明，随机变量不论来自什么分布的总体，都可以用正态分布的理论来说明(具体内容见本节样本均值的抽样分布)。当然所研究的总体分布与正态分布的差异越大，样本容量n就应该越大，这样就能保证样本均值的分布接近正态分布。

大数定律的本质是尽管单个随机变量的具体表现会存在随机误差，但大量随机变量的平均结果会使随机误差相互抵消，使总的平均结果趋于稳定。大数定律揭示了大量随机变量的平均结果趋于稳定的结论，但没有说明随机变量的分布规律。而中心极限定理则说明了许多随机变量的分布是正态或接近正态分布，在随机变量的可能分布中，正态分布占有非常重要的地位。

二、随机变量的概率分布

正态分布是最常见的连续型随机变量的概率分布，它提供了一种通过抽样可能获得的结果的描述，因此被广泛应用于统计推断中。统计学家为了分析的需要，在正态分布的基础上还构造出另外一些随机变量形成了χ^2分布、t分布和F分布，这些分布都是由正态分布推导而来，在统计推断中具有独特的地位和作用。

(一) 正态分布

正态分布(normal distribution)最初是由高斯(Gauss，1777～1855)作为描述误差相对频率分布的模型提出来的。现实生活中，有许多现象都可以用正态分布来描述。

若随机变量X服从均值为μ、方差为σ^2的正态分布，记为$X \sim N(\mu,\sigma^2)$。即正态分布的密度函数有两个参数：μ和σ^2，不同的μ和σ^2值对应于不同的正态分布，其概率密度函数所对应的曲线如图 7.1 所示。

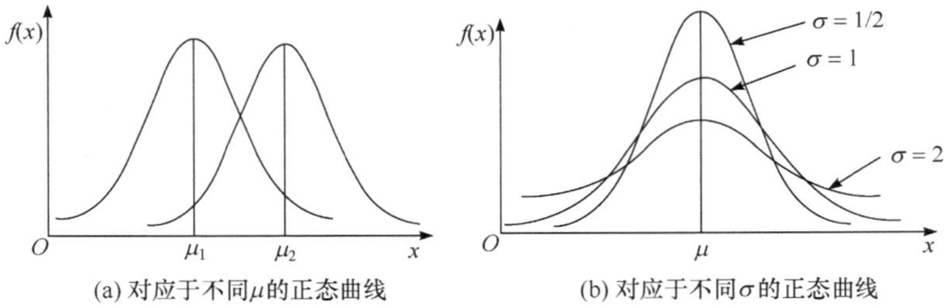

图 7.1　不同μ和σ值对应的正态分布概率密度曲线比较

正态分布具有如下性质：

(1) 正态分布曲线是关于$x=\mu$对称的钟型分布曲线，且峰值在$x=\mu$处。

(2) 正态分布的两个参数μ和σ一旦确定，正态分布的具体形式也就唯一确定了，不同参数取值的正态分布构成一个完整的“正态分布族”。其中，均值μ可以是实数轴上的任意数值，它决定正态分布曲线的具体位置，标准差相同而均值不同的正态分布曲线在坐标轴上表现为水平位移。σ为大于零的实数，它决定正态分布曲线的“陡峭”或“扁平”程度。σ越大，正态分布曲线越扁平；σ越小，正态分布曲线越陡峭。

(3) 当正态分布随机变量的取值向横轴左右两个方向无限延伸时，正态分布曲线的左右两个尾端也无限渐近横轴，但理论上永远不会与之相交。

(4) 正态分布随机变量在特定区间上取值的概率由正态分布曲线下的面积给出，而且其曲线下的总面积等于 1。经验法则总结了正态分布在一些常用区间上的概率，如图 7.2 所示。

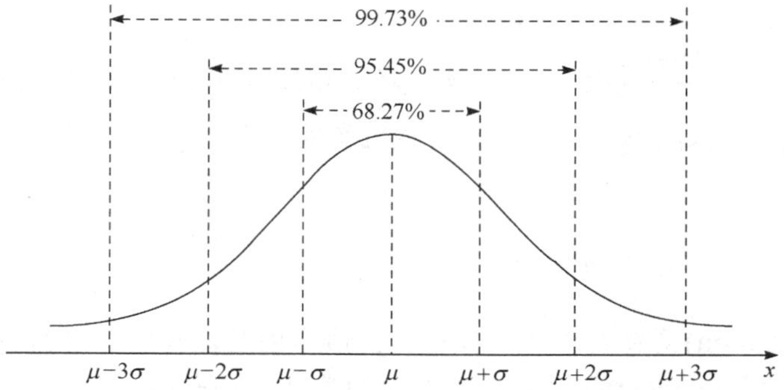

图 7.2　常用区间的正态分布概率值

图 7.2 表明，正态分布随机变量在其均值 μ 左右各 1 个标准差范围内取值的概率为 68.27%；在 μ 左右各 2 个标准差范围内取值的概率为 95.45%；在 μ 左右各 3 个标准差范围内取值的概率为 99.73%。这些概率值都广泛地应用于统计推断中。

(5) 由于正态分布是一个分布族，对于任一服从正态分布的随机变量 $X\sim N(\mu,\sigma^2)$，通过 $\dfrac{X-\mu}{\sigma}$ 的标准化处理后生成的新随机变量(通常用 Z 表示)都将服从均值为 0、标准差为 1 的标准正态分布(standard normal distribution)，记为 $Z\sim N(0,1)$。标准正态分布曲线下的面积已经被人们计算出来并编制成表，见本书的标准正态分布概率表(附录 A 中附表 1)。以上标准化处理过程同样适用于样本统计量的分布形态的标准化。

(二) χ^2 分布

χ^2 分布(Chi-square distribution)是由海尔墨特(Hermert)和卡尔·皮尔逊(K. Pearson)分别于 1875 年和 1900 年推导出来的，是统计推断中的重要分布。它主要应用于对总体方差的估计(或检验)以及对总体概率密度函数的估计(或检验)或者两总体独立性的检验等。

χ^2 分布的基本定义为：若有 n 个独立的标准正态分布随机变量 $X_1,X_2,\cdots,X_n$，则这 n 个随机变量的平方和服从自由度为 n 的 χ^2 分布，记作 $\sum\limits_{i=1}^{n}X_i^2\sim\chi^2(n)$。

同理，若有 n 个独立的随机变量 $X_1,X_2,\cdots,X_n$，且 $X_i\sim N(\mu_i,\sigma_i^2)$，则将 $X_i(i=1,2,\cdots,n)$ 标准化后的变量记为 $Z_i=\dfrac{X_i-\mu_i}{\sigma_i}\sim N(0,1)$，则随机变量 $Y=\sum\limits_{i=1}^{n}Z_i^2$ 服从自由度为 n 的 χ^2 分布，记作 $Y\sim\chi^2(n)$。

$\chi^2(n)$ 分布具有如下性质。

(1) $\chi^2(n)$ 分布的形状取决于其自由度 n 的大小，通常为单峰右偏分布，但随着 n 的增大，$\chi^2(n)$ 分布曲线的最高点逐渐下降并向右移动，逐渐趋于对称，如图 7.3 所示。

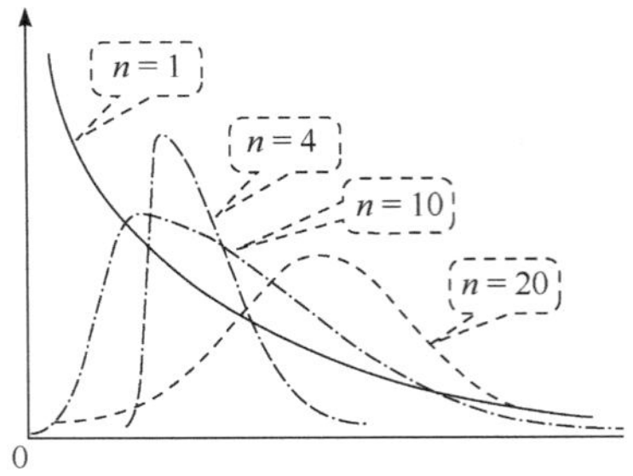

图 7.3　不同自由度的 $\chi^2(n)$ 分布概率密度曲线

(2) $\chi^2(n)$ 分布的变量值始终为正。

(3) $\chi^2(n)$ 分布的期望值 $E(\chi^2)=n$，方差 $D(\chi^2)=2n$。可见，随着自由度 n 的增加，$\chi^2(n)$ 分布的期望值和方差随之增大。$\chi^2(n)$ 分布的概率即为 $\chi^2(n)$ 分布曲线下的面积。

(4) χ^2 分布具有可加性。若 X 和 Y 为两个相互独立的 χ^2 分布随机变量，$X\sim\chi^2(n_1)$, $Y\sim\chi^2(n_2)$，则 $X+Y\sim\chi^2(n_1+n_2)$。

(三) t 分布

t 分布(t distribution)又称为"学生分布"，最早由英国化学家和统计学家戈塞特(W. S. Gosset)提出，"学生"(student)是其发表文章时的笔名。t 分布是统计推断中的重要分布，它在总体均值估计、检验以及相关回归分析中均有重要作用。t 分布的定义为：两个随机变量 X, Y 相互独立，且 $X\sim N(0,1)$, $Y\sim\chi^2(n)$，则随机变量 $t=\dfrac{X}{\sqrt{Y/n}}$ 服从自由度为 n 的 t 分布，记作 $t\sim t(n)$。t 分布常常用于小样本的推断问题。在正态分布总体标准差未知且小样本条件下，对总体均值的估计和检验要用到 t 分布。

t 分布具有如下性质。

(1) t 分布与标准正态分布类似，都是单峰且以纵坐标轴为中心呈对称分布，但 t 分布的峰顶低于标准正态分布曲线，通常比标准正态分布平坦和分散，但其分布曲线的两尾高于标准正态分布曲线。t 分布的概率即为 t 分布曲线下的面积。

(2) t 分布曲线的具体形态依赖于自由度的大小。随着自由度增大，t 分布也逐渐趋于标准正态分布，如图 7.4 所示。

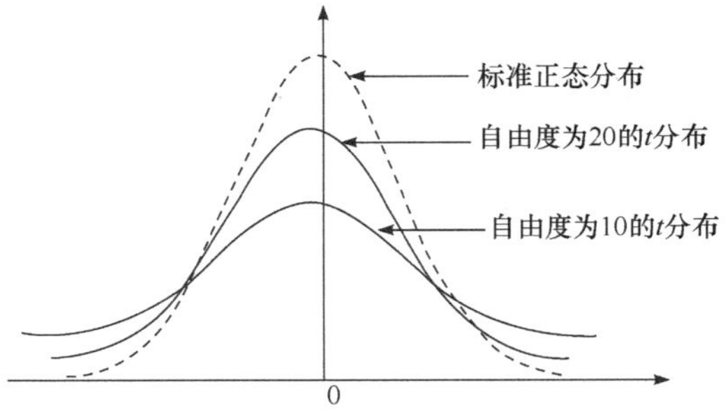

图 7.4　不同自由度的 t 分布概率密度曲线与标准正态分布概率密度曲线的比较

(3) t 分布的期望值 $E(t)=0$ (当 $n\geqslant 2$ 时)，方差 $D(t)=\dfrac{n}{n-2}$ (当 $n>2$ 时)。可见，t 分布的方差总是大于 1，因此 t 分布曲线比标准正态分布曲线更为平坦和分散。但是随着自由度 n 的增加，t 分布的方差接近于 1。在实际应用中，一般当 $n\geqslant 30$ 时，t 分布与标准正态分布就非常接近了。

(四) *F* 分布

F 分布(*F* distribution)是统计学家费希尔(R. A. Fisher)于 1924 年提出的，在假设检验、总体方差的统计推断、方差分析、回归分析和多元统计分析等方面有着广泛的应用。*F* 分布通常用于判断不同总体的方差是否存在显著差异。

F 分布是两个独立的 χ^2 变量(分别除以各自的自由度)相除构成的随机变量所遵循的分布规律。即，若随机变量 X，Y 相互独立，且 $X \sim \chi^2(n_1)$，$Y \sim \chi^2(n_2)$，则随机变量 $F = \dfrac{X / n_1}{Y / n_2}$ 服从第一自由度为 n_1，第二自由度为 n_2 的 *F* 分布，记作 $F \sim F(n_1, n_2)$。

F 分布具有如下性质。

(1) *F* 分布的图形与 χ^2 分布类似，也是一种非对称的右偏分布，其形状取决于两个自由度，随着两个自由度的增加而逐渐趋于对称，如图 7.5 所示。*F* 分布的概率即为 *F* 分布曲线下的面积。

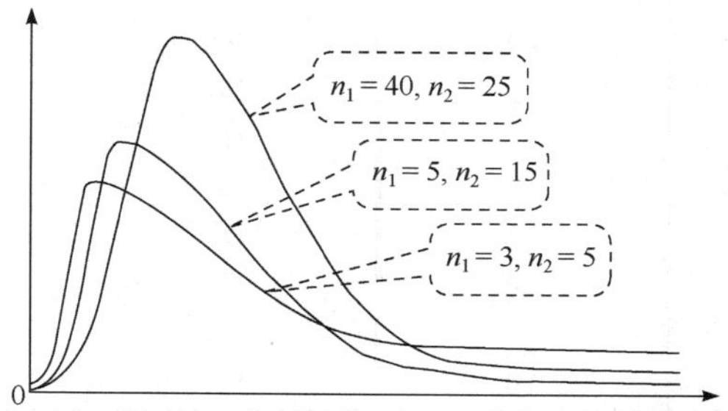

图 7.5 不同自由度下的 $F(n_1, n_2)$ 概率密度分布曲线

(2) 当 $n_2 > 2$ 时，*F* 分布的期望存在，且 $E(F) = \dfrac{n_2}{n_2 - 2}$，当 $n_2 > 4$ 时，*F* 分布的方差存在，且 $D(F) = \dfrac{2n_2^2(n_1 + n_2 - 2)}{n_1(n_2 - 2)^2(n_2 - 4)}$。

(3) *F* 分布的 α 分位数值 $F_\alpha(n_1, n_2)$ 可查 *F* 分布表获得，且 $F_{1-\alpha}(n_1, n_2) = \dfrac{1}{F_\alpha(n_2, n_1)}$。由此可知，在 *F* 分布中，两个自由度的位置不可互换。这一性质在查 *F* 分布临界值时很重要。

(4) *F* 分布与 *t* 分布存在如下关系：如果随机变量 $X \sim t(n)$，则 $X^2 \sim F(1, n)$。这一性质可应用于回归分析中的回归系数的显著性检验。

三、样本均值的抽样分布

(一) 独立样本均值的抽样分布

设从总体 N 个个体中抽取容量为 n 的简单随机样本，在考虑顺序的重置抽样条件下，可能的样本数目共有 N^n 个；在不考虑顺序不重置抽样条件下，可能的样本数目共有 C_N^n 个。对于每一个样本，我们都可以计算出其样本均值，由所有可能的样本均值形成的相对频数分布就是样本均值的抽样分布。样本均值的抽样分布是一种理论分布，但统计学家能够证明它服从某种分布或找到其渐近分布，并能够明确该分布的特征值(均值和方差)。例 7.3 说明了样本均值抽样分布的形成过程。

例 7.3　设一个总体含有 4 个个体，即 N=4，变量 X 的取值分别为：1，2，3，4。从中考虑顺序重置抽取样本容量为 2 的所有可能简单随机样本，描述样本均值的抽样分布。

解　总体为均匀分布，即 X 取每一个值的概率都相同。根据 X 的取值，可以计算其总体均值和方差分别为

$$\mu=\frac{\sum_{i=1}^{N}X_i}{N}=\frac{10}{4}=2.5,\quad \sigma^2=\frac{\sum_{i=1}^{N}(X_i-\mu)^2}{N}=\frac{5}{4}=1.25$$

从总体中采用考虑顺序重置抽样方法抽取容量为 2 的简单随机样本，共有 $M=4^2=16$ 个可能样本，且每一个样本被抽中的概率均相等。16 个可能样本及其均值 $\bar{x}$ 的结果见表 7.4。

表 7.4　16 个可能样本及其均值 $\bar{x}$

样本序号	样本构成	样本均值 $\bar{x}_i$	样本序号	样本构成	样本均值 $\bar{x}_i$
1	1，1	1.0	9	3，1	2.0
2	1，2	1.5	10	3，2	2.5
3	1，3	2.0	11	3，3	3.0
4	1，4	2.5	12	3，4	3.5
5	2，1	1.5	13	4，1	2.5
6	2，2	2.0	14	4，2	3.0
7	2，3	2.5	15	4，3	3.5
8	2，4	3.0	16	4，4	4.0

每个样本被抽中的概率均为 1/16。将表 7.4 整理后得样本均值的抽样分布见表 7.5。

表 7.5　样本均值 $\bar{x}$ 的抽样分布

$\bar{x}_i$ 的取值	$\bar{x}_i$ 的频数 f_i	$\bar{x}_i$ 取值的概率 $P(\bar{x}_i)$
1.0	1	1/16
1.5	2	2/16
2.0	3	3/16
2.5	4	4/16
3.0	3	3/16
3.5	2	2/16
4.0	1	1/16

由表 7.5 可以计算出 16 个可能样本均值的特征值：均值和方差。

$$E(\bar{x})=\frac{\sum\bar{x}_i f_i}{M}=\frac{1.0+1.5\times2+2.0\times3+\cdots+3.5\times2+4.0}{16}=\frac{40}{16}=2.5=\mu$$

$$\sigma_{\bar{x}}^2=\frac{\sum(\bar{x}_i-\mu)^2}{M}=\frac{10}{16}=\frac{1.25}{2}=\frac{\sigma^2}{n}$$

将 $\bar{x}$ 的抽样分布绘成图 7.6(b)，并与图 7.6(a)的总体分布图比较，不难看出它们的区别：尽管总体服从均匀分布，但样本均值的抽样分布却呈现对称的钟型分布形态。

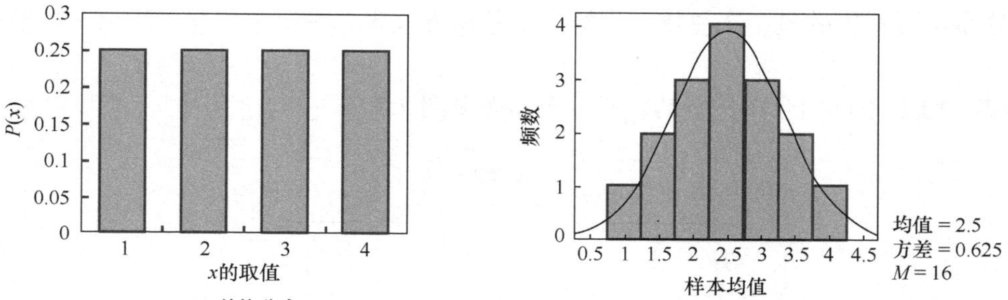

图 7.6　总体分布与样本均值的抽样分布形态的比较

由例 7.3 样本均值的均值和方差的计算结果可以看出：样本均值的均值等于总体均值，样本均值的方差是总体方差的 $1/n$。

以上说明了样本均值的抽样分布形成过程，下面说明样本均值的抽样分布理论。

数理统计已经证明，$\bar{x}$ 的抽样分布与样本容量 n 的大小、总体是否服从正态分布，以及总体方差 σ^2 是否已知有关。

如果随机抽取的是大样本 $(n \geqslant 30)$，则无论总体是否服从正态分布，也无论 σ^2 是否已知，$\bar{x}$ 均服从正态分布。著名的林德伯格-莱维中心极限定理表述了这一结论：从均值为 μ、方差为 σ^2 的任意总体中，抽取样本容量为 n 的简单随机样本，当 n 充分大时，$\bar{x}$ 近似服从均值为 μ、方差为 $\dfrac{\sigma^2}{n}$ 的正态分布，即 $\bar{x} \sim N\left(\mu, \dfrac{\sigma^2}{n}\right)$，将 $\bar{x}$ 标准化后为标准正态分布，即 $Z = \dfrac{\bar{x}-\mu}{\sigma/\sqrt{n}} \sim N(0,1)$。样本容量 n 多大才能很好地使得 $\bar{x}$ 的抽样分布更好地近似正态分布呢？答案取决于被抽样的总体分布形态，一般说来，被抽样总体的偏度越大，所需要的样本容量越多。但对于大多数被抽样的总体而言，通常满足 $n \geqslant 30$ 就足够了。

需要说明的是，如果总体方差 σ^2 未知，需要用样本方差 s^2 估计总体方差 σ^2，但在大样本条件下，总体方差 σ^2 未知时，$\dfrac{\bar{x}-\mu}{s/\sqrt{n}} \sim N(0,1)$ 仍近似成立，即 $Z = \dfrac{\bar{x}-\mu}{s/\sqrt{n}} \sim N(0,1)$。

如果随机抽取的是小样本（$n < 30$），同时总体服从正态分布，那么 $\bar{x}$ 的抽样分布就由 σ^2 是否已知来确定。①当 σ^2 已知时，$\bar{x}$ 仍服从正态分布，即 $\bar{x} \sim N\left(\mu, \dfrac{\sigma^2}{n}\right)$，则 $\bar{x}$ 标准化后将服从标准正态分布，即 $Z = \dfrac{\bar{x}-\mu}{\sigma/\sqrt{n}} \sim N(0,1)$；②当 σ^2 未知时，需用样本方差 s^2 估计 σ^2，则 $\bar{x}$ 标准化后服从自由度为 $(n-1)$ 的 t 分布，即 $t = \dfrac{\bar{x}-\mu}{s/\sqrt{n}} \sim t(n-1)$，这就是 t 分布定理。

如果抽取的是小样本，同时总体也不服从正态分布时，则样本均值将不再服从正态分布(此处不讨论)。

样本均值 $\bar{x}$ 的抽样分布如果从总体分布出发来说明，则可以归纳为三个定理——正态分布再生定理、中心极限定理、t 分布定理的应用。正态分布再生定理说明，如果总体服从正态分布，则不管样本容量 n 多大，也不管总体方差 σ^2 是否已知，样本均值 $\bar{x}$ 均服从正态分布。中心极限定理则解决了总体不是正态分布情况下，如何实现样本均值 $\bar{x}$ 也服从正态分布的问题。t分布定理解决的是正态总体、小样本、总体方差未知情况下，样本均值$\bar{x}$的抽样分布问题。

样本均值在不同组合条件下的抽样分布形态见图 7.7。

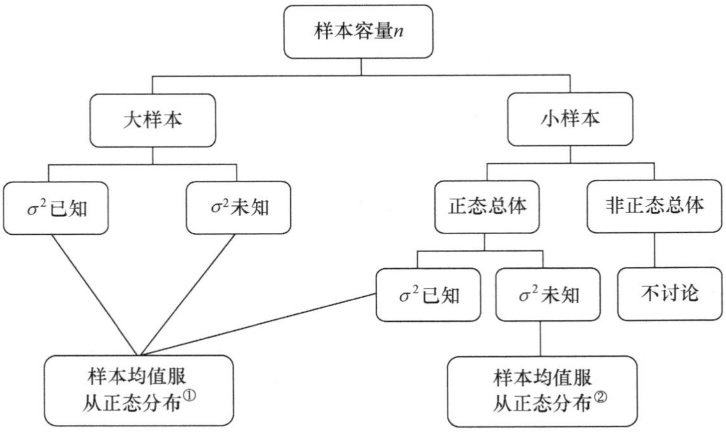

图 7.7　样本均值在不同组合条件下的抽样分布形态

① 样本均值标准化后服从 Z 分布；② 样本均值标准化后服从 t 分布

根据样本均值抽样分布理论，可以得到样本均值的两大特征值：

$$E(\bar{x}) = \mu \tag{7.14}$$

重置抽样、无限总体：

$$\sigma_{\bar{x}}^2 = \frac{\sigma^2}{n} \tag{7.15}$$

不重置抽样、有限总体：

$$\sigma_{\bar{x}}^2 = \frac{\sigma^2}{n} \cdot \frac{N-n}{N-1} \tag{7.16}$$

式(7.15)表明，样本均值的方差$\sigma_{\bar{x}}^2$是总体方差的$\frac{1}{n}$，$\sigma_{\bar{x}}^2$通常比σ^2小很多。样本均值的标准差$\sigma_{\bar{x}}$计量了$\bar{x}$的离散程度，在参数估计和假设检验中，$\sigma_{\bar{x}}$是用于衡量统计量与参数之间差距的一个重要尺度，为抽样误差的一个表征。关于抽样误差的内容，将在本章最后一节详细介绍。

比较公式(7.16)与(7.15)可以看出，与重置抽样的公式相比，不重置抽样公式中多了一个系数$\frac{N-n}{N-1}$，此系数被称为有限总体修正系数，有限总体修正系数在(0,1)区间内取值，因此，在其他条件不变的情况下，不重置抽样的样本均值的方差总是比重置抽样的小。实践中，当N较大时，可将$\frac{N-n}{N-1}$简化为$1-\frac{n}{N}$，进一步，当$\frac{n}{N} \leqslant 5\%$时，人们将有限总体修正系数近似为1。这样对于有限总体，当N和$\frac{n}{N}$满足以上条件时，不重置抽样的样本均值的方差可按重置抽样公式来计算。对于无限总体，因为总体容量N无限多，所以通常按重置抽样公式来确定样本均值的方差。

需要说明的是，统计量的标准差与一般所说的标准差是两个不同的概念。标准差是根据某变量的原始数据计算的，反映该变量值的离散程度，如第四章中所说明的变量x的标准差。而统计量的标准差是根据统计量的值计算的，反映统计量取值的离散程度。比如，样本均值$\bar{x}$

的标准差是根据所有可能的样本均值 $\bar{x}$ 计算的，反映样本均值 $\bar{x}$ 的离散程度，其离散程度比原始变量的离散程度要小很多。

利用独立样本均值的抽样分布，可以确定样本均值的均值与方差，并计算样本均值在某一区间内取值的概率。

例 7.4 已知 3000 件电子元件重量的均值为 6.03 克，标准差为 0.30 克。现从 3000 件电子元件中简单随机抽取 100 件，试求：

(1) 样本均值的均值和标准差；

(2) 样本平均重量在 5.99 克至 6.01 克之间取值的概率。

解 (1) 已知 $N=3000$，$n=100$(大样本)，$\mu=6.03$，$\sigma=0.30$。

根据独立样本均值的抽样分布理论，样本均值的抽样分布为

$$\bar{x} \sim N\left(6.03, \frac{0.30^2}{100}\right)$$

所以，$E(\bar{x})=6.03$(克)，$\sigma_{\bar{x}}=\dfrac{\sigma}{\sqrt{n}}=\dfrac{0.30}{\sqrt{100}}=0.03$(克)。

需要说明的是，实践中通常采用的是不重置抽样。本例中，因 $\dfrac{n}{N}=\dfrac{1}{30}<0.05$，故可按照重置抽样的公式(7.15)计算样本均值的标准差。

(2) 因为 $\bar{x} \sim N(6.03, 0.30^2/100)$，从而 $Z=\dfrac{\bar{x}-\mu}{\sigma/\sqrt{n}}=\dfrac{\bar{x}-6.03}{0.30/\sqrt{100}} \sim N(0,1)$。所以

$$\begin{aligned}
P(5.99 \leqslant \bar{x} \leqslant 6.01) &= P\left(\frac{5.99-6.03}{0.03} \leqslant \frac{\bar{x}-6.03}{0.03} \leqslant \frac{6.01-6.03}{0.03}\right) \\
&= P(-1.33 \leqslant Z \leqslant -0.67) = [P(|Z| \leqslant 1.33) - P(|Z| \leqslant 0.67)] \div 2 \\
&= (0.8165 - 0.4971) \div 2 = 0.1597
\end{aligned}$$

式中，$P(|Z| \leqslant 1.33)=0.8165$ 和 $P(|Z| \leqslant 0.67)=0.4971$ 为查标准正态分布概率表(附录 A 中的附表 1)所得。因此，样本平均重量在 5.99 克至 6.03 克之间取值的概率为 0.1597。

(二) 两个独立样本均值之差的抽样分布

实际问题研究中，常会遇到比较两个总体均值的问题。比如，要比较两所高校学生平均日浏览网页时长的差异；比较两种不同投资项目预期回报的差异等，以上问题可概括为两个均值的差异问题，解决两个均值的差异问题需要明确两个样本均值之差的抽样分布。

数理统计已经证明，对于从两个正态分布总体 $N(\mu_1, \sigma_1^2)$ 和 $N(\mu_2, \sigma_2^2)$ 中分别独立抽取的容量为 n_1 和 n_2 的简单随机样本，设 $\bar{x}_1$，$\bar{x}_2$ 分别对应两个样本均值，则两个独立样本均值之差 $(\bar{x}_1-\bar{x}_2)$ 也服从正态分布，其均值和方差分别为

$$E(\bar{x}_1-\bar{x}_2)=E(\bar{x}_1)-E(\bar{x}_2)=\mu_1-\mu_2 \tag{7.17}$$

$$D(\bar{x}_1-\bar{x}_2)=D(\bar{x}_1)+D(\bar{x}_2)=\frac{\sigma_1^2}{n_1}+\frac{\sigma_2^2}{n_2} \tag{7.18}$$

当 n_1 和 n_2 较大(一般要求 $n_1 \geqslant 30, n_2 \geqslant 30$)时，则不管总体分布如何，$(\bar{x}_1-\bar{x}_2)$ 的抽样分布均可用正态分布来近似，其均值和方差仍然按式(7.17)和式(7.18)计算。

当 n_1 和 n_2 较小($n_1<30$，$n_2<30$)时，首先明确两个总体均服从正态分布。在两个样本为独

立简单随机样本的前提下，$(\bar{x}_1-\bar{x}_2)$ 的抽样分布视两个总体方差 σ_1^2 和 σ_2^2 的情况来定，有两种情况：第一种，若两个总体方差 σ_1^2 和 σ_2^2 均已知，则 $(\bar{x}_1-\bar{x}_2)$ 服从正态分布，经标准化后服从标准正态分布，其均值和方差仍然按式(7.17)和式(7.18)计算。

第二种，若 σ_1^2 和 σ_2^2 未知，则要考虑两种情形：① σ_1^2 和 σ_2^2 未知但相等，即 $\sigma_1^2=\sigma_2^2=\sigma^2$；② σ_1^2 和 σ_2^2 未知且不相等，即 $\sigma_1^2\neq\sigma_2^2$。这两种情形的 $(\bar{x}_1-\bar{x}_2)$ 虽服从正态分布，经标准化后均近似服从 t 分布，但自由度有所不同，具体内容见第八章第三节，此处不赘述。

另外，在两个总体均值的比较研究中，还会选择匹配样本，匹配样本均值的抽样分布内容将在第八章第三节中介绍。

例 7.5 设有甲、乙两所高校在某年录取新生时，甲校新生的平均分为 655 分，且服从正态分布，标准差为 20 分；乙校新生的平均分为 625 分，也服从正态分布，标准差为 25 分。现从甲、乙两校均随机抽取 8 名新生计算其平均分数，出现甲校新生平均分低于乙校新生平均分的可能性有多大？

解 因为两个总体均服从正态分布，所以 8 名新生的平均分 $\bar{x}_1$ 和 $\bar{x}_2$ 也分别服从正态分布，进而 $(\bar{x}_1-\bar{x}_2)$ 也服从正态分布，即 $(\bar{x}_1-\bar{x}_2)\sim N\left(\mu_1-\mu_2,\dfrac{\sigma_1^2}{n_1}+\dfrac{\sigma_2^2}{n_2}\right)$。

求事件“甲校新生平均分低于乙校新生平均分”出现的概率，即求 $P(\bar{x}_1-\bar{x}_2\leqslant 0)$，则

$$P(\bar{x}_1-\bar{x}_2\leqslant 0)=P\left(\frac{(\bar{x}_1-\bar{x}_2)-(\mu_1-\mu_2)}{\sqrt{\dfrac{\sigma_1^2}{n_1}+\dfrac{\sigma_2^2}{n_2}}}\leqslant\frac{0-(655-625)}{\sqrt{\dfrac{20^2}{8}+\dfrac{25^2}{8}}}\right)$$

$$=P(Z\leqslant -2.65)=[1-P(|Z|\leqslant 2.65)]\div 2$$

查标准正态分布概率表(附录 A 中的附表 1)，得到

$$P(|Z|\leqslant 2.64)=0.9917,\quad P(|Z|\leqslant 2.66)=0.9922$$

经插补法计算得

$$P(|Z|\leqslant 2.65)=0.9920$$

所以，

$$P(|Z|\leqslant -2.65)=[1-P(|Z|\leqslant 2.65)]\div 2=(1-0.9920)\div 2=0.0040$$

以上是查表求解方式。此例直接用 Excel 中的 NORM 函数求解更方便。

$$P(|Z|\leqslant -2.65)=\text{NORM.S.DIST}(-2.65,\text{TRUE})=0.0040$$

由此可见，出现甲校新生平均分低于乙校新生平均分的可能性很小。

四、样本比例的抽样分布

(一) 独立大样本比例的抽样分布

从一个总体中重置抽取容量为 n 的简单随机样本，由样本比例的所有可能取值及相对频数形成的分布就是样本比例的抽样分布。

由于样本比例 p 属于 0-1 变量分布的平均数，所以样本比例的抽样分布也可由中心极限

定理决定。当样本容量很大(通常要求 $np \geqslant 10$ 和 $n(1-p) \geqslant 10$)时，根据中心极限定理，样本比例 p 的抽样分布可用正态分布近似，所以重置抽样独立大样本比例 p 的均值和方差分别为

$$E(p) = \pi, \quad \sigma_P^2 = \frac{\pi(1-\pi)}{n}$$

即

$$p \sim N\left(\pi, \frac{\pi(1-\pi)}{n}\right) \tag{7.19}$$

在不重置抽样条件下，独立大样本比例 p 的均值和方差分别为

$$E(p) = \pi, \quad \sigma_p^2 = \frac{\pi(1-\pi)}{n} \cdot \frac{N-n}{N-1}$$

即

$$p \sim N\left(\pi, \frac{\pi(1-\pi)}{n} \cdot \frac{N-n}{N-1}\right) \tag{7.20}$$

由式(7.19)和(7.20)可以看出，独立大样本比例的标准差为

$$\text{重置抽样、无限总体：} \sigma_p = \sqrt{\frac{\pi(1-\pi)}{n}} \tag{7.21}$$

$$\text{不重置抽样、有限总体：} \sigma_p = \sqrt{\frac{\pi(1-\pi)}{n} \cdot \frac{N-n}{N-1}} \tag{7.22}$$

式(7.20)和(7.22)中的有限总体修正系数 $\frac{N-n}{N-1}$ ，在 N 很大，且 $\frac{n}{N} \leqslant 5\%$ 时，通常可简化为 $\frac{N-n}{N}$ ，即 $1-\frac{n}{N}$ ，这在实践中较为常见，其中的 $\frac{n}{N}$ 通常称为抽样比例。

当 0 -1 变量的总体方差 $\pi(1-\pi)$ 未知时，大样本情况下，可用样本方差 $p(1-p)$ 估计。

与样本均值的方差一样，对于有限总体，当 N 很大，且 $\frac{n}{N} \leqslant 5\%$ 时，有限总体修正系数非常接近 1，不重置抽样也可按重置抽样来处理；对于无限总体，在不重置抽样条件下，样本比例的方差也可按重置抽样的方式来处理。因此，在后续的内容中，对不重置抽样条件下的公式不再单独讨论。

例 7.6　从某地区 9000 名适龄儿童中简单随机抽取 400 名调查入学情况，其中有 320 名儿童入学，求样本入学率的标准差。

解　已知 $N = 9000$ ， $n = 400$ 。因为 $\frac{n}{N} = 0.04 < 5\%$ ，所以可以按重置抽样公式计算样本入学率的标准差。同时，因为“是否入学”变量总体的方差 $\pi(1-\pi)$ 未知，用样本的方差 $p(1-p)$ 估计。

根据样本数据计算得

$$p = \frac{n_1}{n} = \frac{320}{400} = 80\%$$

所以，$np = 320 > 10$，$n(1-p) = 80 > 10$，满足大样本条件。

$$\sigma_p=\sqrt{\frac{\pi(1-\pi)}{n}}\approx\sqrt{\frac{p(1-p)}{n}}=\sqrt{\frac{0.8\times0.2}{400}}=2\%$$

即样本入学率的标准差为 2%。

例 7.7　在某国的某次选举中，一位州代表获得了 52%的选票。选举一年以后，该代表委托某调查机构组织了一次调查，选取了一个由 300 人组成的简单随机样本，询问他们在下一次选举中是否还会投他的票，求 300 人中有超过半数会投该代表选票的概率。

解　已知 $n=300$，$\pi=52\%$。所以，$n\pi=156>10, n(1-\pi)=144>10$，满足大样本条件。因此，会投该代表选票的回答者的人数服从 $n=300$，$\pi=52\%$ 的二项分布。根据式(7.20)，样本比例 p 的抽样分布为

$$p\sim N\left(0.52,\frac{0.52\times(1-0.52)}{300}\right),\qquad \text{即 } p\sim N(0.52,0.000832)$$

所以

$$\begin{aligned}P(p>0.50)&=P\left(\frac{p-0.52}{\sqrt{0.000832}}>\frac{0.50-0.52}{\sqrt{0.000832}}\right)=P(Z>-0.69)\\&=[1-P(|Z|\leqslant0.69)]\div2+P(|Z|\leqslant0.69)\\&=(1-0.5098)\div2+0.5098=0.7549\end{aligned}$$

式中，$P(|Z|\leqslant0.69)=0.5098$ 为查标准正态分布概率表(附录 A 中的附表 1)所得。

因此，假设支持水平仍为 52%，则 300 人中超过半数会投该代表选票的概率大约为 0.7549。

(二) 两个独立大样本比例之差的抽样分布

从购买行为中比较消费者对甲、乙两产品喜爱程度的差异；比较不同班组生产不合格品比例的差异等属于比例的差异问题，这样的问题研究需要明确样本比例之差的抽样分布。

设从具有参数为 π_1 和 π_2 的两个总体中分别进行简单随机抽样，抽取样本容量分别为 n_1 和 n_2 的两个独立大样本，则两个独立大样本比例之差 (p_1-p_2) 的抽样分布具有下列性质：

(1) (p_1-p_2) 的抽样分布近似服从正态分布。

(2) (p_1-p_2) 的均值为

$$E(p_1-p_2)=\pi_1-\pi_2 \tag{7.23}$$

(3) (p_1-p_2) 的方差为

$$D(p_1-p_2)=\frac{\pi_1(1-\pi_1)}{n_1}+\frac{\pi_2(1-\pi_2)}{n_2} \tag{7.24}$$

例 7.8　一项抽样调查表明，甲城市消费者中有 15% 的人喝过“圣洁”牌矿泉水，而乙城市消费者中只有 8% 的人喝过该种矿泉水。如果这些数据是真实的，那么当我们分别从甲城市抽取 120 人，从乙城市抽取 140 人组成两个独立随机样本时，两个样本比例之差 (p_1-p_2) 不低于 0.08 的概率有多大？

解　已知 $\pi_1=0.15,\pi_2=0.08,n_1=120,n_2=140$。两个样本相互独立，且 $n_1\pi_1=18>10$，$n_2\pi_2=11.2>10$，满足独立大样本条件。设 p_1 表示甲城市样本消费者中喝过“圣洁”牌矿泉水的比例，p_2 表示乙城市样本消费者中喝过“圣洁”牌矿泉水的比例，则 (p_1-p_2) 的抽样分

布可认为近似服从正态分布，即$(p_1-p_2)\sim N\left(\pi_1-\pi_2,\dfrac{\pi_1(1-\pi_1)}{n_1}+\dfrac{\pi_2(1-\pi_2)}{n_2}\right)$，于是有

$$(p_1-p_2)\sim N(0.07, 0.00159)$$

从而所求概率为

$$P(p_1-p_2\geqslant 0.08)=P\left(\frac{(p_1-p_2)-0.07}{\sqrt{0.00159}}\geqslant\frac{0.08-0.07}{\sqrt{0.00159}}\right)$$
$$=P(Z\geqslant 0.25)=[1-P(|Z|\leqslant 0.25)]\div 2=(1-0.1974)\div 2=0.4013$$

式中，$P(|Z|\leqslant 0.25)=0.1974$为查标准正态分布概率表(附录 A 中的附表 1)所得。

因此，两个样本比例之差不低于 0.08 的概率为 0.4013。

五、样本方差的抽样分布

样本方差s^2的抽样分布比较复杂，其精确分布很难求出，但与总体分布有关。本书介绍总体分布为正态分布时的样本方差s^2的抽样分布。

(一) 正态分布总体下独立样本方差的抽样分布

数理统计证明了正态分布总体下独立样本方差抽样分布的以下有关结论。

(1) 正态分布总体下独立样本方差的抽样分布与χ^2分布有关。设$x_1,x_2,\cdots,x_n$为来自正态分布总体$N(\mu,\sigma^2)$的简单随机样本，则$\dfrac{(n-1)s^2}{\sigma^2}$服从自由度为$(n-1)$的$\chi^2$分布，即

$$\chi^2=\frac{(n-1)s^2}{\sigma^2}\sim\chi^2(n-1) \tag{7.25}$$

式中，σ^2为总体方差，s^2为样本方差且$s^2=\dfrac{\sum(x_i-\bar{x})^2}{n-1}$。

(2) 正态分布总体下独立样本方差的均值为

$$E(s^2)=\sigma^2 \tag{7.26}$$

(3) 正态分布总体下独立样本方差的方差为

$$D(s^2)=\frac{2\sigma^4}{n-1} \tag{7.27}$$

在总体方差的估计和非参数检验中会用到χ^2分布。

例 7.9 某企业生产一种零件，已知其直径服从正态分布，总体的标准差为 0.01 毫米。现随机抽查 36 个零件，试求其样本标准差大于 0.012 的概率。

解 已知$n=36$，零件直径服从正态分布，$\sigma=0.01$。所以

$$\chi^2=\frac{(n-1)s^2}{\sigma^2}=\frac{35\times 0.012^2}{0.01^2}=50.4$$

因此，题目要求的是$P(\chi^2>50.4)$的值。利用 Excel 中的 CHIDIST.DIST.RT 函数，可以很方便地求得这一概率值

$$P(\chi^2 > 50.4) = \text{CHIDIST.DIST.RT}(50.4, 35) = 0.0444$$

因此，零件直径的样本标准差大于 0.012 的概率为 0.0444。

(二) 两个正态分布总体的独立样本方差比的抽样分布

数理统计已经证明，两个正态分布总体的独立样本方差比的抽样分布的有关结论以下。

(1) 两个正态分布总体的独立样本方差比的抽样分布与 F 分布有关。设 $x_1, x_2, \cdots, x_{n_1}$ 为来自正态分布总体 $X \sim N(\mu_1, \sigma_1^2)$ 的一个简单随机样本，$y_1, y_2, \cdots, y_{n_2}$ 为来自正态分布总体 $Y \sim N(\mu_2, \sigma_2^2)$ 的一个简单随机样本，且 $x_i (i = 1, 2, \cdots, n_1)$ 与 $y_i (i = 1, 2, \cdots, n_2)$ 相互独立，则

$$\frac{s_1^2 / s_2^2}{\sigma_1^2 / \sigma_2^2} = \frac{s_1^2 / \sigma_1^2}{s_2^2 / \sigma_2^2} \sim F(n_1 - 1, n_2 - 1) \tag{7.28}$$

式中，$s_1^2 = \dfrac{1}{n_1 - 1}\sum_{i=1}^{n_1}(x_i - \overline{x})^2$，$s_2^2 = \dfrac{1}{n_2 - 1}\sum_{i=1}^{n_2}(y_i - \overline{y})^2$。$F(n_1 - 1, n_2 - 1)$ 是第一自由度(分子自由度)为 $(n_1 - 1)$、第二自由度(分母自由度)为 $(n_2 - 1)$ 的 F 分布。

(2) 两个正态分布总体的独立样本方差比的抽样分布均值为

$$E\left(\frac{s_1^2}{s_2^2}\right) = \frac{n_2 \sigma_1^2}{(n_2 - 2)\sigma_2^2} \tag{7.29}$$

(3) 两个正态分布总体的独立样本方差比的抽样分布方差为

$$D\left(\frac{s_1^2}{s_2^2}\right) = \frac{2n_2^2(n_1 + n_2 - 2)\sigma_1^4}{n_1(n_2 - 2)^2(n_2 - 4)\sigma_2^4} \tag{7.30}$$

因为 F 分布的期望值 $E(F) = \dfrac{n_2}{n_2 - 2}$ (当 $n_2 > 2$ 时)，方差 $D(F) = \dfrac{2n_2^2(n_1 + n_2 - 2)}{n_1(n_2 - 2)^2(n_2 - 4)}$ (当 $n_2 > 4$ 时)，则很容易得到 $E\left(\dfrac{s_1^2}{s_2^2}\right) = \dfrac{n_2\sigma_1^2}{(n_2 - 2)\sigma_2^2}$，$D\left(\dfrac{s_1^2}{s_2^2}\right) = \dfrac{2n_2^2(n_1 + n_2 - 2)\sigma_1^4}{n_1(n_2 - 2)^2(n_2 - 4)\sigma_2^4}$。

F 分布通常用于判断不同总体的方差是否有显著差异，在方差分析和回归分析中有重要的应用。

第四节 抽样误差

统计推断是从总体中随机抽取样本，然后调查收集样本数据，并据此推断总体特征的统计研究方法。统计推断的效果一般用一个通俗的提法——精度来表征。而精度通常又由抽样误差来表现。如果不考虑非抽样误差，则精度的具体体现就是抽样误差。抽样误差越小，说明样本对总体的代表性越高，用样本统计量对总体参数进行估计的精度也越高。

抽样误差是统计推断中极为重要的概念，它是由抽样的随机性决定的，因此是随机抽样中特有的、不可避免的误差。抽样误差是统计数据误差的一种，在本书第二章第二节中已经介绍过抽样误差的基本概念及特点等。本节以样本均值 $\overline{x}$ 估计总体均值 μ 为例，来解释抽样误差及其表现形式，分析影响抽样误差的因素及影响方向，并归纳抽样误差的基本特点。

一、抽样误差及其表现形式

抽样误差是一个一般性的概念，在实际应用中有不同的表现形式。要理解抽样误差的思想，需要从个别样本的抽样误差(简称抽样个别误差)开始讨论。但是需要注意的是，尽管抽样个别误差的形式最直观，可以作为理解抽样误差思想的起点，也是计量抽样误差的基础，但其并非抽样误差的科学的表现形式。抽样误差的科学表现形式主要有抽样平均误差、抽样允许误差和抽样允许误差系数等。

(一) 抽样个别误差

在统计推断中，样本统计量是总体参数的估计量，统计量值即为参数的估计值，但估计值随抽取样本的不同而不同。估计值与待估参数真值之间的差异称为离差。理论上，每一个可能的样本都可以给出一个离差，比如$(\overline{x}_i-\mu)$衡量了第i个$(i=1,2,\cdots,M)$可能样本的估计值偏离参数真值的程度。之所以称其为离差，因其有两个特点：首先，不同样本因其估计值可能不同从而产生的离差也可能不同，有些离差比较大，有些比较小；有些离差为正值，有些为负值。其次，这些离差尽管客观存在，但却是未知的(因为参数真值μ是未知的)。统计上将某一特定样本的离差称为个别样本的抽样误差(简称抽样个别误差)。

鉴于抽样个别误差具有随机性且未知的特点，欲衡量某抽样方案的统计推断效果，不能单从抽样个别误差的大小来下结论，必须利用所有可能样本的抽样误差的一般水平即抽样平均误差来判断。

(二) 抽样平均误差

因为抽样个别误差有正有负、绝对值有大有小，所以，统计上以抽样平均误差来反映所有可能样本的估计值与参数真值之间的平均偏离程度，它是所有可能样本的抽样个别误差的综合，以抽样个别误差平方的平均数形式呈现，本质上也就是估计量(或统计量)的标准差。因抽样平均误差综合了所有可能样本的估计值偏离参数真值的程度，能从整体上反映某统计推断方案的优劣，从而更具有代表性，因此衡量统计推断的效果更为可靠。

在抽样估计中，由于抽样个别误差是无法计算的，所以抽样平均误差的计算常常依赖于抽样分布定理。以样本均值$\overline{x}$来估计总体均值μ为例，林德伯格-莱维中心极限定理已经证明，在重置简单随机抽样条件下，$\overline{x}$的标准差$\sigma_{\overline{x}}$为$\sigma_{\overline{x}}=\dfrac{\sigma}{\sqrt{n}}$。可以看出，该形式与抽到哪一个特定的样本及其观测值无关，也就是说，一旦确定了抽样方案(即明确了样本容量、抽样方法、抽样技术、估计方法等)，不需要实际抽样，$\sigma_{\overline{x}}$即可计算出来。由此可见，抽样平均误差是可以事先(实际抽样调查之前)予以计算的误差。

(三) 抽样允许误差

实际应用中，研究者也可以事先主观规定能够接受的误差大小，即事先要求本次统计推断的误差不得超出某一水平，并在此要求下设计抽样方案。比如，在用$\overline{x}$估计μ时，要求抽样误差不得超过$\Delta_{\overline{x}}$，即$|\overline{x}-\mu|\leqslant\Delta_{\overline{x}}$。这一事先规定的误差，被称为抽样允许误差。而抽样允许误差在参数估计中为置信区间的半径，实际上表现了误差(或置信区间)的边界，因此也常被称为抽样极限误差(简称极限误差)。

实际应用中，研究者事先规定抽样允许误差的做法：一是直接规定抽样允许误差的大小；二是通过规定置信水平$(1-\alpha)$来确定抽样允许误差的大小，在区间估计中，与$(1-\alpha)$呈一一对应关系的分位数$Z_{\alpha/2}$是抽样允许误差的重要组成因子。抽样允许误差与置信水平的作用及关系将在第八章中说明。

(四) 抽样允许误差系数

由前述抽样平均误差和抽样允许误差的代表性公式可以看出，此二者的计量单位与所研究变量的计量单位相同。为了比较不同研究目的(或变量)统计推断效果的差异，需要将抽样允许误差进行相对化处理，从而实现可比性。

抽样允许误差相对化处理的做法是：用抽样允许误差除以研究变量的均值，计算公式为

$$V_{\Delta_{\bar{x}}}=\frac{\Delta_{\bar{x}}}{\mu} \tag{7.31}$$

$V_{\Delta_{\bar{x}}}$称为抽样允许误差系数。抽样允许误差相对化处理类似于将标准差转化为标准差系数的做法。在实际应用中，经常事先规定抽样允许误差系数的大小。

二、影响抽样误差的因素

尽管抽样误差是随机抽样中不可避免、不能消除的误差，但是可以通过一定手段来计算和控制。欲达此目的，需要明确影响抽样误差的因素及其影响方向。

首先，分析影响抽样平均误差的因素。以样本均值$\bar{x}$的抽样平均误差的基本公式$\sigma_{\bar{x}}=\sigma/\sqrt{n}$为例，可以得到影响抽样平均误差的因素主要有：

(1) 总体的标准差σ。抽样误差与σ呈正比关系，即在其他条件不变的前提下，σ越大，则抽样误差越大，反之越小。

(2) 样本容量n。抽样误差与n的算术平方根呈反比关系，即在其他条件不变的前提下，n越大，则抽样误差越小。

(3) 抽样技术。上式为简单随机样本中$\bar{x}$的抽样平均误差，如果采用分层抽样等其他概率抽样技术，公式会发生相应的变化。在其他条件相同的前提下，分层抽样的抽样误差通常小于简单随机抽样的抽样误差，整群抽样的抽样误差通常大于简单随机抽样的抽样误差，而在一定条件下的等距抽样的抽样误差能达到与简单随机抽样的抽样误差比较接近的水平。

(4) 抽样方法。前已说明，重置简单随机抽样下$\bar{x}$的抽样平均误差$\sigma_{\bar{x}}=\dfrac{\sigma}{\sqrt{n}}$；如果采用不重置简单随机抽样，则$\bar{x}$的抽样平均误差为：$\sigma_{\bar{x}}=\sqrt{\dfrac{\sigma^2}{n}\cdot\dfrac{N-n}{N-1}}\approx\sqrt{\dfrac{\sigma^2}{n}\left(1-\dfrac{n}{N}\right)}$，式中的有限总体修正系数$\dfrac{N-n}{N-1}$总是小于1，因此，在其他条件相同的前提下，不重置抽样的抽样平均误差小于重置抽样的抽样平均误差。

其次，对抽样允许误差来讲，除以上影响因素外，置信水平(见第八章相应说明)也是影响抽样允许误差的重要因素。在其他条件不变的情况下，置信水平越高，抽样允许误差就会越大，反之就越小。

以上抽样误差的影响因素说明，增大样本容量n是减少抽样误差最直接且行之有效的手

段，但是增大 n 又会相应增加调查费用，延长调查时间；如果费用或时间有限，则在 n 相同的条件下，可以通过改进抽样方法或采用合理的抽样技术来提高等容量样本对总体的代表性，从而达到减少抽样误差、提升推断精度之目的。

综上所述，抽样误差有五大特点：

(1) 抽样误差是由样本的随机性所带来的误差，是随机抽样特有的误差。

(2) 抽样误差不是差错，而是用样本数据信息来推断总体特征时不可避免的误差，所以抽样误差是不可避免、无法消除的。

(3) 抽样误差是一个概括性概念，它有不同的表现形式。比如前述的抽样个别误差、抽样平均误差、抽样允许误差、抽样允许误差系数等。每种表现形式在实际应用中具有不同的应用价值。

(4) 抽样误差可以事先计算。

(5) 抽样误差可以事先加以控制。

思考与练习

一、思考题

1. 简要说明总体三个层次的概念。
2. 什么是样本与样本频数分布？
3. 常用的概率抽样技术有哪些？举例说明它们各自的做法和适用性。
4. 什么是参数？什么是统计量？如何理解二者的特点及其相互关系。
5. 常用的统计量有哪些？如何计算？
6. 什么是抽样分布？
7. 常用的随机变量分布有哪些？不同分布在统计推断中具有什么意义？
8. 独立样本均值、独立大样本比例、正态总体的独立样本方差、两个独立样本均值之差、两个独立大样本比例之差、两个独立正态总体的样本方差比的抽样分布分别是怎样的？
9. 解释林德伯格-莱维中心极限定理的含义。
10. 什么是抽样误差？其表现形式有哪些？有哪些特点？
11. 简述抽样误差的影响因素及影响方向。

二、练习题

1. 某学院辅导员为了了解学生每天使用智能手机的时间长度，从本学院在校生中随机抽取了 30 人进行调查得到如下数据(单位：小时)。该辅导员定义每天使用智能手机时长超过 5 小时的学生为“手机控”。

3.6	0.8	1.5	5.8	2.3	4.1
4.4	2.0	5.4	2.6	6.4	1.8
2.1	1.9	1.2	5.1	4.3	4.2
5.4	4.5	3.2	3.5	5.7	2.3
4.7	1.4	1.3	3.3	3.1	6.2

要求根据以上样本信息计算：

(1) 每日使用智能手机时长的样本均值及样本标准差；

(2) “是否为手机控”变量的样本比例及样本标准差。

2. 某快餐店想要估计顾客午餐的平均花费金额，随机选取了 80 名顾客进行了调查，数据整理如下表。

按午餐花费金额分组/元	频数/人
5	7
6	12
7	21
8	24
9	10
10	6
合计	80

要求计算：

(1) 午餐花费金额的样本均值及样本标准差；

(2) “午餐花费金额 9 元及以上”的比例及“午餐花费金额是否在 9 元及以上”变量的标准差。

3. 为调查家用轿车每百公里的平均耗油量，随机抽取了 60 辆轿车，测得每百公里耗油量数据分组如下表。

按每百公里耗油量分组/升	频数/辆
8.80 以下	4
8.80～9.10	6
9.10～9.40	14
9.40～9.70	18
9.70～10.00	6
10.00～10.30	10
10.30 以上	2
合计	60

要求计算：

(1) 家用轿车每百公里耗油量的样本均值及样本标准差；

(2) “每百公里耗油量在 10 升及以上”的比例及“每百公里耗油量是否在 10 升及以上”变量的标准差。

4. 从均值为 200、标准差为 50 的总体中，抽取 $n=100$ 的简单随机样本，用样本均值 $\bar{x}$ 估计总体均值。要求：(1) 计算 $\bar{x}$ 的均值；(2) 计算 $\bar{x}$ 的标准差；(3) 说明 $\bar{x}$ 的抽样分布。

5. 从 $\pi=0.4$ 的总体中，抽取一个容量为 500 的简单随机样本，设样本比例为 p。要求：(1) 计算 p 的均值；(2) 计算 p 的标准差；(3) 说明 p 的抽样分布。

三、综合案例分析

资料：1936 年，美国发生了抽样调查发展史上一个里程碑式的事件，当时民主党候选人富兰克林·罗斯福和共和党候选人阿尔弗莱德·兰登角逐美国总统。大选之前，久负盛名的《文学文摘》(*Literary Digest*)杂志社对结果进行预测。他们根据电话号码和订购该杂志的俱乐部会员名单发出 1000 万份问卷调查表，根据所收回的 240 万份的样本数据，经过整理统计分析，预测兰登将以 370：161 即高出 14 个百分点的优势击败罗斯福。但民意调查者乔治·盖洛普对《文学文摘》的预测结果提出质疑，他采用配额抽样的方式进行民意调查，通过整理统计分析 5 万份数据，预测罗斯福必将在大选中获胜。最终，罗斯福以 62%：38% 的绝对优势压倒兰登。这一结果使得《文学文摘》销声匿迹，而乔治·盖洛普声名远扬。这个事件在公众中产生了强烈的反响，也影响到政府和学术界，代表性样本的思想开始生根发芽。

请你思考并回答下列问题：

1.《文学文摘》和乔治·盖洛普都采用抽样调查方法，为什么预测结果截然相反呢？

2. 乔治·盖洛普的调查数据是 5 万份，远远小于《文学文摘》杂志社的 240 万份，但成功预测了大选结果，你从中得到什么启示？

四、课程思政

生活中的推断统计

推断统计学采用样本数据去推断总体，从而得出研究问题的规律或结论，进一步提出合理建议。从本质上看，这正是从实践到认识再到实践的唯物主义认识过程，而在这一研究过程中，样本数据的获得一般采用抽样调查方法得到。

抽样调查基于经济性好、时效性强、适用面广等优点，被广泛应用于社会各个领域。而我们在实际抽样工作中，一定要坚持实事求是，一切从实际出发。1930 年 5 月，毛泽东在《反对本本主义》一文中提出“没有调查，就没有发言权”，所以我们一定要从研究问题实际出发进行调查，注重抽样数据的真实性和可靠性。

另外，我们采用抽样调查方式获取研究数据，难免会产生误差。对于误差，我们坚决反对弄虚作假，一定要本着实事求是的根本原则，分清楚误差来源，采用科学合理的方法减小误差。

要求：结合自身经历，说明实事求是对我们大学生有什么指导意义？实事求是对于大学生成长成才有什么重要作用？

第七章练习题参考答案

第八章　参数估计

【章前阅读】

二战中美军推测德国坦克数量①

第二次世界大战期间，盟军想知道德军总共制造了多少辆坦克。德国人长于逻辑思维而乏于机变，在给坦克编号时非常刻板，他们把坦克从 1 开始编号。战争之中，盟军缴获了一些德军坦克，并记录下了它们的生产编号。这些编号对于了解德军的坦克总量有用处吗？在统计学家眼里，这些编号组成了一个样本，由此去估计总的坦克数量。

制造出来的坦克数量肯定不小于记录中的最大编号，为了推测它比缴获坦克中的最大编号大多少，可以先计算已知编号的平均值，并把这个平均值视为全部编号的中点。因此，样本均值乘以 2 就是坦克总数的一个估计，当然，这里必须存在一个假设：缴获的坦克代表了所有坦克的一个随机样本。使用这种方法估计，有可能出现一个荒谬的结果：作为全部坦克数量估计值的样本均值的 2 倍居然小于样本中的最大值。另一种估计方法是用观测到的最大编号乘以$\left(1+\frac{1}{n}\right)$,如果缴获坦克数量为 10，其中最大编号为 50，那么坦克总数的一个估计是$50\times\left(1+\frac{1}{10}\right)$。这种方法的各种变形的确用于第二次世界大战之中。从战后发现的德军记录来看，盟军的估计非常接近德军生产坦克总数的实际值。记录还表明统计估计比其他情报方式所做的估计要大大接近于真实数目。统计学家做得比间谍们更漂亮！

这就是第二次世界大战时期点估计问题的一个实际历史案例。而我们即将讲到的参数估计包括点估计和区间估计两种方法。何为点估计、何为区间估计，如何进行一个合理的参数估计等是本章要学习的主要目标。

参数估计是推断统计的重要内容之一，属于统计估计的一种。统计估计是研究由样本信息估计总体的未知分布或分布中的未知参数的统计方法，分为非参数估计和参数估计两种类型。本章以简单随机抽样为基础，阐述参数估计的基本原理和具体估计方法，内容包括单个总体和两个总体的置信区间估计以及样本容量的确定问题，非参数估计不在本书讨论。

第一节　参数估计的基本原理

一、参数估计的意义

在统计估计问题的研究中，总体被理解为一种概率分布。直接对总体的未知分布进行的统计估计称为非参数估计。比如，为了制定某新型能源汽车尾气排放的合格标准，有关人员

① 资料来源：Iversen C R, Gergen M. 统计学——基本概念和方法. 北京：高等教育出版社; New York: Springer, 2000:151.

需要研究该款汽车排放的尾气中有害物质的分布状况，但对这个分布人们知之甚少，甚至不清楚它属于何种分布形态。利用样本信息对该有害物质的分布进行的估计为非参数估计。

另外一些情况下，当总体分布形态已知，仅需对总体分布的未知参数进行的估计称为参数估计。比如，在农民收入调查中，根据实际经验和理论分析可以断定农民收入服从正态分布，则利用样本信息对农民收入的有关特征值进行的估计即为参数估计。当然，数理统计已证明，对于总体分布未知的情形，如果样本容量足够大，也可以进行参数估计。

参数估计是利用样本信息来推断总体特征值，因此相对于普查，能够节省大量的人力、物力和时间，因而特别适用于规模较大，不便于进行普查的现象，在具有破坏性的产品质量检验中应用也很广泛。

参数估计有两种方法：点估计和区间估计。前者是用合适的统计量的值作为对应未知参数的估计值；后者则是在点估计的基础上，给出未知参数的一个取值区间，并以一定的概率将未知参数的真值包括在此区间内。区间估计是参数估计的常用形式。从区间估计的角度来说，参数估计属于概率估计，即在一定概率保证下对总体未知参数进行的估计。所估计的结果跟参数真值通常会存在一定的误差，因为样本是随机的，所以这种统计误差属于随机误差，即抽样误差。抽样误差可以事前计算并加以控制。如何通过合理的抽样设计来提高样本对总体的代表性，从而减少抽样误差、提高参数估计的精度，是参数估计需要解决的重要问题。

二、点估计

(一) 点估计的含义及方法

点估计(point estimate)的理论方法有矩估计法、顺序统计量法、最小二乘法、最大似然法等。比如，样本均值和样本方差分别为总体均值和总体方差的矩估计量；而样本中位数就是总体均值的顺序估计量；在回归分析中的样本回归系数就是总体回归系数的最小二乘估计量；等等。实践中，点估计就是用样本统计量 $\hat{\theta}$ 的值直接作为参数 θ 的估计值。

对单个总体参数进行估计时，实践中常见的点估计类型有：①单个总体均值 μ 的点估计，即用某一样本均值直接作为总体均值 μ 的估计值；②单个总体比例 π 的点估计，即用某一样本比例的值直接作为总体比例 π 的估计值；③单个总体方差 σ^2 的点估计，即用某一样本方差的值直接作为总体方差 σ^2 的估计值。比如，估计某高校在校生日浏览网页的平均时长，根据抽取的一个 100 名在校生的随机样本计算得到日浏览网页的平均时长为 210 分钟，则用 210 分钟直接作为全部在校生日均浏览网页时长的一个估计值即为总体均值的点估计；再如，估计该校在校生拥有智能手机的比例，根据随机样本调查后得到的样本比例为 90%，则将 90% 直接作为全部在校生拥有智能手机比例的估计值，即为总体比例的点估计。

(二) 点估计量的优良标准

样本统计量是随机变量，仅利用一次抽样的点估计结果来判断一个统计量的优劣是不可能的，必须从抽样分布的特点出发，才能整体上判断统计量是否是理想的估计量。同时，用于估计参数 θ 的点估计量可能有多个，哪种估计量的估计效果更好呢？为解决这些问题统计学家给出了点估计量的优良标准。

1. 无偏性

无偏性(unbiasedness)是要求估计量抽样分布的数学期望等于被估计的参数。设参数为 θ，所选择的估计量为 $\hat{\theta}$，如果 $E(\hat{\theta})=\theta$，则称 $\hat{\theta}$ 为 θ 的无偏估计量。图 8.1 给出了点估计量无偏和有偏情形的对比。

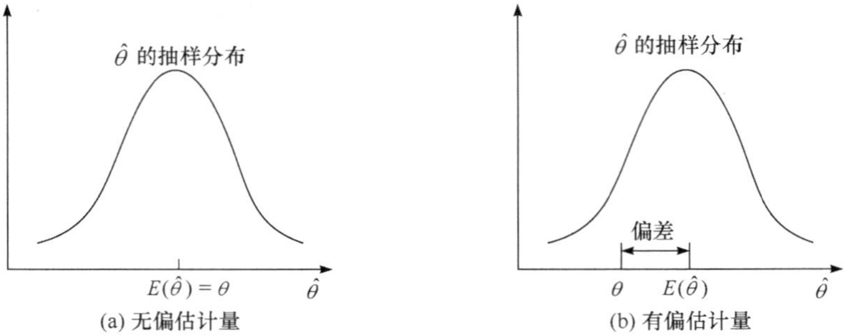

图 8.1 无偏和有偏点估计量的抽样分布示意图

由抽样分布理论可知，$E(\bar{x})=\mu$，$E(p)=\pi$，$E(s^2)=\sigma^2$，因此样本均值 $\bar{x}$、样本比例 p、样本方差 s^2 分别是总体均值 μ、总体比例 π、总体方差 σ^2 的无偏点估计量。

2. 有效性

一个点估计量满足无偏性并不意味着它就非常接近被估计的参数，一个优良的点估计量还必须要与参数的离散程度小，于是产生了有效性标准。所谓有效性(efficiency)是指对某个参数的两个无偏估计量，有更小标准差(或方差)的估计量更有效，我们称这样的估计量为最小方差无偏估计。假定 $\hat{\theta}_1$，$\hat{\theta}_2$ 为参数 θ 的两个无偏点估计量，其抽样分布的方差分别用 $D(\hat{\theta}_1)$ 和 $D(\hat{\theta}_2)$ 表示，如果 $D(\hat{\theta}_1)<D(\hat{\theta}_2)$，则称 $\hat{\theta}_1$ 是比 $\hat{\theta}_2$ 更有效的一个点估计量，即在无偏估计的条件下，点估计量的方差越小，估计也就越有效。

图 8.2 给出了点估计量的有效性示意图。从图中可以看出，对比两个无偏点估计量 $\hat{\theta}_1$ 和 $\hat{\theta}_2$，$\hat{\theta}_1$ 的离散程度(方差)比 $\hat{\theta}_2$ 的离散程度(方差)小，即平均来说，$\hat{\theta}_1$ 的值比 $\hat{\theta}_2$ 的值更接近参数真值，因此 $\hat{\theta}_1$ 比 $\hat{\theta}_2$ 更有效，是一个更好的点估计量。数理统计已经证明，样本均值是比样本中位数更为有效的点估计量，所以估计总体均值时应使用样本均值统计量。

3. 一致性

一致性(consistency)是指随着样本容量的增大，点估计量的值越来越接近被估计的参数真值。换言之，一个大样本给出的估计量值要比一个小样本给出的估计量值更接近参数真值。以总体均值估计为例，由样本均值的抽样分布理论可知，样本均值的标准差(抽样平均误差)为 $\sigma_{\bar{x}}=\sigma/\sqrt{n}$，$n$ 越大，$\sigma_{\bar{x}}$ 的值就越小，样本均值和总体均值间的差距就越小。因此，样本均值是总体均值的一个一致估计量。同样，样本比例也是总体比例的一致估计量。图 8.3 直观地说明了一致性的意义。

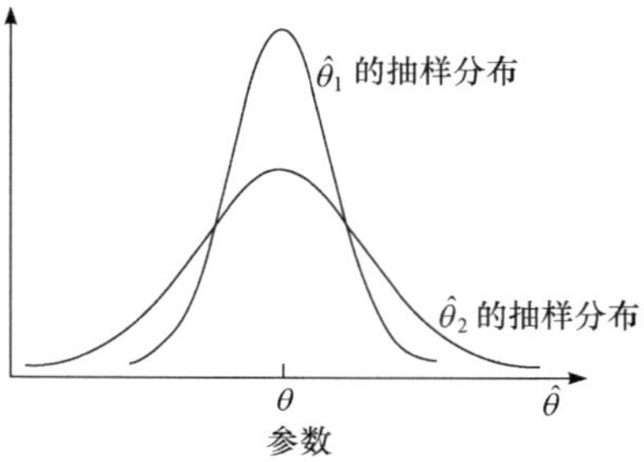

图 8.2 点估计量的有效性示意图

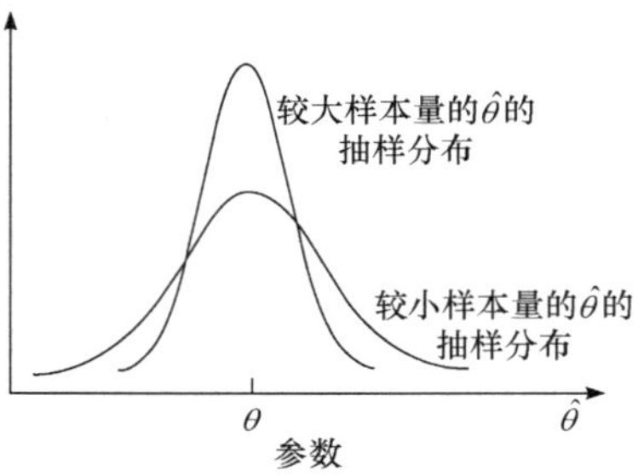

图 8.3 点估计量的一致性示意图

(三) 点估计的缺陷

数理统计已经证明，通常采用的点估计量形式(样本均值$\bar{x}$、样本比例p等)可以满足无偏性、有效性和一致性。但是，样本统计量是随机变量，其取值随着抽取样本的不同而不同，而参数值是唯一的，样本统计量的值通常是围绕在参数周围取值；点估计的做法并未考虑特定样本估计值与参数真值之间的差距，没有给出估计值与参数真值接近(或偏离)的程度，即没有考虑估计的精度和可靠程度。所以，真正有价值的参数估计不能完全依赖于某一特定样本的点估计值，而是由点估计值构造关于参数的一个区间范围作为参数的估计，这就产生了区间估计。

三、区间估计

(一) 区间估计的含义

在一定概率下，依据样本信息给出总体参数估计的一个区间范围，称为置信区间估计(简称为区间估计)。设θ是未知参数，x_1，x_2，…，x_n是来自总体的样本，根据样本信息构造两个估计量$\hat{\theta}_1$和$\hat{\theta}_2$，且$\hat{\theta}_1<\hat{\theta}_2$。对于给定的$\alpha(0<\alpha<1)$，若$\hat{\theta}_1$和$\hat{\theta}_2$满足

$$P(\hat{\theta}_1 \leqslant \theta \leqslant \hat{\theta}_2)=1-\alpha \tag{8.1}$$

则称随机区间$[\hat{\theta}_1,\hat{\theta}_2]$是参数$\theta$在置信水平为$(1-\alpha)$下的置信区间(confidence interval)。$\hat{\theta}_1$称为置信下限，$\hat{\theta}_2$称为置信上限，$(1-\alpha)$被称为该区间的置信水平(confidence level)或置信度，它反映了估计的区间包含参数真值的概率，其值通常接近于1(常用的有90%，95%，99%等)。

置信区间的上下限$\hat{\theta}_i(i=1,2)$与参数真值θ的差距$|\hat{\theta}_i-\theta|$体现了区间估计的误差水平，即抽样允许误差，通常用Δ表示，即$\Delta=|\hat{\theta}_i-\theta|$。根据参数和统计量的不同形式，$\Delta$可表现为不同的具体内容，通常以样本均值$\bar{x}$来估计总体均值$\mu$时，记作$\Delta_{\bar{x}}$，即$\Delta_{\bar{x}}=|\bar{x}-\mu|$；以样本比例$p$来估计总体比例$\pi$时，记作$\Delta_p$，即$\Delta_p=|p-\pi|$。抽样允许误差$\Delta$与置信水平$(1-\alpha)$之间具有密切的联系。

(二) 区间估计的基本原理

区间估计的关键是建立抽样允许误差与置信水平之间的关联关系，这一关联关系构成了区间估计的基本原理。下面以大样本重置抽样条件下的单个总体均值(或单个总体比例)的区间估计为例来说明。

1. 区间估计的基本方法

根据林德伯格-莱维中心极限定理，当样本容量足够大时有$\bar{x}\sim N\left(\mu,\dfrac{\sigma^2}{n}\right)$。在此理论前提下，根据定积分知识以及正态分布密度函数，就可以求出样本均值$\bar{x}$在总体均值μ两侧任何倍数的标准差范围内取值的概率，见图8.4。$\bar{x}$在μ两侧各1.65个标准差范围内取值的概率为90%；在1.96个标准差范围内取值的概率为95%；在2.58个标准差范围内取值的概率为99%。另外常用的还有：$\bar{x}$在μ两侧各1个标准差范围内取值的概率为68.27%；在2个标准差范围内取值的概率为95.45%；在3个标准差范围内取值的概率为99.73%。

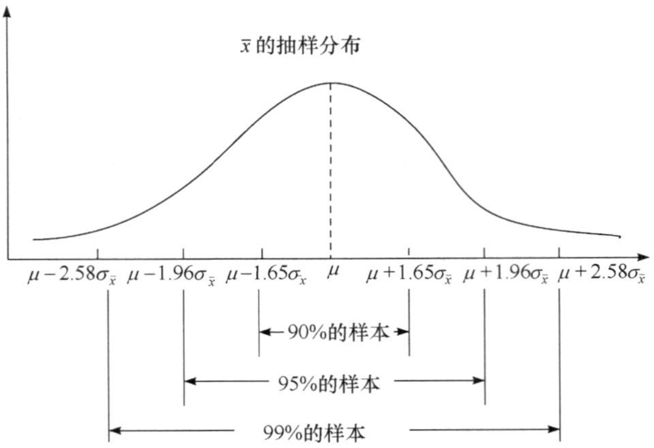

图 8.4　$\bar{x}$ 的抽样分布示意图

可以用公式表示图 8.4 的含义。比如，$\bar{x}$ 在 μ 两侧各 1.96 个标准差范围内取值的概率为 95%，可表示为

$$P(\mu-1.96\sigma_{\bar{x}} \leqslant \bar{x} \leqslant \mu+1.96\sigma_{\bar{x}})=95\% \tag{8.2}$$

式(8.2)表达的含义是：$\bar{x}$ 在以 μ 为中心加减 1.96 倍的 $\bar{x}$ 的标准差的范围内取值的概率为 95%。式中的 $\sigma_{\bar{x}}$ 是样本均值的标准差，在大样本重置抽样条件下，其具体形式为：$\sigma_{\bar{x}}=\dfrac{\sigma}{\sqrt{n}}$。

经过等价的代数变换，式(8.2)可以变形为

$$P(-1.96\sigma_{\bar{x}} \leqslant \bar{x}-\mu \leqslant 1.96\sigma_{\bar{x}})=P(|\bar{x}-\mu| \leqslant 1.96\sigma_{\bar{x}})=P(\Delta_{\bar{x}} \leqslant 1.96\sigma_{\bar{x}})=95\% \tag{8.3}$$

式(8.3)表达的含义为：$\bar{x}$ 的抽样允许误差在 $1.96\sigma_{\bar{x}}$ 范围内的概率为 95%。

事实上，经过简单的移项，式(8.2)和(8.3)还可以等价变换为

$$P(\bar{x}-1.96\sigma_{\bar{x}} \leqslant \mu \leqslant \bar{x}+1.96\sigma_{\bar{x}})=95\% \tag{8.4}$$

式(8.4)的括号内恰好构造出了总体均值的一个区间范围，式(8.4)表达的含义是：区间 $[\bar{x}-1.96\sigma_{\bar{x}}, \bar{x}+1.96\sigma_{\bar{x}}]$ 以 95%的概率包含总体均值的真值 μ。这一变形能够满足用统计量 $\bar{x}$ 值推断参数 μ 值的目的。式中的 95%即区间估计的置信水平 $(1-\alpha)$ 的值，1.96 是标准正态分布在置信水平 95%下的右侧分位数，一般用 $Z_{\alpha/2}$ 表示，$(1-\alpha)$ 与 $Z_{\alpha/2}$ 是一一对应的单调递增关系。通过查标准正态分布概率表(附录 A 中的附表 1)，可以在给定置信水平 $(1-\alpha)$ 的前提下，得到相应的分位数值 $Z_{\alpha/2}$，也可以在确定了 $Z_{\alpha/2}$ 的前提下，得到相应的 $(1-\alpha)$。还可以用 Excel 中的“NORM.S.INV”和“NORM.S.DIST”函数来实现(见附录 B 的有关内容)。$(1-\alpha)$ 通常在 0.90～0.99 之间取值，表 8.1 展示了常用的置信水平 $(1-\alpha)$ 及对应的标准正态分布的右侧分位数值 $Z_{\alpha/2}$。

表 8.1　常用置信水平 $(1-\alpha)$ 及对应的标准正态分布右侧分位数值 $Z_{\alpha/2}$

置信水平 $(1-\alpha)$ /%	$Z_{\alpha/2}$
68.27	1.00
90.00	1.65
95.00	1.96

续表

置信水平 $(1-\alpha)$ /%	$Z_{\alpha/2}$
95.45	2.00
99.00	2.58
99.73	3.00

将式(8.4)一般化为

$$P(\overline{x}-Z_{\alpha/2}\sigma_{\overline{x}}\leqslant\mu\leqslant\overline{x}+Z_{\alpha/2}\sigma_{\overline{x}})=1-\alpha \tag{8.5}$$

式(8.5)的含义为：由样本均值$\overline{x}$构造的区间$\left[\overline{x}-Z_{\alpha/2}\sigma_{\overline{x}},\overline{x}+Z_{\alpha/2}\sigma_{\overline{x}}\right]$以$(1-\alpha)$的概率包含参数真值$\mu$。式中的$Z_{\alpha/2}\sigma_{\overline{x}}$是置信区间的半径$\Delta_{\overline{x}}$，也称为样本均值的抽样允许误差，$\Delta_{\overline{x}}$的表达式为

$$\Delta_{\overline{x}}=Z_{\alpha/2}\sigma_{\overline{x}} \tag{8.6}$$

所以，式(8.5)不仅构造出了总体均值μ在置信水平$(1-\alpha)$下的置信区间(括号内的不等式)，而且完美地刻画了样本均值$\overline{x}$的标准差$\sigma_{\overline{x}}$、抽样允许误差$\Delta_{\overline{x}}$、置信水平$(1-\alpha)$、分位数值$Z_{\alpha/2}$等之间的关系。式(8.5)还可以等价地表示为

$$P\left(\left|\overline{x}-\mu\right|\leqslant Z_{\alpha/2}\sigma_{\overline{x}}\right)=1-\alpha \quad 或 \quad P\left(\frac{\left|\overline{x}-\mu\right|}{\sigma_{\overline{x}}}\leqslant Z_{\alpha/2}\right)=1-\alpha \tag{8.7}$$

需要注意的是，所谓区间$[\overline{x}-Z_{\alpha/2}\sigma_{\overline{x}},\overline{x}+Z_{\alpha/2}\sigma_{\overline{x}}]$以$(1-\alpha)$的概率包含参数真值$\mu$，其中的置信水平$(1-\alpha)$指的是一个随机抽取的置信区间包含总体参数的概率，即当估计量在大量重复应用的情况下，相似的构造区间包含总体参数的相对频数。对参数μ来说，就是在用所有样本构造的全部置信区间中，有占$(1-\alpha)$比例的区间包含参数真值μ，而另外占α比例的区间不包含参数真值μ。事实上，只要构造的置信区间足够多，这一结论就近似成立。比如，$[\overline{x}-1.96\sigma_{\overline{x}},\overline{x}+1.96\sigma_{\overline{x}}]$以 95%的概率包含参数真值$\mu$，即表示如果独立地抽取 100 个随机样本来分别估计μ，则在由 100 个样本均值所构造的 100 个随机区间中，约有 95 个区间包含μ，而另外 5 个区间则不包含μ。

同理，可以得到重置抽样条件下独立大样本总体比例π在置信水平$(1-\alpha)$下的区间估计原理公式

$$\begin{aligned}P\left(\left|p-\pi\right|\leqslant Z_{\alpha/2}\sigma_p\right)&=P\left(\frac{\left|p-\pi\right|}{\sigma_p}\leqslant Z_{\alpha/2}\right)\\&=P(p-Z_{\alpha/2}\sigma_p\leqslant\pi\leqslant p+Z_{\alpha/2}\sigma_p)=1-\alpha\end{aligned} \tag{8.8}$$

式中，σ_p的表达式为$\sigma_p=\sqrt{\dfrac{\pi(1-\pi)}{n}}$；置信区间的半径$\Delta_p$称为样本比例的抽样允许误差，$\Delta_p$的表达式为

$$\Delta_p=Z_{\alpha/2}\sigma_p \tag{8.9}$$

2. 区间估计精度与可靠程度

由以上可以看出，抽样允许误差Δ和置信水平$(1-\alpha)$是总体均值和总体比例区间估计的

两个重要因素，从而也是区间估计基本公式(8.5)和(8.8)的重要组成部分，它们在区间估计中各有其作用。

区间估计中，抽样允许误差 Δ 和置信水平 $(1-\alpha)$ 分别说明了区间估计精度和可靠程度，二者互相矛盾，此消彼长。从抽样允许误差 Δ 的角度来说，Δ 越小，估计精度越高，置信区间越窄，而较窄的区间包含参数真值的可能性减小，因而会降低估计可靠程度；反之，Δ 越大，估计精度越低，置信区间越宽，而较宽的置信区间包含参数真值的可能性增大，因而会提高估计可靠程度。从置信水平 $(1-\alpha)$ 的角度来说，$(1-\alpha)$ 越高，对应的分位数(比如 $Z_{\alpha/2}$)越大，从而区间越宽，因而包含参数真值的可能性也就越大，估计可靠程度越高，但是，越宽的区间其抽样允许误差越大，因此会降低估计精度；反之，$(1-\alpha)$ 越低，置信区间变窄，估计可靠程度降低，而估计精度却提高。

在实际的区间估计应用中，有的情况下人们更注重估计精度的高低，而另外一些时候则更注重估计可靠程度，从而区间估计表现为两种不同的做法。

下面以总体均值的区间估计为例，说明区间估计的两种做法。

(1) 注重可靠程度的区间估计做法。在实际应用中，如果研究者更注重估计的可靠程度，则通常事先规定置信区间应达到的置信水平 $(1-\alpha)$。此时，区间估计的重点是明确置信区间的半径即抽样允许误差 $\Delta_{\bar{x}}$。具体做法是：由 $(1-\alpha)$ 查表或用 Excel 函数确定对应的 $Z_{\alpha/2}$，在一定前提条件下可知 $\bar{x}$ 的标准差 $\sigma_{\bar{x}}$ 的具体形式，因此可以由式(8.6)计算得到 $\Delta_{\bar{x}}$。实践中这种情况的应用居多，本章后续的内容也多以此为主。

(2) 注重估计精度的区间估计做法。在实际应用中，如果研究者更注重估计精度，则通常会事先规定抽样允许误差 $\Delta_{\bar{x}}$ 不得超出某一水平。这种情况下，很容易构造出置信区间，而区间估计的关键是确定估计的可靠程度，即确定置信区间的置信水平 $(1-\alpha)$。具体做法是：由式(8.6)的变形公式 $Z_{\alpha/2}=\dfrac{\Delta_{\bar{x}}}{\sigma_{\bar{x}}}$ 可以计算出置信水平 $(1-\alpha)$ 对应的 $Z_{\alpha/2}$ 值，然后查标准正态分布概率表(附录 A 中的附表 1)或用 Excel 函数，确定相应的置信水平 $(1-\alpha)$。由第七章第四节的内容可知，抽样允许误差 $\Delta_{\bar{x}}$ 是绝对数形式的抽样误差，可进一步转化为相对数形式的抽样允许误差系数 $V_{\Delta_{\bar{x}}}=\dfrac{\Delta_{\bar{x}}}{\mu}$。实践中也常在事先规定 $V_{\Delta_{\bar{x}}}$ 的前提下进行区间估计。

实际应用中，为提高区间估计的估计精度和可靠程度，经常通过增加样本容量来实现。这是因为，增加样本容量会使统计量的分布更为集中(即 $\sigma_{\bar{x}}$ 更小)，因此，既可以在满足一定抽样允许误差 Δ 要求的前提下提高估计的可靠程度($Z_{\alpha/2}$ 增大从而 $(1-\alpha)$ 增大)，也可以在置信水平 $(1-\alpha)$ 一定($Z_{\alpha/2}$ 也一定)的前提下，降低抽样允许误差 Δ 从而提高估计精度。也就是说，大容量的随机样本所提供的总体信息通常要比小容量样本提供得多，从而抽样误差较小。

需要说明的是，以上参数区间估计的具体做法：[点估计 ± 抽样允许误差]，只适合总体均值和总体比例的估计，对于方差的估计只需要按照区间估计的定义进行处理即可。

第二节　单个总体参数的置信区间估计

对一个总体进行研究时，人们所关心的参数主要有总体均值 μ、总体比例 π 和总体方差 σ^2 等。本节介绍如何用特定样本的统计量来构造单个总体参数的置信区间方法，这需要通过随机抽取一个特定样本来实现。

一、单个总体均值的置信区间估计

对单个总体均值进行区间估计时，需要考虑三个条件：①用于构造估计量的样本是大样本($n \geqslant 30$)还是小样本($n < 30$)；②总体是否服从正态分布；③总体方差是否已知。但不管哪种情况，总体均值的置信区间都是由样本均值加减抽样允许误差得到的。由式(8.6)可知，总体均值区间估计的抽样允许误差由两部分组成：一是点估计量的标准差$\sigma_{\bar{x}}$，即抽样平均误差；二是在要求的置信水平$(1-\alpha)$下，统计量$\bar{x}$抽样分布两侧尾部面积各为$\alpha/2$的分位数值，它取决于统计量$\bar{x}$的抽样分布形态。因此，单个总体均值在置信水平$(1-\alpha)$下的置信区间估计的基本模式为

$$\left[\bar{x} \pm \Delta_{\bar{x}}\right] = \left[\bar{x} \pm (\alpha/2\text{分位数值} \times \bar{x}\text{的标准差})\right]$$

(一) 单个总体均值置信区间的大样本估计

在大样本$(n \geqslant 30)$情况下，无论总体分布形式如何，由中心极限定理可知，样本均值$\bar{x}$近似服从均值为μ，方差为$\dfrac{\sigma^2}{n}$的正态分布，即$\bar{x} \sim N\left(\mu, \dfrac{\sigma^2}{n}\right)$。所以，$\bar{x}$经标准化后服从标准正态分布，即$Z = \dfrac{\bar{x}-\mu}{\sigma/\sqrt{n}} \sim N(0,1)$。因此，可以构建单个总体均值$\mu$在置信水平$(1-\alpha)$下的置信区间。当总体标准差$\sigma$已知时，$\bar{x}$标准化时使用$\sigma$；当$\sigma$未知时，则用样本标准差$s$估计。

若σ^2已知，μ在置信水平$(1-\alpha)$下的置信区间为

$$\left[\bar{x} \pm \Delta_{\bar{x}}\right] = \left[\bar{x} - Z_{\alpha/2}\frac{\sigma}{\sqrt{n}}, \bar{x} + Z_{\alpha/2}\frac{\sigma}{\sqrt{n}}\right] \tag{8.10}$$

式中，$\bar{x} - \Delta_{\bar{x}} = \bar{x} - Z_{\alpha/2}\dfrac{\sigma}{\sqrt{n}}$为置信下限，$\bar{x} + \Delta_{\bar{x}} = \bar{x} + Z_{\alpha/2}\dfrac{\sigma}{\sqrt{n}}$为置信上限；$\Delta_{\bar{x}} = Z_{\alpha/2}\dfrac{\sigma}{\sqrt{n}}$为均值的抽样允许误差。

若σ^2未知，式(8.10)中的σ就可以用样本标准差s估计，则μ在置信水平$(1-\alpha)$下的置信区间为

$$\left[\bar{x} \pm \Delta_{\bar{x}}\right] = \left[\bar{x} - Z_{\alpha/2}\frac{s}{\sqrt{n}}, \bar{x} + Z_{\alpha/2}\frac{s}{\sqrt{n}}\right] \tag{8.11}$$

例 8.1 某单位女性职工每天从事家务劳动的时间长度服从正态分布$N(\mu, 0.66^2)$。现随机抽取 36 名女性职工，调查得到其平均每天从事家务劳动的时间长度为 2.65 小时。在置信水平 95% 和 99% 下，分别估计该单位女性职工平均每天从事家务劳动的时间长度及其抽样允许误差。

解 已知n=36(大样本)，$\sigma^2 = 0.66^2$，$\bar{x}$=2.65。

(1) 由$1-\alpha = 95\%$，查标准正态分布概率表(附录 A 中的附表 1)得$Z_{0.025} = 1.96$。则，由式(8.10)中的做法得

$$\Delta_{\bar{x}} = Z_{\alpha/2}\frac{\sigma}{\sqrt{n}} = 1.96\times\frac{0.66}{\sqrt{36}} = 1.96\times 0.11 = 0.2156 = 0.22\ (\text{小时})$$

由式(8.10)得

$$\left[\bar{x}\pm\Delta_{\bar{x}}\right] = \left[2.65-0.22, 2.65+0.22\right] = \left[2.43, 2.87\right](\text{小时})$$

因此，在置信水平 95%下，估计该单位女性职工平均每天从事家务劳动的时间长度为[2.43,2.87]小时，抽样允许误差为 0.22 小时。

(2) 由$1-\alpha=99\%$，查标准正态分布概率表(附录 A 中的附表 1)得$Z_{0.005}=2.58$。由式(8.10)中的做法得

$$\Delta_{\bar{x}} = Z_{\alpha/2}\frac{\sigma}{\sqrt{n}} = 2.58\times\frac{0.66}{\sqrt{36}} = 2.58\times 0.11 = 0.2838 = 0.28\ (\text{小时})$$

$$\left[\bar{x}\pm\Delta_{\bar{x}}\right] = \left[2.65-0.28, 2.65+0.28\right] = \left[2.37, 2.93\right](\text{小时})$$

因此，在置信水平 99%下，估计该单位女性职工平均每天从事家务劳动的时间长度为[2.37,2.93]小时，抽样允许误差为 0.28 小时。

由例 8.1 的结果可以看出，随着置信水平(可靠程度)要求越高，抽样允许误差会增大，从而置信区间变宽，估计精度降低。

例 8.2 某证券公司为了了解投资者的风险偏好程度，随机抽查了 49 位投资者，利用风险偏好测试卷测试得到其风险偏好程度的得分，见表 8.2。

表 8.2 49 位投资者风险偏好程度得分表 (单位：分)

33	35	30	62	24	33	45
56	27	43	56	31	35	57
35	33	39	27	37	41	51
37	40	55	37	55	51	35
39	28	54	34	39	45	45
45	33	43	51	37	53	33
36	29	41	41	44	54	45

分别根据下列要求计算投资者风险偏好平均分数的置信区间：(1) 置信水平为 90%；(2) 抽样允许误差不超过 2 分。

解 (1) 已知n=49(大样本)，总体方差σ^2未知。由$1-\alpha=90\%$，查标准正态分布概率表(附录 A 中的附表 1)得$Z_{0.05}=1.65$。由表 8.2 的样本数据计算得

$$\bar{x}=\frac{1}{n}\sum x_i=\frac{2009}{49}=41\ (\text{分}),\quad s^2=\frac{\sum(x_i-\bar{x})^2}{n-1}=\frac{4248}{48}=88.5,\quad s=\sqrt{\frac{\sum(x_i-\bar{x})^2}{n-1}}=9.41(\text{分})$$

则，由式(8.11)得

$$\left[\bar{x}\pm\Delta_{\bar{x}}\right]=\left[\bar{x}-Z_{\alpha/2}\frac{s}{\sqrt{n}},\bar{x}+Z_{\alpha/2}\frac{s}{\sqrt{n}}\right]=\left[41-1.65\times\frac{9.41}{\sqrt{49}},41+1.65\times\frac{9.41}{\sqrt{49}}\right]$$

$$=\left[41-2.22, 41+2.22\right]=\left[38.78, 43.22\right](\text{分})$$

因此，在置信水平 90%下估计投资者风险偏好的平均分数为[38.78,43.22]分。

(2) 若抽样允许误差不得超过 2 分，即 $\Delta_{\bar{x}} \leqslant 2$分，通常可以取 $\Delta_{\bar{x}} = 2$分，则置信区间为

$$\left[\bar{x} - \Delta_{\bar{x}}, \bar{x} + \Delta_{\bar{x}}\right] = \left[41 - 2, 41 + 2\right] = \left[39, 43\right] (分)$$

由 $Z_{\alpha/2} = \dfrac{\Delta_{\bar{x}}}{\sigma_{\bar{x}}}$ 可以计算得到

$$Z_{\alpha/2} = \frac{\Delta_{\bar{x}}}{\sigma_{\bar{x}}} = \frac{\Delta_{\bar{x}}}{s/\sqrt{n}} = \frac{2}{9.41/\sqrt{49}} = 1.49$$

查标准正态分布概率表(附录 A 中的附表 1)得$1-\alpha = 86.38\%$。因此，在抽样允许误差不超过 2 分时，投资者风险偏好的平均分数为[39,43]分，置信水平为 86.38%。

例 8.3 沿用例 7.2 的某高校随机抽取的 400 名在校生日浏览网页时长的调查数据(组距分组形式)。以置信水平 95%估计该高校所有在校生日浏览网页时长的平均数。

解 已知$n = 400$(大样本)，总体方差σ^2未知。由$1-\alpha = 0.95$，查标准正态分布概率表(附录 A 中的附表 1)得 $Z_{0.025} = 1.96$。

同时，在例 7.2 中已经计算出了 400 名样本学生日浏览网页时长的平均数及其方差和标准差，分别为$\bar{x} = 186$(分钟)，$s=\sqrt{7723.3083} = 87.88$(分钟)，则，由式(8.11)得

$$\left[\bar{x} \pm \Delta_{\bar{x}}\right] = \left[\bar{x} - Z_{\alpha/2}\frac{s}{\sqrt{n}}, \bar{x} + Z_{\alpha/2}\frac{s}{\sqrt{n}}\right] = \left[186 - 1.96 \times \frac{87.88}{\sqrt{400}}, 186 + 1.96 \times \frac{87.88}{\sqrt{400}}\right]$$

$$= \left[186 - 8.61, 186 + 8.61\right] = \left[177.39, 194.61\right] (分钟)$$

因此，以置信水平 95%估计该高校所有在校生日浏览网页时长的平均数为[177.39,194.61]分钟。

(二) 单个正态分布总体均值置信区间的小样本估计

在小样本($n < 30$)情况下，对单个总体均值μ的估计需建立在总体服从正态分布的前提下。

如果总体方差σ^2已知，即使是小样本，样本均值$\bar{x}$近似服从正态分布，在标准化后仍服从标准正态分布，依然可以按式(8.10)建立总体均值的置信区间。

如果σ^2未知，需用样本方差s^2估计σ^2，在小样本情形下的$\bar{x}$近似服从正态分布，$\bar{x}$经标准化后则服从自由度为$(n-1)$的t分布，即$t = \dfrac{\bar{x} - \mu}{s/\sqrt{n}} \sim t(n-1)$，$t$统计量包含两个随机变量$\bar{x}$和$s$，因此$t$统计量比$Z$统计量具有更大的变动性。根据$t$分布建立的$\mu$在置信水平$(1-\alpha)$下的置信区间为

$$\left[\bar{x} \pm \Delta_{\bar{x}}\right] = \left[\bar{x} - t_{\alpha/2}(n-1)\frac{s}{\sqrt{n}}, \bar{x} + t_{\alpha/2}(n-1)\frac{s}{\sqrt{n}}\right] \tag{8.12}$$

式中，$t_{\alpha/2}(n-1)$是自由度为$(n-1)$的t分布右侧面积为$\alpha/2$的t分位数值，该值可利用 Excel 中的“T. INV. 2T(α,df)”函数计算获得，也可通过查t分布临界值表(附录 A 中的附表 2)得到。

例 8.4 某大型日化厂生产无磷型袋装洗衣粉，每天产量为 600 袋，按规定每袋的包装规格为 5 千克。企业质检部门以定期抽检的方式监督包装重量是否符合要求，现从某天生产的一批该规格洗衣粉中随机抽取 20 袋，测得每袋重量见表 8.3。

表 8.3　20 袋洗衣粉的重量　(单位：千克)

5.01	4.98	5.01	5.02	4.99
4.94	5.04	5.05	4.98	5.03
5.00	5.01	4.98	4.99	5.02
5.03	5.01	4.99	5.04	5.04

已知袋装洗衣粉的重量服从正态分布，且总体标准差为 0.1 千克。在置信水平 95.45%下估计：

(1) 该天生产的袋装洗衣粉平均重量的置信区间，并说明抽样平均误差的大小；

(2) 该天生产的袋装洗衣粉总重量的置信区间。

解　(1) 已知 $n=20$(小样本)，$\sigma=0.1$，$1-\alpha=95.45\%$，查标准正态分布概率表(附录 A 中的附表 1)得 $Z_{\alpha/2}=2$。根据样本数据计算的样本均值为

$$\bar{x}=\frac{1}{n}\sum x_i=\frac{100.16}{20}=5.008 \text{ (千克)}$$

则，由式(8.10)得

$$\left[\bar{x}\pm\Delta_{\bar{x}}\right]=\left[\bar{x}-Z_{\alpha/2}\frac{\sigma}{\sqrt{n}},\bar{x}+Z_{\alpha/2}\frac{\sigma}{\sqrt{n}}\right]=\left[5.008-2\times\frac{0.1}{\sqrt{20}},5.008+2\times\frac{0.1}{\sqrt{20}}\right]$$

$$=\left[5.008-0.045,5.008+0.045\right]=[4.96,5.05] \text{ (千克)}$$

均值的抽样平均误差为

$$\sigma_{\bar{x}}=\frac{\sigma}{\sqrt{n}}=\frac{0.1}{\sqrt{20}}=0.02 \text{ (千克)}$$

因此，在置信水平 95.45%下，估计该天生产的袋装洗衣粉的平均重量为[4.96,5.05]千克，抽样平均误差为 0.02 千克。

(2) 根据总体算术均值的定义，变量值总量等于算术均值乘以总体容量，即 $\sum x=\mu\times N$，所以在估计出总体均值的置信区间基础上，只需要对总体均值置信区间的上限和下限分别乘以总体容量即可推断出变量值总量在置信水平 $(1-\alpha)$ 下的置信区间：$\left[\mu_{下限}\times N,\ \mu_{上限}\times N\right]$。本例中，袋装洗衣粉总重量的置信区间为

$$\left[\mu_{下限}\times N,\mu_{上限}\times N\right]=\left[4.96\times600,5.05\times600\right]=\left[2976,3030\right] \text{ (千克)}$$

因此，在置信水平 95.45%下，估计该天生产的袋装洗衣粉的总重量为[2976,3030]千克。

例 8.5　某家专门经营体育设备及附件销售的公司，为了考察公司销售人员的服务质量，随机抽取 10 位客户对销售人员的服务满意度进行打分(单位：分，满分为 100 分)，见表 8.4。

表 8.4　样本客户对销售人员的服务满意度打分表

样本客户编号	1	2	3	4	5	6	7	8	9	10
样本客户打分(分)	88	85	76	90	85	92	75	88	90	86

设客户对销售人员满意度分值服从正态分布。在置信水平 90%下，估计客户对销售人员满意度平均分值的置信区间。

解 已知$n=10$(小样本)，总体服从正态分布，总体方差σ^2未知，所以需要采用式(8.12)构造μ的置信区间。根据表8.4的样本调查结果计算得

$$\bar{x}=\frac{\sum x_i}{n}=\frac{855}{10}=85.5\,(分),\qquad s^2=\frac{\sum(x_i-\bar{x})^2}{n-1}=32.9444,\qquad s=5.74\,(分)$$

由$\alpha=0.10$，自由度$n-1=9$，查t分布临界值表(附录A中的附表2)，得$t_{\alpha/2}(n-1)=t_{0.05}(9)=1.833$。

由式(8.12)计算得

$$\begin{aligned}\left[\bar{x}\pm\Delta_{\bar{x}}\right]&=\left[\bar{x}-t_{\alpha/2}\frac{s}{\sqrt{n}},\bar{x}+t_{\alpha/2}\frac{s}{\sqrt{n}}\right]\\&=\left[85.5-1.833\times\frac{5.74}{\sqrt{10}},85.5+1.833\times\frac{5.74}{\sqrt{10}}\right]\\&=\left[85.5-3.33,85.5+3.33\right]=[82.17,88.83]\,(分)\end{aligned}$$

因此，在置信水平90%下，估计该公司客户对销售人员满意度平均分值为[82.17，88.83]分。

作为总结，表8.5给出了不同情况下单个总体均值的置信区间估计方法。

表8.5 不同情况下单个总体均值的置信区间估计

样本容量	总体分布	σ^2是否已知	置信区间
大样本($n\geqslant 30$)	正态分布总体或非正态分布总体	σ^2已知	$[\bar{x}\pm\Delta_{\bar{x}}]=\left[\bar{x}\pm Z_{\alpha/2}\frac{\sigma}{\sqrt{n}}\right]$
		σ^2未知	$[\bar{x}\pm\Delta_{\bar{x}}]=\left[\bar{x}\pm Z_{\alpha/2}\frac{s}{\sqrt{n}}\right]$
小样本($n<30$)	正态分布总体	σ^2已知	$[\bar{x}\pm\Delta_{\bar{x}}]=\left[\bar{x}\pm Z_{\alpha/2}\frac{\sigma}{\sqrt{n}}\right]$
		σ^2未知	$[\bar{x}\pm\Delta_{\bar{x}}]=\left[\bar{x}\pm t_{\alpha/2}(n-1)\frac{s}{\sqrt{n}}\right]$

二、单个总体比例置信区间的大样本估计

实践中经常遇到像合格率、收视率、录取率等的估计问题，这就是比例估计问题。与单个总体均值置信区间的估计方法类似，单个总体比例π在置信水平$(1-\alpha)$下的置信区间，可在样本比例p的基础上加减比例抽样允许误差得到，即

$$\left[p\pm\Delta_p\right]=\left[p\pm(\alpha/2分位数值\times p的标准差)\right]$$

在大样本条件下($np\geqslant 10$和$n(1-p)\geqslant 10$)，样本比例p近似服从正态分布，即$p\sim N\left(\pi,\frac{\pi(1-\pi)}{n}\right)$，$p$经标准化后服从标准正态分布，即$Z=\frac{p-\pi}{\sqrt{\frac{\pi(1-\pi)}{n}}}\sim N(0,1)$。因此，在大

样本情形下，可由正态分布建立单个总体比例的置信区间，其中样本比例的标准差由 $\sqrt{\dfrac{p(1-p)}{n}}$ 估计。于是，π 在置信水平 $(1-\alpha)$ 下的置信区间为

$$\left[p \pm \Delta_p\right]=\left[p-Z_{\alpha/2}\sqrt{\frac{p(1-p)}{n}},\ p+Z_{\alpha/2}\sqrt{\frac{p(1-p)}{n}}\right] \tag{8.13}$$

例 8.6 某特大型企业欲分析职工离职的原因，从该企业总数为 10000 人的职工总体中随机抽取了容量为 360 人的样本，经调查，有 216 人说明他们想离职是因为有更好的发展机会。要求在置信水平 95.45%下估计：

(1) 由于这个原因想离开该企业人数比例的置信区间及抽样允许误差；

(2) 由于这个原因想离开该企业的总人数置信区间。

解 (1) 已知 $n=360$，由 $1-\alpha=95.45\%$，查标准正态分布概率表(附录 A 中的附表 1)得 $Z_{\alpha/2}=2$。

根据调查结果计算的想离开该企业人数比例为

$$p=\frac{n_1}{n}=\frac{216}{360}=60\%$$

因为 $np=216>10, n(1-p)=144>10$，所以满足比例估计的大样本条件。

由式(8.13)得

$$\begin{aligned}\left[p \pm \Delta_p\right]&=\left[p-Z_{\alpha/2}\sqrt{\frac{p(1-p)}{n}},\ p+Z_{\alpha/2}\sqrt{\frac{p(1-p)}{n}}\right]\\ &=\left[60\%-2\times\sqrt{\frac{60\%\times(1-60\%)}{360}},\ 60\%+2\times\sqrt{\frac{60\%\times(1-60\%)}{360}}\right]\\ &=\left[60\%-5.16\%,60\%+5.16\%\right]=[54.84\%,65.16\%]\end{aligned}$$

因此，在置信水平 95.45%下，估计该企业职工因为有更好的发展机会而想离开该企业的人数比例为[54.84%,65.16%]，抽样允许误差为 5.16%。

(2) 根据总体比例的计算方法 $\pi=\dfrac{N_1}{N}$ 得 $N_1=\pi\times N$，所以在一定置信水平 $(1-\alpha)$ 下 N_1 的置信区间为 $[\pi_{下限}\times N,\ \pi_{上限}\times N]$。本例中，根据(1)的离开该企业的人数比例，得想离开该企业总人数的置信区间为

$$[\pi_{下限}\times N,\ \pi_{上限}\times N]=\left[54.84\%\times 10000, 65.16\%\times 10000\right]=\left[5484,6516\right](人)$$

因此，在置信水平 95.45%下，估计该企业职工因为有更好的发展机会而想离开企业的总人数为[5484,6516]人。

需要注意，实践中如例 8.6 的情形，通常采用的是不重置抽样方法，理论上应该使用 $\left[p \pm Z_{\alpha/2}\sqrt{\dfrac{p(1-p)}{n}\cdot\dfrac{N-n}{N-1}}\right]$ 进行置信区间估计。但是，实践中经常按照重置抽样进行估计，即区间估计公式简化为 $\left[p \pm Z_{\alpha/2}\sqrt{\dfrac{p(1-p)}{n}}\right]$。由于实践中的两种常见情形：第一，总体中包

含的个体数 N 往往未知；第二，N 很大，且 $\frac{n}{N} \leqslant 5\%$ 时，则有限总体修正系数 $\left(\frac{N-n}{N-1}\right)$ 接近于 1，从而两种估计公式的计算结果非常接近，因此通常采用更为简洁的重置抽样公式计算。

三、单个正态分布总体方差的置信区间估计

估计单个总体方差 σ^2 时，首先明确总体服从正态分布。根据抽样分布理论，独立样本方差服从自由度为$(n-1)$的 χ^2 分布，因此需要用 χ^2 分布构造 σ^2 的置信区间。因为 χ^2 分布通常是不对称的右偏分布，所以，σ^2 的置信区间不能使用单个总体均值和单个总体比例的置信区间构造模式，即不再是由[点估计值±抽样允许误差]来得到。

图 8.5 给出了在置信水平 $(1-\alpha)$ 下，由 χ^2 分布构造的 σ^2 的置信区间示意图。

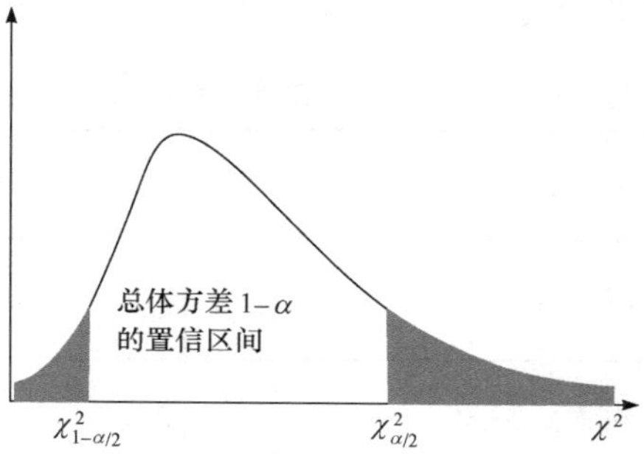

图 8.5 由 χ^2 分布构造单个总体方差置信区间示意图

由图 8.5 可以看出，构造单个总体方差 σ^2 的置信区间，关键是要找到 χ^2 的两个分位数值，使其满足

$$P\left(\chi^2_{1-\alpha/2} \leqslant \chi^2 \leqslant \chi^2_{\alpha/2}\right) = 1-\alpha \tag{8.14}$$

根据第七章中“正态分布总体下独立样本方差的抽样分布”结论，对来自正态分布总体 $N(\mu,\sigma^2)$ 的简单随机样本 $x_1,x_2,\cdots,x_n$，有 $\chi^2 = \frac{(n-1)s^2}{\sigma^2} \sim \chi^2(n-1)$。因此，可用 $\frac{(n-1)s^2}{\sigma^2}$ 来代替式(8.14)中的 χ^2，χ^2 的两个分位数值的自由度均为 $(n-1)$，于是有

$$P\left(\chi^2_{1-\alpha/2}(n-1) \leqslant \frac{(n-1)s^2}{\sigma^2} \leqslant \chi^2_{\alpha/2}(n-1)\right) = 1-\alpha \tag{8.15}$$

将式(8.15)作等价变换即可得到 σ^2 在置信水平 $(1-\alpha)$ 下的置信区间为

$$\left[\frac{(n-1)s^2}{\chi^2_{\alpha/2}(n-1)}, \frac{(n-1)s^2}{\chi^2_{1-\alpha/2}(n-1)}\right] \tag{8.16}$$

例 8.7 某公司生产一种健康食品，规定每罐食品的重量不允许有过大的误差。设每罐食品的重量服从正态分布。现从当天生产的食品中随机抽取了 10 个样品，计算得其样本方差为 9.2，要求：在置信水平 90%下，估计该天食品重量标准差的置信区间。

解 已知 $n=10$，$s^2=9.2$。在 $\alpha=0.1$ 和自由度 $n-1=9$ 下，查 χ^2 分布临界值表(附录 A 中的附表 3)得 χ^2 的两个分位数值分别为

$$\chi^2_{\alpha/2}(n-1)=\chi^2_{0.05}(9)=16.919\,,\qquad \chi^2_{1-\alpha/2}(n-1)=\chi^2_{0.95}(9)=3.325$$

所以，σ^2 在置信水平 90%下的置信区间为

$$\left[\frac{(n-1)s^2}{\chi^2_{\alpha/2}(n-1)},\frac{(n-1)s^2}{\chi^2_{1-\alpha/2}(n-1)}\right]=\left[\frac{(10-1)\times 9.2}{16.919},\frac{(10-1)\times 9.2}{3.325}\right]=[4.8939,24.9023]$$

标准差 σ 的置信区间为

$$\left[\sqrt{\frac{(n-1)s^2}{\chi^2_{\alpha/2}(n-1)}},\sqrt{\frac{(n-1)s^2}{\chi^2_{1-\alpha/2}(n-1)}}\right]=\left[\sqrt{4.8939},\sqrt{24.9023}\right]=[2.21,4.99]\,(\text{克})$$

因此，在置信水平 90%下，估计食品重量的标准差为[2.21,4.99]克。

表 8.6 总结了单个总体比例和总体方差在置信水平 $(1-\alpha)$ 下的置信区间估计方法。

表 8.6　单个总体比例和总体方差在置信水平 $(1-\alpha)$ 下的置信区间

待估参数	条件	置信水平 $(1-\alpha)$ 下的置信区间
单个总体比例 π	$np\geqslant 10$，$n(1-p)\geqslant 10$	$\left[p\pm\Delta_p\right]=\left[p\pm Z_{\alpha/2}\sqrt{\frac{p(1-p)}{n}}\right]$
单个总体方差 σ^2	正态分布总体	$\sigma^2\in\left[\frac{(n-1)s^2}{\chi^2_{\alpha/2}(n-1)},\ \frac{(n-1)s^2}{\chi^2_{1-\alpha/2}(n-1)}\right]$

作为本节的总结，图 8.6 给出了单个总体参数置信区间估计的不同情形及所使用的分布。

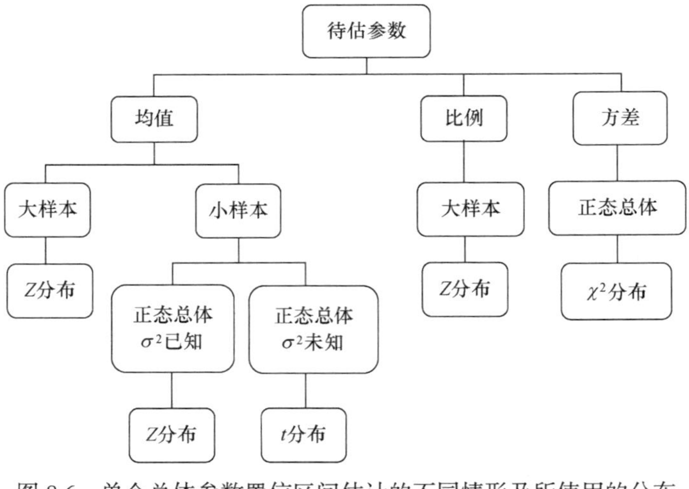

图 8.6　单个总体参数置信区间估计的不同情形及所使用的分布

第三节　两个总体参数的置信区间估计

人们所关心的两个总体参数的估计主要有：两个总体均值之差 $(\mu_1-\mu_2)$、两个总体比例之差 $(\pi_1-\pi_2)$、两个总体方差比 σ_1^2/σ_2^2 等的估计。

一、两个总体均值之差的置信区间估计

设两个总体的均值分别为 μ_1 和 μ_2，从两个总体中分别抽取容量为 n_1 和 n_2 的两个简单随机样本，其样本均值分别为 $\bar{x}_1$ 和 $\bar{x}_2$，则两个样本均值之差 $(\bar{x}_1-\bar{x}_2)$ 是两个总体均值之差 $(\mu_1-\mu_2)$ 的无偏点估计量。与单个总体均值的区间估计相同，两个总体均值之差 $(\mu_1-\mu_2)$ 的置信区间估计仍然按[点估计量±抽样允许误差]来实现，而其中的抽样允许误差是由 $(\bar{x}_1-\bar{x}_2)$ 的抽样分布下的 $\alpha/2$ 分位数值乘以 $(\bar{x}_1-\bar{x}_2)$ 的标准差得到的，即 $(\mu_1-\mu_2)$ 在置信水平 $(1-\alpha)$ 下的置信区间可表示为

$$\left[(\bar{x}_1-\bar{x}_2)\pm\Delta_{(\bar{x}_1-\bar{x}_2)}\right]=\left[(\bar{x}_1-\bar{x}_2)\pm(\alpha/2\text{分位数值}\times(\bar{x}_1-\bar{x}_2)\text{的标准差})\right]$$

(一) 两个总体均值之差置信区间的独立大样本估计

如果两个样本是从两个总体中分别独立随机抽取的，则称为独立样本(independent sample)。

若两个样本均为独立大样本($n_1\geqslant 30$ 和 $n_2\geqslant 30$)时，则两个样本的均值之差 $(\bar{x}_1-\bar{x}_2)$ 近似服从均值为 $(\mu_1-\mu_2)$、方差为 $\left(\dfrac{\sigma_1^2}{n_1}+\dfrac{\sigma_2^2}{n_2}\right)$ 的正态分布，$(\bar{x}_1-\bar{x}_2)$ 经标准化后服从标准正态分布，即

$$Z=\frac{(\bar{x}_1-\bar{x}_2)-(\mu_1-\mu_2)}{\sqrt{\dfrac{\sigma_1^2}{n_1}+\dfrac{\sigma_2^2}{n_2}}}\sim N(0,1) \tag{8.17}$$

(1) 若两个总体方差 σ_1^2 和 σ_2^2 均已知，则 $(\mu_1-\mu_2)$ 在置信水平 $(1-\alpha)$ 下的置信区间为

$$\left[(\bar{x}_1-\bar{x}_2)\pm\Delta_{(\bar{x}_1-\bar{x}_2)}\right]=\left[(\bar{x}_1-\bar{x}_2)-Z_{\alpha/2}\sqrt{\frac{\sigma_1^2}{n_1}+\frac{\sigma_2^2}{n_2}},(\bar{x}_1-\bar{x}_2)+Z_{\alpha/2}\sqrt{\frac{\sigma_1^2}{n_1}+\frac{\sigma_2^2}{n_2}}\right] \tag{8.18}$$

(2) 若 σ_1^2 和 σ_2^2 未知，可用两个样本方差 s_1^2 和 s_2^2 来估计，此时，$(\mu_1-\mu_2)$ 在置信水平 $(1-\alpha)$ 下的置信区间为

$$\left[(\bar{x}_1-\bar{x}_2)\pm\Delta_{(\bar{x}_1-\bar{x}_2)}\right]=\left[(\bar{x}_1-\bar{x}_2)-Z_{\alpha/2}\sqrt{\frac{s_1^2}{n_1}+\frac{s_2^2}{n_2}},(\bar{x}_1-\bar{x}_2)+Z_{\alpha/2}\sqrt{\frac{s_1^2}{n_1}+\frac{s_2^2}{n_2}}\right] \tag{8.19}$$

例 8.8 某猎头公司欲估计某地区中层管理人员的月薪差异。现分别从金融业中层管理人员和国有企业中层管理人员的人才库中随机抽取了 36 名和 48 名，调查并整理得：样本中金融业中层管理人员的平均月薪为 4.2 万元，国有企业中层管理人员的平均月薪为 3.8 万元。根据经验，金融业中层管理人员月薪和国有企业中层管理人员月薪的标准差分别为 1.5 万元和 0.8 万元。试在置信水平 95%下，估计金融业中层管理人员与国有企业中层管理人员平均月薪的差异水平。

解 已知：两个独立随机大样本，$n_1=36$，$n_2=48$，$\bar{x}_1=4.2$ 万元，$\bar{x}_2=3.8$ 万元，$\sigma_1=1.5$ 万元，$\sigma_2=0.8$ 万元。由 $1-\alpha=95\%$，查标准正态分布概率表(附录 A 中的附表 1)得

$Z_{0.025}=1.96$。则由式(8.18)得

$$\left[(\overline{x}_1-\overline{x}_2)\pm\Delta_{(\overline{x}_1-\overline{x}_2)}\right]=\left[(\overline{x}_1-\overline{x}_2)-Z_{\alpha/2}\sqrt{\frac{\sigma_1^2}{n_1}+\frac{\sigma_2^2}{n_2}},(\overline{x}_1-\overline{x}_2)+Z_{\alpha/2}\sqrt{\frac{\sigma_1^2}{n_1}+\frac{\sigma_2^2}{n_2}}\right]$$

$$=\left[(4.2-3.8)-1.96\sqrt{\frac{1.5^2}{36}+\frac{0.8^2}{48}},(4.2-3.8)+1.96\sqrt{\frac{1.5^2}{36}+\frac{0.8^2}{48}}\right]$$

$$=[0.4-1.96\times0.2754,0.4+1.96\times0.2754]$$

$$=[0.4-0.5398,0.4+0.5398]$$

$$=[-0.1398,0.9398](\text{万元})$$

因此，在置信水平 95%下，估计金融业与国有企业中层管理人员平均月薪相差[－0.1398, 0.9398]万元。

(二) 两个正态分布总体均值之差置信区间的独立小样本估计

若两个样本为独立随机样本，且均为小样本。为了估计对应的两个总体均值之差$(\mu_1-\mu_2)$，需要明确两个总体均服从正态分布。

若两个总体方差σ_1^2和σ_2^2均已知，则两个样本均值之差$(\overline{x}_1-\overline{x}_2)$经标准化后服从标准正态分布，仍然可以按式(8.18)建立两个总体均值之差$(\mu_1-\mu_2)$的置信区间。

若σ_1^2和σ_2^2未知，有以下两种情况。

(1) 当σ_1^2和σ_2^2未知但相等，即$\sigma_1^2=\sigma_2^2=\sigma^2$时。

这时可用两个样本方差s_1^2和s_2^2来联合估计σ^2。σ^2的合并估计量s_p^2的计算公式为

$$s_p^2=\frac{(n_1-1)s_1^2+(n_2-1)s_2^2}{n_1+n_2-2} \tag{8.20}$$

$(\overline{x}_1-\overline{x}_2)$的分布经标准化后服从自由度为$(n_1+n_2-2)$的$t$分布，即

$$t=\frac{(\overline{x}_1-\overline{x}_2)-(\mu_1-\mu_2)}{\sqrt{s_p^2\left(\frac{1}{n_1}+\frac{1}{n_2}\right)}}\sim t(n_1+n_2-2) \tag{8.21}$$

因此，$(\mu_1-\mu_2)$在置信水平$(1-\alpha)$下的置信区间为

$$\left[(\overline{x}_1-\overline{x}_2)\pm\Delta_{(\overline{x}_1-\overline{x}_2)}\right]$$

$$=\left[(\overline{x}_1-\overline{x}_2)-t_{\alpha/2}(n_1+n_2-2)\sqrt{s_p^2\left(\frac{1}{n_1}+\frac{1}{n_2}\right)},(\overline{x}_1-\overline{x}_2)+t_{\alpha/2}(n_1+n_2-2)\sqrt{s_p^2\left(\frac{1}{n_1}+\frac{1}{n_2}\right)}\right] \tag{8.22}$$

(2) 当σ_1^2和σ_2^2未知且不相等，即$\sigma_1^2\neq\sigma_2^2$时。

这时，可分别以两个样本方差s_1^2和s_2^2来估计σ_1^2和σ_2^2，则$(\overline{x}_1-\overline{x}_2)$经标准化后近似服从自由度为$v$的$t$分布，其中自由度$v$的计算公式为

$$v=\frac{\left(\dfrac{s_1^2}{n_1}+\dfrac{s_2^2}{n_2}\right)^2}{\dfrac{(s_1^2/n_1)^2}{n_1-1}+\dfrac{(s_2^2/n_2)^2}{n_2-1}} \tag{8.23}$$

于是，$(\mu_1-\mu_2)$ 在置信水平 $(1-\alpha)$ 下的置信区间为

$$\left[(\bar{x}_1-\bar{x}_2)\pm\Delta_{(\bar{x}_1-\bar{x}_2)}\right]=\left[(\bar{x}_1-\bar{x}_2)-t_{\alpha/2}(v)\sqrt{\frac{s_1^2}{n_1}+\frac{s_2^2}{n_2}},(\bar{x}_1-\bar{x}_2)+t_{\alpha/2}(v)\sqrt{\frac{s_1^2}{n_1}+\frac{s_2^2}{n_2}}\right] \tag{8.24}$$

例 8.9 某家专门经营体育设备及附件销售的公司。为了考察公司销售人员的服务质量，该公司每月都要针对不同销售人员负责的客户群体独立随机地抽取一定数量的客户进行对销售人员满意度的打分(满分为 100 分)调查。在某次调查中，分别从甲、乙两名销售人员的客户群体中随机抽取了 10 名和 9 名客户，分别调查得到每位客户对销售人员综合满意度的打分如表 8.7。

表 8.7 样本客户对甲乙两名销售人员的综合满意度打分表 (单位：分)

客户序号	1	2	3	4	5	6	7	8	9	10
甲的样本客户	88	85	76	90	85	92	75	88	90	86
乙的样本客户	80	85	81	85	75	76	84	88	80	

设客户对两名销售人员满意度分值均服从正态分布。在如下三种情况下分别估计这两名销售人员满意度分值之差在置信水平 90%下的置信区间。

(1) 已知两名销售人员满意度分值的标准差分别为 5 分和 4 分。

(2) 已知两名销售人员满意度分值的标准差未知但相等。

(3) 已知两名销售人员满意度分值的标准差未知且不相等。

解 两个独立随机小样本，$n_1=10$，$n_2=9$，由 $\bar{x}=\dfrac{\sum x_i}{n}$ 计算得 $\bar{x}_1=85.5$ 分，$\bar{x}_2=81.56$ 分。

(1) 已知 $\sigma_1=5$ 分，$\sigma_2=4$ 分。由 $1-\alpha=90\%$，查标准正态分布概率表(附录 A 中的附表 1)得 $Z_{0.05}=1.65$。则由式(8.18)得

$$\begin{aligned}\left[(\bar{x}_1-\bar{x}_2)\pm\Delta_{(\bar{x}_1-\bar{x}_2)}\right]&=\left[(\bar{x}_1-\bar{x}_2)-Z_{\alpha/2}\sqrt{\frac{\sigma_1^2}{n_1}+\frac{\sigma_2^2}{n_2}},(\bar{x}_1-\bar{x}_2)+Z_{\alpha/2}\sqrt{\frac{\sigma_1^2}{n_1}+\frac{\sigma_2^2}{n_2}}\right]\\&=\left[(85.5-81.56)-1.65\sqrt{\frac{25}{10}+\frac{16}{9}},(85.5-81.56)+1.65\sqrt{\frac{25}{10}+\frac{16}{9}}\right]\\&=[3.94-1.65\times2.0683,3.94+1.65\times2.0683]\\&=[3.94-3.41,3.94+3.41]=[0.53,7.35](\text{分})\end{aligned}$$

因此，在置信水平 90%下，估计这两名销售人员客户满意度分值之差为[0.53,7.35]分。

(2) 已知：两个总体标准差未知但相等。根据$s^2=\dfrac{\sum(x_i-\bar{x})^2}{n-1}$分别计算得$s_1^2=32.9444$，$s_2^2=18.7778$。由式(8.20)得$\sigma^2$的合并估计量为

$$s_p^2=\frac{(n_1-1)s_1^2+(n_2-1)s_2^2}{n_1+n_2-2}=\frac{(10-1)\times 32.9444+(9-1)\times 18.7778}{10+9-2}=26.2778$$

在$\alpha=0.10$和自由度为$(10+9-2)=17$时，查t分布临界值表(附录 A 中的附表 2)得$t_{0.10/2}(17)=1.74$。由式(8.22)得

$$\left[(\bar{x}_1-\bar{x}_2)\pm\Delta_{(\bar{x}_1-\bar{x}_2)}\right]$$

$$=\left[(\bar{x}_1-\bar{x}_2)-t_{\alpha/2}\ (n_1+n_2-2)\sqrt{s_p^2\left(\frac{1}{n_1}+\frac{1}{n_2}\right)},(\bar{x}_1-\bar{x}_2)+t_{\alpha/2}\ (n_1+n_2-2)\sqrt{s_p^2\left(\frac{1}{n_1}+\frac{1}{n_2}\right)}\right]$$

$$=\left[(85.5-81.56)-1.74\times\sqrt{26.2778\times\left(\frac{1}{10}+\frac{1}{9}\right)},(85.5-81.56)+1.74\times\sqrt{26.2778\times\left(\frac{1}{10}+\frac{1}{9}\right)}\right]$$

$$=\left[3.94-1.74\times 2.3553,3.94+1.74\times 2.3553\right]=\left[3.94-4.10,3.94+4.10\right]=\left[-0.16,8.12\right](分)$$

因此，在置信水平 90%下，估计这两名销售人员客户满意度分值之差为[−0.16,8.12]分。

(3) 已知两个总体标准差未知且不相等，$\bar{x}_1=85.5$分，$\bar{x}_2=81.56$分，$s_1^2=32.9444$，$s_2^2=18.7778$。由式(8.23)得自由度为

$$\nu=\frac{\left(\dfrac{s_1^2}{n_1}+\dfrac{s_2^2}{n_2}\right)^2}{\dfrac{(s_1^2/n_1)^2}{n_1-1}+\dfrac{(s_2^2/n_2)^2}{n_2-1}}=\frac{\left(\dfrac{32.9444}{10}+\dfrac{18.7778}{9}\right)^2}{\dfrac{(32.9444/10)^2}{10-1}+\dfrac{(18.7778/9)^2}{9-1}}=16.5443\approx 17$$

查t分布临界值表(附录 A 中的附表 2)得$t_{\alpha/2}(17)=t_{0.05}(17)=1.74$，则

$$\left[(\bar{x}_1-\bar{x}_2)\pm\Delta_{(\bar{x}_1-\bar{x}_2)}\right]=\left[(\bar{x}_1-\bar{x}_2)-t_{\alpha/2}(\nu)\sqrt{\frac{s_1^2}{n_1}+\frac{s_2^2}{n_2}},(\bar{x}_1-\bar{x}_2)+t_{\alpha/2}(\nu)\sqrt{\frac{s_1^2}{n_1}+\frac{s_2^2}{n_2}}\right]$$

$$=\left[(85.5-81.56)-1.74\times\sqrt{\frac{32.9444}{10}+\frac{18.7778}{9}},(85.5-81.56)+1.74\times\sqrt{\frac{32.9444}{10}+\frac{18.7778}{9}}\right]$$

$$=\left[3.94-1.74\times 2.3197,3.94+1.74\times 2.3197\right]=\left[3.94-4.04,3.94+4.04\right]=\left[-0.10,7.98\right](分)$$

因此，在置信水平 90%下，估计这两名销售人员客户满意度分值之差为[−0.10,7.98]分。

实践中还可以先对两个总体方差是否相等进行检验①，然后对应以上相应情况进行估计即可。

(三) 两个总体均值之差置信区间的匹配样本估计

使用相互独立的两个样本来估计两个总体均值之差存在一定的弊端，这种弊端尤其会出现在研究对象为人的时候。比如，考察两种产品组装方法的效率时，独立样本是指派不同的

① 见假设检验的内容。

工人分别用两种方法组装产品，偶尔可能会使技术比较差的工人被指派使用方法 1，而技术较好的工人被指派使用方法 2，这种不公平的指派，可能会掩盖两种方法组装产品所需时间的真正差异。

为解决这一问题，可以使用匹配样本(matched sample)，即一个样本中的数据与另一个样本中的数据相对应。比如，先指定部分工人用方法 1 组装产品，然后再让这些工人用方法 2 组装产品，这样得到的两种方法组装产品的时间数据就是匹配数据。

1. 两个总体均值之差置信区间的匹配大样本估计

在匹配大样本情况下，两个总体均值之差 $\mu_d = \mu_1 - \mu_2$ 在置信水平 $(1-\alpha)$ 下的置信区间为

$$\left[\bar{d} \pm \Delta_{\bar{d}}\right] = \left[\bar{d} - Z_{\alpha/2}\frac{\sigma_d}{\sqrt{n}}, \bar{d} + Z_{\alpha/2}\frac{\sigma_d}{\sqrt{n}}\right] \tag{8.25}$$

式中，$\bar{d} = \dfrac{\sum_{i=1}^{n} d_i}{n} = \dfrac{\sum d_i}{n}$，$d_i$ 表示两组匹配数据的差值，$\bar{d}$ 即 d_i 的均值；σ_d 表示 d_i 的标准差。

当 σ_d 未知时，可用 d_i 的标准差 s_d 来估计，$s_d = \sqrt{\dfrac{\sum_{i=1}^{n}(d_i - \bar{d})^2}{n-1}} = \sqrt{\dfrac{\sum (d_i - \bar{d})^2}{n-1}}$。

2. 两个总体均值之差置信区间的匹配小样本估计

在匹配小样本情况下，假定两个总体各观测值的匹配差值服从正态分布，则 $\mu_d = \mu_1 - \mu_2$ 在置信水平 $(1-\alpha)$ 下的置信区间为

$$\left[\bar{d} \pm \Delta_{\bar{d}}\right] = \left[\bar{d} - t_{\alpha/2}(n-1)\frac{s_d}{\sqrt{n}}, \bar{d} + t_{\alpha/2}(n-1)\frac{s_d}{\sqrt{n}}\right] \tag{8.26}$$

例 8.10　某证券公司为了考察投资者的风险偏好程度差异，随机选取了 10 名投资者，分别采用两套测试卷测试其风险偏好水平，测试结果见表 8.8。假定两套试卷分数之差服从正态分布，在置信水平 95%下估计两套风险偏好程度测试卷平均分数之差的置信区间。

表 8.8　10 名投资者两套测试卷的风险偏好得分

投资者编号	试卷分数/分		差值 d_i/分
	试卷 1	试卷 2	
1	70	64	6
2	57	40	17
3	44	24	20
4	53	41	12
5	72	54	18
6	30	31	−1
7	36	19	17
8	59	51	8
9	49	35	14
10	66	57	9

解　本例为匹配小样本情形下的均值之差估计。根据表 8.8 的数据计算得

$$\bar{d}=\frac{\sum d_i}{n}=\frac{120}{10}=12\ (分),\quad s_d=\sqrt{\frac{\sum(d_i-\bar{d})^2}{n-1}}=6.53\ (分)$$

查 t 分布临界值表(附录 A 中的附表 2)得 $t_{0.05/2}(10-1)=2.262$。由式(8.26)得两套测试卷平均分数之差 $\mu_d=\mu_1-\mu_2$ 在置信水平 95%下的置信区间为

$$\left[\bar{d}\pm\Delta_{\bar{d}}\right]=\left[\bar{d}-t_{\alpha/2}(n-1)\frac{s_d}{\sqrt{n}},\bar{d}+t_{\alpha/2}(n-1)\frac{s_d}{\sqrt{n}}\right]$$

$$=\left[12-2.262\times\frac{6.53}{\sqrt{10}},12+2.262\times\frac{6.53}{\sqrt{10}}\right]$$

$$=\left[12-4.67,12+4.67\right]=\left[7.33,16.67\right]\ (分)$$

因此，在置信水平 95%下，估计两套测试卷平均分数之差为[7.33,16.67]分。

表 8.9 给出了两总体均值之差在不同条件下置信区间的估计方法。

表 8.9　两个总体均值之差在置信水平 $(1-\alpha)$ 下的置信区间估计

待估参数	样本容量	两个总体方差	置信水平 $(1-\alpha)$ 下的置信区间
两总体均值之差	两个独立随机大样本	都已知	$\left[(\bar{x}_1-\bar{x}_2)\pm\Delta_{(\bar{x}_1-\bar{x}_2)}\right]=\left[(\bar{x}_1-\bar{x}_2)\pm Z_{\alpha/2}\sqrt{\frac{\sigma_1^2}{n_1}+\frac{\sigma_2^2}{n_2}}\right]$
		都未知	$\left[(\bar{x}_1-\bar{x}_2)\pm\Delta_{(\bar{x}_1-\bar{x}_2)}\right]=\left[(\bar{x}_1-\bar{x}_2)\pm Z_{\alpha/2}\sqrt{\frac{s_1^2}{n_1}+\frac{s_2^2}{n_2}}\right]$
	两个正态分布总体，两个独立随机小样本	都已知	$\left[(\bar{x}_1-\bar{x}_2)\pm\Delta_{(\bar{x}_1-\bar{x}_2)}\right]=\left[(\bar{x}_1-\bar{x}_2)\pm Z_{\alpha/2}\sqrt{\frac{\sigma_1^2}{n_1}+\frac{\sigma_2^2}{n_2}}\right]$
		未知 但相等	$\left[(\bar{x}_1-\bar{x}_2)\pm\Delta_{(\bar{x}_1-\bar{x}_2)}\right]=\left[(\bar{x}_1-\bar{x}_2)\pm t_{\alpha/2}(n_1+n_2-2)\sqrt{s_p^2\left(\frac{1}{n_1}+\frac{1}{n_2}\right)}\right]$
		未知且不等	$\left[(\bar{x}_1-\bar{x}_2)\pm\Delta_{(\bar{x}_1-\bar{x}_2)}\right]=\left[(\bar{x}_1-\bar{x}_2)\pm t_{\alpha/2}(v)\sqrt{\frac{s_1^2}{n_1}+\frac{s_2^2}{n_2}}\right]$ $v=\frac{\left(\frac{s_1^2}{n_1}+\frac{s_2^2}{n_2}\right)^2}{\frac{(s_1^2/n_1)^2}{n_1-1}+\frac{(s_2^2/n_2)^2}{n_2-1}}$
	匹配大样本	总体均值差值的方差已知	$\left[\bar{d}\pm\Delta_{\bar{d}}\right]=\left[\bar{d}\pm Z_{\alpha/2}\frac{\sigma_d}{\sqrt{n}}\right]$，$\bar{d}=\frac{\sum d_i}{n}$
	匹配小样本，匹配差值服从正态分布	总体均值差值的方差未知	$\left[\bar{d}\pm\Delta_{\bar{d}}\right]=\left[\bar{d}\pm t_{\alpha/2}(n-1)\frac{s_d}{\sqrt{n}}\right]$，$s_d=\sqrt{\frac{\sum(d_i-\bar{d})^2}{n-1}}$

二、两个总体比例之差置信区间的大样本估计

两个总体比例之差 $(\pi_1-\pi_2)$ 的区间估计原理与单个总体比例的区间估计相同，$(\pi_1-\pi_2)$

的置信区间也是由点估计值 (p_1-p_2) 加减 (p_1-p_2) 的抽样允许误差得到的，即

$$\left[(p_1-p_2)\pm\Delta_{(p_1-p_2)}\right]=\left[(p_1-p_2)\pm(\alpha/2\text{分位数值}\times(p_1-p_2)\text{的标准差})\right]$$

由第七章中的“两个独立大样本比例之差的抽样分布”理论可知，从两个二项分布总体中抽取两个独立大样本，则两个大样本比例之差 (p_1-p_2) 近似服从正态分布，且 (p_1-p_2) 经标准化后服从标准正态分布，即

$$Z=\frac{(p_1-p_2)-(\pi_1-\pi_2)}{\sqrt{\dfrac{\pi_1(1-\pi_1)}{n_1}+\dfrac{\pi_2(1-\pi_2)}{n_2}}}\sim N(0,1) \tag{8.27}$$

式(8.27)中的 $\pi_1(1-\pi_1)$ 和 $\pi_2(1-\pi_2)$ 未知，可用 $p_1(1-p_1)$ 和 $p_2(1-p_2)$ 分别来估计，由此，根据正态分布建立的 $(\pi_1-\pi_2)$ 在置信水平 $(1-\alpha)$ 下的置信区间为

$$\begin{aligned}&\left[(p_1-p_2)\pm\Delta_{(p_1-p_2)}\right]\\&=\left[(p_1-p_2)-Z_{\alpha/2}\sqrt{\frac{p_1(1-p_1)}{n_1}+\frac{p_2(1-p_2)}{n_2}},(p_1-p_2)+Z_{\alpha/2}\sqrt{\frac{p_1(1-p_1)}{n_1}+\frac{p_2(1-p_2)}{n_2}}\right]\end{aligned} \tag{8.28}$$

例 8.11 在某次居民住户未来一段时期对“消费”、“储蓄”和“投资”的倾向性研究中，分别从甲、乙两城市中随机抽取了 500 户和 600 户，调查得到倾向于“更多消费”的样本家庭户所占比例，甲城市为 30.9%，乙城市为 27.3%。在置信水平 95%下估计甲乙两城市倾向于“更多消费”的居民户所占比例的置信区间。

解 已知 $n_1=500,\ p_1=30.9\%,\ n_2=600,\ p_2=27.3\%,\ 1-\alpha=95\%,$ 查标准正态分布概率表(附录 A 中的附表 1)得 $Z_{0.025}=1.96$。因为 $n_1p_1=154.5, n_1(1-p_1)=345.5,\ n_2p_2=163.8, n_2(1-p_2)=436.2$，均大于 10，所以符合比例估计的大样本条件。

由式(8.28)得 $(\pi_1-\pi_2)$ 在置信水平 95%下的置信区间为

$$\begin{aligned}&\left[(p_1-p_2)\pm\Delta_{(p_1-p_2)}\right]\\&=\left[(p_1-p_2)-Z_{\alpha/2}\sqrt{\frac{p_1(1-p_1)}{n_1}+\frac{p_2(1-p_2)}{n_2}},(p_1-p_2)+Z_{\alpha/2}\sqrt{\frac{p_1(1-p_1)}{n_1}+\frac{p_2(1-p_2)}{n_2}}\right]\\&=\left[(30.9\%-27.3\%)-1.96\times\sqrt{\frac{30.9\%\times(1-30.9\%)}{500}+\frac{27.3\%\times(1-27.3\%)}{600}},\right.\\&\left.(30.9\%-27.3\%)+1.96\times\sqrt{\frac{30.9\%\times(1-30.9\%)}{500}+\frac{27.3\%\times(1-27.3\%)}{600}}\right]\\&=\left[3.6\%-5.4\%,3.6\%+5.4\%\right]=[-1.8\%,9.0\%]\end{aligned}$$

因此，在置信水平 95%下估计甲、乙两城市倾向于“更多消费”的居民户所占比例之差为 $[-1.8\%,9.0\%]$。

三、两个正态分布总体方差比置信区间的估计

在实际问题中，经常会遇到比较两个总体方差的问题。比如，要比较用两种不同方法生产的产品性能的稳定性，比较不同测量工具的精度等。

假定有两个总体服从正态分布，从这两个正态分布总体中分别抽取简单随机样本，根据抽样分布理论，两个样本方差比服从 F 分布，因此可用 F 分布来构造两个总体方差比 σ_1^2/σ_2^2 的置信区间，其基本原理可用图 8.7 表示。

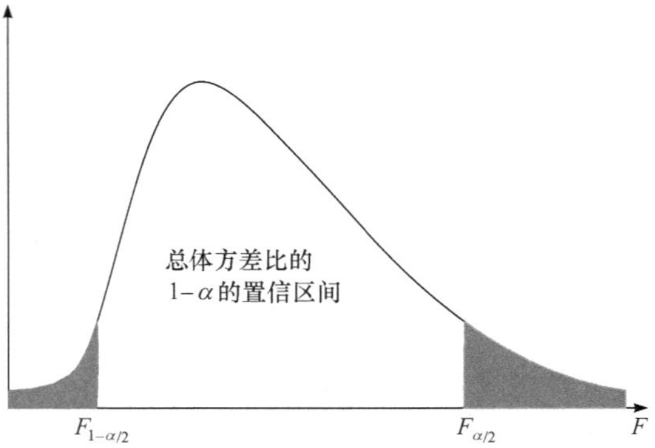

图 8.7　两个正态分布总体方差比置信区间的示意图

由图 8.7 可以看出，建立两个正态总体方差比的置信区间，就是在置信水平 $(1-\alpha)$ 下找到 F 分布的两个分位数值，使其满足

$$P(F_{1-\alpha/2} \leqslant F \leqslant F_{\alpha/2}) = 1-\alpha \tag{8.29}$$

根据第七章中“两个正态分布总体的独立样本方差比的抽样分布”的结论有 $\frac{s_1^2}{s_2^2}\cdot\frac{\sigma_2^2}{\sigma_1^2} \sim F(n_1-1, n_2-1)$，用 $\frac{s_1^2}{s_2^2}\cdot\frac{\sigma_2^2}{\sigma_1^2}$ 来代替式(8.29)中的 F，并将 F 分位数值的自由度加入，于是有

$$P\left(F_{1-\alpha/2}(n_1-1, n_2-1) \leqslant \frac{s_1^2}{s_2^2}\cdot\frac{\sigma_2^2}{\sigma_1^2} \leqslant F_{\alpha/2}(n_1-1, n_2-1)\right) = 1-\alpha \tag{8.30}$$

由式(8.30)，可推导出两个正态分布总体方差比 σ_1^2/σ_2^2 在置信水平 $(1-\alpha)$ 下的置信区间为

$$\left[\frac{s_1^2/s_2^2}{F_{\alpha/2}(n_1-1, n_2-1)}, \frac{s_1^2/s_2^2}{F_{1-\alpha/2}(n_1-1, n_2-1)}\right] \tag{8.31}$$

式中，$F_{\alpha/2}(n_1-1, n_2-1)$ 和 $F_{1-\alpha/2}(n_1-1, n_2-1)$ 是分子自由度为 (n_1-1) 和分母自由度为 (n_2-1) 的 F 分布右侧面积各为 $\alpha/2$ 和 $(1-\alpha/2)$ 的上、下分位数，其值可以查阅 F 分布临界值表(附录 A 中的附表 4)得到，亦可根据 Excel 中的函数“F. INV. RT”计算得到(见附录 B)。

例 8.12　沿用例 8.9 的数据。设两名销售人员客户满意度分值均服从正态分布。在置信水平 90%下，估计这两名销售人员客户满意度分值方差比的置信区间。

解　根据样本数据可得 $s_1^2 = 32.9444$，$s_2^2 = 18.7778$。

根据自由度 $n_1-1=9$ 和 $n_2-1=8$，α=0.10，使用 Excel 中的 F.INV.RT 函数(附录 B)计算得 $F_{\alpha/2}(n_1-1, n_2-1) = F_{0.05}(9,8) = 3.3881$，则

$$F_{1-\alpha/2}(n_1-1, n_2-1) = F_{0.95}(9,8) = \frac{1}{F_{0.05}(8,9)} = 0.3096$$

由式(8.31)得

$$\left[\frac{s_1^2/s_2^2}{F_{\alpha/2}(n_1-1,n_2-1)},\frac{s_1^2/s_2^2}{F_{1-\alpha/2}(n_1-1,n_2-1)}\right]=\left[\frac{32.9444/18.7778}{3.3881},\frac{32.9444/18.7778}{0.3096}\right]$$

$$=[0.5178,5.6668](\text{分})$$

因此，在置信水平 90%下，估计这两名销售人员客户满意度分值方差比为[0.5178, 5.6668](分)。

表 8.10 给出了两个总体比例之差、两个正态总体方差比的置信区间估计所要求的条件和估计方法。

表 8.10　两个总体比例之差、两个总体方差比在置信水平 $(1-\alpha)$ 下的置信区间估计

待估参数	条件	置信水平 $(1-\alpha)$ 下的置信区间
两个总体比例之差 $(\pi_1-\pi_2)$	两个二项分布总体 两个独立大样本	$\left[(p_1-p_2)\pm\Delta_{(p_1-p_2)}\right]=\left[(p_1-p_2)\pm Z_{\alpha/2}\sqrt{\frac{p_1(1-p_1)}{n_1}+\frac{p_2(1-p_2)}{n_2}}\right]$
两个正态总体方差比 σ_1^2/σ_2^2	两个正态分布总体	$\frac{\sigma_1^2}{\sigma_2^2}\in\left[\frac{s_1^2/s_2^2}{F_{\alpha/2}(n_1-1,n_2-1)},\ \frac{s_1^2/s_2^2}{F_{1-\alpha/2}(n_1-1,n_2-1)}\right]$

图 8.8 给出了两个总体参数置信区间估计的不同情形及所使用的分布。

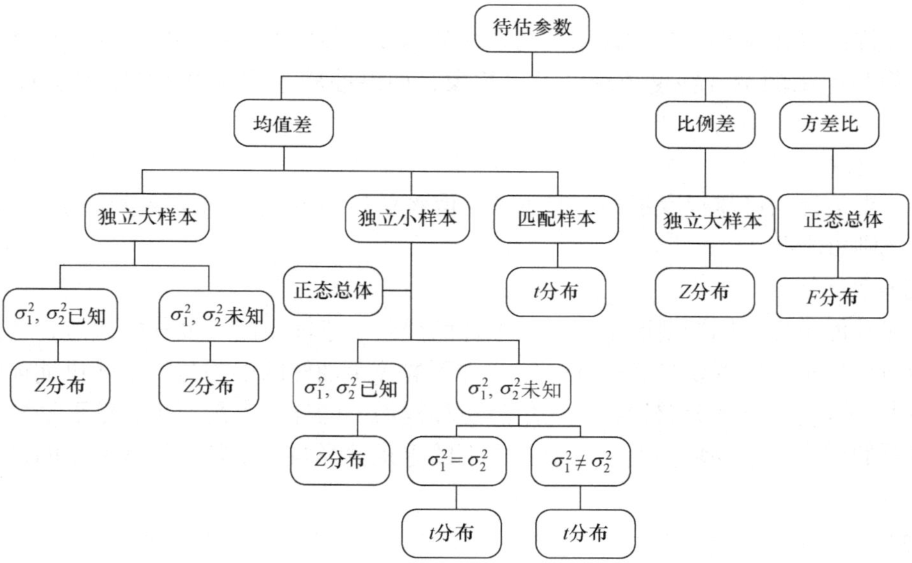

图 8.8　两个总体参数置信区间估计的不同情形及所使用的分布

第四节　样本容量的确定

在进行参数估计之前，为满足一定的估计精度和可靠程度的要求，首先应该确定需要抽取一个多大容量的样本来估计参数。实践中样本容量的确定要同时兼顾统计推断效果和费用要求。

从费用控制的角度来看，样本容量 n 不宜过多。n 过多，会直接增加调查费用，占用较多人力，同时也会延长调查周期，从而影响调查推断的时效性，丧失抽样调查相对于普查的优势。实践中通常都有费用预算的上限，此时 n 的确定要依赖费用函数。费用函数表征了 n 与费用之间的关系。在简单随机抽样条件下，总费用函数可以表示为 $C = c_0 + c_1 n$ 。式中，C 为总费用；c_0 为固定费用，如管理人员开支、办公费、组织、宣传、场租费等，这些费用都与 n 无关；c_1 为与 n 有关的可变费用，即每调查一个个体所需的费用，如调查费、差旅费、礼品费等。如果只考虑费用预算 C 的要求，只要根据经验估计出 c_0 和 c_1，n 则随之确定。

本节是在不考虑费用的前提下，来确定能达到一定的统计推断效果的样本容量。为此，需要先研究影响样本容量的因素及其影响方向。

一、样本容量的影响因素

理论上讲，在不考虑调查费用限制的前提下，样本容量的多少主要受以下五个因素影响。

1. 总体的方差

总体方差反映了总体中变量值的离散程度，总体方差 σ^2 或 $\pi(1-\pi)$ 越大，为了保证样本对总体的代表性，就应多抽一些个体，反之可少抽一些个体。可以想象，如果总体中所有个体的变量值均相等，则只抽一个个体就可以完全代表总体了。通常在抽样之前，总体的方差往往不知道，此时可用以前同类调查的经验数据替代，也可由预调查的样本方差代替。

2. 抽样允许误差

抽样允许误差 Δ 越小，对估计精度的要求就越高，就需要多抽一些个体；反之可抽少数个体即能满足不高的估计精度要求。可以想象，如果抽样允许误差为零，就只能进行全面调查了。

3. 置信水平

如果要求估计的可靠程度越高，即要求置信水平 $1-\alpha$ 越高，则需要抽取的个体数量就要多些，反之则可少些。

4. 抽样技术

因为在其他条件相同的情况下，分层抽样的误差小于简单随机抽样的误差，整群抽样的误差大于简单随机抽样的误差，而在一定条件下的等距抽样的误差与简单随机抽样的误差两者差异不大。因此，通常分层抽样比简单随机抽样需要的样本容量要少；整群抽样比简单随机抽样需要的样本容量要多，而在一定条件下的等距抽样与简单随机抽样要求的样本容量差异不大。

5. 抽样方法

因为样本容量相同的条件下，重置抽样的误差比不重置抽样的误差大，所以在相同的估计精度与可靠程度的条件下，采用重置抽样比不重置抽样需要的样本容量多，这样才能降低重置抽样的误差。

考虑以上因素确定样本容量后，还应结合调查所需人力、物力和财力的具体情况作适当调整，最后综合确定合适的样本容量。

二、简单随机抽样下样本容量的确定

概率抽样技术很多，为说明问题的方便，在此主要讨论简单随机抽样下样本容量的确定问题，其他抽样技术的样本容量确定请参阅有关抽样技术书籍。

(一) 正态总体均值估计时的样本容量确定

1. 重置抽样条件

在简单重置抽样条件下，因为$\sigma_{\bar{x}}=\dfrac{\sigma}{\sqrt{n}}$，则$\Delta_{\bar{x}}=Z_{\alpha/2}\cdot\sigma_{\bar{x}}=Z_{\alpha/2}\cdot\dfrac{\sigma}{\sqrt{n}}$，于是$\Delta_{\bar{x}}^2=\dfrac{Z_{\alpha/2}^2\sigma^2}{n}$，故

$$n=\frac{Z_{\alpha/2}^2\sigma^2}{\Delta_{\bar{x}}^2} \tag{8.32}$$

2. 不重置抽样条件

在简单不重置抽样条件下，因为$\sigma_{\bar{x}}=\sqrt{\dfrac{\sigma^2}{n}\cdot\dfrac{N-n}{N-1}}$，则$\Delta_{\bar{x}}=Z_{\alpha/2}\cdot\sigma_{\bar{x}}=Z_{\alpha/2}\sqrt{\dfrac{\sigma^2}{n}\cdot\dfrac{N-n}{N-1}}$，于是$\Delta_{\bar{x}}^2=\dfrac{Z_{\alpha/2}^2\sigma^2}{n}\cdot\dfrac{N-n}{N-1}$，经整理得

$$n=\frac{NZ_{\alpha/2}^2\sigma^2}{(N-1)\Delta_{\bar{x}}^2+Z_{\alpha/2}^2\sigma^2} \tag{8.33}$$

例 8.13　为了了解某市居民对本市近期消费品市场的反映，该市一家消费研究机构准备对 18 岁以上的本市居民进行一次抽样调查，个人月消费支出水平是调查的主要内容。要求在置信水平 95%下进行抽样设计，且月平均消费支出的允许误差系数不超过 3%。同时，以前经验数据表明：该市居民月平均消费支出为 1850 元/人，标准差为 286 元。试确定必要样本容量。

解　已知由$1-\alpha=95\%$，查标准正态分布概率表(附录 A 中的附表 1)得$Z_{0.025}=1.96$。$V_{\Delta_{\bar{x}}}=3\%$，$\bar{x}=1850$元，$\sigma=286$元。由式(7.31)$V_{\Delta_{\bar{x}}}=\dfrac{\Delta_{\bar{x}}}{\mu}$，得

$$\Delta_{\bar{x}}=V_{\Delta_{\bar{x}}}\times\mu=3\%\times1850=55.5(\text{元})$$

则由式(8.32)计算得到必要样本容量为

$$n=\frac{Z_{\alpha/2}^2\sigma^2}{\Delta_{\bar{x}}^2}=\frac{1.96^2\times286^2}{55.5^2}=103(\text{人})$$

因此，至少要抽取 103 人进行调查才能满足条件要求。

(二) 总体比例估计时的样本容量确定

在简单随机抽样条件下，用Δ_p和总体比例方差$\pi(1-\pi)$分别替代式(8.32)和(8.33)中的$\Delta_{\bar{x}}$和σ^2，便可以得到估计总体比例时样本容量的计算公式。

$$\text{重置抽样：}n=\frac{Z_{\alpha/2}^2\pi(1-\pi)}{\Delta_p^2} \tag{8.34}$$

$$\text{不重置抽样：}n=\frac{NZ_{\alpha/2}^2\pi(1-\pi)}{(N-1)\Delta_p^2+Z_{\alpha/2}^2\pi(1-\pi)} \tag{8.35}$$

当总体比例π未知时，式(8.34)和(8.35)中的$\pi(1-\pi)$可用$p(1-p)$来估计。

例 8.14　某企业对一段时间内生产的某型号电池 10000 节进行电流强度测试。根据以往

的经验，电流强度的标准差为 0.4 安，生产合格率曾有过 95%，95.6%和 96.2%三个水平。采用简单随机抽样，要求置信水平为 99.73%，同时要求样本平均电流强度的允许误差不超过 0.08 安培，合格率的允许误差不超过 4%，试确定必要样本容量。

解　已知 $\sigma = 0.4$ 安，$\Delta_{\bar{x}} = 0.08$ 安，$\Delta_p = 4\%$，合格率 π 选择使得 $\pi(1-\pi)$ 达到最大的 95%。由 $1-\alpha = 99.73\%$，查标准正态分布概率表(附录 A 中的附表 1)得 $Z_{\alpha/2} = 3$。

由式(8.32)计算得到估计总体均值的必要样本容量为

$$n_{\bar{x}} = \frac{Z_{\alpha/2}^2 \sigma^2}{\Delta_{\bar{x}}^2} = \frac{3^2 \times 0.4^2}{0.08^2} = 225\ (\text{节})$$

由式(8.34)计算得到估计总体比例的必要样本容量为

$$n_p = \frac{Z_{\alpha/2}^2 \pi(1-\pi)}{\Delta_p^2} = \frac{3^2 \times 95\% \times (1-95\%)}{(4\%)^2} = 268\ (\text{节})$$

为满足两种不同抽样允许误差的要求，取以上两个结果中较大者作为必要的样本容量，因此需要抽 268 节电池做样本。

(三) 确定样本容量时应注意的问题

(1) 以上公式计算的样本容量 n 是最低的，即必要样本容量，通常还需要考虑费用以及问题的重要性、调查表的回收率等其他因素，来确定最终的样本容量。

(2) 上述公式计算的 n 可能为非整数，此时多采用比这个数大的邻近整数来确定必要样本容量(不使用四舍五入原则)。

(3) 如果一次抽样调查需要同时满足估计均值和比例的要求，利用以上公式计算的样本容量会有差异，为同时满足它们的要求，应选择较大的样本容量作为必要样本容量。

(4) 确定样本容量是在抽样之前进行的，此时总体方差 σ^2 或 $\pi(1-\pi)$ 是未知的，这时可以使用总体方差的经验数据或样本方差替代，具体做法是：①选择使用历史资料。如果有若干个可供选择的总体方差资料，应选择方差数值最大的那一个。对于比例估计请选择 0.5 或最接近 0.5 的那个比例。②通过组织预调查获取替代数据资料。③采用两步调查法获取资料。首先确定一个可以承受的样本容量 n_0，调查后对估计精度进行计算，如果估计精度达到要求，则调查结束；否则，根据 n_0 个个体获取的信息计算出为了达到估计精度要求所需的样本容量 n，再补抽 $(n-n_0)$ 个个体进行调查即可。④如果对变量的波动范围(全距 R)有一个经验的推测，则可近似地采用 $\sigma = R/4$。

(5) 实践中不重置抽样应用较多，对不重置抽样必要样本容量的确定可以直接按照式(8.33)和(8.35)来计算，也可以遵循如下思路确定：首先按照式(8.32)和(8.34)来计算重置抽样的样本容量，记为 n_0；然后判断 $\frac{n_0}{N} \leqslant 0.05$ 是否成立，若成立，则取 $n = n_0$，否则，对 n_0 按以下公式进行修正

$$n = \frac{n_0}{1 + \frac{n_0}{N}} \tag{8.36}$$

思考与练习

一、思考题

1. 统计估计有哪两种类型？什么是参数估计？
2. 参数估计常用的方法有哪两种？
3. 什么是点估计？简要说明其缺陷。
4. 简述评价估计量优劣的标准。
5. 简要说明区间估计的基本原理。
6. 怎样理解置信区间？解释置信水平为95%的置信区间的含义。
7. 如何理解抽样允许误差与置信水平的关系；如何理解估计精度与估计可靠程度的关系。
8. 请总结单个总体均值、总体比例和总体方差置信区间的估计方法。
9. 请总结两个总体的均值之差、比例之差和方差比的置信区间估计方法。
10. 解释独立样本和匹配样本的含义。
11. 样本容量的影响因素有哪些？确定样本容量应注意哪些问题？

二、练习题

1. 某大学从所有在校生中简单随机抽取了100人，调查得到他们每天参加体育锻炼的时间长度，并计算得平均锻炼时长为32分钟。已知该大学在校生每天参加体育锻炼时长的方差为400。在置信水平95%下，估计该大学在校生平均每天参加体育锻炼时长的置信区间。

2. 某市税务局为了了解某办税大厅办理某项业务的效率，调查人员在该办税大厅办理该业务的有关窗口，随机观察记录了40名客户办理业务的时长，经计算得40名客户平均办理时长为12分钟，样本标准差为4.1分钟。假定办理该业务的时长服从正态分布。要求在置信水平95%下估计：

(1) 此办税大厅办理该业务的平均时长的置信区间；

(2) 若样本容量为16，而观测数据的样本均值和样本标准差不变，估计此办税大厅办理该业务的平均时长的置信区间。

3. 某市相关部门为了对城市的环境进行监测，定期公布该市居民每天家用轿车的里程数，随机抽取36个拥有家用轿车的居民作为一个简单随机样本，调查得每天家用轿车里程数(单位：公里)如下表。要求：分别在置信水平90%和95%下，估计该市居民家用轿车日均里程数的置信区间，并解释两种情况抽样允许误差的变化说明了什么。

居民	里程数	居民	里程数	居民	里程数	居民	里程数
1	32	6	44	11	31	16	39
2	50	7	45	12	36	17	38
3	40	8	48	13	39	18	45
4	24	9	44	14	46	19	27
5	33	10	47	15	45	20	43

续表

居民	里程数	居民	里程数	居民	里程数	居民	里程数
21	54	25	23	29	39	33	53
22	36	26	36	30	34	34	28
23	34	27	42	31	35	35	49
24	48	28	34	32	42	36	39

4. 一家面粉厂生产的袋装面粉，每天产量为 500 袋，按规定每袋的包装规格为 5 千克。企业质检部门经常以抽检的方式监督包装是否符合要求。现从某天生产的一批面粉中随机抽取 20 袋，测得每袋重量(单位：千克)见下表。

5.02	4.99	5.02	5.03	5.00
4.93	5.03	5.04	4.99	5.02
5.01	5.02	4.99	4.97	5.03
5.02	5.00	4.98	5.04	5.03

已知袋装面粉重量服从正态分布，且总体标准差为 0.1 千克。要求：

(1) 在置信水平 95%下估计该天生产的袋装面粉平均重量的置信区间；

(2) 在置信水平 95%下估计该天生产的袋装面粉总重量的置信区间。

5. 某商场每日销售金额服从正态分布，现随机抽取 12 天的日销售额(单位：万元)，见下表。

265	275	280	290	285	275
310	280	265	275	285	275

要求在置信水平 95%下估计：

(1) 该商场日均销售额的置信区间；

(2) 该商场月度总销售额的置信区间(按 30 天计算)。

6. 为了解某地区 1 岁婴儿血红蛋白的浓度/含量，某医疗研究机构随机抽取了该地区 50 名 1 岁婴儿，测得血红蛋白的均值为 123.7 克/升，标准差为 11.9 克/升。要求在置信水平 95%下，

(1) 估计该地区 1 岁婴儿血红蛋白均值的置信区间，并给出抽样允许误差；

(2) 如果样本婴儿数只有 25 名(其他条件不变)，实现(1)中的估计，还需要什么前提条件？如果条件满足，请估计并给出抽样允许误差。

7. 某医院小儿科医生用某药治疗小儿肺炎 100 例，痊愈 80 例。要求：在置信水平 99%下估计该药物对小儿肺炎治愈率的置信区间，并给出抽样允许误差。

8. 某居民小区共有居民 500 户，小区管理者准备采用一项新的供水设施，想了解居民是否赞成。重置随机抽取了 50 户，其中有 32 户赞成，18 户反对。要求：

(1) 在置信水平 95.45%下估计小区居民中赞成新措施户数比例的置信区间；

(2) 在置信水平 95.45%下估计小区居民中赞成新措施总户数的置信区间；

(3) 如果小区管理者预计赞成的比例能达到 80%，抽样允许误差不超过 10%，至少应抽取多少户进行调查?

9. 某市某电信营业厅为了了解大客户对该营业厅电信服务的满意情况，随机访问了 100 名去该电信营业厅办理业务的大客户，调查结果显示：受访的大客户中有 30 名认为该营业厅现在的服务质量比两年前好。要求：在置信水平 95.45%下估计该营业厅所有大客户认为现在的服务质量比两年前好的比例，并给出抽样允许误差。

10. 沿用第七章课后练习题 2 某快餐店随机抽取的 80 名顾客的午餐花费金额的单变量值分组数据，要求在置信水平 95%下估计：

(1) 该快餐店顾客午餐平均花费金额的置信区间及抽样允许误差；

(2) 该快餐店顾客午餐额在 9 元及以上的比例的置信区间及抽样允许误差。

11. 在一项某地区关于中小学专任教师工作量状况及标准研究的课题中，随机抽取了 100 名教师调查了某学期平均每周工作的小时数，数据分组如下表。同时规定每周工作小时数在 60 小时以上的为“过劳者”。

按每周工作小时数分组/时	教师人数/人
40 以下	5
40～45	10
45～50	10
50～55	35
55～60	15
60～65	15
65 以上	10
合计	100

要求：

(1) 在置信水平 68.27%下估计该地区中小学专任教师平均每周工作时长的置信区间；

(2) 在置信水平 68.27%下估计该地区中小学专任教师过劳者比例的置信区间；

(3) 如果抽样允许误差为 1 小时，估计该地区中小学教师平均每周工作时长的置信区间及其置信水平；

(4) 如果“过劳者”比例的抽样允许误差不超过 5%，估计过劳者比例的置信区间及其置信水平。

12. 有 A，B 两家快递公司，从 A 公司快递员中随机抽出 50 人，调查得到平均工资 8500 元，标准差 500 元，其中 40 人为男性。从 B 公司快递员中随机抽出 60 人，平均工资 7600 元，标准差 400 元，其中 45 人为男性。试在置信水平 95%下估计：

(1) B 公司快递员平均工资的置信区间，并给出抽样允许误差；

(2) A，B 两公司快递员平均工资之差的置信区间；

(3) A 公司男性快递员比例的置信区间，并给出抽样允许误差；

(4) A，B 两公司男性快递员比例之差的置信区间。

13. 某公司为了了解男女推销员的推销能力是否有差异，随机抽取了 16 名男推销员和 25 名女推销员。调查得到，某时间段内男推销员平均推销额为 3.2 万元，标准差为 1.8 万元，女推销员平均推销额为 3.6 万元，标准差为 1.4 万元。假设男女推销员的推销额均服从正态分布，两总体标准差未知且不相等。要求：在置信水平 95%下估计男女推销员平均推销额之差的置信区间，并给出抽样允许误差。

14. 甲、乙两台机床生产同一型号的滚珠，从甲机床生产的滚珠中随机抽取 9 个，从乙机床生产的滚珠中随机抽取 10 个，测得这些滚珠的直径(单位：毫米)如下：

甲机床：14.9，15.1，15.2，14.8，15.0，14.8，15.2，15.4，14.9

乙机床：15.0，14.6，14.8，15.1，14.5，15.2，15.0，14.8，15.1，14.9

设两台机床生产的滚珠直径均服从正态分布。要求：在如下三种前提下分别给出这两台机床生产的滚珠直径之差的置信区间(置信水平为 90%)。

(1) 已知两台机床生产的滚珠直径的标准差分别为 0.18 毫米和 0.24 毫米；

(2) 两台机床生产的滚珠直径的标准差未知但相等；

(3) 两台机床生产的滚珠直径的标准差未知且不相等。

15. 某医疗研究机构某次研究测得 18 例结核病患者和 28 例对照者的脑脊液中镁的含量(单位：毫摩尔每升)，整理数据如下表。要求：在置信水平 95%下估计结核病人和对照者的脑脊液中镁含量的总体均值之差的置信区间。

组别	例数	脑脊液中镁含量均值/毫摩尔每升	脑脊液中镁含量标准差/毫摩尔每升
结核组	18	1.04	0.17
对照组	28	1.28	0.14

16. 某猎头公司对随机抽取的 10 名小企业经理人用两种方法进行自信心测试，得到的自信心测试分数(单位：分)如下表。

人员编号	1	2	3	4	5	6	7	8	9	10
方法 1	78	63	72	89	91	49	68	76	85	55
方法 2	71	44	61	84	74	51	55	60	77	39

要求：在置信水平 95%下，估计两种方法平均自信心得分之差的置信区间。

17. 在某电视节目的收视率调查中，从甲城市随机调查了 500 人，有 45% 的人收看了该节目；从乙城市随机调查了 600 人，有 32% 的人收看了该节目。要求：在置信水平 95% 下，估计甲、乙两城市该电视节目收视率差值的置信区间。

18. 生产工序的方差是工序质量的一个重要度量。当方差较大时，需要对工序进行改进以减小方差。下表是两部机器生产的各 21 包样本袋茶的重量数据(单位：克)。

机器 1			机器 2		
3.45	3.22	3.90	3.22	3.28	3.35
3.20	2.98	3.70	3.28	3.19	3.30
3.22	3.75	3.28	3.30	3.20	3.05
3.50	3.38	3.35	3.30	3.29	3.33
2.95	3.45	3.20	3.34	3.35	3.27
3.16	3.48	3.12	3.28	3.16	3.28
3.20	3.18	3.25	3.30	3.34	3.25

要求：在置信水平 95%下，估计两部机器生产的袋茶重量的方差比的置信区间。

19. 某市组织家庭生活简单随机抽样调查，该市共有 5000 户家庭，每人每月生活费支出的标准差为 11.5 元。现规定调查允许误差为 1 元，置信水平为 95.45%，试确定必要样本容量。

20. 调查一批机械零件的合格率，根据过去的资料，合格率曾有过 99%，97%，95%三种水平，设计要求抽样允许误差不超过 1%，置信水平为 95%。若进行简单随机抽样，问至少应抽选多少个零件进行调查？

21. 某次抽样调查表明，某市居民每周平均阅读时长的 95% 的置信区间为[5.2,8.4]小时，问该次抽样的样本居民平均每周阅读时长是多少？事先规定的抽样允许误差是多少？若样本容量为 100 人，则样本标准差是多少？若将抽样允许误差降为 1 小时，那么在其他条件相同的情况下，样本容量应该为多少？

三、综合案例分析

资料：美国鱼类和野生动植物管理局(US Fisheries and Wildlife Service)要求对于任何一次捕捞，每只扇贝的平均重量至少为 0.0278 磅(1 磅≈0.45 千克)，该要求旨在保护小扇贝。

一艘渔船抵达了马萨诸塞州的一个港口，船上装有 11000 袋扇贝。港口检查人员随机选择了 100 袋检查扇贝重量。港口检查人员从每袋中取出一大勺扇贝，然后用这一大勺扇贝的重量除以扇贝的数量，以此估算出袋子中每只扇贝的平均重量。根据 100 袋扇贝的平均重量，港口估算出该渔船每只扇贝的平均重量为 0.0256 磅(比规定的扇贝重量轻约 7%)，样本的标准差为 0.02。据此，港口没收了该渔船 95%的扇贝并进行了拍卖。

船长对此表示不满。船长宣称渔船完全遵守了捕捞的重量规定，并准备向政府提出诉讼。他聘请了波士顿一家律师事务所的律师，该律师想请你一块分析下该船长是否有理由向政府提起诉讼。

请你思考并回答下列问题：

1. 美国鱼类和野生动植物管理局规定采用什么方法来调查扇贝的重量？
2. 当扇贝平均重量低于 0.0278 磅时，政府将其没收，这一规定是否存在缺陷？
3. 是否有更好的方法来确定船长是否违反了重量限制？

第八章练习题参考答案

第九章　假设检验与方差分析

【章前阅读】

铸币检验试验[①]

统计检验最早出现于抽样检查的实际工作中，被赋予了一个神秘的名字——“铸币检验试验”，这个工作从最初开始到现在已有将近 800 年的时间。铸币检验试验是英国皇家造币厂的一个古老的仪式，尽管几个世纪以来其参与者的动机在发生变化，但人所共知的目的就是检验铸币厂所铸的硬币是否满足国王的要求。铸币检验试验是为了检测铸币厂生产的金币和银币的质量。铸币检验试验通常为每三至四年进行一次，但也有不规则的时候，或者更为频繁，比如一年一次。一段时期内，一枚硬币将可能从铸币厂中被抽出，比如每生产 15 磅金币或每生产 60 磅银币就要抽取一枚硬币，并将这枚硬币放入铸币检验箱中。在试验时，铸币检验箱将被打开，硬币的含量将被计算、称重，并进行检测。然后将检测结果与铸币厂契约规定的标准进行比对。契约规定了允许误差的范围，被称为“公差”，在规定的范围内高于和低于标准值是允许的。如果试验结果显示铸币中的黄金或白银含量过少，铸币厂相关负责人需要向国王偿还差额，包括自上次试验后所涵盖的全部铸币。

这就是大约 800 年前的假设检验过程。而现代统计学中的假设检验问题包括哪些内容？需要哪些步骤？与 800 年前的铸币检验试验又有哪些区别呢？

假设检验是统计推断的另一重要内容，与参数估计类似，都是利用样本信息对总体信息进行某种推断，但角度有所不同。假设检验是先对总体信息提出一个假设，然后利用样本信息从概率角度来判断这一假设是否成立的过程。假设检验包括参数假设检验和非参数假设检验两大内容，本章主要讨论参数假设检验问题，首先介绍假设检验的基本问题，然后说明参数假设检验和方差分析的方法。

第一节　假设检验的基本问题

一、假设检验的基本思想

所谓假设(hypothesis)就是对总体信息所作的陈述，总体信息可以是参数，也可以是总体的分布形态。比如，假设一批电池的平均使用寿命是 2500 小时，这批产品的合格率是 95%；假设某批罐装饮料净重的标准差是 100 毫升等。这些陈述就是对总体参数的假设。而假设总体服从正态分布则是对总体分布形态的假设，属于非参数假设。

所谓假设检验(hypothesis testing)就是在对总体参数或总体分布形态提出假设的基础上，利用样本信息从概率角度来判断假设是否成立的一种统计方法。前者称为参数假设检验，而

---

① 资料来源：斯蒂文·M. 斯蒂格勒. 统计探源：统计概念和方法的历史. 李金昌等译. 浙江工商大学出版社, 2014: 297-310.

后者称为非参数检验。以参数假设检验为例，假设某批电池的平均使用寿命是2500小时，然后从全部产品中随机抽取一个样本，根据样本信息结合一定概率判断该批电池的平均使用寿命是不是2500小时的过程就是参数假设检验。

本章主要讨论参数假设检验问题。参数假设检验的基本思路是：首先对总体参数提出某种假设，然后从待检验的总体中抽取一个随机样本并获取数据，再根据样本提供的信息以一定的概率判断所提出的假设是否成立，即判断总体的真实情况与所提出的假设是否存在显著的系统性差异，所以参数假设检验又被称为显著性检验。

参数假设检验做出决策判断的依据是基于小概率原理的反证法，它的基本逻辑是：首先规定一个小概率水平，然后在原假设成立的前提下，观察样本特征值出现的概率到底有多大。如果样本特征值对应的概率大于规定的小概率水平，就是一个大概率事件，从而判定对参数的假设是成立的；反之，如果样本特征值对应的概率小于规定的小概率水平，就是一个小概率事件，根据“小概率事件在一次试验中几乎是不可能发生的”小概率原理，就要怀疑“所提出的假设”的正确性了，从而拒绝“所提出的假设”。如果“小概率事件”未发生，则不拒绝“所提出的假设”。小概率事件只是发生的概率很小但并非不会发生，因此假设检验的结论可能存在错误(见本节中的假设检验的两类错误)。

二、假设检验的工作步骤

一个完整的假设检验过程应包括四个工作步骤：①提出假设，包括原假设和备择假设。②根据抽样分布理论构建合适的检验统计量，并根据抽取的样本信息计算出检验统计量的值(或者P值)。③确定一个显著性水平，建立相应的检验规则。④依据检验规则进行决策，做出检验结论。

假设检验的工作步骤表明，假设检验的基本要素有：原假设和备择假设、检验统计量、显著性水平与检验规则、决策判断。

(一) 原假设和备择假设

在参数假设检验中，首先需要提出两种假设，即原假设和备择假设。

原假设也称零假设(null hypothesis)，它是研究者想搜集证据予以反对的假设，是被检验的假设，用H_0表示。原假设表达的是总体参数原来的情况，因而在陈述时表现为总体参数等于某个数值，即用“=”号表示，“=”号也就总是出现在原假设上。

备择假设(alternative hypothesis)是研究者想搜集证据予以支持的假设，是当原假设不成立时供选择的假设，用H_1表示。备择假设与原假设是完全对立的关系，因此也被称为对立假设。备择假设表达的是总体参数发生了与原假设呈完全相反方向的变化，因此，陈述时用“≠”或“>”或“<”号表现。

以总体均值μ的检验为例，设总体均值的假设值为μ_0，根据检验的问题不同，原假设可以陈述为$H_0: \mu = \mu_0$或$H_0: \mu \geqslant \mu_0$或$H_0: \mu \leqslant \mu_0$三者中的一种情况。与H_0的陈述相对应，备择假设的陈述分别为$H_1: \mu \neq \mu_0$或$H_1: \mu < \mu_0$　或$H_1: \mu > \mu_0$。

根据研究者对备择假设陈述的情况不同，假设检验有三种形式。

(1) 如果备择假设的陈述没有特定的方向性，即用“≠”号表示，这样的假设检验称为双侧检验或双尾检验(two-tailed test)。

(2) 如果备择假设的陈述具有特定的方向性，并用“<”号表示，这样的假设检验称为左

侧检验。

(3) 如果备择假设的陈述具有特定的方向性，并用“>”号表示，这样的假设检验称为右侧检验。

无论是左侧检验还是右侧检验，通常被称为单侧检验或单尾检验(one-tailed test)，这样参数假设检验可以分为双侧检验和单侧检验两种类型，呈现为三种形式。

下面通过三个实例来说明原假设和备择假设确定的大致思路。

例 9.1　一家软饮料制造商的案例。某制造商生产一种饮料，其瓶装标签标明每瓶容量为 500 毫升。质量监管部门将对该饮料产品标注的容量进行检验，以确认标签的标注是否真实。如果证明标签的标注是不真实的，即每瓶饮料未足量灌装，应考虑对制造商采取适当措施以迫使其达到标签上所声明的容量。试陈述质量监管部门用于检验该饮料产品标注容量是否达标的原假设和备择假设。

解　设该制造商生产的饮料容量为 μ 。如果抽检的结果发现 $\mu<500$ ，则表明该饮料瓶的标签上关于其容量的陈述是不真实的，有关部门应对其采取相应的措施。一般来说，研究者(本例中为政府质量监管部门)抽检的意图是倾向于证明这种饮料的平均容量并不符合标签上的陈述，因为这会损害消费者的利益(如果政府质量监管部门对产品说明丝毫没有质疑，也就没有抽检的必要了)。所以 $\mu<500$ 是研究者想要搜集证据予以支持的观点，应作为备择假设。这样，原假设和备择假设陈述为

$$H_0\text{: } \mu \geqslant 500 \text{ (容量符合标签的说明)}; \quad H_1\text{: } \mu < 500 \text{ (容量不符合标签的说明)}$$

例 9.2　对上述问题，如果站在制造商的角度来考虑该瓶装饮料容量是否符合标签的说明，又如何提出原假设和备择假设?

解　作为制造商自然希望瓶装容量达标，否则，可能会导致消费者或政府质量监管部门对其投诉。然而，制造商也不希望瓶内装得太多，这会导致额外成本。制造商的目标就是调整装瓶操作过程以确保每瓶容量的总体均值恰如标签所示，即 500 毫升。即使制造商的目标是这样制定的，但是在生产过程中，由于各方面的原因经常会出现偏离设定值的情况，即可能会发生瓶内容量偏多或偏少的情形。无论哪种情况，制造商都希望及时发现问题，并通过调整装瓶的操作过程使其恢复为每瓶 500 毫升。由此，制造商研究角度的原假设和备择假设为

$$H_0\text{: } \mu = 500 \text{ (生产过程正常)}; \quad H_1\text{: } \mu \neq 500 \text{ (生产过程不正常)}$$

例 9.3　一家公司经过技术革新后，认为其产品合格率超过 97%。为验证这一技术革新的效果，该公司随机抽取了部分产品作为样本进行检验。试陈述检验技术革新能否提高合格率问题的原假设和备择假设。

解　设产品合格率为 π 。显然，研究者(该公司)想搜集证据予以支持的假设是“该产品合格率超过 97%”，应作为备择假设。因此，建立的原假设和备择假设为

$$H_0: \pi \leqslant 97\% \text{ (技术革新不能提高产品合格率)}$$

$$H_1: \pi > 97\% \text{ (技术革新能够提高产品合格率)}$$

确定原假设和备择假设在假设检验中十分重要，它直接关系到要检验的问题及检验结论，必须谨慎提出，常常采取的是“不轻易拒绝原假设”的原则，即没有充足的理由就不能轻易否定的假设作为原假设。

通过上面的实例可以看出，原假设和备择假设是相互对立的。这意味着，在一次参数假

设检验中，原假设和备择假设必有一个成立，而且只有一个成立。同时，对于同一问题，不同研究者的目标不同，所做的假设陈述就会不同，如上述例子关于软饮料容量问题的两种不同假设陈述就是如此。因此，假设检验中，必须注意“谁”站在何种角度研究问题。

至于假设检验中假设陈述的顺序问题，没有一定之规，一切从研究者研究问题的需要出发。一般而言，研究者的研究观点总是明确的，所以从这个角度看，先确定备择假设应该是方便的，如例 9.1 中的情形。当然在有些情形下，先建立原假设或更为方便，如例 9.2 中的情形。

(二) 检验统计量

检验统计量(test statistic)是根据检验问题相关条件以及样本信息构造的、用于检验原假设是否成立的随机变量。构造检验统计量有两个重要要求：一是检验统计量中必须含有待检验的总体参数(原假设中待检验总体参数的某一特定值，简称为假设值)；二是检验统计量的抽样分布必须是明确可知的，这样才能在原假设成立的前提下观察样本特征值的出现是否为小概率事件。

对于总体均值和总体比例的检验，在原假设 H_0 为真的前提下，需要根据点估计量的抽样分布将检验统计量进行标准化，即计算标准化检验统计量(standardized test statistic)：

$$\text{标准化检验统计量}=\frac{\text{点估计量}-\text{假设值}}{\text{点估计量的标准误差}} \tag{9.1}$$

虽然检验统计量是一个随机变量，随样本的不同而有不同的结果，但只要确定特定的样本，检验统计量的值也就唯一确定了。检验统计量的选择是依据抽样分布理论实现的，选择检验统计量要考虑总体的分布、样本是大样本还是小样本、总体方差是否已知等条件，这与参数置信区间估计中估计量的分布选择是一致的。假设检验的方法通常以检验统计量服从的概率分布来命名，常用的有 Z 检验、t 检验、χ^2 检验、F 检验。

(三) 显著性水平与检验规则

有了检验统计量就可以建立检验规则。由于假设检验是依据小概率原理的反证法进行推断的，所以必须事先确定用于假设检验的一个小概率，至于多小的概率是小概率，这没有统一规定，一般由研究者根据研究问题的背景和对风险的偏好来确定。这一事先确定的小概率又被称为显著性水平(level of significance)，用 α 表示。最为常见的情况是 α 取 0.05，亦可根据情况取更大或更小的值，常见的还有 0.01 和 0.10。

参数假设检验的检验规则有两种：临界值规则和 P 值规则。

1. 临界值规则

确定了显著性水平 α 的值，就可根据检验统计量的抽样分布获得相应的临界值(critical value)。临界值将检验统计量的概率分布区分为两类区域，一类是由 α 值确定的小区域，另一类则是由$(1-\alpha)$值确定的大区域，在小区域内取值的事件是小概率事件，在大区域内取值的事件是大概率事件。通常人们称由 α 值确定的小区域为拒绝域(rejection region)，即拒绝原假设的区域；而称由$(1-\alpha)$值确定的大区域为非拒绝域。如果计算出的检验统计量的值在拒绝域取值，就拒绝原假设，意味着原假设不成立；如果计算出的检验统计量的值在非拒绝域取值，就不拒绝原假设，意味着没有充足的理由拒绝原假设。

拒绝域不仅与显著性水平 α 的值有关，而且还与检验统计量的概率分布及假设检验的类型有关。双侧检验的拒绝域位于检验统计量分布的两侧尾部，其临界值是左右两侧尾部的 $\alpha/2$ 所对应的分位数；左侧检验的拒绝域位于检验统计量分布的左侧尾部；右侧检验的拒绝域位于检验统计量分布的右侧尾部。单侧检验的临界值则是由 α 所对应的分位数决定的。显著性水平、拒绝域和临界值的关系可用图 9.1 表示。

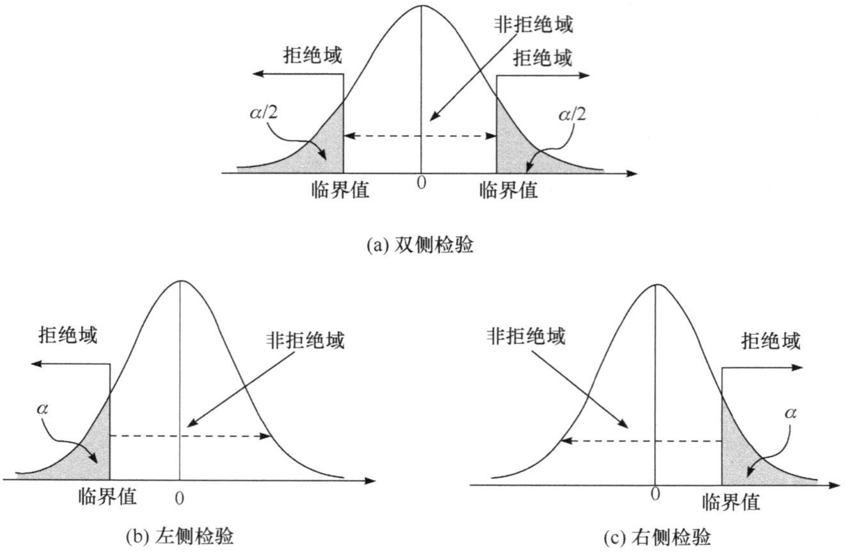

图 9.1　显著性水平、拒绝域和临界值的关系

由图 9.1 可以建立如下临界值检验规则。

(1) 双侧检验：若检验统计量的值>右侧临界值，或检验统计量的值<左侧临界值，拒绝原假设，否则不拒绝。

当检验统计量的分布呈对称分布时，双侧检验的两个临界值也是对称的，其绝对值相等，但符号相反，这时检验规则可描述为 |检验统计量的值| > 右侧临界值，拒绝原假设，否则不拒绝。

(2) 左侧检验：若检验统计量的值<左侧临界值，拒绝原假设，否则不拒绝。

(3) 右侧检验：若检验统计量的值>右侧临界值，拒绝原假设，否则不拒绝。

2. P 值规则

所谓 P 值(P-value)，是指在原假设为真的情况下，检验统计量的值比观测到的临界值更大或更小的概率。显著性水平 α 是研究者事先确定的小概率标准，即 α 值是推翻原假设的标准，而 P 值是根据样本数据计算出的检验统计量数值的概率，故 P 值也称为观察到的显著性水平(observed significance level)。

P 值的计算与检验统计量的分布、检验统计值、检验类型等因素有关，研究者无须手工计算，通常由计算机软件给出，见附录 B 中有关内容。

用 P 值进行检验的规则：如果 $P<\alpha$，拒绝 H_0，否则不拒绝；如果 $P>\alpha$，不拒绝 H_0(双侧检验将两侧面积的总和定义为 P)。P 值越小，表示样本数据与原假设背离的程度就越严重，拒绝原假设的理由就越充分。图 9.2 给出了拒绝原假设时的 P 值与确定的 α 比较示意图。

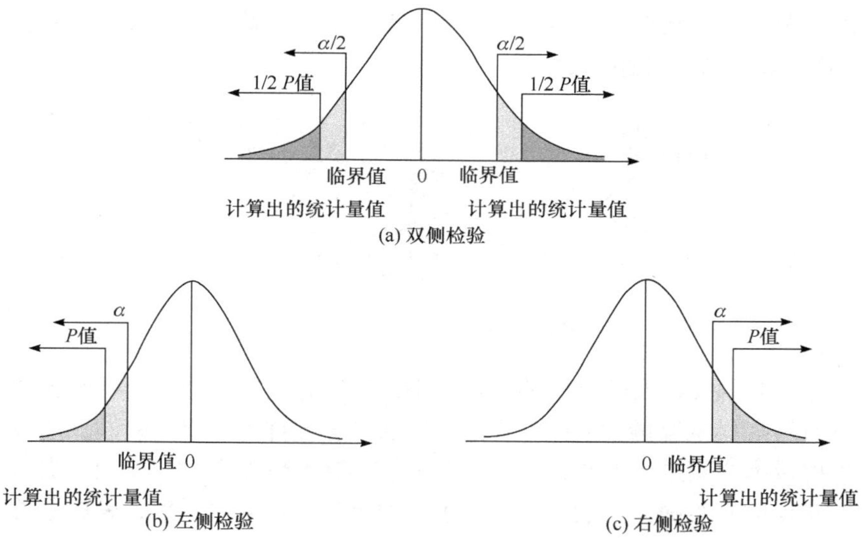

图 9.2　P 值与确定的显著性水平 α 的比较

(四) 决策判断及结论

假设检验的决策判断，只需按照制定的检验规则进行即可。既可以按照临界值规则做出决策，又可以按照 P 值规则做出决策。对于同一个问题，两种决策的结论是一致的。实际应用中，研究者一定要结合研究的具体问题，给出具体的研究结论，而不是简单地说明拒绝或不拒绝原假设。

三、假设检验的两类错误

研究者总是希望做出正确的决策，但由于假设检验的决策建立在样本信息基础上，基于一定的概率进行判断，又由于样本具有随机性，所以就有可能做出错误的决策。一般来说，假设检验决策的错误有两种类型，见表 9.1。

表 9.1　假设检验中的决策与两类错误

决策	实际情况	
	H_0 为真	H_0 不真
不拒绝 H_0	正确决策	第Ⅱ类错误(取伪错误)(概率为 β)
拒绝 H_0	第Ⅰ类错误(弃真错误)(概率为 α)	正确决策

如果原假设为真，但研究者却拒绝了原假设，即错误地推翻了原假设，这时所犯的错误为第Ⅰ类错误(type Ⅰ error)，也称为弃真错误。犯第Ⅰ类错误的概率记为 α 。

如果原假设不真，但研究者没有拒绝原假设，即错误地接受了原假设，这时所犯的是第Ⅱ类错误(type Ⅱ error)，又称为取伪错误。犯第Ⅱ类错误的概率记为 β 。

进行假设检验，只要做出拒绝原假设的决策，就有可能犯第Ⅰ类错误，只要做出不拒绝原假设的决策，就有可能犯第Ⅱ类错误。两类错误发生的概率之间存在如下关系：在样本容量固定不变的情况下，要减小 α 就会使 β 增大，而要增大 α 就会使 β 减小，两类错误此消彼长。图 9.3 给出了 α 与 β 的关系示意图。

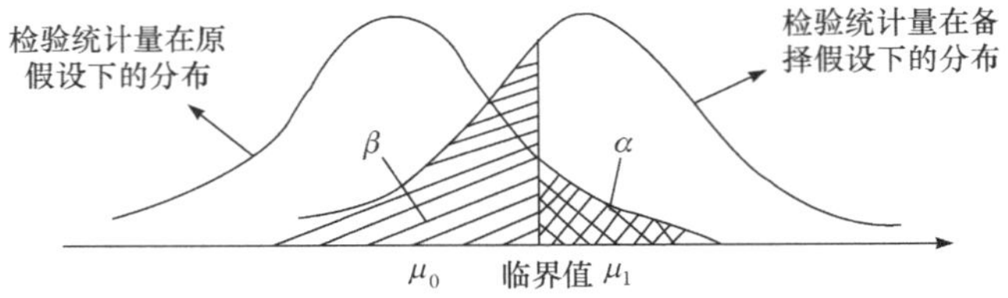

图 9.3　α 与 β 的关系示意图

人们自然希望犯两类错误的概率都尽可能小，但实际上难以做到。要使 α 和 β 同时减小的唯一办法只有增加样本容量，但样本容量的增加又会受许多因素的限制，所以人们只能在两类错误发生的概率之间进行平衡，以使 α 和 β 控制在能够接受的范围内。那么假设检验中如何控制两类错误的发生呢？一般来说，发生哪类错误的后果更严重，就应该首要控制哪类错误。同时，控制哪类错误又与研究者所站的角度有关。对同一个问题，不同的研究者所希望控制的错误往往是不同的。

对于一个固定的样本，如果犯第Ⅰ类错误的代价比犯第Ⅱ类错误的代价相对较高，则将犯第Ⅰ类错误的概率定得低些较为合理；反之，则可以将犯第Ⅰ类错误的概率定得高些。但由于犯第Ⅰ类错误的概率可以由研究者事先控制，而犯第Ⅱ类错误的概率相对难以计算，因此在假设检验中，人们往往先控制第Ⅰ类错误的发生概率。从而将控制第Ⅰ类错误情形下的假设检验问题称为显著性检验。

假设检验中犯第Ⅰ类错误的概率 α 也称为显著性水平(level of significance)，它是人们事先确定的犯第Ⅰ类错误概率的最大允许值。显著性水平 α 越小，犯第Ⅰ类错误的可能性自然就越小，但犯第Ⅱ类错误的可能性则随之增大。因此，α 的大小体现了对原假设的保护程度，α 越小对原假设的保护也就越严密，就越不容易拒绝原假设，体现了“不轻易拒绝原假设”的原则。

需要注意的是，在假设检验的大多数应用中，如果研究者没有拒绝 H_0，并不能确定该决策一定是正确的。所以统计学家建议研究者在结论中采用“不拒绝 H_0”这种表述方法，而不采用“接受 H_0”的表述方法。采用“不拒绝 H_0”这种表述方法意味着我们对判断或行动持一定的保留意见。实际上，不直接接受 H_0，使研究者避免了犯第Ⅱ类错误的风险。不论何时，只要未对发生第Ⅱ类错误的概率加以确定或控制，我们就不会做出接受 H_0 的结论。这种情形下，只能得出两种可能的结论：不拒绝 H_0 或拒绝 H_0。

第二节　单个总体参数的假设检验

单个总体参数的假设检验，主要包括单个总体均值 μ、单个总体比例 π 和单个总体方差 σ^2 的检验，它们是基于单个样本信息及对应统计量的抽样分布理论完成的。

一、单个总体均值的检验

设总体均值为 μ，μ_0 为待检验的总体均值的特定值，则单个总体均值假设检验三种形式的假设可陈述为：

(1) 双侧检验：$H_0:\mu=\mu_0; H_1:\mu\neq\mu_0$。

(2) 左侧检验：$H_0:\mu\geqslant\mu_0; H_1:\mu<\mu_0$。

(3) 右侧检验：$H_0:\mu\leqslant\mu_0; H_1:\mu>\mu_0$。

在对单个总体均值进行假设检验时，采用什么形式的检验统计量取决于所抽取的样本是大样本($n\geqslant30$)还是小样本($n<30$)，还需要考虑总体是否为正态分布、总体方差σ^2是否已知，通常有Z检验和t检验两种选择。

(一) 单个总体均值的大样本检验

在大样本情形下，根据中心极限定理，不管总体为何种分布，样本均值$\bar{x}$的抽样分布近似服从正态分布，其均值为标准差μ、方差为$\sigma/\sqrt{n}$。$\bar{x}$的抽样分布经标准化后服从标准正态分布，此时进行Z检验。

当单个总体方差σ^2已知时，检验统计量Z的计算公式为

$$Z=\frac{\bar{x}-\mu_0}{\sigma/\sqrt{n}}\sim N(0,1) \tag{9.2}$$

当单个总体方差σ^2未知时，σ^2用样本方差s^2来估计，检验统计量Z的计算公式变化为

$$Z=\frac{\bar{x}-\mu_0}{s/\sqrt{n}}\sim N(0,1) \tag{9.3}$$

确定显著性水平α，在大样本情形下，单个总体均值三种检验形式的检验规则如下。① 双侧检验：当$|Z|>Z_{\alpha/2}$时，拒绝原假设，否则不拒绝；②左侧检验：当$Z<-Z_{\alpha}$时，拒绝原假设，否则不拒绝；③右侧检验：当$Z>Z_{\alpha}$时，拒绝原假设，否则不拒绝。

例 9.4　考虑例 9.2 软饮料制造商的案例。该制造商所生产的一种饮料，其饮料瓶上的标签标明每瓶容量为 500 毫升，标准差为 5 毫升。制造商从自身角度，检验其产品容量是否合格。质检员在某天生产的饮料中随机抽取 40 瓶进行检验，测得每瓶平均容量为 500.8 毫升。取显著性水平$\alpha=0.05$，试检验该天生产的饮料是否合格。

解　已知μ_0=500 毫升，σ=5 毫升，$\bar{x}$=500.8 毫升，n=40 瓶。

制造商所关心的产品容量是否合格问题，也就是μ是否为 500 毫升。如例 9.2 中所分析：大于或小于 500 毫升都不合格，因而属于双侧检验问题。因此，检验的原假设和备择假设为

$$H_0:\mu=500;\quad H_1:\mu\neq500$$

本例为大样本且单个总体方差已知，因此由式(9.2)构造标准化检验统计量Z，并计算出检验统计量的值为

$$Z=\frac{\bar{x}-\mu_0}{\sigma/\sqrt{n}}=\frac{500.8-500}{5/\sqrt{40}}=1.012$$

由$\alpha=0.05$，查标准正态分布概率表(附录 A 中的附表 1)得临界值$Z_{\alpha/2}=Z_{0.025}=1.96$。若$|Z|>1.96$，则拒绝原假设，否则不拒绝。

因为$|Z|=1.012<1.96$，所以不能拒绝原假设，即没有证据表明该天生产的饮料不合格，制造商不需要调整饮料装瓶的操作过程。

如果用P值进行决策，则可利用 Excel 中的 NORM. S. DIST 函数得到双侧检验的P值为

0.3115。由于 $P > \alpha = 0.05$，故不拒绝原假设。

例 9.5　某开发商欲从一家灯泡生产厂购进一批灯泡，根据合同规定，灯泡的使用寿命平均不能低于 1000 小时。已知灯泡使用寿命服从正态分布。在总体中随机抽取 100 只灯泡，测得样本均值为 996 小时，标准差为 20 小时。开发商是否应该购买这批灯泡？($\alpha = 0.05$)

解　按照合同规定，灯泡的平均寿命应该不低于 1000 小时，开发商假定相信这个判断是正确的。可以先建立原假设，然后利用假设检验来决定是否有统计意义上的证据来证明先前的判断是错误的。备择假设则认为该假设不正确，也就是关心 μ 是否小于 1000，属于左侧检验。

已知：$\mu_0 = 1000$ 小时，$X \sim N(1000, \sigma^2)$，$n = 100$ 只，$\bar{x} = 996$ 小时，$s = 20$ 小时。提出的假设为

$$H_0: \mu \geqslant 1000;\quad H_1: \mu < 1000$$

灯泡使用寿命服从正态分布，大样本但总体方差未知，可由式(9.3)构造标准化检验统计量 Z，计算结果为

$$Z = \frac{\bar{x} - \mu_0}{s / \sqrt{n}} = \frac{996 - 1000}{20 / \sqrt{100}} = -2$$

由 $\alpha = 0.05$，查标准正态分布概率表(附录 A 中的附表 1)得 $Z_\alpha = Z_{0.05} = 1.65$。若 $Z < -1.65$，则拒绝原假设，否则不拒绝。

由于 $Z = -2 < -1.65$，所以拒绝原假设，开发商不应该购买该生产厂家的灯泡。

如果利用 P 值进行决策，则可利用 Excel 中的 NORM. S. DIST 函数得到左侧检验的 P 值为 0.02275。由于 $P < \alpha = 0.05$，所以拒绝原假设，即灯泡的寿命显著低于 1000 小时，不符合合同规定。

例 9.6　某一玉米品种的平均产量为每公顷(1 公顷 = 10^4 平方米)5200 千克。一家农科院研究人员对玉米品种进行了改良以期提高产量。为检验改良后的新品种产量是否有显著提高，随机抽取 36 个地块进行试种，得到的样本平均产量为每公顷 5275 千克，标准差为每公顷 120 千克。试检验改良后的新品种产量是否有显著提高？($\alpha = 0.05$)

解　研究人员自然希望改良后的新品种产量能提高，因而想搜集证据支持“产量有显著提高”的假设，也就是关心 μ 是否大于 5200 千克，因此属于右侧检验。

已知：$\mu_0 = 5200$ 千克，$n = 36$，$\bar{x} = 5275$ 千克，$s = 120$ 千克。提出的假设为

$$H_0:\ \mu \leqslant 5200;\quad H_1:\ \mu > 5200$$

本例为大样本，但总体分布且总体方差未知，由式(9.3)构造标准化检验统计量 Z，计算结果为

$$Z = \frac{\bar{x} - \mu_0}{s / \sqrt{n}} = \frac{5275 - 5200}{120 / \sqrt{36}} = 3.75$$

由 $\alpha = 0.05$，查标准正态分布概率表(附录 A 中的附表 1)得临界值 $Z_\alpha = Z_{0.05} = 1.65$。若 $Z > 1.65$，则拒绝原假设，否则不拒绝。

因为 $Z = 3.75 > 1.65$，所以拒绝原假设，即改良后的新品种产量有显著提高。

如果利用 P 值进行决策，则可利用 Excel 中的 NORM. S. DIST 函数得到右侧检验的 P 值为 0.000088。由于 $P<\alpha=0.05$，所以拒绝原假设，检验结论一致。

(二) 单个正态分布总体均值的独立小样本检验

在小样本(n<30)情形下，检验时首先考察总体是否为正态分布①。如果总体为正态分布，那么检验统计量的选择与总体方差是否已知有关。

当总体方差 σ^2 已知时，根据抽样分布理论，即使在小样本情况下，样本均值的抽样分布经标准化后仍然服从标准正态分布，此时可按式(9.2)对总体均值进行检验。

当总体方差 σ^2 未知时，需要用样本方差 s^2 估计 σ^2，此时 $\bar{x}$ 虽然服从正态分布，但标准化后不再服从标准正态分布，而是服从自由度为 $(n-1)$ 的 t 分布。此时需要采用 t 检验统计量进行检验，称之为“t 检验”。检验统计量 t 的计算公式为

$$t=\frac{\bar{x}-\mu_0}{s/\sqrt{n}}\sim t(n-1) \tag{9.4}$$

确定显著性水平 α，在总体正态分布、小样本且 σ^2 未知情形下，单个正态分布总体均值三种检验形式的检验规则如下。①双侧检验：当 $|t|>t_{\alpha/2}(n-1)$ 时，拒绝原假设，否则不拒绝；②左侧检验：当 $t<-t_\alpha(n-1)$ 时，拒绝原假设，否则不拒绝；③右侧检验：当 $t>t_\alpha(n-1)$ 时，拒绝原假设，否则不拒绝。

例 9.7　一种精密仪器配件的长度要求为 12 毫米，高于或低于该标准均被认为是不合格的。某企业在购进该配件时，通常是先经过招标，然后对中标的配件供应商提供的样品进行检验，以决定是否采购。现对一个配件供应商提供的 10 个样本配件，检测其长度(单位：毫米)结果分别为：12.2，10.8，12.0，11.8，11.9，12.4，11.3，12.2，12.0，12.3。

假定该供货商生产的配件长度服从正态分布，在 0.05 的显著性水平下，检验该供货商提供的配件是否符合要求？

解　依题意建立的原假设和备择假设为

$$H_0:\mu=12;\quad H_1:\mu\neq 12$$

根据样本数据计算得 $\bar{x}=11.89$ 毫米，$s=0.4932$ 毫米。

本例为小样本且总体方差未知，因此由式(9.4)构造标准化检验统计量 t，计算结果为

$$t=\frac{\bar{x}-\mu_0}{s/\sqrt{n}}=\frac{11.89-12}{0.4932/\sqrt{10}}=-0.7053$$

$\alpha=0.05$，查 t 分布临界值表(附录 A 中的附表 2)得到临界值 $t_{\alpha/2}(n-1)=t_{0.025}(9)=2.262$。若 $|t|>2.262$，则拒绝原假设，否则不拒绝。

因为 $|t|=0.7053<2.262$，所以不能拒绝原假设，没有证据表明该供货商提供的配件是不符合要求的。

如果利用 P 值进行决策，则可利用 Excel 中的 T. DIST. 2T 函数得到双侧检验的 P 值为 0.4985，由于 $P>\alpha=0.05$，所以不拒绝原假设，检验结论一致。

图 9.4 给出了单个总体均值检验的基本流程，作为不同情形下检验统计量选择的总结。

---

① 如果无法确定总体是否服从正态分布，可以考虑将样本量增大到 30 以上，然后按大样本的方法进行检验。当然也可以考虑使用非参数检验方法。

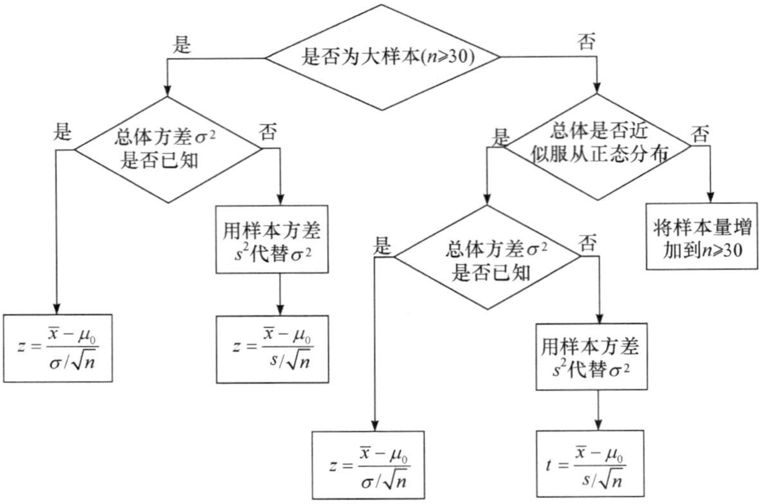

图 9.4　单个总体均值检验的基本流程与检验统计量的选择

二、单个总体比例的大样本检验

单个总体比例的检验与单个总体均值的检验一样，也有三种情况。设π为单个总体比例，π_0为待检验的π的特定值。大样本[①]情形下，单个总体比例π假设检验三种形式的假设可描述为：

(1) 双侧检验：H_0: $\pi=\pi_0$；H_1: $\pi\neq\pi_0$；

(2) 左侧检验：H_0: $\pi\geqslant\pi_0$；H_1: $\pi<\pi_0$；

(3) 右侧检验：H_0: $\pi\leqslant\pi_0$；H_1: $\pi>\pi_0$。

根据抽样分布理论，在大样本情形下p近似服从正态分布，有$p\sim N\left(\pi,\dfrac{\pi(1-\pi)}{n}\right)$，即$p$的标准差为$\sigma_p=\sqrt{\dfrac{\pi(1-\pi)}{n}}$。$p$的抽样分布经标准化后近似服从标准正态分布，因此采用Z检验。标准化检验统计量Z的计算公式为

$$Z=\frac{p-\pi_0}{\sqrt{\dfrac{\pi_0(1-\pi_0)}{n}}}\sim N(0,1) \tag{9.5}$$

确定显著性水平α，在大样本情形下，单个总体比例三种检验形式的检验规则如下。① 双侧检验：当$|Z|>Z_{\alpha/2}$时，拒绝原假设，否则不拒绝；②左侧检验：当$Z<-Z_\alpha$时，拒绝原假设，否则不拒绝；③右侧检验：当$Z>Z_\alpha$时，拒绝原假设，否则不拒绝。

例 9.8　某研究机构估计本市居民家庭的私家车拥有率为 30%。现随机抽查了 200 个家庭，其中 68 个家庭拥有私家车。试问该研究机构的估计是否可信？($\alpha=0.05$)

解　想检验该研究机构的估计是否可信，也就是检验居民家庭的私家车拥有率是否等于 30%。已知$\pi_0=30\%, n=200$，因此提出的原假设和备择假设为

$$H_0:\pi=30\%;\quad H_1:\pi\neq30\%$$

① 总体比例检验时，确定样本量是否“足够大”的一般经验规则（与总体比例的区间估计一样）是，要求$np\geqslant10$和$n(1-p)\geqslant10$。

根据抽样结果计算得 $p=\dfrac{68}{200}=34\%$。$np=200\times 34\%=68, n(1-p)=200\times 66\%=132$，符合大样本的条件，可采用标准化检验统计量 Z，计算结果为

$$Z=\frac{p-\pi_0}{\sqrt{\dfrac{\pi_0(1-\pi_0)}{n}}}=\frac{0.34-0.3}{\sqrt{\dfrac{0.3\times(1-0.3)}{200}}}=1.234$$

在 $\alpha=0.05$ 时，查标准正态分布概率表(附录 A 中的附表 1)得临界值 $Z_{\alpha/2}=Z_{0.025}=1.96$。若 $|Z|>1.96$，则拒绝原假设，否则不拒绝。

因为 $|Z|=1.234<1.96$，所以不拒绝原假设，表明该研究机构的估计可信。

如果用 P 值进行决策，则可利用 Excel 中的 NORM. S. DIST 函数得到双侧检验的 P 值为 0.2172。由于 $P>\alpha=0.05$，所以不拒绝 H_0，检验结论一致。

三、单个正态分布总体的方差检验

尽管在生产和生活的许多领域，都涉及样本均值(或比例)，但是仅仅保证所观测到的样本均值维持在特定水平范围之内并不意味着整个过程就是正常的，方差的大小是否适度是需要考虑的另一个重要因素。一个方差大的产品自然意味着其质量或性能不稳定。相同均值的产品，方差小的自然要好些。

用 σ_0^2 表示待检验的单个总体方差 σ^2 的特定值，单个正态分布总体方差检验三种形式的假设可描述为：

(1) 双侧检验：H_0: $\sigma^2=\sigma_0^2$; H_1: $\sigma^2\neq\sigma_0^2$；

(2) 左侧检验：H_0: $\sigma^2\geqslant\sigma_0^2$; H_1: $\sigma^2<\sigma_0^2$；

(3) 右侧检验：H_0: $\sigma^2\leqslant\sigma_0^2$; H_1: $\sigma^2>\sigma_0^2$。

单个正态分布总体的方差检验，无论是大样本还是小样本，都需要构造 χ^2 检验统计量进行检验，通常称之为 χ^2 检验。根据抽样分布理论，检验统计量 χ^2 的计算公式为

$$\chi^2=\frac{(n-1)s^2}{\sigma_0^2}\sim\chi^2(n-1) \tag{9.6}$$

确定显著性水平 α，χ^2 检验的临界值和拒绝域见图 9.5。对于双侧检验，拒绝域在 χ^2 分布两侧的尾部；对于单侧检验，拒绝域在 χ^2 分布的一侧(左侧或右侧)尾部。

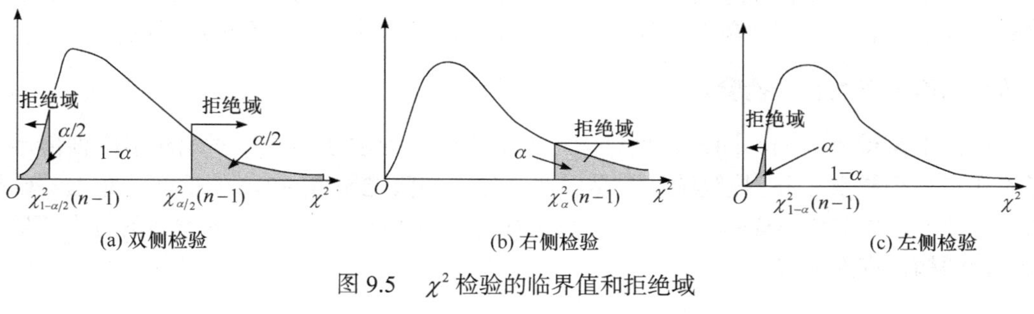

图 9.5　χ^2 检验的临界值和拒绝域

由图 9.5 可知，σ^2 检验中，双侧检验的检验规则是：若 $\chi^2>\chi^2_{\alpha/2}(n-1)$ 或 $\chi^2<\chi^2_{1-\alpha/2}(n-1)$，则拒绝原假设，否则不拒绝。左侧检验的检验规则是：若 $\chi^2<\chi^2_{1-\alpha}(n-1)$，则拒绝原假设，否

则不拒绝。右侧检验的检验规则是：若 $\chi^2 > \chi^2_\alpha(n-1)$ ，则拒绝原假设，否则不拒绝。

例 9.9　继续考虑例 9.1 某软饮料制造商的例子。该饮料采用自动生产线灌装，每瓶的装入容量为 500 毫升，但由于受某些不可控因素的影响，每瓶的装入量会有差异。此时，不仅每瓶的平均装入量很重要，装入量的方差 σ^2 同样很重要。如果 σ^2 很大，会出现装入量太多或太少的情况，这样，要么工厂不划算，要么消费者不满意。假定生产标准规定每瓶装入量的标准差不应超过 4 毫升。工厂质检部门抽取了 10 瓶进行检验，得到的样本标准差为 s=3.8 毫升。假定装入量服从正态分布，试以 0.05 的显著性水平检验装入量的标准差是否符合要求。

解　可以将本问题等价地转化为方差检验，依题意提出如下假设：

$$H_0:\sigma^2 \leqslant 4^2;\quad H_1:\sigma^2 > 4^2$$

由式(9.6)构造检验统计量 χ^2 ，计算结果为

$$\chi^2 = \frac{(n-1)s^2}{\sigma_0^2} = \frac{(10-1)\times 3.8^2}{4^2} = 8.123$$

$\alpha = 0.05$ ，查 χ^2 分布临界值表(附录 A 中的附表 3)得临界值 $\chi^2_\alpha(9) = \chi^2_{0.05}(9) = 16.919$ 。若 $\chi^2 > 16.919$ ，则拒绝原假设，否则不拒绝。

因为 $\chi^2 = 8.123 < 16.919$ ，所以不拒绝原假设，即没有证据表明饮料装入量的标准差不符合要求。

如果用 P 值进行决策，则可利用 Excel 中的 CHISQ. DIST. RT 函数得到 χ^2 分布的右侧检验的 P 值为 0.52185。由于 $P = 0.52185 > 0.05$ ，不能拒绝原假设，检验结论是一致的。

实际应用中，右侧检验是最为常见的单个正态分布总体方差检验形式，因为一般来说，在涉及时间、含量、尺寸等测度的场合，人们总是希望其变化幅度很小，也就是有较小的方差，大的方差往往不被接受。针对这种情况，通常将“单个总体方差大于某一最大容许值”作为备择假设，其对立面为原假设，再利用右侧检验的检验程序做出决策。

第三节　两个总体参数的假设检验

两个总体参数的假设检验主要包括：两个总体均值之差 $(\mu_1 - \mu_2)$ 的检验、两个总体比例之差 $(\pi_1 - \pi_2)$ 的检验和两个总体方差比 σ_1^2 / σ_2^2 的检验。检验的步骤与单个总体参数的检验一致，但它们是基于两个样本信息及其对应统计量的抽样分布理论完成的。两个总体参数假设检验的检验规则制定思想与单个总体参数假设检验是一致的，本节不再进行阐述。

一、两个总体均值之差的检验

根据样本获得方式的不同，两个总体均值的检验分为独立样本和匹配样本两种情形，而且有大样本与小样本之分。检验统计量是以两个样本均值之差 $(\bar{x}_1 - \bar{x}_2)$ 的抽样分布为基础构造出来的。对于大样本和小样本两种情形，由于 $(\bar{x}_1 - \bar{x}_2)$ 的抽样分布经标准化后的分布不同，检验统计量的构造存在差异。

(一) 基于独立大样本的检验

在独立大样本情况下，根据抽样分布理论，两个样本均值之差 $(\bar{x}_1 - \bar{x}_2)$ 的抽样分布近似服

从正态分布，$(\bar{x}_1-\bar{x}_2)$ 经标准化后服从标准正态分布，因此需要进行 Z 检验。如果两个总体的方差 σ_1^2 和 σ_2^2 已知，则检验统计量 Z 的计算公式为

$$Z=\frac{(\bar{x}_1-\bar{x}_2)-(\mu_1-\mu_2)}{\sqrt{\dfrac{\sigma_1^2}{n_1}+\dfrac{\sigma_2^2}{n_2}}}\sim N(0,1) \tag{9.7}$$

如果两个总体方差 σ_1^2 和 σ_2^2 未知，可分别用对应的两个样本方差 s_1^2 和 s_2^2 估计，仍可进行 Z 检验。检验统计量 Z 的计算公式变化为

$$Z=\frac{(\bar{x}_1-\bar{x}_2)-(\mu_1-\mu_2)}{\sqrt{\dfrac{s_1^2}{n_1}+\dfrac{s_2^2}{n_2}}}\sim N(0,1) \tag{9.8}$$

对于来自两个总体的独立大样本，当两个总体的方差已知时，如果有两组样本的原始数据，则可直接利用 Excel"数据分析"工具中的"Z 检验：双样本平均差检验"进行两个总体均值之差的假设检验。

例 9.10　一位经济学家对美国和日本市场上的日本汽车零售价格是否一样进行了调查研究。通过独立随机抽取，在美国和日本市场上分别获取了同一时点同一车型的 50 组零售价格，并根据当前汇率将日本市场的销售价格转化为美元。整理的资料见表 9.2。在显著性水平为 0.05 的条件下，检验两国市场上日本汽车的平均零售价格是否存在显著差异。

表 9.2　两个独立样本的有关计算结果

美国市场	日本市场
$n_1=50$	$n_2=50$
$\bar{x}_1=16596$	$\bar{x}_2=17236$
$s_1^2=1981^2$	$s_2^2=1974^2$

解　设 μ_1 为美国市场的平均价格，μ_2 为日本市场的平均价格。由于关心的只是美国和日本两个市场的平均价格是否存在差异，所以提出的原假设和备择假设分别为

$$H_0:\mu_1-\mu_2=0;\quad H_1:\mu_1-\mu_2\neq 0$$

由于两个总体的方差未知，因此采用式(9.8)构造标准化验统计量 Z，计算结果为

$$Z=\frac{(\bar{x}_1-\bar{x}_2)-(\mu_1-\mu_2)}{\sqrt{\dfrac{s_1^2}{n_1}+\dfrac{s_2^2}{n_2}}}=\frac{16596-17236}{\sqrt{\dfrac{1981^2}{50}+\dfrac{1974^2}{50}}}=-1.62$$

$\alpha=0.05$，查标准正态分布概率表(附录 A 中的附表 1)得右侧临界值 $Z_{\alpha/2}=Z_{0.025}=1.96$。若 $|Z|>1.96$，则拒绝原假设，否则不拒绝。

因为 $|Z|=1.62<1.96$，所以不拒绝原假设，即样本没有提供充分的证据证明美国和日本市场上日本汽车的零售价格存在显著差异。

如果用 P 值进行决策，得到双尾 P 值为 0.1052。由于 $P>\alpha=0.05$，所以不拒绝原假设，结论一致。

(二) 基于正态分布总体独立小样本的检验

当抽取的两个样本都为独立小样本时，需要假定两个总体都服从正态分布。检验时有以

下三种情况。

(1) 两个总体的方差 σ_1^2 和 σ_2^2 已知。

这种情况下，无论样本容量的大小[①]，两个样本均值之差 $(\bar{x}_1-\bar{x}_2)$ 的抽样分布都服从正态分布，这时可用式(9.7)构造标准化检验统计量 Z，进行 Z 检验。如果有两组样本的原始数据，还可直接利用 Excel“数据分析”工具中的“Z 检验：双样本平均差检验”进行检验。

(2) 两个总体的方差未知但相等时，即 $\sigma_1^2=\sigma_2^2$。

这种情况下，需要用两个样本的方差 s_1^2 和 s_2^2 估计出总体方差的合并估计量 s_p^2，其计算公式为

$$s_p^2=\frac{(n_1-1)s_1^2+(n_2-1)s_2^2}{n_1+n_2-2} \tag{9.9}$$

由于 $(\bar{x}_1-\bar{x}_2)$ 的抽样分布经标准化后服从自由度为 (n_1+n_2-2) 的 t 分布，因而选择标准化检验统计量 t 进行 t 检验，检验统计量 t 的计算公式为

$$t=\frac{(\bar{x}_1-\bar{x}_2)-(\mu_1-\mu_2)}{s_p\sqrt{\dfrac{1}{n_1}+\dfrac{1}{n_2}}}\sim t(n_1+n_2-2) \tag{9.10}$$

如果有两组样本的原始数据，可直接利用 Excel“数据分析”工具中的“t 检验：双样本等方差假设”进行检验。

（3）两个总体的方差未知且不相等时，即 $\sigma_1^2\neq\sigma_2^2$。

这种情况下，$(\bar{x}_1-\bar{x}_2)$ 的抽样分布经标准化后不再服从自由度为 (n_1+n_2-2) 的 t 分布，而是近似服从自由度为 ν 的 t 分布，需要进行 t 检验。检验统计量 t 的计算公式为

$$t=\frac{(\bar{x}_1-\bar{x}_2)-(\mu_1-\mu_2)}{\sqrt{\dfrac{s_1^2}{n_1}+\dfrac{s_2^2}{n_2}}}\sim t(\nu) \tag{9.11}$$

与式(9.10)不同的是，此时，t 检验统计量的自由度 ν 按下式计算

$$\nu=\frac{\left(\dfrac{s_1^2}{n_1}+\dfrac{s_2^2}{n_2}\right)^2}{\dfrac{\left(s_1^2/n_1\right)^2}{n_1-1}+\dfrac{\left(s_2^2/n_2\right)^2}{n_2-1}} \tag{9.12}$$

式(9.12)计算的自由度一般为非整数，需按四舍五入后取整数。

这种情况下，如果有两组样本的原始数据，可直接利用“数据分析”工具中的“t 检验：双样本异方差假设”进行检验。

例 9.11　为比较新旧两种肥料对粮食产量的影响，以便决定是否采用新肥料。研究者选择了面积、土壤等条件相同的 40 块田地，分别施用新旧两种肥料，得到的粮食产量数据见表 9.3。

---

① 如果两个总体均服从正态分布且方差已知，两个总体均值之差的假设检验是无须区分样本量大小的。

表 9.3　施用新旧两种肥料的粮食产量数据　(单位：千克/亩)

施用旧肥料					施用新肥料				
109	101	97	98	100	105	109	110	118	109
98	98	94	99	104	113	111	111	99	112
103	88	108	102	106	106	117	99	107	119
97	105	102	104	101	110	111	103	110	119

注：1 亩≈667 平方米。

取显著性水平 $\alpha=0.05$, 试分别以下列两种假定条件为前提，检验施用新肥料获得的平均产量是否显著地高于旧肥料？假定条件为：

(1) 两种肥料产量的方差未知但相等，即 $\sigma_1^2=\sigma_2^2$；

(2) 两种肥料产量的方差未知且不相等，即 $\sigma_1^2\neq\sigma_2^2$。

解　设 μ_1 为施用新肥料的总体平均产量，μ_2 为施用旧肥料的总体平均产量。

(1) 两种肥料产量的方差未知但相等，即 $\sigma_1^2=\sigma_2^2$，原假设和备择假设为

$$H_0:\ \mu_1-\mu_2\leqslant 0;\quad H_1:\ \mu_1-\mu_2>0$$

设 $\bar{x}_1$ 为施用新肥料地块的样本平均产量，$\bar{x}_2$ 为施用旧肥料地块的样本平均产量，$n_1=20$，$n_2=20$。由样本数据计算得 $\bar{x}_1=109.9$，$\bar{x}_2=100.7$，$s_1^2=33.3579$，$s_2^2=24.1158$。

总体方差的合并估计量为

$$s_p^2=\frac{(n_1-1)\times s_1^2+(n_2-1)\times s_2^2}{n_1+n_2-2}=\frac{(20-1)\times 33.3579+(20-1)\times 24.1158}{20+20-2}=28.73685$$

根据式(9.10)构造检验统计量 t，计算结果为

$$t=\frac{(\bar{x}_1-\bar{x}_2)-(\mu_1-\mu_2)}{s_p\sqrt{\dfrac{1}{n_1}+\dfrac{1}{n_2}}}=\frac{(109.9-100.7)-0}{\sqrt{28.73685}\times\sqrt{\dfrac{1}{20}+\dfrac{1}{20}}}=5.4276$$

根据自由度 $n_1+n_2-2=20+20-2=38$, $\alpha=0.05$, 查 t 分布临界值表(附录 A 中的附表 2)得临界值 $t_\alpha=t_{0.05}(38)=1.686$。若 $t>1.6860$，则拒绝原假设，否则不拒绝。

因为 $t=5.4276>1.6860$，所以拒绝原假设，即认为施用新肥料获得的平均产量显著地高于旧肥料。

如果用 P 值进行决策，得到单尾 P 值为 $P=1.73712\times10^{-6}$，由于 $P<\alpha=0.05$，所以拒绝原假设，结论一致。

(2) 两种肥料产量的方差未知且不相等，即 $\sigma_1^2\neq\sigma_2^2$，原假设与备择假设为

$$H_0:\ \mu_1-\mu_2\leqslant 0;\quad H_1:\ \mu_1-\mu_2>0$$

由样本数据计算得 $\bar{x}_1=109.9$，$\bar{x}_2=100.7$，$s_1^2=33.3579$，$s_2^2=24.1158$。

由于小样本情况下总体方差未知且不相等，则 t 检验统计量为

$$t=\frac{(\bar{x}_1-\bar{x}_2)-(\mu_1-\mu_2)}{\sqrt{\dfrac{s_1^2}{n_1}+\dfrac{s_2^2}{n_2}}}=\frac{(109.9-100.7)-0}{\sqrt{\dfrac{33.3579}{20}+\dfrac{24.1158}{20}}}=5.4271$$

t 分布的自由度 v 为

$$v=\frac{(s_1^2/n_1+s_2^2/n_2)^2}{\dfrac{(s_1^2/n_1)^2}{n_1-1}+\dfrac{(s_2^2/n_2)^2}{n_2-1}}=\frac{\left(\dfrac{33.3579}{20}+\dfrac{24.1158}{20}\right)^2}{\dfrac{\left(\dfrac{33.3579}{20}\right)^2}{20-1}+\dfrac{\left(\dfrac{24.1158}{20}\right)^2}{20-1}}=37$$

根据自由度 $v=37, \alpha=0.05$，查 t 分布临界值表(附录 A 中的附表 2)得临界值 $t_\alpha=t_{0.05}(37)=1.6871$。若 $t>1.6871$，则拒绝原假设，否则不拒绝。

因为 $t=5.4271>1.6871$，所以拒绝原假设，即新肥料获得的平均产量显著地高于旧肥料。

如果用 P 值进行决策，得到单尾 P 值为 $P=1.87355\times10^{-6}$。由于 $P<\alpha=0.05$，所以拒绝原假设，结论一致。

(三) 基于匹配样本的检验

匹配样本的检验需要假定两个匹配差值构成的总体服从正态分布，且匹配差值是由差值总体中随机抽取的。对于大样本情形，检验统计量服从正态分布，此时可按正态分布进行 Z 检验。对于小样本情形，匹配差值抽样分布经标准化后服从自由度为 $(n-1)$ 的 t 分布，因此选择标准化检验统计量 t 进行 t 检验，检验统计量 t 的计算公式为

$$t=\frac{\bar{d}-(\mu_1-\mu_2)}{s_d/\sqrt{n}}\sim t(n-1) \tag{9.13}$$

式中，$\bar{d}$ 为匹配差值的平均数；s_d 为匹配差值的标准差。

对于来自两个正态分布总体的匹配样本原始数据，也可直接利用 Excel“数据分析”工具中的“t 检验：平均值的成对二样本分析”进行检验。

例 9.12　为评价某软件公司开发的第一代和第二代计算机软件包的运行速度，随机抽取 6 个系统分析员组成样本，记录他们用两代计算机软件包完成同一个项目的时间。完成任务的时间见表 9.4。取显著性水平 $\alpha=0.05$，试检验两代计算机软件包的运行速度是否存在显著差异。

表 9.4　两代计算机软件包完成任务的时间　　(单位：小时)

系统分析员编号		1	2	3	4	5	6
完成时间	第一代软件包	6.0	5.0	7.0	6.2	6.0	6.4
	第二代软件包	5.4	5.2	6.5	5.9	6.0	5.8
完成时间差 d_i		0.6	−0.2	0.5	0.3	0.0	0.6

解　设 μ_1 为第一代软件包的总体平均运行时间，μ_2 为第二代软件包的总体平均运行时间。在不知哪个更好的条件下，我们不妨假设两种软件包的平均运行时间相同。因此，原假设与备择假设为

$$H_0:\mu_1-\mu_2=0;\quad H_1:\mu_1-\mu_2\neq0$$

在收集数据时，有两种抽样方法：一种是基于独立样本，另一种是基于匹配样本。在匹配样本方案中，两代计算机软件包的运行速度在相似的条件下被检验(即由相同的系统分析员使用)，因此，该方案的抽样误差往往比独立样本方案更小。这主要是因为在匹配样本的方案中，两代计算机软件包被相同的系统分析员使用，系统分析员之间的差异就消除了。分析匹

配样本方案的关键在于，只需要考虑差值这些数据即可。因此，我们有 6 个数值将被用于分析两代计算机软件包总体运行时间的差异。

令 d_i 表示运行时间的差，μ_d 表示两代计算机软件包运行时间差的平均值，则原假设与备择假设为

$$H_0:\ \mu_d = 0;\quad H_1:\mu_d \neq 0$$

根据样本数据计算得

$$\bar{d} = \frac{\sum d_i}{n} = 0.3\ ,\quad s_d = \sqrt{\frac{\sum (d_i - \bar{d})^2}{n-1}} = \sqrt{\frac{0.56}{5}} = 0.335$$

由式(9.13)构造标准化检验统计量 t，计算结果为

$$t = \frac{\bar{d} - \mu_d}{s_d / \sqrt{n}} = \frac{0.3 - 0}{0.335 / \sqrt{6}} = 2.19$$

根据自由度 $n-1=5$ 和 $\alpha = 0.05$，查 t 分布临界值表(附录 A 中的附表 2)得右侧临界值 $t_{\alpha/2}(n-1) = t_{0.05/2}(5) = 2.571$。若 $|t| > 2.571$，则拒绝原假设，否则不拒绝。

因为 $|t| = 2.19 < 2.571$，所以不拒绝原假设，即没有证据表明两代计算机软件包的运行速度有显著差异。如果用 P 值进行决策，得到双尾 P 值为 0.08，由于 $P > \alpha = 0.05$，也不拒绝原假设，结论一致。

二、两个总体比例之差的独立大样本检验

两个总体比例之差 $(\pi_1 - \pi_2)$ 的检验要求两个样本都是大样本，且相互独立抽取。当 $n_1 p_1$，$n_1(1-p_1)$，$n_2 p_2$，$n_2(1-p_2)$ 都大于或等于 10 时，就符合大样本条件。根据两个独立大样本比例之差的抽样分布理论，构造两个总体比例之差 $(\pi_1 - \pi_2)$ 独立大样本检验的标准化检验统计量 Z，即进行 Z 检验。检验统计量 Z 的计算公式为

$$Z = \frac{(p_1 - p_2) - (\pi_1 - \pi_2)}{\sigma_{(p_1 - p_2)}} \sim N(0,1) \tag{9.14}$$

式中，$\sigma_{(p_1 - p_2)} = \sqrt{\dfrac{\pi_1(1-\pi_1)}{n_1} + \dfrac{\pi_2(1-\pi_2)}{n_2}}$ 是两个独立大样本比例之差抽样分布的标准差。

由于待检验的两个总体的比例 π_1 和 π_2 是未知的，所以需要利用两个样本比例 p_1 和 p_2 来估计，两个总体比例之差的独立大样本检验具体有以下两种情况。

(一) 检验两个总体比例是否相等

检验两个总体比例是否相等的原假设为

$$H_0:\pi_1 - \pi_2 = 0\quad 或\quad H_0:\pi_1 = \pi_2$$

设 $\pi_1 = \pi_2 = \pi$, π 的最佳估计量是将两个独立大样本合并后得到的合并比例 p。设 x_1 表示样本 1 中具有某种属性的个体数，x_2 表示样本 2 中具有同种属性的个体数，则合并比例 p 的计算公式为

$$p = \frac{x_1 + x_2}{n_1 + n_2} = \frac{n_1 p_1 + n_2 p_2}{n_1 + n_2} \tag{9.15}$$

于是得 $\sigma_{(p_1 - p_2)}$ 的最佳估计量为

$$\hat{\sigma}_{(p_1-p_2)}=\sqrt{\frac{p(1-p)}{n_1}+\frac{p(1-p)}{n_2}}=\sqrt{p(1-p)\left(\frac{1}{n_1}+\frac{1}{n_2}\right)} \tag{9.16}$$

将式(9.16)代入式(9.14)中，得到两个总体比例之差的标准化检验统计量 Z 的计算公式为

$$Z=\frac{p_1-p_2}{\sqrt{p(1-p)\left(\dfrac{1}{n_1}+\dfrac{1}{n_2}\right)}}\sim N(0,1) \tag{9.17}$$

在大样本情况下，检验两个总体比例之差是否相等需要进行 Z 检验。

(二) 检验两个总体比例之差是否为某一常数

检验两个总体比例之差是否等于某一常数时，原假设为

$$H_0:\pi_1-\pi_2=d_0\ (d_0\neq 0)$$

这时可直接用两个独立大样本的比例 p_1 和 p_2 作为相应两个总体比例 π_1 和 π_2 的估计量，从而得到两个总体比例之差的独立大样本检验的标准化检验统计量 Z，计算公式为

$$Z=\frac{(p_1-p_2)-d_0}{\sqrt{\dfrac{p_1(1-p_1)}{n_1}+\dfrac{p_2(1-p_2)}{n_2}}}\sim N(0,1) \tag{9.18}$$

在大样本情况下，检验两个总体比例之差是否为某一常数需要进行 Z 检验。

例 9.13 一家公司准备修改一项关于员工休假的管理制度，为了解男女员工对这一制度的看法是否存在差异，分别抽取了 200 名男员工和 200 名女员工进行调查，其中的一个问题是：“你是否赞成该项休假管理措施？”调查结果显示，男员工表示赞成的比例为 27%，女员工表示赞成的比例为 35%。调查者认为，男员工中表示赞成的比例显著低于女员工。取显著性水平 $\alpha=0.05$，样本提供的证据是否支持调查者的看法?

解 设 π_1 为男员工中表示赞成的比例，π_2 为女员工中表示赞成的比例。依题意提出的原假设与备择假设为

$$H_0:\pi_1-\pi_2\geqslant 0;\quad H_1:\pi_1-\pi_2<0$$

两个样本的比例分别为

$$p_1=27\%,\qquad p_2=35\%。$$

$$n_1p_1=200\times 27\%=54,\qquad n_1(1-p_1)=200\times(1-27\%)=146$$

$$n_2p_2=200\times 35\%=70,\qquad n_2(1-p_2)=200\times(1-35\%)=130$$

符合大样本条件。

由于要检验“男员工中表示赞成的比例显著低于女员工”(不是检验二者的差值是多少)，因此选择式(9.17)构造检验统计量。首先计算两个样本的合并比例 p，计算结果为

$$p=\frac{n_1p_1+n_2p_2}{n_1+n_2}=\frac{200\times 0.27+200\times 0.35}{200+200}=0.31$$

然后标准化检验统计量 Z 的计算结果为

$$Z=\frac{p_1-p_2}{\sqrt{p(1-p)\left(\frac{1}{n_1}+\frac{1}{n_2}\right)}}=\frac{0.27-0.35}{\sqrt{0.31\times(1-0.31)\times\left(\frac{1}{200}+\frac{1}{200}\right)}}=-1.730$$

在$\alpha=0.05$时，查标准正态分布概率表(附录 A 中的附表 1)得左侧临界值$-Z_{\alpha}=-Z_{0.05}=-1.65$。若$Z<-1.65$，则拒绝原假设，否则不拒绝。

因为$Z=-1.730<-1.65$,所以拒绝原假设，即男员工中表示赞成的比例显著低于女员工。如果用P值进行决策，可得到单尾P值为 0.041837，由于$P<\alpha=0.05$，所以拒绝原假设，结论一致。

例 9.14 有两种 SUV 车型，第一种车型的价格较高而返修率较低，第二种车型价格较低而返修率较高。消费者在确定选择车型时，决定对两种车型的返修率进行比较，如第一种车型比第二种车型的返修率低 8% 以上，则购买第一种车型，否则就购买第二种车型。根据消费者权益保护协会的调查机构对两年中随机抽取的两种车型各 300 名车主的调查数据显示：购买第一种车型的 300 名车主中有 33 人进行过返修；购买第二种车型的 300 名车主中有 84 人进行过返修。以显著性水平$\alpha=0.05$检验第一种车型比第二种车型的返修率是否低 8% 以上，以便消费者决定购买哪种车型。

解 设π_1为第一种车型的返修率，π_2为第二种车型的返修率。依题意提出的原假设与备择假设为

$$H_0:\pi_1-\pi_2\geqslant-8\%;\quad H_1:\pi_1-\pi_2<-8\%$$

两个样本的比例分别为$p_1=33\div300=11\%$，$p_2=84\div300=28\%$。$n_1p_1=33, n_1(1-p_1)=267;$ $n_2p_2=28, n_2(1-p_2)=252$都大于 10，符合大样本条件。

因为要检验“第一种车型比第二种车型的返修率是否低 8%以上”(不是检验二者的差值是否等于 0)，所以选择式(9.18)构造标准化检验统计量Z，计算结果为

$$Z=\frac{(p_1-p_2)-d_0}{\sqrt{\frac{p_1(1-p_1)}{n_1}+\frac{p_2(1-p_2)}{n_2}}}=\frac{(0.11-0.28)-(-0.08)}{\sqrt{\frac{0.11\times(1-0.11)}{300}+\frac{0.28\times(1-0.28)}{300}}}=-2.848$$

在$\alpha=0.05$时，查标准正态分布概率表(附录 A 中的附表 1)，得左侧临界值$-Z_{\alpha}=-Z_{0.05}=-1.65$。若$Z<-1.65$，则拒绝原假设，否则不拒绝。

因为$Z=-2.848<-1.65$，所以拒绝原假设，即第一种车型的返修率显著低于第二种车型达 8%以上，所以消费者决定购买第一种车型。

如果用P值进行决策，可得到单尾P值为 0.002199746，由于$P<\alpha=0.05$，所以拒绝原假设，结论一致。

三、两个正态分布总体方差比的检验

在对两个正态分布总体的方差进行比较时，通常将原假设与备择假设的基本形式表示成两个总体方差比值与数值 1 之间的比较关系。由于两个样本方差比s_1^2/s_2^2是两个总体方差比值σ_1^2/σ_2^2的理想估计量，当样本量为n_1和n_2的两个样本分别独立地取自两个正态分布总体时，根据抽样分布理论，两个样本方差比s_1^2/s_2^2服从F分布：$F=\dfrac{s_1^2/s_2^2}{\sigma_1^2/\sigma_2^2}$，因此两个正态分

布总体方差比的检验需要进行 F 检验。当两个正态分布总体方差比 σ_1^2/σ_2^2 为 1，即 $\sigma_1^2=\sigma_2^2$ 时，两个正态分布总体方差比的检验统计量 F 的计算公式为

$$F=\frac{s_1^2}{s_2^2}\sim F(n_1-1,n_2-1) \tag{9.19}$$

在双侧检验时，通常用较大的样本方差除以较小的样本方差，这样做是为了能保证拒绝域总是在 F 分布的右侧，即拒绝域为 $F>F_{\alpha/2}(n_1-1,n_2-1)$。在左侧检验时，也可以将其安排为右侧检验。如果想检验 σ_1^2 是否大于 σ_2^2，备择假设设为 H_1: $\frac{\sigma_1^2}{\sigma_2^2}>1$；如果想检验 σ_1^2 是否小于 σ_2^2，备择假设则可设为 H_1: $\frac{\sigma_2^2}{\sigma_1^2}>1$。对于给定的显著性水平 α，F 右侧检验的临界值和拒绝域见图 9.6，F 右侧检验的临界值可以查本书附录 A“F 分布临界值表”获取。

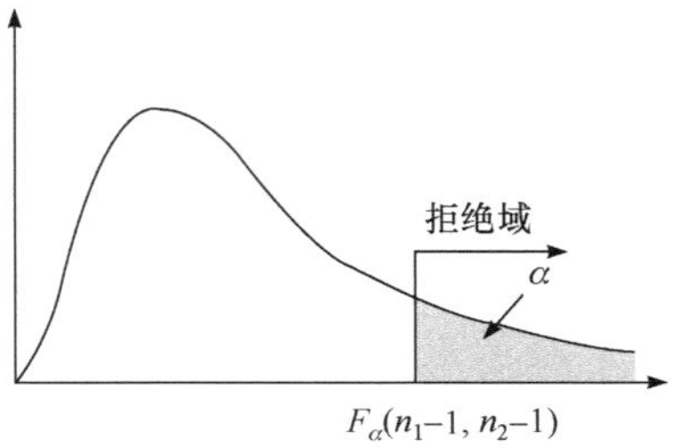

图 9.6　显著性水平 α 下 F 右侧检验的临界值和拒绝域

Excel“数据分析”工具中的“F 检验：双样本方差”也给出了两个总体方差比的单侧检验程序。

当 $\frac{s_1^2}{s_2^2}<1$ 时，做的是左侧检验：$H_0:\sigma_1^2\geqslant\sigma_2^2$；$H_1:\sigma_1^2<\sigma_2^2$，拒绝域为 $F<F_{1-\alpha}(n_1-1,n_2-1)$。

当 $\frac{s_1^2}{s_2^2}>1$ 时，做的是右侧检验：$H_0:\sigma_1^2\leqslant\sigma_2^2$；$H_1:\sigma_1^2>\sigma_2^2$，拒绝域为 $F>F_{\alpha}(n_1-1,n_2-1)$。

对给定显著性水平为 α 的双侧检验，则只要进行显著性水平为 $\alpha/2$ 的单侧检验即可。

例 9.15　一家纸制品生产商想要比较两家造纸厂日产量的变化。从每家工厂的产量统计表中抽取独立的样本，数据显示在表 9.5 中，假定两家造纸厂日产量均服从正态分布，这些数据是否提供了充分的证据表明两家造纸厂日产量的方差之间存在显著差异？($\alpha=0.10$)

表 9.5　　两家造纸厂日产量抽样数据　　(单位：吨)

工厂 1	34	18	28	21	40	22
	23	29	25	10	32	22
	32					
工厂 2	31	13	27	19	22	18
	23	22	21	18	15	24
	13	19	18	19	23	13

解　将工厂 1 作为样本 1，工厂 2 作为样本 2。现在感兴趣的是两个总体方差是否存在显著差异，因而为双侧检验问题。建立的原假设与备择假设为

$$H_0:\frac{\sigma_1^2}{\sigma_2^2}=1\ (或\ \sigma_1^2=\sigma_2^2)；\quad H_1:\frac{\sigma_1^2}{\sigma_2^2}\neq 1\ (或\ \sigma_1^2\neq\sigma_2^2)$$

经计算得 $s_1^2=60.97, s_2^2=23.52$。由式(9.19)得检验统计量

$$F=\frac{s_1^2}{s_2^2}=\frac{60.97}{23.52}=2.59$$

样本 1 的自由度 $\mathrm{df}_1=n_1-1=12$，样本 2 的自由度 $\mathrm{df}_2=n_2-1=17$。在 $\alpha=0.10$ 水平下，查 F 分布临界值表(附录 A 中的附表 4)可得临界值得 $F_{\alpha/2}(n_1-1,n_2-1)=F_{0.05}(12,17)=2.38$，进而得 $F_{1-\alpha/2}(n_1-1,n_2-1)=F_{0.95}(12,17)=0.39$，因为 $F=2.59>2.38$，所以拒绝原假设，即样本数据提供充分证据表明两家造纸厂日产量的方差之间存在显著差异。

第四节　单因素方差分析

一、问题的提出

在统计分析中，比较来自两个总体的均值是否有显著差异时，通常采用第三节介绍的两个总体均值比较的假设检验方法。如果需要同时比较两个以上总体的均值是否有显著差异，那么采取两两比较的做法不仅烦琐，而且增加了检验过程中犯第 I 类错误的概率。一般地，随着显著性检验的次数增加，偶然因素导致差异的可能性也会增大(并非均值真的存在显著差异)。

方差分析(analysis of variance，ANOVA)就是从数据差异入手，通过检验多个总体均值是否相等来判断分类自变量对数值因变量是否有显著影响的统计方法。这种方法同时将所有的样本信息结合在一起，不仅检验效率高，而且排除了累计错误的概率，提高了分析结论的可靠性。

方差分析作为研究一个或多个分类自变量对数值因变量影响的一种常用的数据分析方法，是 20 世纪 20 年代英国统计学家费希尔(R. A. Fisher)为解释设计试验数据创立的。它是工农业生产和科学研究中分析试验数据的一种有效工具。从形式上看，方差分析是比较多个总体均值是否相等，但本质上它所研究的是变量之间的关系。方差分析是回归分析中对回归方程进行显著性检验的重要方法。

为了更好地理解方差分析的含义，首先看一个例子。

例 9.16　某公司想对新进的销售人员进行销售培训。为了比较不同培训方案的效果，在相同年龄及学历水平的销售人员中随机选择了三组销售人员，每组五人，第一组接受 *A* 方案销售训练，第二组接受 *B* 方案销售训练，第三组接受 *C* 方案销售训练。销售培训结束后，搜集培训后的各组销售人员的销售量记录列于表 9.6 中。

表 9.6　不同培训方案销售人员的销售量抽样数据　(单位：台)

观测值	销售培训方案		
	A 方案	*B* 方案	*C* 方案
1	15	22	18
2	18	27	24
3	19	18	16
4	22	21	22
5	11	17	15
平均	17	21	19

怎样来分析各种培训方案的效果有无显著性差异呢?

分析三种培训方案的效果是否有显著差异，就是要判断“培训方案”对“销售量”是否有显著影响，做出这种判断被归结为检验这三种培训方案的销售量均值是否相等。因为，若它们的均值相等，则意味着不同培训方案的培训效果没有显著差异，即“培训方案”对“销售量”没有显著影响；若它们的均值不全相等，则意味着不同培训方案的培训效果有显著差异，即“培训方案”对“销售量”有显著影响。

方差分析中，所要考察的分类变量称为因素(即控制因素)或因子(factor)，是可以控制的影响变量，也称自变量。因素的不同表现称为水平(level)或处理(treatment)，因素的每个水平下的所有可能结果构成一个总体。总体数据通常不能获得，一般通过样本来观测。需要观测的变量称为因变量(dependent variable)，因变量为数值变量。各个因素水平下观测变量的样本数据称为观测值(observed value)。

在例 9.16 中，“培训方案”是要检验的对象，称为因素或因子；A，B，C 三种方案是“培训方案”这一因素的具体表现，称为水平或处理；在每种方案下得到的样本数据(销售量)称为观测值。由于这里只涉及“培训方案”一个因素，因此，称为单因素 3 个水平的试验。3 个水平可以看作 3 个总体，表 9.6 中的数据是从 3 个总体中分别抽取的样本数据。

二、方差分析的基本原理

(一) *数据离差的描述与分解*

根据表 9.6 中各销售人员的销售量和不同培训方案下的平均销售量有以下结论和问题。

(1) 不同培训方案下，销售人员的平均销售量存在着差异，说明不同培训方案的效果不一致。

(2) 在同一培训方案下，不同销售人员的销售量也有差异，显然这个差异不是由培训方案引起的。

(3) 由于有(2)的结论，自然就会对(1)的结论产生怀疑：不同培训方案下销售人员平均销售量的差异，是否显著到足以说明培训方案效果的差异，也即这种差异究竟是培训方案带来的，还是其他因素造成的。

这就需要有更准确的方法来检验这种差异是否显著，也就是进行方差分析。之所以叫方差分析，是因为虽然感兴趣的是均值，但在判断均值之间是否有差异时需要借助于方差。这个名字也表示：它是通过对数据差异来源的分析来判断不同总体的均值是否相等，进而分析自变量对因变量是否有显著影响。因此，进行方差分析时，需要考察观测值差异的来源。

方差分析认为导致样本各观测值发生差异的因素有两类：第一类是控制因素取不同水平所产生的差异，称为系统误差；第二类是随机因素所产生的差异，称为随机误差。这里随机因素是指那些人为很难控制的因素，主要是指试验过程中的抽样误差。方差分析认为，如果控制因素的不同水平对因变量产生了显著影响，那么，它和随机因素共同作用必然使得各观测值之间有显著变动；反之，如果因素的不同水平没有对因变量产生显著影响，那么，各观测值间的变动就不明显，其变动可以归结为随机因素影响造成的。换句话说，如果样本各观测值在控制因素的各个水平中出现了明显波动，则认为该因素是影响因变量的主要因素。反之，如果样本各观测值在某个控制因素的各水平中没有出现明显波动，则认为该因素没有对因变量产生重要影响，其波动是随机误差造成的。方差分析方法就是从对样本全部观测值的总离差平方和分解，追溯到指定来源的部分离差平方和。

全部观测值的总离差分解的过程是：在可比较的几组观测值中，把全部观测值间的总离差按来源分解为组间离差和组内离差。组间离差是指因素的不同水平下各组观测值之间的离差，既包含控制因素的影响，又包含随机因素的影响。组内离差是指因素的同一水平下样本观测值之间的离差，仅包含随机因素的影响。

如何度量观测值的各类离差呢？方差分析中，对观测值离差的度量是采用离差平方和来表示的。

反映全部观测值离差大小的平方和称为总离差平方和(sum of squares of deviations for total)，记为 SST。例如，所抽取的全部 15 名销售人员的销售量之间的离差平方和就是总离差平方和，它反映了全部观测值的离散状况。

反映组内观测值数据离差大小的平方和称为组内离差平方和或残差平方和(sum of squares for error)，简称为组内平方和，记为 SSE。例如，每种培训方案下的观测值的离差平方和加在一起就是组内平方和，它反映了每个样本内各观测值的离散状况。

反映不同水平下的均值与总均值之间的离差大小的平方和称为组间离差平方和或因素平方和(sum of squares for factor A)，简称为组间平方和，记为 SSA。例如，3 种培训方案下平均销售量之间的离差平方和就是组间平方和，它反映了各组样本均值与总均值之间的差异程度。

(二) 数据误差分析

如果不同的培训方案对销售人员的销售量没有影响，那么在组间平方和中只包含随机误差，而没有系统误差。这时，组间平方和与组内平方和经过平均后的数值(称为均方或方差)就应该很接近，它们的比值就会接近 1。反之，如果不同的培训方案对销售量有影响，在组间平方和中除了包含随机误差，还会包含系统误差，这时组间平方和平均后的数值就会大于组内平方和平均后的数值，它们之间的比值就会大于 1。当这个比值大到某种程度时，就认为因素的不同水平之间存在着显著的差异，也就是自变量对因变量有显著的影响。

判断“培训方案”对“销售量”是否有显著影响这一问题，实际上也就是检验“销售量”的差异主要是什么原因所引起的。如果这种差异主要是系统误差，就认为不同培训方案对销售量有显著影响。在方差分析的假定前提下(见后面的介绍)，要检验不同培训方案(分类自变量)对销售量(数值因变量)是否有显著影响，在形式上也就转化为检验三个培训方案下的销售量的均值是否相等的问题。

(三) 方差分析的基本假定

方差分析是一种参数检验方法，要求参与分析的总体及观测值必须具备以下三个基本假定。

(1) 每个总体均服从正态分布。即 $x_j \sim N(\mu_j, \sigma_j^2)$ ($j=1,2,\cdots,m$)。

也就是说，对于因素中的每一个水平，其观测值是来自正态分布总体的简单随机样本。例如，在例 9.16 中，要求 3 种方案下的销售量必须服从正态分布。

(2) 每个总体的方差都相同，即 $\sigma_1^2=\sigma_2^2=\cdots=\sigma_m^2$。

也就是说，各不同水平下的观测值是从具有相同方差的正态分布总体中抽取的。在例 9.16 中，要求每个销售人员的销售量的方差都相同。

(3) 各个水平下的观测值相互独立。

在例 9.16 中，要求在不同培训方案每个被抽中的销售人员的销售量都与其他人员的销售量独立。

值得注意的是，方差分析仅在基本假定满足的情况下才有意义。判断假定是否满足，一般从试验条件上判断，也可以运用统计上的总体分布卡方检验(χ^2-test)和巴特莱(Bartlett)方差齐性检验。

(四) 问题的一般描述

设因素有 m 个水平，每个水平的均值分别用 $\mu_1,\mu_2,\cdots,\mu_m$ 表示，要检验 m 个水平的均值是否相等，需要提出如下假设：

$H_0:\mu_1=\mu_2=\cdots=\mu_m$ (分类自变量对数值因变量没有显著影响)

$H_1:\mu_1,\mu_2,\cdots,\mu_m$ 不全相等(分类自变量对数值因变量有显著影响)

例 9.16 中，为检验“培训方案”对“销售量”是否有显著影响，需要提出如下假设：

$H_0:\mu_1=\mu_2=\mu_3$ (不同培训方案对销售量没有显著差异)

$H_1:\mu_1,\mu_2,\mu_3$ 不全相等(不同培训方案对销售量有显著差异)

当 H_0 为真时，则全部观测值的总离差平方和是由随机因素引起的误差，即认为不同培训方案对销售量的总体均值无显著影响，可认为 $\mu_1=\mu_2=\mu_3$；如果 H_0 不真，则总离差平方和中除了随机因素引起的随机误差外，还包含了因培训方案不同而造成的系统误差，这时我们就设法将总离差平方和中由随机因素所引起的随机误差与培训方案不同造成的系统误差分开，然后相互比较。

使用的检验方法是 F 检验。根据所分析的分类自变量，即控制因素个数的多少，可以将方差分析分为单因素方差分析、双因素方差分析以及多因素方差分析。本节介绍单因素方差分析的基本内容，即研究一个分类自变量与一个数值因变量之间的关系。

三、单因素方差分析

当方差分析中只涉及一个分类自变量时，称之为单因素方差分析(one-factor analysis of variance)。例如，要检验不同培训方案下销售量的均值是否相等，这里只涉及“培训方案”这一个因素，所以是单因素方差分析。

(一) 单因素方差分析的基本步骤

1. 数据结构

一般地，在单因素方差分析时，用 A 表示因素，因素 A 的 m 个水平(总体)分别用 $A_1,A_2,\cdots,A_m$ (j=1, 2, …, m)表示；观测值记为 x_{ij}，x_{ij} 表示在水平 A_j (j = 1, 2, …, m)下进行第 i 次(i=1, 2, …, n_j)观察得到的观测值。各个水平下的观测次数分别为 n_1，n_2，…，n_m，则观测值总数 n 可表示为

$$n=n_1+n_2+\cdots+n_m=\sum_{j=1}^{m}n_j \quad (j=1,2,\cdots,m)$$

单因素方差分析的一般数据结构见表 9.7。

表 9.7　单因素方差分析的数据结构

试验(i)	因素水平(A_j)						行平均
	A_1	A_2	…	A_j	…	A_m	
1	x_{11}	x_{12}	…	x_{1j}	…	x_{1m}	$\bar{x}_{1\cdot}$
2	x_{21}	x_{22}	…	x_{2j}	…	x_{2m}	$\bar{x}_{2\cdot}$
⋮	⋮	⋮		⋮		⋮	⋮

续表

试验(i)	因素水平(A_j)						行平均
	A_1	A_2	…	A_j	…	A_m	
i	x_{i1}	x_{i2}	…	x_{ij}	…	x_{im}	$\bar{x}_{i\cdot}$
⋮	⋮	⋮		⋮		⋮	⋮
n_j	$x_{n_1 1}$	$x_{n_2 2}$	…	$x_{n_j j}$	…	$x_{n_m m}$	$\bar{x}_{r\cdot}$
列平均	$\bar{x}_{\cdot 1}$	$\bar{x}_{\cdot 2}$	…	$\bar{x}_{\cdot j}$	…	$\bar{x}_{\cdot m}$	$\bar{X}$

2. 分析步骤

第一步：提出假设。由于在固定水平下所作的重复试验只是偶然因素在起作用，从而根据方差分析的假定知各个水平下(各列)的随机变量均服从正态分布$N(\mu_j,\sigma_j^2)(j=1,2,\cdots,m)$，且具有相同的方差$\sigma_1^2=\sigma_2^2=\cdots=\sigma_m^2$。检验因素的$m$个水平的均值是否相等，需要提出如下假设：

$$H_0:\mu_1=\mu_2=\cdots=\mu_m；\quad H_1:\mu_1,\mu_2,\cdots,\mu_m\text{不全相等}$$

第二步：构造检验统计量。为检验H_0是否成立，需要构造检验统计量。

(1) 计算各个水平下的样本均值。假定从第j个总体中抽取一个容量为n_j的简单随机样本，令$\bar{x}_{\cdot j}$为第j个总体的样本均值，则有

$$\bar{x}_{\cdot j}=\frac{1}{n_j}\sum_{i=1}^{n_j}x_{ij}\quad(j=1,2,\cdots,m)\tag{9.20}$$

式中，n_j为第j个总体的样本容量；x_{ij}为第j个水平(总体)的第i个观测值。

(2) 计算全部观测值的总均值。它是全部观测值的总和除以观测值的总个数，令总均值为$\bar{X}$，则有

$$\bar{X}=\frac{1}{n}\sum_{j=1}^{m}\sum_{i=1}^{n_j}x_{ij}=\frac{1}{n}\sum_{j=1}^{m}n_j\bar{x}_{\cdot j}\tag{9.21}$$

式中，$n=n_1+n_2+\cdots+n_m$。

(3) 计算各离差平方和。为构造检验统计量，在方差分析中，需要计算三个离差平方和，它们是：总离差平方和SST、组间离差平方和SSA与组内离差平方和SSE。

总离差平方和SST是全部观测值x_{ij}与总均值$\bar{X}$的离差平方和，反映了全部观测值的离散状况，又称变差。其计算公式为

$$\begin{aligned}\mathrm{SST}&=\sum_{j=1}^{m}\sum_{i=1}^{n_j}(x_{ij}-\bar{X})^2\\&=\sum_{j=1}^{m}\sum_{i=1}^{n_j}[(x_{ij}-\bar{x}_{\cdot j})+(\bar{x}_{\cdot j}-\bar{X})]^2\\&=\sum_{j=1}^{m}\sum_{i=1}^{n_j}[(x_{ij}-\bar{x}_{\cdot j})^2+(\bar{x}_{\cdot j}-\bar{X})^2+2(x_{ij}-\bar{x}_{\cdot j})(\bar{x}_{\cdot j}-\bar{X})]\\&=\sum_{j=1}^{m}\sum_{i=1}^{n_j}(x_{ij}-\bar{x}_{\cdot j})^2+\sum_{j=1}^{m}n_j(\bar{x}_{\cdot j}-\bar{X})^2\end{aligned}\tag{9.22}$$

其中$\sum_{j=1}^{m}\sum_{i=1}^{n_j}(x_{ij}-\bar{x}_{.j})(\bar{x}_{.j}-\bar{X})=\sum_{j=1}^{m}[(\bar{x}_{.j}-\bar{X})\sum_{i=1}^{n_j}(x_{ij}-\bar{x}_{.j})]=0$；$\sum_{j=1}^{m}\sum_{i=1}^{n_j}(x_{ij}-\bar{x}_{.j})^2$是组内离差平方和，反映的是每个水平下各样本观测值与其均值的差异情况(在基本假定满足的情况下仅有随机误差)，简记为SSE，即有

$$\mathrm{SSE}=\sum_{j=1}^{m}\sum_{i=1}^{n_j}(x_{ij}-\bar{x}_{.j})^2 \tag{9.23}$$

$\sum_{j=1}^{m}n_j(\bar{x}_{.j}-\bar{X})^2$是组间离差平方和，反映的是不同水平的均值与总均值之间的差异状况(既有系统误差，也有随机误差)，简记为SSA，即有

$$\mathrm{SSA}=\sum_{j=1}^{m}n_j(\bar{x}_{.j}-\bar{X})^2 \tag{9.24}$$

上述三个离差平方和的关系为

$$\mathrm{SST}=\mathrm{SSE}+\mathrm{SSA} \tag{9.25}$$

显而易见，在总离差平方和SST中，如果组间离差平方和SSA所占比例较大，则说明总离差平方和SST可以主要由控制变量(因素或自变量)来解释，分类自变量对数值因变量有显著影响；反之，如果组间离差平方和SSA所占比重较小，则说明总离差平方和SST不是主要由控制变量的变动引起的，分类自变量对数值因变量没有显著影响，因变量的变动是由随机因素引起的。

特别地，当各个水平下的观测次数n_1，n_2，…，n_m都相等，均为r次时，三个离差平方和可分别表示为

$$\mathrm{SST}=\sum_{j=1}^{m}\sum_{i=1}^{r}(x_{ij}-\bar{X})^2 \tag{9.26}$$

$$\mathrm{SSE}=\sum_{j=1}^{m}\sum_{i=1}^{r}(x_{ij}-\bar{x}_{.j})^2 \tag{9.27}$$

$$\mathrm{SSA}=r\sum_{j=1}^{m}(\bar{x}_{.j}-\bar{X})^2 \tag{9.28}$$

(4) 构造检验统计量。由于各离差平方和的大小与观测值的个数(即样本的容量)有关，要将这一影响剔除，需要计算均方(mean square)，也就是用各离差平方和除以它们的自由度，或称为方差。离差平方和的自由度是指平方和公式中独立变量的项数。SST，SSA和SSE所对应的自由度分别是：

(i) SST的自由度df_T为$n-1$，其中n为全部观测值个数；

(ii) SSA的自由度df_A为$m-1$，其中k为因素水平(总体)的个数；

(iii) SSE的自由度df_E为$n-m$。

容易看出，自由度之间也有类似于(9.25)的分解式，即有

$$\mathrm{df}_T=\mathrm{df}_A+\mathrm{df}_E$$

计算离差平方和的均方

$$\mathrm{MS}=\frac{\mathrm{SS}}{\mathrm{df}} \tag{9.29}$$

由于方差分析中主要是比较组间均方与组内均方之间的差异，因此通常只计算SSA的均方和SSE的均方。SSA和SSE对应的均方分别为

$$\mathrm{MSA}=\frac{\mathrm{SSA}}{\mathrm{df}_A}=\frac{\mathrm{SSA}}{m-1}, \quad \mathrm{MSE}=\frac{\mathrm{SSE}}{\mathrm{df}_E}=\frac{\mathrm{SSE}}{n-m}$$

如果原假设为真，在此情况下，MSA和MSE给出了全部观测值σ^2的两个独立的无偏估计，MSA/MSE的抽样分布就是一个分子自由度(第一自由度)为$m-1$、分母自由度(第二自由度)为$n-m$的F分布，即有

$$F=\frac{\mathrm{MSA}}{\mathrm{MSE}}=\frac{\mathrm{SSA}/(m-1)}{\mathrm{SSE}/(n-m)}\sim F(m-1,n-m) \tag{9.30}$$

这样可利用统计量F作为检验统计量进行F检验，F检验统计量的计算过程构成了单因素方差分析表，如表9.8所示。

表9.8 单因素方差分析表

离差来源	离差平方和SS	自由度df	均方MS	检验统计量F	P值	F临界值
组间(因素)	SSA	$m-1$	MSA = SSA/($m-1$)	F =MSA/MSE		
组内(随机)	SSE	$n-m$	MSE = SSE/($n-m$)			
总和	SST	$n-1$	—	—	—	—

第三步：检验规则与决策。如果原假设为真，MSA才是σ^2的较好估计；如果原假设不真，则MSA就会高估σ^2，而在任何情况下，MSE都是σ^2的较好估计。因此，如果原假设为真，MSA/MSE的比率就会接近1。如果原假设不真，MSA/MSE的比率会因MSA对σ^2的高估而变得很大，大到何种程度才会拒绝原假设，取决于$F_\alpha(m-1,\ n-m)$的值。

根据事先确定的显著性水平α，在F分布临界值表(附录A中的附表4)中查找与第一自由度$\mathrm{df}_1=m-1$、第二自由度$\mathrm{df}_2=n-m$相应的临界值$F_\alpha(m-1,n-m)$。将F统计量的值与F分布右侧临界值$F_\alpha(m-1,\ n-m)$进行比较，做出对原假设H_0的决策。

若$F>F_\alpha(m-1,\ n-m)$，则拒绝原假设H_0，表明所检验的因素对观察变量有显著影响；若$F<F_\alpha(m-1,\ n-m)$，则不能拒绝原假设H_0，表明所检验的因素对观察变量没有显著影响。图9.7描述了F统计量的抽样分布以及显著性水平α下的拒绝域。

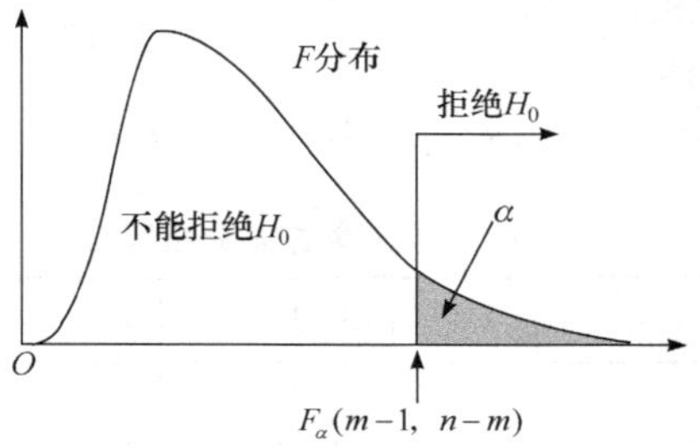

图9.7 统计量F的抽样分布及拒绝域

也可以用确定的显著性水平α与检验统计量的概率P值作比较。如果$P<\alpha$，则拒绝原假设H_0，表明所检验的因素对观察变量有显著影响；若$P>\alpha$，则不能拒绝原假设H_0，表明所检验的因素对观察变量没有显著影响。

方差分析的 F 检验是一种综合性检验，它的结果只说明各个水平的均值之间总的来说是否存在差异。若不拒绝原假设，则两两水平间均不存在差异，从而结束方差分析的过程。若拒绝了原假设，则各个水平的均值之间存在显著差异，但是到底是哪两个水平的均值之间存在显著差异是不清楚的。如果想要知道究竟是哪一对或哪几对水平的均值之间存在差异，需要通过进一步的检验来确定，检验方法请参考有关书籍，本书不做讨论。

(二) 单因素方差分析的应用

例 9.17　数据资料见表 9.6。试判断不同培训方案的销售效果有无显著差异？($\alpha = 0.05$)

解　(1) 提出假设

$$H_0: \mu_1 = \mu_2 = \mu_3 \text{(不同培训方案的销售量没有显著差异)}$$

$$H_1: \mu_1, \mu_2, \mu_3 \text{不全相等(不同培训方案的销售量有显著差异)}$$

(2) 计算样本均值和总均值。

$$\bar{x}_{\cdot 1} = \frac{1}{n_1}\sum_{i=1}^{n_1} x_{i1} = 17, \quad \text{同理得 } \bar{x}_{\cdot 2} = 21, \quad \bar{x}_{\cdot 3} = 19, \quad \bar{X} = \frac{1}{n}\sum_{j=1}^{3}\sum_{i=1}^{5} x_{ij} = \frac{17+21+19}{3} = 19$$

(3) 计算样本观测值的组间离差平方和和组内离差平方和。

$$\text{SSA} = r\sum_{j=1}^{3}(\bar{x}_{\cdot j} - \bar{X})^2 = 5\times[(17-19)^2 + (21-19)^2 + (19-19)^2] = 40$$

$$\begin{aligned}\text{SSE} &= \sum_{j=1}^{3}\sum_{i=1}^{5}(x_{ij} - \bar{x}_{\cdot j})^2 \\ &= [(15-17)^2 + (18-17)^2 + (19-17)^2 + (22-17)^2 + (11-17)^2] \\ &\quad + [(22-21)^2 + (27-21)^2 + (18-21)^2 + (21-21)^2 + (17-21)^2] \\ &\quad + [(18-19)^2 + (24-19)^2 + (16-19)^2 + (22-19)^2 + (15-19)^2] \\ &= 192\end{aligned}$$

(4) 计算检验统计量的值。

由于 $\text{df}_A = m-1 = 3-1 = 2$，$\text{df}_E = n-m = 3\times 5-3 = 12$，则

$$\text{MSA} = \frac{\text{SSA}}{\text{df}_A} = \frac{40}{2} = 20, \quad \text{MSE} = \frac{\text{SSE}}{\text{df}_E} = \frac{192}{12} = 16$$

$$F = \frac{\text{MSA}}{\text{MSE}} = \frac{20}{16} = 1.25, \quad F \sim F(2, 12)$$

也可采用 Excel 进行方差分析，得到方差分析表如表 9.9 所示。

表 9.9　单因素方差分析表

离差来源	离差平方和 SS	自由度 df	均方 MS	检验统计量 F
组间	40	2	20	1.25
组内	192	12	16	
总和	232	14	—	—

(5) 检验规则及决策。确定显著性水平 $\alpha = 0.05$，查第一自由度 2、第二自由度 12 的 F 分

布临界值表(附录 A 中的附表 4)，得 $F_{0.05}(2,12)=3.89$。若 $F>3.89$ 则拒绝原假设，若 $F<3.89$ 则不拒绝原假设。因为 $F=1.25<3.89$，所以，不拒绝 H_0: $\mu_1=\mu_2=\mu_3$，即认为三种培训方案的销售效果无显著差异，不同培训方案对销售量不存在显著影响。

例 9.18　试验四种不同的农药的杀虫效果，试验结果见表 9.10。假定四种不同农药的杀虫率数据服从正态分布，试分析四种不同农药的杀虫效果有无显著差异($\alpha=0.05$)。

表 9.10　四种不同农药的试验结果

试验序号	甲农药	乙农药	丙农药	丁农药
1	87.4	90.5	56.2	55.0
2	85	88.5	62.4	48.2
3	80.2	87.3	45.7	36.8
4	78.2	94.7		58.6
5	65.7			71.2
6				56.9

解　(1) 提出假设

$$H_0:\mu_1=\mu_2=\mu_3=\mu_4\text{；}\quad H_1:\mu_1,\mu_2,\mu_3,\mu_4\text{不全相等}$$

(2) 计算样本均值和总均值。

$$\bar{x}_{\cdot 1}=\frac{1}{n_1}\sum_{i=1}^{n_1}x_{i1}=79.32,\quad \text{同理得 } \bar{x}_{\cdot 2}=90.25,\quad \bar{x}_{\cdot 3}=54.77,\ \bar{x}_{\cdot 4}=54.45\text{，}\quad \bar{X}=\frac{1}{n}\sum_{j=1}^{4}\sum_{i=1}^{n_j}x_{ij}=69.697$$

(3) 计算样本观测值的组间离差平方和和组内离差平方和。

$$\text{SSA}=\sum_{j=1}^{4}n_j\left(\bar{x}_{\cdot j}-\bar{X}\right)^2=4212.331\text{，}\quad \text{SSE}=\sum_{j=1}^{4}\sum_{i=1}^{6}(x_{ij}-\bar{x}_{\cdot j})^2=1113.912$$

(4) 计算检验统计量的值。

$$\text{MSA}=\frac{\text{SSA}}{\text{df}_A}=\frac{4212.331}{4-1}=1404.1103\text{，}\quad \text{MSE}=\frac{\text{SSE}}{\text{df}_E}=\frac{1113.912}{18-4}=79.5651\text{，}$$

$$F=\frac{\text{MSA}}{\text{MSE}}=17.6473,\quad F\sim F(3,14)$$

采用 Excel 进行方差分析，可得到单因素方差分析表(表 9.11)。

表 9.11　例 9.18 的单因素方差分析表

离差来源	SS	df	MS	F	P 值	F 临界值
组间	4212.331	3	1404.1103	17.6473	4.97×10^{-5}	3.344
组内	1113.912	14	79.5651			
总和	5326.243	17	—	—	—	—

(5) 检验规则与决策。确定 $\alpha=0.05$，查 F 分布临界值表得 $F_{0.05}(3,14)=3.344$。若 $F>3.344$ 则拒绝原假设，否则不拒绝原假设。由于 $F=17.6473>3.344$，所以拒绝四种不同农药平均杀虫效果都相等的原假设，即认为不同农药的杀虫效果有显著差异。

上述决策也可以通过 P 值做出。由于 $P=4.97\times10^{-5}<0.05$，同样拒绝四种不同农药平均

杀虫效果都相等的原假设，认为不同农药的杀虫效果是有显著差异的。

思考与练习

一、思考题

1. 假设检验和参数估计有什么联系和区别？
2. 解释原假设和备择假设。
3. 说明假设检验的基本工作步骤。
4. 什么是检验统计量？什么是标准化检验统计量？为何要对检验统计量进行标准化？
5. 什么是显著性水平？怎样理解“统计上是显著的”？
6. 假设检验中有哪两类错误？第Ⅰ类错误和第Ⅱ类错误分别是指什么？它们发生的概率之间存在怎样的关系？
7. 如何理解显著性水平、临界值和拒绝域的关系。
8. 解释假设检验中 P 值的含义。假设检验中 P 值决策和临界值决策有什么不同？
9. 在假设检验中，为什么采取“不拒绝原假设”而不采取“接受原假设”的表述方式？为什么说假设检验不能证明原假设一定正确？
10. 什么是方差分析？
11. 要检验多个总体均值是否相等时，为什么不作两两比较，而用方差分析法？
12. 方差分析有哪些基本假定？
13. 解释因子和处理的含义。
14. 解释组内平方和和组间平方和的含义。
15. 解释组内方差和组间方差的含义。
16. 简述方差分析的基本工作步骤。

二、练习题

1. 下列哪个原假设是正确的？

   A. $H_0:\mu<500$　　B. $H_0:\mu=500$　　C. $H_0:\bar{x}=500$　　D. $H_0:\bar{x}\leqslant 500$

2. 下列哪个备择假设是正确的？

   A. $H_1:\mu\leqslant 500$　　B. $H_1:\bar{x}\leqslant 500$　　C. $H_1:\mu<500$　　D. $H_1:\mu=500$

3. 判断下列问题是双侧检验还是单侧检验，并建立原假设和备择假设：

(1) 一种产品的标准长度是 10 厘米，要检验某天生产的产品平均长度是否符合标准要求。

(2) 一个灯管厂需要生产平均使用寿命 μ=1000 小时的灯泡，如果寿命比它短，企业就会丧失竞争能力； 如果寿命比它长，灯丝就要加粗，企业要提高产品成本。为了观察生产工艺过程是否正常，从一批产品中抽取 150 个进行检验，得到平均使用寿命 980 小时，检验这个厂生产的灯泡平均使用寿命是否能够达到 1000 小时。

(3) 环保部门想检验某餐馆平均一天所用的快餐盒数量是否超过 500 个？

(4) 某企业经理期望他的业务员注意差旅费的限额，经理要求业务员每日平均费用保持在 1100 元。做出这个规定一个月后，得到每日费用的一个样本。经理利用这个样本考虑费用是否在规定的限额之内？

(5) 某厂生产一批产品 10000 件，按照规定的标准，出厂时次品率不得超过 3%，质量检验员从中任意抽取 100 件，发现其中有 5 件次品，检验这批产品能否出厂？

(6) 某地区教育部门想知道来自农村中学的考生是否比来自城市中学的考生的高考平均成绩低？

4. 一项包括 200 个家庭的调查显示，每个家庭每天看电视的平均时间为 5.25 小时，标准差为 2.5 小时。据报道，10 年前每个家庭每天看电视的平均时间是 6.70 小时。取显著性水平 $\alpha=0.01$，这个调查能否证明“如今每个家庭每天收看电视的平均时间减少了”？

5. 为监测空气质量，某城市环保部门每隔几周即对空气烟尘质量进行一次随机测试。已知该城市过去每立方米空气中悬浮颗粒的平均值是 82 微克。在最近一段时间的检测中，每立方米空气中悬浮颗粒的数值(单位：微克)如下。

81.6	86.6	80.0	85.8	78.6	58.3	68.7	73.2
96.6	74.9	83.0	66.6	68.6	70.9	71.1	71.6
77.3	76.1	92.2	72.4	61.7	75.6	85.5	72.5
74.0	82.5	87.0	73.2	88.5	86.9	94.9	83.0

根据最近的测量数据，当显著性水平 $\alpha=0.01$ 时，能否认为该城市空气中悬浮颗粒的平均值显著低于过去的平均值?

6. 安装在某计算机上的一种配件的标准长度为 25 厘米。对配件供应商提供的 20 只配件进行测量，得到的长度(单位：厘米)数据如下。

22.6	27.0	26.2	25.8	22.2
26.6	25.3	30.4	23.2	28.1
23.1	28.6	27.4	26.9	24.2
23.5	24.5	24.9	26.1	23.6

假设配件板的长度服从正态分布，在 $\alpha=0.05$ 显著性水平下，检验该配件供应商生产的配件是否符合标准要求。

7. 对消费者的一项调查表明，17%的人早餐饮料是牛奶。某城市的牛奶生产商认为，该城市的人早餐饮用牛奶的比例更高。为验证这一说法，生产商从该城市随机抽取 550 人，调查知其中 115 人早餐饮用牛奶。在 $\alpha=0.05$ 显著性水平下，检验该生产商的说法是否属实。

8. 某生产线是按照两种操作平均装配时间之差为 5 分钟而设计的，两种装配操作的独立样本产生如下结果。

操作 A	操作 B
$n_1=100$	$n_2=50$
$\bar{x}_1=14.8$ 分钟	$\bar{x}_2=10.4$ 分钟
$s_1=0.8$ 分钟	$s_2=0.6$ 分钟

在 $\alpha=0.05$ 的显著性水平下，检验平均装配时间之差是否等于 5 分钟。

9. 某市场研究机构用一组被调查者样本来给某特定商品的潜在购买力打分。样本中每个人都分别在看过该产品新的电视广告之前与之后打分。潜在购买力的分值为 0～10 分，分值越高表示潜在购买力越高。原假设认为“看后”平均得分小于或等于“看前”平均得分，拒绝该假设就表明广告提高了平均潜在购买力得分。对 $\alpha = 0.05$ 的显著性水平，用下列数据检验该假设，并对该广告给予评价。

个体	购买力得分		个体	购买力得分	
	看后	看前		看后	看前
1	6	5	5	3	5
2	6	4	6	9	8
3	7	7	7	7	5
4	4	3	8	6	6

10. 某企业为比较两种方法对员工进行培训的效果，采用方法 1 对 15 名员工进行培训，采用方法 2 对 12 名员工进行培训。培训后的测试分数如下。

方法 1			方法 2		
56	51	45	59	57	53
47	52	43	52	56	65
42	53	52	53	55	53
50	42	48	54	64	57
47	44	44			

两种方法培训得分的总体方差未知且不相等。在 $\alpha = 0.05$ 的显著性水平下，检验两种方法的培训效果是否有显著差异。

11. 为研究小企业经理是否认为他们获得了成功，在随机抽取的 100 个小企业的女性经理中，认为自己成功的人数为 24 人；而在对 95 个男性经理的调查中，认为自己成功的人数为 39 人。在 $\alpha = 0.05$ 的显著性水平下，检验男女经理认为自己成功的人数比例是否有显著差异。

12. 某厂质量检验人员认为该厂 1 车间的产品一级品的比例比 2 车间产品一级品的比例至少高 5%，现从 1 车间和 2 车间分别抽取两个独立随机样本，得到如下数据：$n_1 = 150$，其中一级品数为 113；$n_2 = 160$，其中一级品数为 104。试根据这些数据检验质检员的观点($\alpha = 0.05$)。

13. 生产工序中的方差是工序质量的一个重要测度，通常较大的方差就意味着要通过寻找减小工序方差的途径来改进工序。某企业搜集记录了两部机器生产的袋茶重量(单位：克)的数据如下，假定两部机器生产的袋茶重量均服从正态分布。检验这两部机器生产的袋茶重量的方差是否存在显著差异($\alpha = 0.05$)。

机器 1	2.95	3.45	3.50	3.75	3.48	3.26	3.33	3.20
	3.16	3.20	3.22	3.38	3.90	3.36	3.25	3.28
	3.20	3.22	2.98	3.45	3.70	3.34	3.18	3.35
	3.12							

续表

机器 2	3.22	3.30	3.34	3.28	3.29	3.25	3.30	3.27
	3.38	3.34	3.35	3.19	3.35	3.05	3.36	3.28
	3.30	3.28	3.30	3.20	3.16	3.33		

14. 为了对几个行业的服务质量进行评价，消费者协会在零售业、旅游业、航空公司、家电制造业分别抽取了不同的企业作为样本。其中零售业抽取 7 家，航空公司抽取 5 家，家电制造业抽取 5 家。每个行业中所抽取的这些企业，在服务对象、服务内容、企业规模等方面假定是相同的，然后统计得出近一年中消费者的投诉次数，如下表。

零售业	旅游业	航空公司	家电制造业
57	68	31	44
66	39	49	51
49	29	21	65
40	45	34	77
34	56	40	58
53	51		
44			

要求：在投诉次数服从正态分布的前提下，分析不同行业的投诉次数是否有显著的差异($\alpha=0.05$)?

15. 某家电制造公司准备购进一批电子元件，现有 A，B，C 三个电子元件生产企业愿意供货，为比较它们生产的电子元件质量，从每个企业各随机抽取 5 只电子元件，经试验得其寿命(单位：小时)数据如下表。

试验号	电子元件生产企业		
	A	B	C
1	50	32	45
2	50	28	42
3	43	30	38
4	40	34	48
5	39	26	40

要求：试分析三个企业生产的电子元件的平均寿命之间有无显著差异？($\alpha=0.05$)

16. 某企业准备用三种方法组装一种新的产品，为确定哪种方法每小时生产的产品数量多，随机抽取了 30 名工人，平均分为三组，并指定每组使用其中的一种方法。通过对每个工人生产的产品数进行方差分析得到下面的结果。

差异源	SS	df	MS	F	P 值	F 临界值
组间	(　)	(　)	210	(　)	0.245946	3.354131
组内	3836	(　)	(　)			
合计	(　)	29	(　)	—	—	—

要求：(1) 完成上面的方差分析表。

(2) 检验三种方法组装的产品数量之间是否有显著差异？($\alpha = 0.05$)

三、综合案例分析

资料：见第一章的综合案例分析资料。请你思考并回答下列问题：

(1) 确定显著性水平为 0.05，请根据题中资料，对该天生产的袋装食品的平均重量做出估计，并说明抽样允许误差。

(2) 确定显著性水平为 0.05，请你估计今天生产的袋装食品的总重量。

(3) 按质量规定要求每袋的重量为 100 克，若对该天生产的食品质量做出检验，请说明你所选择的假设检验的类型和检验规则(包括临界值规则和 P 值规则)，并做出你的结论。

(4) 假定资料中的“总体方差为 100 克^2”条件未知，又如何对该天生产的袋装食品的平均重量做出估计和质量检验？

(5) 请结合本题，分析说明参数估计和假设检验有何区别和联系。

四、课程思政

小概率事件原理的生活思考

假设检验的理论依据是小概率事件原理，该原理认为发生概率非常小的事件在一次观察或试验中不可能发生，但在多次重复试验中几乎是必然发生的。比如买一张彩票就中大奖，这属于小概率事件，基本不会发生。生活中这样的现象还有很多。例：已知水滴落下一次击穿石头的概率 $p = 0.0001$，设 A 表示水滴落下 n 次击穿石头，那么事件 A 发生的概率是多少？$P(A) = 1 - (1 - 0.0001)n$，则 $n \to \infty$，$P(A) \to 1$，这就是人们常说的水滴石穿。通过这个例子，我们不难发现，水滴落下一次击穿石头的概率非常小，是个小概率事件，在一次试验中不可能发生。但是只要持之以恒，坚持不懈，水滴终究可以穿石。

再比如古人云：“勿以善小而不为，勿以恶小而为之。”一次小的善良举动可能不会给社会带来多大改变，但多次小的善举就会积成大善，给社会带来无与伦比的正能量。相反，一次错误可能会侥幸逃脱责任，但长此以往，小恶就会形成极恶，终究会受到惩罚，付出代价。

请你想一想生活中还有哪些事件可以用小概率事件原理进行解释？小概率事件原理对你的生活启示是什么？

第九章练习题参考答案

第十章　相关分析与线性回归分析

【章前阅读】

收入是如何影响消费的?

收入是影响居民生活水平的重要指标。收入与消费存在因果关系，收入是因，消费是果，没有收入，消费就没有支撑。一般情况下，收入是影响消费的基础和前提。当消费者收入较高时，购买力较强，消费能力就较强，可以购买价格较高的商品甚至奢侈品。当消费者收入较低时，购买力偏弱，消费能力偏弱，只能选择价格适中、质量一般的商品，或者过季打折、号码不全的商品，甚至低廉商品。那么，收入是影响消费的唯一因素吗?答案是否定的。

居民的消费水平虽然与当前的可支配收入水平有关，但还会受到收入水平预期的影响，同时还会受到物价水平、消费倾向、赡养的人口数量、消费者的年龄结构、性别差异等多种因素的影响。因此，收入水平只是影响消费水平的一种因素。

问题：收入和消费到底是什么关系?收入是如何影响消费的?如何测度它们之间的关系?通过本章的学习你会获得想要的答案。

相关分析与回归分析是处理变量之间关系的一种常用统计方法。该方法被广泛应用于经济学、教育学、社会学、医学和生物学等许多领域。本章介绍相关分析和回归分析的基本理论和方法，重点说明两变量的线性相关和回归分析的问题，简要介绍涉及多个变量的线性回归和相关问题。

第一节　相关分析与回归分析的基本问题

一、相关关系的含义

在经济生活中，变量之间的关系普遍存在。变量间的关系一般来说可以分为确定性和非确定性两种。确定性关系是指变量之间存在的某种函数关系。然而，变量之间更常见的是某种不确定性的数量依存关系。

(一) 函数关系

函数关系是指变量之间存在的一种严格确定的数量依存关系，即当一个或几个变量取任意一定数值时，就会有另一个变量的数值与之严格相对应。

设有两个变量 x 与 y，变量 y 随着变量 x 的变化而变化，并完全依赖于 x，当变量 x 取一定值时，y 可以依确定的函数关系取相应的值，则 y 是 x 的函数，记为 $y = f(x)$，其中 x 称为自变量，y 称为因变量。例如，某商品的销售额 y 与销售量 x 之间的关系可用 $y = px$ 来表示，即在销售单价 p 确定时，给出销售量 x 便可以唯一地确定该商品的销售额 y，这时 y 与 x 是一一对应的确定性关系。

(二) 相关关系

现实生活中，变量间的关系比较复杂，有的无法用函数关系式表达。当一个或几个变量取任意一个数值时，与其对应的另一个变量的取值不完全确定，而是有许多个可能值与之相对应。例如，家庭的消费支出与收入之间的关系，收入确定后，消费支出并不随之而定。对于收入水平相同的家庭其消费支出也并不一定相同。这种变量间存在的、不确定性的数量依存关系称为相关关系。相关关系的特点是：一个变量的取值不能由另一个(或几个)变量的取值唯一确定。对这种关系显然不能用函数形式进行描述，但是通过对大量数据的观察与研究，就会发现它们存在着一定的规律性。相关分析与回归分析正是描述与探索变量之间相关关系及其规律的统计方法。

函数关系和相关关系既有区别也有联系。它们的联系主要表现为两个方面。一方面，对具有函数关系的现象，在实际中由于观察或测量误差等原因，往往呈现出相关关系的特征；另一方面，现象之间的相关关系通常要用函数形式来表达。在一定条件下，相关关系可以向函数关系转化。需要注意的是，相关关系与因果关系是有区别的，现象之间存在因果关系，必然存在相关关系，但存在相关关系不一定存在因果关系。

二、相关关系的种类

相关关系可以从多个角度进行分类。

(1) 根据所研究变量的个数分为单相关、复相关和偏相关。单相关(simple correlation)，也称简单相关，是指两个变量的相关关系，即一个变量与另一个变量之间的简单依存关系。复相关(multiple correlation)是指一个变量与两个或者两个以上的变量之间的相关关系，例如，农作物的产量与施肥量、灌溉条件、投入的劳动力人数等因素之间的关系。偏相关(partial correlation)是指在一个变量与两个或两个以上变量相关的情况下，假定其他变量不变时，其中两个变量之间的相关关系，例如，在控制其他因素不变的情况下，单纯研究农作物的产量与施肥量之间的相关就是偏相关。

(2) 根据变量之间相关关系的表现形式分为线性相关和非线性相关。线性相关(linear correlation)是指某一变量发生变动，另一变量随之发生大致均等的变化，变化形式近似地表现为一条直线的相关关系；非线性相关(non-linear correlation)是指某一变量发生变动，另一变量也随之发生变动，但不是按一个方向发生近似均等的变动，其变化形式近似地表现为某种曲线的相关关系。

(3) 根据变量之间的相关方向分为正相关和负相关。在线性相关中，若两个变量的变动方向一致，即一个变量的变量值增加(或减少)时，另一个相关变量的变量值大体上随之发生同方向变化，称为正相关；若两个变量的变化大致呈相反方向的变化，即当一个变量的变量值增加(或减少)时，另一个相关变量的变量值大体上随之减少(或增加)，则称为负相关。

(4) 根据变量之间的相关程度分为完全相关、不完全相关和完全不相关三类。完全相关，就是变量之间的一种确定性的函数关系；完全不相关是指变量之间彼此互不影响，其数量变化各自独立；不完全相关是介于完全相关和完全不相关之间的一种相关关系。一般的相关关系都是指不完全相关。

三、相关分析与回归分析的主要内容

(一) 相关分析的主要内容

相关分析(correlation analysis)是对一个变量与另外一个变量或一组变量之间的相关关系现象进行的统计分析。相关分析有广义和狭义之分，广义的相关分析包括回归分析，而狭义角度的相关分析主要研究以下问题。

(1) 判断变量之间有无相关关系以及相关关系的具体表现形式。进行相关分析时，首先通过理论分析或绘制散点图来判断变量之间有无关系，进一步判断相关关系的具体表现形式是线性相关还是非线性相关。

(2) 确定变量之间相关关系的密切程度。根据研究变量数据的类型以及变量间相关关系的具体表现形式，选择合理方法计算相关系数，确定变量间相关关系的密切程度。

(3) 检验变量相关的统计显著性。包括检验相关关系的存在性、检验相关关系的强度是否为某一水平、检验两变量相关程度的差异性等，以判断相关关系是否存在以及相关关系的强度等是否真实存在。

(二) 回归分析的主要内容

1. 回归分析的概念

通过相关分析，确定了变量间是否存在相关关系以及相关关系的表现形式、密切程度等，若想进一步揭示变量间的变动规律，则需要用回归分析的方法来解决。

回归分析(regression analysis)是指对具有相关关系的现象，根据其关系的表现形式，选择一个合适的数学模型，用来近似地表示变量间平均变化关系的一种统计方法。回归分析侧重于考察变量间的数量变化关系，并通过一定的数学表达式将这种关系描述出来，进而根据一个或几个解释变量(自变量)的变化对另一个被解释变量(因变量)的影响程度。具体来说，回归分析的内容包括以下三个方面的问题。

(1) 从样本数据出发，通过参数估计，确定变量之间的数学关系式，即建立回归方程。

(2) 对变量之间的数学关系式进行检验，即对回归方程、参数估计值等进行显著性检验与校正，以便使回归方程或参数更加优良。

(3) 进行预测和控制，根据估计的回归方程进行预测和控制是回归分析的最终目的。

2. 回归分析的种类

按照不同的分类方法，可以将回归分析划分为多种类型。

(1) 根据所处理的自变量的个数，可将其划分为一元回归分析和多元回归分析。如果研究的是一个自变量与一个因变量之间的回归分析，则称为一元回归分析；如果研究的是两个或两个以上的自变量与一个因变量之间的回归分析，则称为多元回归分析。

(2) 根据所建立的回归方程的表现形式，可将其划分为线性回归分析和非线性回归分析。线性回归分析是回归分析的基本内容，而一元线性回归分析又是线性回归分析的基础。

(三) 相关分析与回归分析的关系

1. 二者的联系

相关分析与回归分析都是研究变量之间相关关系的数理统计方法。

回归分析和相关分析是密切联系、互相补充的。相关分析是回归分析的基础，只有对具有密切相关关系的变量，建立它们之间的数学关系式，并进行预测和控制才有意义。从这个意义上来讲，回归分析又是相关分析的拓展，回归分析进一步解决了变量间的数量变化关系。

2. 二者的区别

相关分析与回归分析虽然都以变量的相关关系作为研究对象，但二者的研究目的、研究的重点内容、对变量的要求等都有所不同。仅就两个变量而言，相关分析与回归分析的区别如下。

(1) 相关分析主要通过相关系数来判断两个变量之间是否存在相关关系及其关系的密切程度，其前提条件是所研究的两个变量都是随机变量，且变量之间不必区分自变量和因变量，即两变量的地位是对等的。而回归分析是建立在变量间具有显著相关关系特别是因果关系的基础上，用于研究一个随机变量与另一个非随机变量之间的平均变化关系，且变量之间必须区分自变量和因变量，即两变量的地位是不对等的。

(2) 相关分析研究的重点是利用相关系数观察变量间相关关系的方向和密切程度。而回归分析重在根据回归方程，用自变量的数值去推算因变量的估计值。

(3) 单向因果关系的两个变量只能建立单向的一条回归方程，但互为因果关系或分不清因果关系的两个变量，可以拟合双向的两条回归方程，且它们互相独立、不能互相替换。而两变量的相关系数却只有一个，即自变量与因变量地位互换，相关系数的值不会发生变化。

第二节　一元线性相关分析

从数量上研究变量间的相关关系，首先可以凭借研究者所掌握的科学知识、判断能力进行定性分析，即根据有关专业理论进行分析研究。但只有这一点是不够的，因为事物的联系非常复杂，人们也不可能具有对一切事物的理论认识，所以进行一元线性相关分析，除了定性分析方法外，还可借助相关表、散点图和计算相关系数来进行分析研究。

一、相关表和散点图

在定性分析的基础上，根据样本数据编制相关表和绘制散点图，可以粗略地判断变量间是否存在相关关系，直观地判断变量间大致呈何种表现形式，以及相关关系的方向和密切程度。

(一) 相关表

相关表是根据变量的样本数据编制出来的反映变量间相关关系的统计表，它是将自变量的取值按照由小到大的顺序排列并配合相应因变量的取值形成的统计表。其编制程序是：首先将相关的两个变量分为自变量和因变量，并将自变量的值按由小到大的顺序排列，然后将相关因变量的值对应安排即可。例如，某一行业 12 家企业产品产量与生产费用的相关表见表 10.1。

表 10.1　产量与生产费用的相关表

企业编号	产量/台	生产费用/万元
1	40	130
2	42	150
3	50	155
4	55	140
5	65	150

续表

企业编号	产量/台	生产费用/万元
6	78	154
7	84	165
8	100	170
9	116	167
10	125	180
11	130	175
12	140	185

从表 10.1 可以看出产量与生产费用存在着一定相关关系且为正相关。

通过相关表可以判断两个变量之间有无相关关系，并可判断变量间关系的方向，但对变量之间的表现形式和密切程度都不能加以准确反映。因此，还需进一步绘制散点图和计算相关系数来判断。

(二) 散点图

对于两个变量 x 与 y，通过观察或试验可以得到若干对数据，记为 $(x_i, y_i)\,(i=1,2,\cdots,n)$。用平面坐标系的横轴代表变量 x，纵轴代表变量 y，每对数据 (x_i, y_i) 在平面坐标系中用一个坐标点来表示，n 对数据在平面坐标系中形成 n 个坐标点，由这些坐标点形成的二维数据图称为散点图(scatter diagram)。

散点图是研究变量间相关关系的一种统计图，一般在进行相关分析时，利用它可以对变量间相关关系的方向、表现形式和密切程度进行大致判断。图 10.1 是不同形态的散点图的示意图。

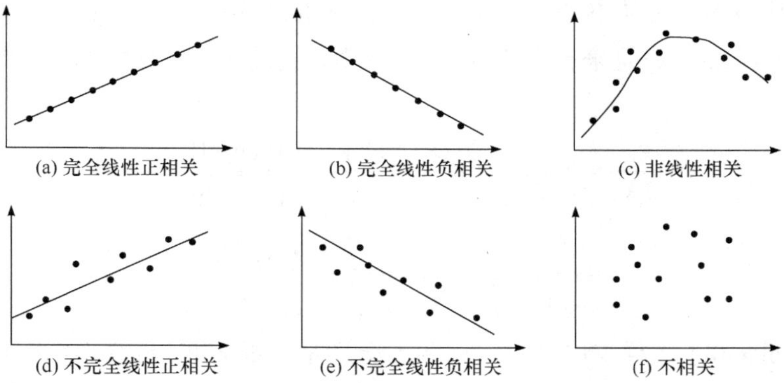

图 10.1 不同形态的散点图

通过散点图可以大致观察相关关系的密切程度(图 10.2)，一般来说，散点图分布的区域越窄，变量间的关系越密切，否则越不密切。

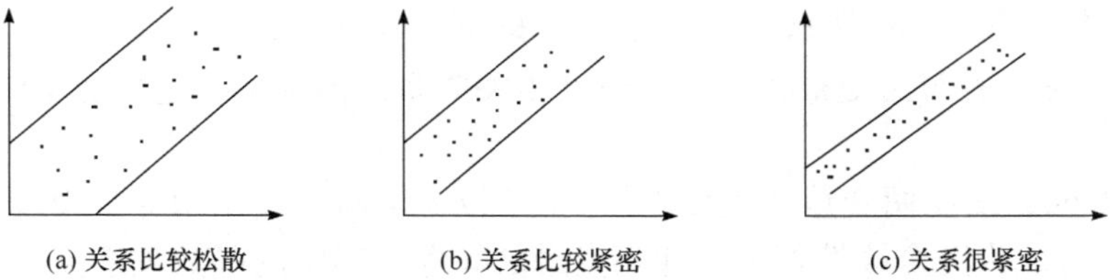

图 10.2 相关关系的密切程度

二、简单线性相关系数

通过散点图可以判断两个变量间有无相关关系，并对变量间的表现形式和密切程度作出大致的描述，但散点图不能准确反映变量之间的关系强度。因此，要确切反映变量间的关系强度，需要计算相关系数。

在各种相关类型中，单相关是最基本的相关关系，它是研究复相关和偏相关的基础。单相关有线性相关和非线性相关两种形式。线性相关系数的测定方法是测定复相关系数和偏相关系数方法的基础，因此这里着重说明简单线性相关系数。

(一) 简单线性相关系数的含义

简单线性相关系数是度量两个数值变量间线性相关关系强度的测度值，通常简称为相关系数(correlation coefficient)。根据两个变量的全部变量值计算的简单线性相关系数称为总体线性相关系数，记为ρ。若是根据两变量的样本数据计算的则称为样本线性相关系数，记为r。

由于不可能搜集到两个变量的全部变量值，所以总体线性相关系数ρ是难以得到的，但人们可以根据两个变量的样本数据来估计ρ，即通过计算样本线性相关系数r来推断总体ρ的相应情况。

(二) 简单线性相关系数的计算

若以x, y表示两个具有线性相关关系的变量，则两变量的总体线性相关系数计算公式为

$$\rho=\frac{\sigma_{xy}}{\sigma_x\sigma_y}$$

其中，σ_{xy}是变量x和y的协方差，σ_x是变量x的标准差，σ_y是变量y的标准差。

设(x_i, y_i) $(i=1,2,\cdots,n)$是来自总体(x, y)的样本，则简单线性样本相关系数常用的计算公式为

$$r=\frac{s_{xy}}{s_x s_y}=\frac{\sum(x_i-\overline{x})(y_i-\overline{y})/(n-1)}{\sqrt{\sum(x_i-\overline{x})^2/(n-1)}\sqrt{\sum(y_i-\overline{y})^2/(n-1)}}$$

$$=\frac{n\sum x_i y_i-\sum x_i\sum y_i}{\sqrt{n\sum x_i^2-(\sum x_i)^2}\sqrt{n\sum y_i^2-(\sum y_i)^2} \tag{10.1}$$

式中，s_{xy}是变量x和y的样本协方差，s_x和s_y分别是变量x和y的样本标准差。以上方法计算的相关系数称为皮尔逊相关系数(Pearson correlation coefficient)，样本线性相关系数r是总体线性相关系数ρ的一个估计。

(三) 简单线性相关系数的性质

(1) 相关系数是介于 -1 到 $+1$ 之间的实数，即$|r|\leqslant 1$。

(2) 当$r=0$时，表明两变量间不存在线性相关关系，但并不否定两变量间存在其他类型的关系。

(3) 当$r>0$时，表明两变量为线性正相关；当$r<0$时，表明两变量为线性负相关。

(4) 当$|r|=1$时，为完全线性相关，即两变量之间存在确定的函数关系。

(5) $|r|$ 的数值越接近于 1，说明线性相关程度越强；反之，$|r|$ 的数值越接近于 0，说明两变量线性相关程度越弱。

(6) r 的取值具有不变性。由于相关分析中两变量的地位是对等的，所以改变两变量的地位并不影响相关系数的数值，即 x 与 y 之间的相关系数 r_{xy} 和 y 与 x 之间的相关系数 r_{yx} 相等：$r_{xy}=r_{yx}$。

r 能够反映两个变量之间线性关系的强度,但 r 的不同取值说明的两变量关系强度存在差异。对于一个具体的 r 取值，根据经验有不同的等级划分，见表 10.2，但是这种相关关系密切程度的划分必须建立在相关系数通过显著性检验的基础之上，不可直接使用样本相关系数的数据做出判断，因为样本中的相关有可能完全是由随机误差造成的，而总体不一定存在相关关系。

表 10.2　相关关系密切程度等级划分

r 的取值	$\lvert r\rvert<0.3$	$0.3\leqslant\lvert r\rvert<0.5$	$0.5\leqslant\lvert r\rvert<0.8$	$0.8\leqslant\lvert r\rvert<1$	$\lvert r\rvert=1$
相关程度	弱线性相关	低度线性相关	中度线性相关	高度线性相关	完全线性相关

三、简单线性相关系数的检验

计算样本相关系数是为了说明总体的相关情况，但 r 是根据样本数据计算出来的一个随机变量，由于样本的随机性和样本量较少等原因，样本相关系数 r 作为总体相关系数 ρ 的估计的可靠性需要进行显著性检验。相关系数的显著性检验可分为两类：一是对总体相关系数 ρ 是否等于 0 的检验(即总体相关关系是否存在的检验)；二是对总体相关系数 ρ 是否等于某一特定值的检验。限于篇幅，这里只介绍对总体相关系数是否等于 0 的检验。

(一) r 的抽样分布

总体相关系数 ρ 的显著性检验需要考察样本相关系数 r 的抽样分布。r 的抽样分布随着总体相关系数 ρ 和样本容量 n 的大小而变化。当样本数据来自正态总体时，随着 n 的增大，r 的抽样分布趋于正态分布，尤其是在总体相关系数 ρ 很小或接近 0 时，r 趋于正态分布的趋势非常明显。而当 ρ 远离 0 时，除非 n 很大，否则 r 的抽样分布呈现一定的偏态。即当 ρ 为较大的正值时，r 呈现左偏分布；当 ρ 为较大的负值时，r 呈现右偏分布。

显然假设 r 服从正态分布具有很大的风险(经验说明：只有 n 大于 50，且总体相关系数 ρ 在 0.5 以下或接近 0 时，样本分布才接近正态分布)。因此，通常情况下相关系数检验不采用 Z 检验，而是采用由费希尔提出的 t 检验，t 检验既可以用于小样本检验，也满足大样本检验。

(二) 相关系数的 t 检验

在 $\rho=0$ 的条件下，相关关系显著性检验的 t 检验步骤如下。

(1) 提出假设

$$H_0:\rho=0;\quad H_1:\rho\neq 0$$

(2) 构造检验统计量

$$t=r\sqrt{\frac{n-2}{1-r^2}}\sim t_{\alpha/2}(n-2) \tag{10.2}$$

(3) 建立检验规则。确定显著性水平α，查t分布临界值表(附录 A 中的附表 2)得临界值$t_{\alpha/2}(n-2)$，若$|t|>t_{\alpha/2}(n-2)$，则拒绝原假设，否则不拒绝。

(4) 做出决策。若拒绝原假设，说明总体的两个变量线性关系显著；否则，认为总体的两个变量间线性相关关系不显著[①]。

例 10.1 某大型汽车贸易公司为了解广告投入对汽车销售量的影响效果，随机抽取了下属的 12 家汽车销售分公司的有关数据，见表 10.3。要求：(1)绘制该公司广告费与汽车销售量间的散点图；(2)计算它们之间的相关系数并进行显著性检验($\alpha=0.05$)。

表 10.3 12 家汽车销售分公司的广告费与销售量数据

分公司名称	广告费 x_i /万元	汽车销售量 y_i /辆
A	357	1000
B	385	1100
C	420	1250
D	406	1280
E	490	1360
F	525	1480
G	602	1500
H	651	1720
I	735	1800
J	721	1890
K	840	2100
M	924	2200

解 (1) 绘制散点图。应用 Excel 绘制散点图功能，可得到该公司广告费与汽车销售量的散点图，如图 10.3 所示。

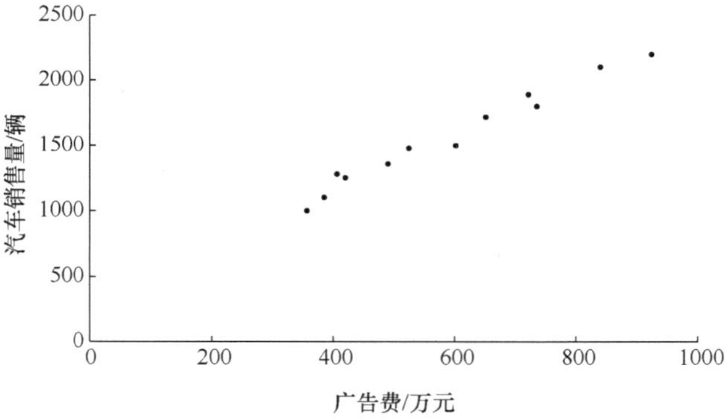

图 10.3 广告费与汽车销售量的散点图

① 需要注意的是：即使统计检验表明相关系数在统计上是显著的，也不一定意味着两个变量之间就存在重要的相关性。因为在大样本情况下，几乎总是导致相关系数显著。比如，$r=0.1$，在大样本情况下，也可能使得r通过检验，但实际上，一个变量取值的差异能由另一个变量的取值来解释的比例只有 1%。

由图 10.3 可以看出，该公司广告费与汽车销售量之间呈现明显的线性关系。

(2) 相关系数的计算和显著性检验。样本相关系数的计算过程见表 10.4。

表 10.4　广告费与汽车销售量之间的相关系数计算表

分公司名称	广告费 x_i /万元	汽车销售量 y_i /辆	x_i^2	x_iy_i	y_i^2
A	357	1000	127449	357000	1000000
B	385	1100	148225	423500	1210000
C	420	1250	176400	525000	1562500
D	406	1280	164836	519680	1638400
E	490	1360	240100	666400	1849600
F	525	1480	275625	777000	2190400
G	602	1500	362404	903000	2250000
H	651	1720	423801	1119720	2958400
I	735	1800	540225	1323000	3240000
J	721	1890	519841	1362690	3572100
K	840	2100	705600	1764000	4410000
M	924	2200	853776	2032800	4840000
合计	7056	18680	4538282	11773790	30721400

由表 10.4 计算结果得

$$n=12,\quad \sum x_i=7056,\quad \sum y_i=18680$$

$$\sum x_i^2=4538282,\quad \sum x_iy_i=11773790,\quad \sum y_i^2=30721400$$

根据式(10.1)得

$$\begin{aligned} r &= \frac{n\sum x_iy_i-\sum x_i\sum y_i}{\sqrt{n\sum x_i^2-(\sum x_i)^2}\sqrt{n\sum y_i^2-(\sum y_i)^2}} \\ &= \frac{12\times 11773790-7056\times 18680}{\sqrt{12\times 4538282-7056^2}\times\sqrt{12\times 30721400-18680^2}} \\ &= 0.988 \end{aligned}$$

计算结果表明该公司广告费用与汽车销售量之间的相关系数为 0.988。

相关系数的显著性检验如下。

提出假设：　$H_0:\rho=0$；　$H_1:\rho\neq 0$

构造检验统计量：　$t=r\sqrt{\dfrac{n-2}{1-r^2}}=\dfrac{0.988\times\sqrt{12-2}}{\sqrt{1-0.988^2}}=20.228$

确定显著性水平 $\alpha=0.05$，查 t 分布临界值表(附录 A 中的附表 2)得临界值 $t_{0.05/2}(12-2)=t_{0.025}(10)=2.228$。若 $|t|>2.228$，则拒绝原假设，否则不拒绝。

做出决策：由于 $|t|=20.228>2.228$，所以拒绝原假设，说明广告费与汽车销售量之间的线性相关关系显著，并且呈高度线性正相关关系。

四、等级相关系数及检验

(一) 等级相关系数的概念与计算

计算简单线性相关系数时，要求两个变量 x 和 y 是数值变量且均服从正态分布。然而在现实生活中，相关的两个变量及其分布可能是未知的，或者是不服从正态分布的；也有可能研究的变量是定序变量或样本数据有异常值。这时，可以计算等级相关系数来研究变量间的相关程度。

等级相关系数(coefficient of rank correlation)是把变量值按等级次序排列后，用来测定两个变量等级序列间相关密切程度和相关方向的测度值。等级相关系数适用于变量值表现为等级的顺序数据，当然也适用于数值型数据。不过，对于数值型数据，需要把它划分为若干等级，用等级相关的方法来研究。计算等级相关系数是出于下面的理由：①无法假定总体的分布；②其中有一个变量只能用等级来反映；③把变量值划分为等级更能反映事物的本质(例如，把年龄按生命过程阶段划分比用实际年龄更便于研究生命过程的统计规律)。把变量值转换为等级的方法是：首先，按实际观测值大小排序，并赋予每个观测值秩次；其次，把观测值的取值范围划分为若干等级区间。

常用的等级相关系数有斯皮尔曼(Spearman)等级相关系数和肯德尔(Kendall)等级相关系数等，这里仅介绍斯皮尔曼等级相关系数。斯皮尔曼等级相关系数的计算公式为

$$r_s = 1 - \frac{6\sum d_i^2}{n(n^2-1)} \tag{10.3}$$

其中，n 为等级的项数，d_i 为两个变量间的等级差。

需要说明的是，r_s 的计算是以所研究的变量没有相同的等级为前提的。如果出现相同的等级结果，则需首先计算这几个原等级的简单算术均值作为它们相应的等级，然后代入式 (10.3)计算等级相关系数。

等级相关系数 r_s 的取值范围为[−1,1]。$r_s = 1$，两个变量的等级顺序完全一致。$r_s = -1$，两个变量的等级顺序完全相反。$r_s = 0$，表明两个变量在等级顺序上不存在线性相关。$r_s > 0$，表明两个变量在等级顺序上呈线性正相关，反之，$r_s < 0$，呈线性负相关。$|r_s|$ 的绝对值越接近于 1，表明两个变量等级顺序线性相关程度越高，反之 $|r_s|$ 的绝对值越接近 0，表明两个变量等级顺序线性相关程度越弱。

例 10.2 某机构组织一批专家对某地 10 个城市的环境污染状况和居民健康状况进行调查。规定将调查结果用 1 至 10 个等级表示，1 表示最差等级，10 表示最好等级(注：在评判中，若有并列等级，则取原有等级顺序的平均数)。调查结果如表 10.5 所示。要求计算环境污染等级与居民健康等级的相关系数并解释其意义。

表 10.5 某地 10 个城市环境污染及居民健康状况评级表

城市代码	环境污染等级 x_i	居民健康等级 y_i	等级差 $d_i=x_i-y_i$	d_i^2
1	10	9	+1	1
2	6	10	−4	16
3	8	7	+1	1
4	1	1	0	0
5	3	2	+1	1

续表

城市代码	环境污染等级 x_i	居民健康等级 y_i	等级差 $d_i=x_i-y_i$	d_i^2
6	2	5	−3	9
7	4	4	0	0
8	9	8	+1	1
9	5	3	+2	4
10	7	6	+1	1
合计	—	—	—	34

解　先计算两变量的等级差 d_i，见表 10.5。

根据式(10.3)计算得

$$r_s = 1-\frac{6\sum d_i^2}{n(n^2-1)}=1-\frac{6\times 34}{10\times(10^2-1)}=0.7939$$

结果说明，环境污染等级与居民健康等级之间存在正相关关系。

(二) 等级相关系数的显著性检验

等级相关系数的显著性检验根据样本容量的大小分为两种情况。

1. 小样本情况

在小样本情况下，r_s 的分布不是正态分布，可直接利用斯皮尔曼等级相关系数 r_s 临界值表的数据进行检验。检验步骤如下。

(1) 提出假设

$$H_0:\rho_s=0 \quad (\text{即假设两个变量的等级不相关})$$
$$H_1:\rho_s\neq 0 \quad (\text{即假设两个变量的等级相关})$$

(2) 建立检验规则。由 n 和确定的显著性水平 α，查《斯皮尔曼等级相关系数 r_s 临界值表》(附录 A 中的附表 6)，得临界值 $r_{s\alpha}$。若 $|r_s|>r_{s\alpha}$，则拒绝原假设，否则不拒绝。

(3) 做出决策。若拒绝原假设，说明两个变量等级相关关系显著；否则，认为两个变量之间等级相关关系不显著。

例 10.3　对例 10.2 的等级相关系数作显著性检验($\alpha=0.05$)。

解　$H_0:\rho_s=0$；$H_1:\rho_s\neq 0$。

由 $n=10$，$\alpha=0.05$，查《斯皮尔曼等级相关系数 r_s 临界值表》(附录 A 中的附表 6)得临界值 $r_{s\alpha}=0.648$，因为 $|r_s|=0.7939>0.648$，所以拒绝原假设，认为环境污染等级与居民健康等级相关显著。

2. 大样本情况

在大样本情况下，r_s 的抽样分布渐进服从正态分布，即 $r_s\sim N\left(0,\frac{1}{n-1}\right)$，此时可使用标准化检验统计量 Z 进行检验，Z 的计算公式为

$$Z=\frac{r_s}{\sqrt{\frac{1}{n-1}}}$$

由确定的显著性水平α，去查标准正态概率分布表(附录A中的附表1)得临界值$Z_{\alpha/2}$，若$|Z|>Z_{\alpha/2}$，则拒绝原假设，说明两个变量的等级相关显著；否则不拒绝原假设，说明两个变量的等级相关不显著。

第三节　一元线性回归分析

一、回归模型概述

(一) 回归模型的一般形式

进行回归分析时，需要首先确定哪个变量是自变量，哪个变量是因变量。在回归分析中，将被预测或被解释的变量作为因变量(dependent variable)，用y表示。用来解释因变量变化的一个或多个变量作为自变量(independent variable)，用x表示。对于自变量可以是预先固定、可控制的，也可以是随机的，但固定自变量的情况比较容易描述，因此，在本章中自变量是可控的。

描述因变量y依赖于自变量x和随机误差项的方程称为总体回归模型(population regression model)。若x与y确有因果关系，则称$y=f(x)+\varepsilon$为一般总体回归模型，ε为随机误差项，描述没有包含在模型中的自变量和其他一些随机因素对y的总影响。

一般说来，随机误差项ε产生于以下四个方面。

(1) 自变量的省略。由于人们认识的局限，不能穷尽所有的影响因素，或由于受时间、费用、数据质量等制约，而没有引入模型之中的，对被解释变量y又有一定影响的自变量被省略。

(2) 模型的设定误差。例如，在模型构建时，非线性关系用线性模型描述；或复杂关系用简单模型描述；或此非线性关系用彼非线性模型描述；等等。

(3) 统计误差。数据收集中由于计量、计算、记录等导致的登记误差；或由样本信息推断总体信息时产生的抽样误差。

(4) 随机误差。被解释变量还受一些不可控制的众多的、细小的偶然因素的影响。

(二) 回归模型的类型

与回归分析的分类一致，回归模型也可划分为多种类型。

(1) 根据所研究的自变量个数的多少，可将其划分为一元回归模型和多元回归模型。如果建立的是一个自变量与因变量之间的回归模型，则称为一元回归模型；如果建立的是两个或两个以上自变量与因变量之间的回归模型，则称为多元回归模型。

(2) 根据所建立的回归方程的形式，可将其划分为线性回归模型和非线性回归模型。当因变量与研究的一个或几个自变量之间是线性关系时，所建立的回归模型为线性回归模型；若因变量与研究的一个或几个自变量之间的关系是非线性形式，所建立的回归模型为非线性回归模型。

线性回归模型的建立、检验和预测是回归分析模型的基本内容，而一元线性回归模型又是线性回归模型的基础。

二、一元线性回归模型

只涉及一个自变量与因变量之间线性关系的回归模型称为一元线性回归模型，其基本形式为

$$y = \beta_0 + \beta_1 x + \varepsilon \tag{10.4}$$

在一元线性回归模型中，因变量 y 的取值由($\beta_0 + \beta_1 x$)部分和随机误差项 ε 两部分决定。($\beta_0 + \beta_1 x$)反映由 x 的线性变化而引起 y 的变化部分；ε 反映除线性关系之外的其他因素对 y 的影响，是不能由 x 和 y 之间的线性关系所解释的部分。式(10.4)是无法精确确立的，通常需要做出合理的假设去研究变量间的平均变化情况。

在一元线性回归模型中，首先假定因变量 y 与自变量 x 之间具有线性关系，且假定自变量 x 是确定型变量，因变量 y 是随机变量，即对于任何一个给定的 x 值，y 有不同的取值，都对应着一个分布，这是对变量的假设。其次还要对随机误差项 ε 做出下列假设。

(1) ε 是一个期望值为 0 的随机变量，即 $E(\varepsilon)=0$。式(10.4)中 β_0 和 β_1 都是常数，所以对于一个给定的 x 值，y 的期望值为 $E(y)=\beta_0+\beta_1 x$。这实际上等于假定模型的形式为一条直线。

(2) 对于所有的 x 值，ε 的方差 σ^2 都相同。这意味着对于任意一个 x 值，ε 的方差都等于 σ^2。

(3) ε 是一个服从正态分布的随机变量且独立，即 $\varepsilon \sim N(0,\sigma^2)$。独立性在此有两方面含义：一是 ε 之间不相关，对于 x 的一个特定值，它所对应的 ε 与其他值所对应的 ε 不相关，即 $\mathrm{cov}(\varepsilon_i,\varepsilon_j)=0$。二是 ε 与 x 不相关，即 $\mathrm{cov}(x_i,\varepsilon_i)=0$，这样就可以把 x 对 y 的影响和 ε 对 y 的影响区分开来。因此，在 x 取某个给定值的情况下，y 的变化由 ε 的方差 σ^2 来决定。当 σ^2 较小时，y 的观测值非常靠近直线；当 σ^2 较大时，y 的观测值将偏离直线。即对于任何一个给定的 x 值，y 都服从于期望值为($\beta_0+\beta_1 x$)、方差为 σ^2 的正态分布。

三、一元线性回归模型的估计

(一) 估计的一元线性回归方程形式

根据一元线性回归模型中 ε 的假定，在给定自变量 x 的取值时，y 的期望值是 x 的线性函数。人们把描述因变量的期望值依赖于自变量的方程称为回归方程(regression equation)。一元线性回归方程的形式为

$$E(y) = \beta_0 + \beta_1 x \tag{10.5}$$

一元线性回归方程的图示是一条直线，因此也称为直线回归方程，其中 β_0 是回归直线的截距，即当 x=0 时 y 的期望值；β_1 称为回归系数，它表示当 x 每变动一个单位时，y 的平均变动值。

由于回归方程中的两个参数 β_0 和 β_1 是未知的，所以需要利用样本数据去估计它们。用样本估计量 $\hat{\beta}_0$ 和 $\hat{\beta}_1$ 分别估计回归方程中的未知参数 β_0 和 β_1，可以得到估计的一元线性回归方程形式

$$\hat{y} = \hat{\beta}_0 + \hat{\beta}_1 x \tag{10.6}$$

式中，$\hat{y}$ 是 $E(y)$ 的估计值，$\hat{\beta}_0$ 是估计的一元线性回归方程的截距；$\hat{\beta}_1$ 是估计的一元线性回归方程的回归系数，表示 x 每变动一个单位时，估计 y 的平均变动值。

(二) 回归参数的最小二乘估计

根据特定样本的观测值，可以估计出样本回归方程。估计的一元线性样本回归方程的形式为

$$\hat{y}_i = \hat{\beta}_0 + \hat{\beta}_1 x_i \tag{10.7}$$

对于 x 和 y 的 n 对样本观测值，用于描述其关系的直线有很多条，究竟用哪条直线来代表两个变量之间的关系，需要有一个明确的原则。自然想到的是距离各观测点近的一条直线，用它来代表 x 和 y 之间的关系与实际数据的误差比其他任何直线都小。为此，德国数学家高斯提出了用最小化图中的垂直方向的离差平方和来估计参数 β_0 和 β_1 的思想，根据这一思想估计回归模型参数 β_0 和 β_1 的方法称为最小二乘法，也称最小平方法(method of least squares)，它是通过使因变量的观测值 y_i 与估计值 $\hat{y}_i$ 之间的离差平方和达到最小来估计 β_0 和 β_1 的方法(图 10.4)。

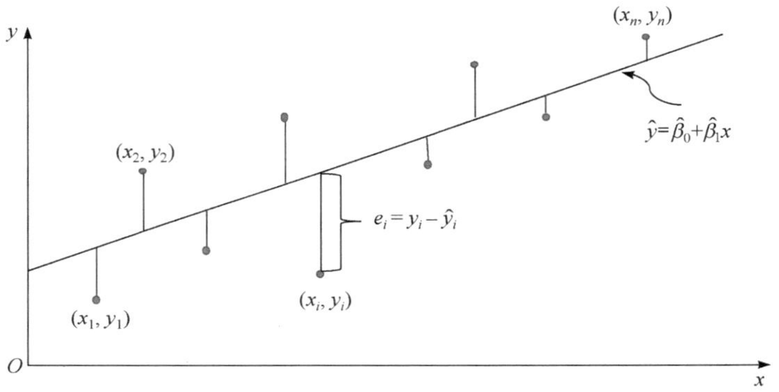

图 10.4 最小二乘法示意图

用最小二乘法拟合的直线具有一些优良性质。首先，根据最小二乘法得到的回归直线能使离差平方和达到最小。其次，由最小二乘法求得的回归直线可知 β_0 和 β_1 的估计量 $\hat{\beta}_0$ 和 $\hat{\beta}_1$ 的抽样分布。最后，在某些条件下，β_0 和 β_1 的最小二乘估计量同其他估计量相比，其抽样分布具有较小的标准差。正是基于上述性质，最小二乘估计法被广泛用于回归模型参数的估计。

最小二乘法要求全部的实际观测值与相应回归值之间的离差平方和为最小，即

$$\sum(y_i - \hat{y}_i)^2 = \sum(y_i - \hat{\beta}_0 - \hat{\beta}_1 x_i)^2 = \min \tag{10.8}$$

令 $Q = \sum(y_i - \hat{y}_i)^2 = \sum(y_i - \hat{\beta}_0 - \hat{\beta}_1 x_i)^2$，$Q$ 是 $\hat{\beta}_0$ 和 $\hat{\beta}_1$ 的函数，且最小值总存在。由微分极值原理知，要使 Q 达到最小，必要条件是：Q 对 $\hat{\beta}_0$ 和 $\hat{\beta}_1$ 的一阶偏导数分别等于零。这样 $\hat{\beta}_0$ 和 $\hat{\beta}_1$ 应满足下列方程组

$$\begin{cases} \dfrac{\partial Q}{\partial \hat{\beta}_0} = -2\sum(y_i - \hat{\beta}_0 - \hat{\beta}_1 x_i) = 0 \\ \dfrac{\partial Q}{\partial \hat{\beta}_1} = -2\sum(y_i - \hat{\beta}_0 - \hat{\beta}_1 x_i)x_i = 0 \end{cases} \tag{10.9}$$

经整理后得标准方程组

$$\begin{cases}\sum y_i = n\hat{\beta}_0 + \hat{\beta}_1 \sum x_i \\ \sum x_i y_i = \hat{\beta}_0 \sum x_i + \hat{\beta}_1 \sum x_i^2\end{cases} \tag{10.10}$$

解得

$$\begin{cases}\hat{\beta}_1 = \dfrac{n\sum x_i y_i - \sum x_i \sum y_i}{n\sum x_i^2 - \left(\sum x_i\right)^2} = \dfrac{\sum (x_i - \overline{x})(y_i - \overline{y})}{\sum (x_i - \overline{x})^2} \\ \hat{\beta}_0 = \overline{y} - \hat{\beta}_1 \overline{x}\end{cases} \tag{10.11}$$

式中，n 为成对观测值的个数，$\overline{y} = \dfrac{1}{n}\sum y_i$，$\overline{x} = \dfrac{1}{n}\sum x_i$。

由式(10.10)或(10.11)估计出的 $\hat{\beta}_0$ 和 $\hat{\beta}_1$ 称为最小二乘估计量(ordinary least square estimators，OLSE)。

例 10.4　在例 10.1 的基础上，该汽车贸易公司欲进一步了解广告费对汽车销售量的影响程度，试估计汽车销售量对广告费的一元线性回归方程。

解　设 y 表示汽车销售量，x 表示广告费，设估计的一元线性样本回归方程为

$$\hat{y}_i = \hat{\beta}_0 + \hat{\beta}_1 x_i$$

根据表 10.3 中的相关计算数据，得 $n=12$，$\sum x_i = 7056$，$\sum y_i = 18680$，$\sum x_i^2 = 4538282$，$\sum x_i y_i = 11773790$。代入式(10.11)得

$$\begin{cases}\hat{\beta}_1 = \dfrac{n\sum x_i y_i - \sum x_i \sum y_i}{n\sum x_i^2 - \left(\sum x_i\right)^2} = \dfrac{12\times 11773790 - 7056\times 18680}{12\times 4538282 - 7056^2} = 2.029 \\ \hat{\beta}_0 = \overline{y} - \hat{\beta}_1\overline{x} = \dfrac{1}{12}\times 18680 - 2.029\times\dfrac{1}{12}\times 7056 = 363.615\end{cases}$$

故汽车销售量对广告费的一元线性回归方程为 $\hat{y}_i = 363.615 + 2.029x_i$，其中 2.029 表示，广告费每增加 1 万元，汽车销售量平均增加约 2 辆。

四、一元线性回归模型的检验

回归模型的检验包括理论意义的检验、统计学检验和计量经济学检验。理论意义的检验主要关心参数估计的符号是否与实质性科学的理论相符，如若不符，说明模型不能很好解释现实的现象，不能通过检验。统计学检验主要关心样本回归方程的可靠性，包括拟合优度的评价和显著性检验。计量经济学检验主要是对回归模型建立的条件能否得到满足进行检验，具体包括序列相关检验、异方差检验、多重共线性检验等。在此，本书主要讨论统计学检验问题，计量经济学检验请阅读有关计量经济学文献。

(一) 拟合优度评价

估计的一元线性样本回归方程 $\hat{y}_i = \hat{\beta}_0 + \hat{\beta}_1 x_i$ 在一定程度上描述了变量 x 与 y 之间的数量关系，根据这一方程，可由自变量 x 的取值来估计或预测因变量 y 的取值。但估计或预测的精度如何取决于样本回归方程对样本观测值的拟合程度？如果各观测值都落在这一直线上，那么样本回归方程就是对数据的完全拟合，此时用 x 来估计 y 是没有误差的。各观测值越是

紧密围绕样本回归方程，说明样本回归方程对观测值的拟合程度越好，反之则越差。样本回归方程与各个观测值的接近程度称为回归直线对样本观测值的拟合优度(goodness of fit)。

回归直线的拟合优度，需要计算判定系数或估计标准误差来判断。

1. 判定系数

判定系数(coefficient of determination)是对估计的回归方程拟合优度的度量，它的计算以因变量 y 的离差分解为基础。

因变量 y 的取值总是围绕其均值 $\overline{y}$ 上下波动的，y 取值的这种波动称为离差。离差的产生来自两个方面：一是由自变量 x 的取值不同造成的；二是除 x 以外的其他因素(如 x 对 y 的非线性影响、测量误差等)带来的。

对于某个观测值来说，y_i 的离差的大小可以用实际观测值 y_i 与其均值 $\overline{y}$ 的离差 $(y_i-\overline{y})$ 来表示。而全部 n 次观测值的总离差可由这些离差的平方和来表示，称为总离差平方和(sum of squares for total)，又称变差，记为SST，即 $\text{SST}=\sum(y_i-\overline{y})^2$。因变量 y 的离差分解见图 10.5。

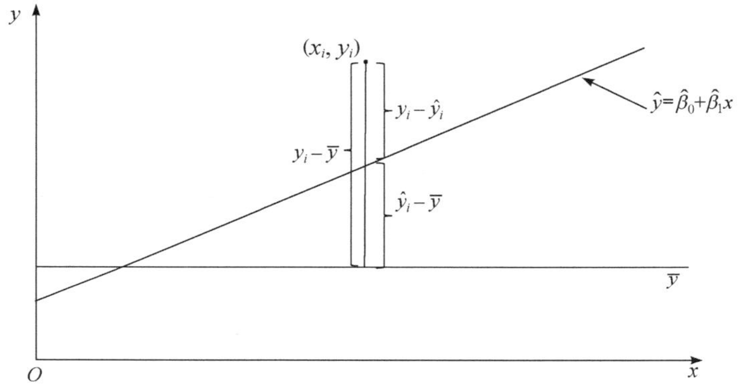

图 10.5　因变量离差分解图

从图 10.5 可以看出，因变量 y 的某个观测值的离差可以分解为

$$y_i-\overline{y}=(\hat{y}_i-\overline{y})+(y_i-\hat{y}_i) \tag{10.12}$$

对上式两边分别平方并求和，可以得到

$$\sum(y_i-\overline{y})^2=\sum(\hat{y}_i-\overline{y})^2+\sum(y_i-\hat{y}_i)^2+2\sum(\hat{y}_i-\overline{y})(y_i-\hat{y}_i) \tag{10.13}$$

可以证明 $2\sum(y_i-\hat{y}_i)(\hat{y}_i-\overline{y})=0$，因此式(10.13)变形为

$$\sum(y_i-\overline{y})^2=\sum(\hat{y}_i-\overline{y})^2+\sum(y_i-\hat{y}_i)^2 \tag{10.14}$$

这样，式(10.14)的左边的总离差平方和SST可以分解为两部分。

一部分是 $\sum(\hat{y}_i-\overline{y})^2$，它是回归值 $\hat{y}_i$ 与均值 $\overline{y}$ 的离差平方和。根据估计的回归方程，估计值 $\hat{y}_i=\hat{\beta}_0+\hat{\beta}_1x_i$，因此可以把 $(\hat{y}_i-\overline{y})$ 看作由于自变量 x 的变化引起的 y 的变化，而其平方和 $\sum(\hat{y}_i-\overline{y})^2$ 则反映了 y 的总离差平方和中由于 x 与 y 之间的线性关系引起的变化部分，它是可以由回归直线来解释的 y 的总离差平方和，称为回归平方和(regression sum of squares)，记为SSR。

另一部分为 $\sum(y_i-\hat{y}_i)^2$，它是因变量各实际观测值与回归值的残差 $(y_i-\hat{y}_i)$ 的平方和。是随机误差项引起的 y 的总离差平方和，是不能由回归直线来解释的 y 的总离差平方和部分，称为残差平方和(sum of squares for error)，记为SSE。

上述三个离差平方和的关系是

$$SST = SSR + SSE \tag{10.15}$$

式中

$$SST = \sum(y_i - \bar{y})^2 = \sum y_i^2 - n\bar{y}^2 \tag{10.16}$$

$$SSR = \sum(\hat{y}_i - \bar{y})^2 = \hat{\beta}_0\sum y_i + \hat{\beta}_1\sum x_i y_i - n\bar{y}^2 \tag{10.17}$$

$$SSE = \sum(y_i - \hat{y}_i)^2 = \sum y_i^2 - \hat{\beta}_0\sum y_i - \hat{\beta}_1\sum x_i y_i \tag{10.18}$$

回归直线拟合的优劣取决于 x 与 y 之间的线性关系引起的 y 的变化部分的大小，或者说取决于回归平方和SSR 占总离差平方和SST 的比例 (SSR/SST) 大小。各观测值越是靠近回归直线，SSR/SST 则越大，回归直线拟合得越好。回归平方和占总离差平方和的比例通常称为判定系数，记为 R^2，其计算公式为

$$R^2 = \frac{SSR}{SST} = 1 - \frac{SSE}{SST} \tag{10.19}$$

判定系数 R^2 测度了回归直线对样本观测值的拟合程度。若所有观测点都落在回归直线上，则残差平方和SSE =0，这时 R^2 =1，是完全拟合的；若 y 的变化与 x 的变动无关，即 x 的变动完全无助于解释 y 的变化，此时SSR =0，则 R^2 =0。可见 R^2 的取值范围是 $[0,1]$。R^2 越接近 1，表明回归直线与各观测点越接近，回归直线的拟合程度就越好；反之，R^2 接近 0，回归直线的拟合程度就越差。

已经证明，在一元线性回归中，判定系数 R^2 是简单线性相关系数 r 的平方，即 $R^2 = r^2$，且相关系数与回归系数 $\hat{\beta}_1$ 的正负号是相同的，因此有 $r = (\hat{\beta}_1\text{的正负号})\sqrt{R^2} = \pm\sqrt{r^2}$。这样，相关系数 r 也从另外一个角度说明了回归直线的拟合优度。$|r|$ 接近 1，表明回归直线对观测值的拟合程度就越高。但用 r 说明回归直线的拟合优度要慎重，因为 r 的值总是大于 R^2 的值(除非 $r = 0$ 或 $|r| = 1$)。比如，当 $r = 0.5$ 时，表面上看相关程度为 0.5，但 R^2 =0.25，实际上只能解释总离差平方和的 25%。当 $r = 0.7$ 时，才能解释总离差平方和的近一半。当 $r < 0.3$ 时，意味着总离差平方和中只有很少一部分可由回归直线来解释。

2. 估计标准误差

估计标准误差(standard error of estimate)是每个实际观测值在回归直线周围分散状况的一个测度值，它是残差均方(MSE)的平方根，用 s_e 表示，其计算公式为

$$s_e = \sqrt{\frac{SSE}{n-2}} = \sqrt{\frac{\sum(y_i - \hat{y}_i)^2}{n-2}} = \sqrt{\frac{\sum y_i^2 - \hat{\beta}_0\sum y_i - \hat{\beta}_1\sum x_i y_i}{n-2}} \tag{10.20}$$

估计标准误差 s_e 实际上是对 ε 标准差 σ 的估计，它可以看作在排除了 x 对 y 的线性影响后，y 随机波动大小的一个估计量。

估计标准误差实际反映了用估计的回归方程预测因变量 y 时预测误差的平均水平。若各观测点越靠近直线，s_e 越小，回归直线对各观测点的代表性就越好，根据估计的回归方程进行预测也就越准确。若各观测点全部落在直线上，则 $s_e = 0$，此时用自变量来预测因变量时没有任何误差，可见 s_e 从另一个角度说明了回归直线的拟合优度。

例 10.5　在例 10.4 的基础上，计算判定系数及估计标准误差。

解　(1) 计算判定系数。根据例 10.4 的计算结果，SST, SSR 及 SSE 计算如下

$$\text{SST}=\sum(y_i-\overline{y})^2=\sum y_i^2-n\overline{y}^2=1642866.7$$

$$\text{SSR}=\sum(\hat{y}_i-\overline{y})^2=\hat{\beta}_0\sum y_i+\hat{\beta}_1\sum x_iy_i-n\overline{y}^2=1602708.6$$

$$\text{SSE}=\sum(y_i-\hat{y}_i)^2=\text{SST}-\text{SSR}=40158.1$$

于是有

$$R^2=\frac{\text{SSR}}{\text{SST}}=\frac{1602708.6}{1642866.7}=0.9756$$

或

$$R^2=1-\frac{\text{SSE}}{\text{SST}}=1-\frac{40158.1}{1642866.7}=0.9756$$

判定系数 $R^2=0.9756$ 的实际意义是，估计回归方程解释了因变量总离差平方和的97.56%，即在汽车销售量的变动中，有 97.56% 是由广告费所决定的。可见，二者之间有较强的线性关系。

(2) 计算估计标准误差。根据式(10.20)，得

$$s_e=\sqrt{\frac{\text{SSE}}{n-2}}=\sqrt{\frac{\sum(y_i-\hat{y}_i)^2}{n-2}}=\sqrt{\frac{40158.1}{12-2}}=63.3704$$

估计标准误差 $s_e=63.3704$，表明根据所投入的广告费来预测销售量时，平均估计误差约为 63 辆。

(二) 显著性检验

回归分析的主要目的是根据所建立的估计回归方程，用自变量的值来估计或预测因变量的可能值。当给定 x， y 的 n 次样本观测值 (x_i,y_i) $(i=1,2,\cdots,n)$，采用最小二乘法进行参数估计建立了估计回归方程 $\hat{y}=\hat{\beta}_0+\hat{\beta}_1x$ 后，还不能直接用它进行预测。因为 $\hat{\beta}_0$ 和 $\hat{\beta}_1$ 取决于样本数据，而样本是随机抽取的。所以， $\hat{y}=\hat{\beta}_0+\hat{\beta}_1x$ 是否真正反映了变量 x 与 y 之间的关系，需要通过进行统计显著性检验才能做出回答。

根据样本数据拟合回归方程时，实际上已经证明 x 与 y 之间存在着线性关系，即 $y=\beta_0+\beta_1x+\varepsilon$，并假定 ε 是一个服从正态分布的随机变量，且对不同的 x 具有相同的方差等，但这些假定是否成立，需要通过检验才能证实，在此不做讨论。

回归分析中的统计显著性检验主要包括两个方面的内容：一是回归方程的显著性检验；二是回归系数的显著性检验。

1. 回归方程的显著性检验——F 检验

回归方程的显著性检验就是检验自变量 x 和因变量 y 之间的线性关系是否显著，或者说，它们之间能否用一个线性模型 $y=\beta_0+\beta_1x+\varepsilon$ 来表示，也可称为线性关系的显著性检验。为检验两个变量之间的线性关系是否显著，需要构造合适的检验统计量。该检验统计量的构造是以回归平方和SSR 和残差平方和SSE 为基础的。将SSR 除以其相应的自由度(SSR 的自由度是自变量的个数 k，一元线性回归中自由度为 1)后的结果称为回归均方，记为 MSR；将SSE 除以其相应的自由度(SSE 的自由度为 $n-k-1$，一元线性回归中自由度为 $n-2$)后的结果称为残差均方，记为 MSE。如果原假设成立($H_0:\beta_1=0$，两个变量之间的线性关系不显著)，则比

值$\frac{MSR}{MSE}$的抽样分布服从于分子自由度为 1、分母自由度为$n-2$的F分布，即

$$F=\frac{SSR/1}{SSE/(n-2)}=\frac{MSR}{MSE}\sim F(1,n-2) \tag{10.21}$$

当原假设$H_0:\beta_1=0$成立时，F分布的值应接近 1，但如果原假设$H_0:\beta_1=0$不成立，F分布的值会变得很大。因此，较大的F值将导致拒绝原假设H_0，此时就可以断定变量x与y之间存在显著的线性关系。

回归方程显著性检验的具体步骤如下：

(1) 提出假设

$H_0:\beta_1=0$(两个变量之间的线性关系不显著)； $H_1:\beta_1\neq 0$(两个变量之间的线性关系显著)

(2) 构造检验统计量

$$F=\frac{SSR/1}{SSE/(n-2)}=\frac{MSR}{MSE}\sim F_\alpha(1,n-2)$$

(3) 检验规则。确定显著性水平α，并根据分子自由度$df_1=1$和分母自由度$df_2=n-2$查F分布临界值表(附录 A 中的附表 4)，得到相应的临界值$F_\alpha(1,n-2)$。若$F>F_\alpha(1,n-2)$，则拒绝H_0，表明两个变量的线性关系是显著的；若$F<F_\alpha(1,n-2)$，则不拒绝H_0，没有证据表明两个变量之间的线性关系显著。

2. 回归系数的显著性检验——t检验

一般说来，回归方程显著并不意味着每个自变量对因变量的影响都是重要的，每个自变量的作用幅度往往是不一样的，有的大有的小；有的重要，有的则是次要的或根本就无关紧要的，因此还需要对自变量的作用进行检验，对于那些次要的或根本就无关紧要的自变量进行剔除，突出那些对因变量有重要影响的因素，从而建立起合适的回归方程有利于进行预测和控制。

自变量对因变量的作用是否重要，取决于其对应的回归系数是否显著，因此回归系数的显著性检验就是检验自变量对因变量的影响是否显著，也称为自变量的显著性检验。在一元线性回归模型$y=\beta_0+\beta_1x+\varepsilon$中，如果回归系数$\beta_1=0$，则回归线是一条水平线，表明因变量$y$的取值不依赖于自变量$x$。只有回归系数$\beta_1\neq 0$，自变量$x$的变动才会对因变量$y$的变动产生影响。因此，在一元线性回归模型中，回归系数的显著性检验就是检验回归系数β_1是否等于 0。

为检验$H_0:\beta_1=0$是否成立，需要构造用于检验的统计量。为此需要明确回归系数$\hat{\beta}_1$的抽样分布。人们已经证明，$\hat{\beta}_1$服从期望值为$E(\hat{\beta}_1)=\beta_1$的正态分布，$\hat{\beta}_1$的标准差计算公式为

$$\sigma_{\hat{\beta}_1}=\frac{\sigma}{\sqrt{\sum x_i^2-\frac{1}{n}\left(\sum x_i\right)^2}} \tag{10.22}$$

式中，σ是ε的标准差。

由于σ未知，常用σ的估计量s_e替代，得到$\sigma_{\hat{\beta}_1}$的估计量$s_{\hat{\beta}_1}$。此时，$\hat{\beta}_1$的估计标准差的计算公式为

$$s_{\hat{\beta}_1}=\frac{s_e}{\sqrt{\sum x_i^2-\frac{1}{n}\left(\sum x_i\right)^2}}$$

回归系数 β_1 的检验统计量为 t，计算公式为

$$t=\frac{\hat{\beta}_1-\beta_1}{s_{\hat{\beta}_1}}\sim t(n-2) \tag{10.23}$$

若原假设 $\beta_1=0$ 成立，则 t 检验统计量变为

$$t=\frac{\hat{\beta}_1}{s_{\hat{\beta}_1}} \tag{10.24}$$

于是，回归系数显著性检验的具体工作步骤总结如下。

(1) 提出假设

$$H_0:\beta_1=0\ ;\quad H_1:\beta_1\neq 0$$

(2) 构造检验统计量

$$t=\frac{\hat{\beta}_1}{s_{\hat{\beta}_1}}$$

(3) 检验规则。确定显著水平 α，根据自由度 $\mathrm{df}=n-2$ 查 t 分布临界值表(附录 A 中的附表 2)，得到相应的临界值 $t_{\alpha/2}(n-2)$。若 $|t|>t_{\alpha/2}(n-2)$，则拒绝原假设，否则不拒绝。

(4) 做出决策。若拒绝原假设，认为 β_1 显著不为零，说明自变量 x 对因变量 y 的影响是显著的；若不拒绝原假设，表明自变量 x 对因变量 y 的影响不显著。

可以看出，对一元线性回归方程来讲，回归方程的显著性检验和回归系数的显著性检验效果是等价的，即两种检验只需要一种检验通过，就可以认为两变量的线性关系是显著的，同时也说明自变量 x 对因变量 y 的影响是显著的。另外需要注意，回归系数的显著性检验是否等同于两个变量之间因果关系成立？答案是否定的。拒绝了原假设 $H_0:\beta_1=0$，只是说明了 x 和 y 是相关的，并不能说明两者之间一定存在因果关系，因果关系的判断是由研究人员根据一定的理论做出的判断。

例 10.6　在例 10.4 和例 10.5 的基础上，试对广告费与销售量之间的回归方程以及回归系数的显著性进行检验（$\alpha=0.05$）。

解　(1) 广告费与销售量之间的回归方程的显著性检验。

提出假设

$$H_0:\beta_1=0\ ;\quad H_1:\beta_1\neq 0$$

计算检验统计量

$$F=\frac{\mathrm{SSR}/1}{\mathrm{SSE}/(n-2)}=\frac{1602708.6/1}{40158.1/(12-2)}=399.1$$

检验规则及决策。确定显著性水平 $\alpha=0.05$，根据分子自由度 df_1 为 1，分母自由度 df_2 为 10，查 F 分布临界值表(附录 A 中的附表 4)，得到相应的临界值 $F_{0.05}(1,10)=4.96$。若 $F>4.96$，则拒绝原假设，否则不拒绝。由于 F=399.1 > 4.96，故拒绝原假设，表明广告费与销售量之间的线性关系是显著的。

(2) 回归系数的显著性检验。

提出假设

$$H_0:\beta_1=0\text{；}\ H_1:\beta_1\neq 0$$

计算检验统计量 t

$$s_{\hat{\beta}_1}=\frac{s_e}{\sqrt{\sum x_i^2-\frac{1}{n}(\sum x_i)^2}}=\frac{63.3704}{\sqrt{389354}}=0.101558$$

$$t=\frac{\hat{\beta}_1}{s_{\hat{\beta}_1}}=\frac{2.029}{0.101558}=19.9787$$

检验规则与决策。确定显著水平 $\alpha=0.05$，根据自由度 $\mathrm{df}=n-2$ 查 t 分布临界值表(附录 A 中的附表 2)，得到 t 分布临界值 $t_{0.025}(10)=2.228$，若 $|t|>2.228$，则拒绝原假设，否则不拒绝。因为 $t=19.9787>2.228$，故拒绝原假设，说明自变量广告费对因变量销售量的影响是显著的。

五、利用一元线性回归方程进行预测

回归模型经过各种检验并表明符合预定要求后，就可以利用估计的回归方程来预测因变量的值了，这就是所谓的回归预测。回归预测是指通过确定自变量 x 的取值来预测因变量 y 的取值，分为点预测和区间预测两种。

(一) 点预测

点预测分为两种：一种是个别值的点预测，另一种是平均值的点预测。

利用估计的一元线性回归方程，对于自变量 x 的一个特定值 x_0，求出 y 的一个估计值 $\hat{y}_0=\hat{\beta}_0+\hat{\beta}_1x_0$，就是个别值的点预测。

平均值的点预测，是利用估计的一元线性回归方程，对于自变量 x 的一个特定值 x_0，求出 $E(y)$ 的一个估计值 $\hat{y}_0=\hat{\beta}_0+\hat{\beta}_1x_0$，即为平均值的点预测值。

例 10.7　根据例 10.4 所求得的估计一元线性回归方程，若广告费为 1000 万元时，所有 12 个汽车销售分公司的汽车平均销售量为

$$\hat{y}_{x_0=1000}=\hat{\beta}_0+\hat{\beta}_1x_0=363.615+2.029\times1000=2393\text{(辆)}$$

就是平均值的点预测。

若要估计广告费为 602 万元的 G 公司的销售量，这就属于个别值的点预测。即当 $x_0=602$ 时，有

$$\hat{y}_{x_0=602}=\hat{\beta}_0+\hat{\beta}_1x_0=363.615+2.029\times602=1585\text{(辆)}$$

就是说，广告费为 602 万元时，估计 G 公司的汽车销售量为 1585 辆。

(二) 区间预测

区间预测是指利用估计的一元线性回归方程，对于 x 的一个特定值 x_0，求出 y 或 $E(y)$ 的估计值区间。因此区间预测分为两种：一种是平均值的区间预测。它是对 x 的一个特定值 x_0，求出 $E(y_0)$ 的预测区间，也称为置信区间估计(confidence interval estimate)。另一种是个别值的

区间预测。它是对 x 的一个特定值 x_0，求出 y 的个别值的预测区间，也称为预测区间估计(prediction interval estimate)。

1. y 平均值的置信区间估计

设 $\hat{y}_0$ 为给定自变量 x 的特定值 x_0 时因变量的平均值或期望值估计，即当 $x=x_0$ 时，$\hat{y}_0=\hat{\beta}_0+\hat{\beta}_1 x_0$ 为 $E(y_0)$ 的估计值。

一般来说，不能期望估计值 $\hat{y}_0$ 精确地等于 $E(y_0)$。因此，要想用 $\hat{y}_0$ 推断 $E(y_0)$，必须考虑估计的一元线性回归方程得到的 $\hat{y}_0$ 的方差。对于给定的自变量 x 的特定值 x_0，用 $s_{\hat{y}_0}$ 表示 $\hat{y}_0$ 的标准差，统计学家给出了 $\hat{y}_0$ 的标准差的计算公式为

$$s_{\hat{y}_0}=s_e\sqrt{\frac{1}{n}+\frac{(x_0-\bar{x})^2}{\sum(x_i-\bar{x})^2}} \tag{10.25}$$

有了 $\hat{y}_0$ 的标准差 $s_{\hat{y}_0}$ 后，对于给定自变量 x 的特定值 x_0，$E(y_0)$ 在置信水平$(1-\alpha)$下的置信区间为

$$\left[\hat{y}_0 \pm t_{\alpha/2}(n-2)s_{\hat{y}_0}\right]=\left[\hat{y}_0 \pm t_{\alpha/2}(n-2)s_e\sqrt{\frac{1}{n}+\frac{(x_0-\bar{x})^2}{\sum(x_i-\bar{x})^2}}\right] \tag{10.26}$$

由式(10.26)可以看出，x_0 越靠近 $\bar{x}$，则置信区间长度就越短，此时的预测精度就越高。所以，为了提高预测精度，所给定的自变量 x 的特定值 x_0 不能偏离 $\bar{x}$ 太大。当 $x_0=\bar{x}$ 时，预测精度最高；当 $|x_0-\bar{x}|$ 很大时，预测效果就较差。对于确定的显著水平 α，样本容量 n 越大，$1/n$ 越小，且 $t_{\alpha/2}(n-2)$ 就越小，估计的预测误差变小，因此样本容量 n 越大越好。

例 10.8　根据例 10.7 所求的汽车销售量的点估计值：$\hat{y}_0=2393$ 辆，若投入的广告费用为 1000 万元，试建立汽车平均销售量 95%的置信区间。

解　根据前面的计算结果，已知 $n=12, s_e=63.3704$，查 t 分布临界值表(附录 A 中的附表 2)表得 $t_{0.025}(12-2)=2.228$。

$$\bar{x}=\frac{\sum x_i}{n}=\frac{7056}{12}=588,\quad \sum(x_i-\bar{x})^2=\sum x_i^2-\frac{1}{n}\left(\sum x_i\right)^2=389354$$

由式(10.26)，汽车平均销售量 95%的置信区间为

$$\begin{aligned}\left[\hat{y}_0 \pm t_{\alpha/2}(n-2)s_{\hat{y}_0}\right]&=\left[\hat{y}_0 \pm t_{\alpha/2}(n-2)s_e\sqrt{\frac{1}{n}+\frac{(x_0-\bar{x})^2}{\sum(x_i-\bar{x})^2}}\right]\\&=\left[2393\pm 2.228\times 63.3704\times\sqrt{\frac{1}{12}+\frac{(1000-588)^2}{389354}}\right]\\&=\left[2393\pm 101\right]=[2291,2494](\text{辆})\end{aligned}$$

当广告费为 1000 万元时，汽车平均销售量 95%的置信区间为[2291,2494]辆。

2. y 的个别值的预测区间估计

预测区间估计是对自变量 x 的一个特定值 x_0，求出因变量 y 的个别值 $\hat{y}_0$ 的区间估计。

为求出个别值 $\hat{y}_0$ 的预测区间，首先必须知道个别值 $\hat{y}_0$ 的标准差。统计学家给出了个别值 $\hat{y}_0$ 的标准差 s_d 的计算公式

$$s_d = s_e\sqrt{1+\frac{1}{n}+\frac{(x_0-\overline{x})^2}{\sum(x_i-\overline{x})^2}} \tag{10.27}$$

因此，对于自变量 x 的一个特定值 x_0，y 的个别值 $\hat{y}_0$ 在置信水平 $(1-\alpha)$ 下的预测区间为

$$\left[\hat{y}_0 \pm t_{\alpha/2}(n-2)s_d\right]=\left[\hat{y}_0 \pm t_{\alpha/2}(n-2)s_e\sqrt{1+\frac{1}{n}+\frac{(x_0-\overline{x})^2}{\sum(x_i-\overline{x})^2}}\right] \tag{10.28}$$

由式(10.26)和(10.28)可以看出，对自变量 x 的一个特定值 x_0，两种点预测值 $\hat{y}_0$ 的置信区间和预测区间的宽度不一样，个别值 $\hat{y}_0$ 的预测区间要宽一些。二者的差别表明，预测 y 的平均值要比预测 y 的个别值更精确。同样，当 $x_0=\overline{x}$ 时，预测区间也是最精确的。图 10.6 给出了两种不同区间估计的示意图。

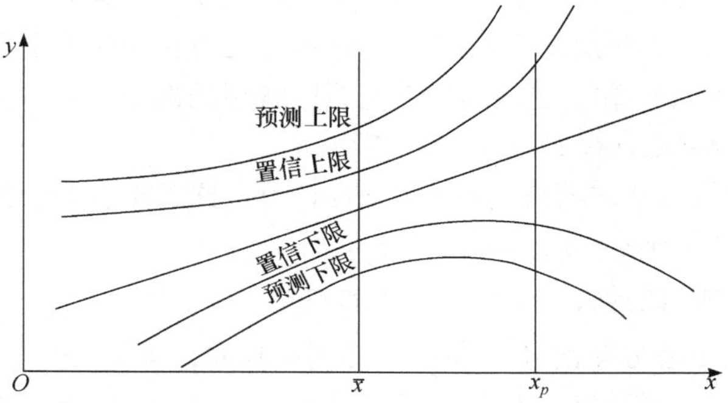

图 10.6 置信区间和预测区间示意图

利用估计的一元线性回归直线方程进行预测时，最好用样本数据范围内的 x 值去预测相对应的 y 值。即对 x 在其最小值 x_L 和最大值 x_U 之间进行内插预测较为适宜。若超出 $x_L \sim x_U$ 之外进行外推预测,其效果就可能会很不理想。因为在 $x_L \sim x_U$ 之外，x 与 y 之间的关系可能变为某种曲线关系，从而导致误差增大。

例 10.9 根据例 10.7 所求的广告费为 602 万元的 G 公司的销售量的点估计值为 $\hat{y}_0=1585$ 辆，试建立 G 公司销售量 95%的预测区间。

解 广告费为 602 万元的 G 公司的汽车销售量预测区间为

$$\begin{aligned}\left[\hat{y}_0 \pm t_{\alpha/2}(n-2)s_d\right]&=\left[\hat{y}_0 \pm t_{\alpha/2}(n-2)s_e\sqrt{1+\frac{1}{n}+\frac{(x_0-\overline{x})^2}{\sum(x_i-\overline{x})^2}}\right]\\&=\left[1585\pm 2.228\times 63.3704\times\sqrt{1+\frac{1}{12}+\frac{(602-588)^2}{389354}}\right]\\&=\left[1585\pm 146.98\right]=[1438,1732]\text{ (辆)}\end{aligned}$$

计算结果表明，广告费为 602 万元的 G 公司，汽车销售量 95%的预测区间是[1438，1732]辆。

第四节 多元线性回归分析

在许多实际问题中，还会遇到一个因变量和多个自变量的线性相关问题，这需要多元线

性回归分析的方法来解决。多元线性回归模型是一元回归模型的扩展，其基本原理与一元线性回归分析类似。因此，本节对于二者相类似的内容，仅给出结论，而对于某些不同之处做比较详细的说明。

一、多元线性回归模型

设因变量 y 与 k 个自变量 $x_1, x_2, \cdots, x_k$ 之间存在线性相关关系，那么描述因变量 y 与 k 个自变量 $x_1, x_2, \cdots, x_k$ 以及随机误差项 ε 的线性方程称为多元线性回归模型。其一般形式表示为

$$y = \beta_0 + \beta_1 x_1 + \beta_2 x_2 + \cdots + \beta_k x_k + \varepsilon \tag{10.29}$$

式中，$\beta_0, \beta_1, \beta_2, \cdots, \beta_k$ 是模型的参数，又称为偏回归系数；ε 是随机误差项。

在多元线性回归模型中，y 是自变量 $x_1, x_2, \cdots, x_k$ 的线性函数($\beta_0 + \beta_1 x_1 + \beta_2 x_2 + \cdots + \beta_k x_k$)部分加上随机误差项 ε。ε 表示除了 $x_1, x_2, \cdots, x_k$ 和 y 之间的线性关系之外的其他因素对 y 的影响，是不能由 $x_1, x_2, \cdots, x_k$ 和 y 之间的线性关系所解释的部分，与一元线性回归类似，多元线性回归模型对随机误差项 ε 有如下基本假定。

(1) ε 是一个期望值为 0 的随机变量，即 $E(\varepsilon) = 0$。这意味着对于给定 $x_1, x_2, \cdots, x_k$ 的值，y 的期望值为 $E(y) = \beta_0 + \beta_1 x_1 + \beta_2 x_2 + \cdots + \beta_k x_k$。

(2) 对于自变量 x 所有的值，ε 的方差 σ^2 都相同。

(3) ε 是一个服从正态分布的随机变量，且相互独立，即 $\varepsilon \sim N(0, \sigma^2)$。独立性意味着对于自变量 $x_1, x_2, \cdots, x_k$ 的一组特定值所对应的 ε 与 $x_1, x_2, \cdots, x_k$ 任意一组其他值所对应的 ε 不相关。正态分布意味着对于给定的 $x_1, x_2, \cdots, x_k$ 值，y 也是服从正态分布的随机变量。

二、多元线性回归方程

(一) 多元线性回归方程的形式

基于随机误差项 ε 的上述基本假定，可以得到多元线性回归方程的形式为

$$E(y) = \beta_0 + \beta_1 x_1 + \beta_2 x_2 + \cdots + \beta_k x_k \tag{10.30}$$

式(10.30)称为多元线性回归方程(multiple linear regression equation),它描述了因变量 y 的期望值或平均值与自变量 x_1，x_2，…，x_k 之间的关系。

(二) 估计的多元线性回归方程

多元线性回归方程中的参数 $\beta_0, \beta_1, \beta_2, \cdots, \beta_k$ 是未知的，需要利用样本数据去估计它们。当用样本统计量 $\hat{\beta}_0, \hat{\beta}_1, \hat{\beta}_2, \cdots, \hat{\beta}_k$ 去估计未知参数 $\beta_0, \beta_1, \beta_2, \cdots, \beta_k$ 时，就得到了估计的多元线性回归方程(estimated multiple linear regression equation),其一般形式为

$$\hat{y} = \hat{\beta}_0 + \hat{\beta}_1 x_1 + \hat{\beta}_2 x_2 + \cdots + \hat{\beta}_k x_k \tag{10.31}$$

式中，$\hat{\beta}_0, \hat{\beta}_1, \hat{\beta}_2, \cdots, \hat{\beta}_k$ 是参数 $\beta_0, \beta_1, \beta_2, \cdots, \beta_k$ 的估计值；$\hat{y}$ 是 $E(y)$ 的估计值。其中的 $\hat{\beta}_0, \hat{\beta}_1, \hat{\beta}_2, \cdots, \hat{\beta}_k$ 称为估计的偏回归系数。$\hat{\beta}_1$ 表示当 x_2，$x_3, \cdots$，x_k 不变时，x_1 每变动一个单位因变量 y 的平均变动量；$\hat{\beta}_2$ 表示当 x_1，$x_3, \cdots$，x_k 不变时，x_2 每变动一个单位因变量 y 的平均变动量；其他估计的偏回归系数的含义类似。

根据特定样本的观测值，可得到估计的样本多元线性回归方程，其一般形式为

$$\hat{y}_i = \hat{\beta}_0 + \hat{\beta}_1 x_{1i} + \hat{\beta}_2 x_{2i} + \cdots + \hat{\beta}_k x_{ki} \tag{10.32}$$

三、多元线性回归模型参数的估计

多元线性回归模型的参数同样采用最小二乘法来估计，也就是使残差平方和的值达到最小，即 $Q = \sum (y_i - \hat{y}_i)^2 = \sum (y_i - \hat{\beta}_0 - \hat{\beta}_1 x_{1i} - \hat{\beta}_2 x_{2i} - \cdots - \hat{\beta}_k x_{ki})^2$ 达到最小。

根据微分极值原理知，可以得到求解 $\hat{\beta}_0, \hat{\beta}_1, \hat{\beta}_2, \cdots, \hat{\beta}_k$ 的方程组

$$\begin{cases} \dfrac{\partial Q}{\partial \hat{\beta}_0} = 0 \\ \dfrac{\partial Q}{\partial \hat{\beta}_j} = 0 \end{cases} \quad (j = 1, 2, \cdots, k) \tag{10.33}$$

展开得

$$\begin{cases} \dfrac{\partial Q}{\partial \hat{\beta}_0} = -2\sum (y_i - \hat{\beta}_0 - \hat{\beta}_1 x_{1i} - \hat{\beta}_2 x_{2i} - \cdots - \hat{\beta}_k x_{ki}) = 0 \\ \dfrac{\partial Q}{\partial \hat{\beta}_1} = -2\sum (y_i - \hat{\beta}_0 - \hat{\beta}_1 x_{1i} - \hat{\beta}_2 x_{2i} - \cdots - \hat{\beta}_k x_{ki}) x_{1i} = 0 \\ \qquad \cdots\cdots \\ \dfrac{\partial Q}{\partial \hat{\beta}_k} = -2\sum (y_i - \hat{\beta}_0 - \hat{\beta}_1 x_{1i} - \hat{\beta}_2 x_{2i} - \cdots - \hat{\beta}_k x_{ki}) x_{ki} = 0 \end{cases} \tag{10.34}$$

整理后得到标准方程组：

$$\begin{cases} \sum y_i = n\hat{\beta}_0 + \hat{\beta}_1 \sum x_{1i} + \hat{\beta}_2 \sum x_{2i} + \cdots + \hat{\beta}_k \sum x_{ki} \\ \sum x_{1i} y_i = \hat{\beta}_0 \sum x_{1i} + \hat{\beta}_1 \sum x_{1i}^2 + \hat{\beta}_2 \sum x_{1i} x_{2i} + \cdots + \hat{\beta}_k \sum x_{1i} x_{ki} \\ \qquad \cdots\cdots \\ \sum x_{ki} y_i = \hat{\beta}_0 \sum x_{ki} + \hat{\beta}_1 \sum x_{1i} x_{ki} + \hat{\beta}_2 \sum x_{2i} x_{ki} + \cdots + \hat{\beta}_k \sum x_{ki}^2 \end{cases} \tag{10.35}$$

求解上述方程组(10.35)需要借助于计算机，可直接由 Excel 或 SPSS 给出回归结果。

四、多元线性回归模型的拟合优度和检验

与一元线性回归模型的检验一致，在此主要介绍拟合优度的评价和显著性检验。

(一) 拟合优度评价

多元线性回归模型拟合优度的评价需要用多重判定系数或估计标准误差。

1.多重判定系数

与一元线性回归分析一样，多元线性回归分析中因变量总离差平方和SST，也可以分解为回归平方和SSR与残差平方和SSE。同样有

$$\text{SST} = \text{SSR} + \text{SSE} \tag{10.36}$$

式中，

$$\text{SST} = \sum (y_i - \overline{y})^2 \text{ 为总离差平方和} \tag{10.37}$$

$$\text{SSR}=\sum(\hat{y}_i-\overline{y})^2 \text{ 为回归平方和} \tag{10.38}$$

$$\text{SSE}=\sum(y_i-\hat{y}_i)^2 \text{ 为残差平方和} \tag{10.39}$$

与一元线性回归类似，多重判定系数(coefficient of multiple determination) R^2 仍定义为回归平方和占总离差平方和的比值，即

$$R^2=\frac{\text{SSR}}{\text{SST}}=1-\frac{\text{SSE}}{\text{SST}} \tag{10.40}$$

它是度量多元线性回归方程拟合优度的一个统计量，反映了因变量 y 的总离差平方和被估计的回归方程所解释的程度。

这里要注意，与一元线性回归分析不同的是，在多元线性回归分析中，自变量个数的增加会使预测误差变得较小，从而减少残差平方和SSE。由于回归平方和SSR = SST − SSE，当SSE 变小时，SSR 就会变大，从而使 R^2 变大。在回归方程中增加一个自变量，即使这个自变量与 y 的关系在统计上不显著，R^2 也会变大，所以 R^2 是一个受自变量个数和样本规模(样本容量)影响的系数。为避免增加自变量个数而高估 R^2，统计学家提出了用样本容量 n 和自变量个数 k 去调整 R^2，计算出调整或修正的多重判定系数(adjusted coefficient of multiple determination)，记为 $\overline{R^2}$，其计算公式为

$$\begin{aligned}\overline{R^2}&=1-\frac{\text{SSE}/(n-k-1)}{\text{SST}/(n-1)}=1-\frac{\text{SSE}}{\text{SST}}\frac{n-1}{n-k-1}\\&=1-(1-R^2)\frac{n-1}{n-k-1}\end{aligned} \tag{10.41}$$

$\overline{R^2}$ 的取值范围和意义与 R^2 一样。不同的是，$\overline{R^2}$ 考虑了样本容量和模型中自变量个数的影响，这就使得 $\overline{R^2}$ 的值总小于 R^2，且 $\overline{R^2}$ 的值不会由于模型中自变量个数的增加而越来越接近 1。因此，在多元线性回归分析中，通常用调整或修正的多重判定系数来反映回归方程的拟合优度。

2.估计标准误差

多元线性回归分析中，估计标准误差仍然是对 ε 的标准差的一个估计。它在衡量多元线性回归方程拟合优度方面也起着重要作用。估计标准误差的计算公式为

$$s_e=\sqrt{\frac{\text{SSE}}{n-k-1}}=\sqrt{\frac{\sum(y_i-\hat{y}_i)^2}{n-k-1}}=\sqrt{\text{MSE}} \tag{10.42}$$

式中，k 为自变量的个数。

多元线性回归分析中对 s_e 的解释与一元线性回归分析类似。由于 s_e 所估计的是预测误差的标准差，其含义是根据自变量 x_1，x_2，…，x_k 来预测因变量 y 时的平均预测误差。

(二) 显著性检验

多元线性回归分析中的统计显著性检验也包括回归方程和回归系数的显著性检验两个方面的内容。

在一元线性回归分析中，回归方程的 F 检验与回归系数的 t 检验是等价的。但在多元线性回归分析中这两种检验不再等价。多元线性回归分析中的回归方程的显著性检验主要是检

验因变量同多个自变量的线性关系是否显著，在k个自变量中，只要有一个自变量与因变量的线性关系显著，F检验就能通过，但这不意味着每个自变量对因变量的影响都显著。回归系数的显著性检验则是对每一个偏回归系数分别独立进行检验，它主要用于检验每个自变量对因变量的影响是否显著。如果某个自变量没有通过检验，就意味着这个自变量对因变量的影响不显著，也许就没有必要将这个自变量放进回归模型中。

1. 回归方程的显著性检验——F检验

回归方程的F检验是检验因变量y与k个自变量$x_1, x_2, \cdots, x_k$之间的线性关系是否显著，为了避免检验次数过多，通常采用方差分析的做法，其检验步骤为：

(1) 提出假设

$$H_0: \beta_1 = \beta_2 = \cdots = \beta_k = 0\text{；}\quad H_1:\ \beta_j (j = 1, 2, \cdots, k)\text{不全为 0}$$

原假设说明变量间的线性关系是不显著的，备择假设说明变量间的线性关系是显著的。

(2) 计算F检验统计量

$$F = \frac{\text{SSR}/k}{\text{SSE}/(n-k-1)} \sim F(k, n-k-1) \tag{10.43}$$

F检验统计量的计算一般通过方差分析表进行，见表 10.6。

表 10.6　多元线性回归方差分析表

离差来源	离差平方和 SS	自由度	均方 MS	F 统计量
回归	SSR	k	SSR/k = MSR	$F = \frac{\text{MSR}}{\text{MSE}} \sim F(k, n-k-1)$
残差	SSE	$n-k-1$	SSE/$(n-k-1)$ = MSE	
总离差	SST	$n-1$	SST/$(n-1) = S_y^2$	—

(3) 检验规则及决策。确定显著水平α，查F分布临界值表(附录 A 中的附表 4)，得到临界值$F_\alpha(k, n-k-1)$。若$F > F_\alpha(k, n-k-1)$，则拒绝原假设H_0，认为回归方程显著；否则，不拒绝原假设，认为回归方程不显著。

还可以根据计算机软件输出的结果，直接利用P值做出决策：若$P < \alpha$，则拒绝原假设；否则不拒绝原假设。

2. 回归系数的显著性检验——t检验

回归系数的显著性检验采用t检验，它是对各个偏回归系数β_j ($j = 1, 2, \cdots, k$)有选择地进行一次或多次检验，目的是判断每一个自变量对于回归模型是否必要。

具体步骤如下：

(1) 提出假设

$$H_0: \beta_j = 0\text{；}\quad H_1: \beta_j \neq 0 \quad (j = 1, 2, \cdots, k)$$

(2) 计算检验统计量

$$t_j = \frac{\hat{\beta}_j}{s_{\hat{\beta}_j}} \sim t(n-k-1) \tag{10.44}$$

式中，$s_{\hat{\beta}_j}$ 为偏回归系数 $\hat{\beta}_j$ 标准差的估计值，即

$$s_{\hat{\beta}_j}=\frac{s_e}{\sqrt{\sum x_i^2-\frac{1}{n}\left(\sum x_i\right)^2}} \tag{10.45}$$

(3) 做出决策。确定显著水平 α，查 t 分布临界值表(附录 A 中的附表 2)得临界值 $t_{\alpha/2}(n-k-1)$。若 $\left|t_j\right|>t_{\alpha/2}(n-k-1)$，则拒绝原假设，认为 β_j 显著不为零，说明第 j 个自变量对因变量影响显著；若 $\left|t_j\right|<t_{\alpha/2}(n-k-1)$，则不拒绝原假设，说明第 j 个自变量对因变量的影响不显著。

在对各偏回归系数进行检验时，有可能某一个或几个偏回归系数无法通过检验，但这并不一定意味着没通过检验的那些自变量对因变量的影响就不重要。这可能是由于自变量之间的相关性所造成的，在统计上称为多重共线性问题。在处理多重共线性问题以及建立多元回归模型时，还会涉及自变量的选择问题等。有关多重共线性的检测判别处理方法，以及自变量的选择问题等，感兴趣的读者可以参考有关计量经济学或回归方面的文献。

五、复相关系数和偏相关系数

简单线性相关系数直接度量了两个变量相关关系的密切程度，但要测量因变量与多个自变量间相关关系的密切程度需要用复相关系数。在对其他变量进行控制的条件下，衡量多个变量中某两个变量间关系的密切程度时，需要使用偏相关系数。

(一) 复相关系数

理论已经证明，复相关系数的平方实际上就是多元线性回归方程中用于拟合优度评价的多重判定系数。因此，复相关系数的计算一般不按其定义公式，而是按照它与多重判定系数的关系计算。即先计算出多重判定系数，然后求多重判定系数的算术平方根得到，记为 R，其计算公式为

$$R=\sqrt{\frac{\text{SSR}}{\text{SST}}}=\sqrt{1-\frac{\text{SSE}}{\text{SST}}} \tag{10.46}$$

复相关系数的取值范围为 $0\leqslant R\leqslant 1$。$R=1$，表明 y 与自变量 x_1，x_2，…，x_k 之间存在完全确定的线性关系；$R=0$，则表明 y 与自变量 x_1，x_2，…，x_k 之间不存在任何程度的线性相关关系。R 越接近于 1，表明变量之间线性复相关程度越高。

(二) 偏相关系数

偏相关系数是在对其他变量进行控制的条件下，衡量多个变量中某两个变量间关系密切程度的统计量。

在本章第二节中，我们曾经讨论过两个变量的简单线性相关系数，计算时并不需要考虑其他变量对这两个变量的影响，只需要掌握这两个变量的观测数据即可。而在计算偏相关系数时则不然，它需要掌握所有研究变量的数据，而且还要考虑多个变量相互间的影响，以及采用一定方法控制其他变量，从而专门研究两个特定变量之间的净相关关系。

在多变量的研究中，任何两个变量直接计算的相关系数，与在控制其他变量情况下计算

的这两个变量的偏相关系数在数值上是不同的，有时甚至相差很大，符号也可能相反。从反映变量的本质联系来看，偏相关系数比直接计算的相关系数要更加优越，更能反映变量间的本质联系。因此，偏相关系数不能再按两变量的相关系数计算公式计算。

偏相关系数的计算依赖于对简单相关系数的另一种计算方法。在第二节中，计算相关系数的方法通常称为“积差法”。其实，这只是计算相关系数的一种方法，相关系数的计算还有多种计算方法。其中的一种方法将简单相关系数定义为：两个样本回归系数乘积的开方，即两个回归系数的几何均值。数学上已经证明，这种方法计算的结果等价于“积差法”的结果。按照这种对简单相关系数的重新定义，我们可以得到样本偏相关系数的定义：偏相关系数是两个变量相应的偏回归系数的几何均值。

偏相关系数的取值范围同两个变量的简单相关系数的取值范围是一致的，即都在 −1 到 1 之间取值，其符号与偏回归系数的符号相同。

为方便起见，以三个变量的计算为例说明偏相关系数的计算方法，此方法也可推广到多个变量的场合。设有三个变量 x_1, x_2, x_3，根据样本数据估计的样本回归方程如下

$$\begin{aligned}\hat{x}_{1i} &= \hat{\beta}_{1.23} + \hat{\beta}_{12.3}x_{2i} + \hat{\beta}_{13.2}x_{3i} \\ \hat{x}_{2i} &= \hat{\beta}_{2.13} + \hat{\beta}_{21.3}x_{1i} + \hat{\beta}_{23.1}x_{3i} \\ \hat{x}_{3i} &= \hat{\beta}_{3.12} + \hat{\beta}_{31.2}x_{1i} + \hat{\beta}_{32.1}x_{2i}\end{aligned} \tag{10.47}$$

利用式(10.47)中的偏回归系数计算的三个变量间的偏相关系数如下

$$r_{12.3} = \pm\sqrt{\hat{\beta}_{12.3}\hat{\beta}_{21.3}}\,,\quad r_{13.2} = \pm\sqrt{\hat{\beta}_{13.2}\hat{\beta}_{31.2}}\,,\quad r_{23.1} = \pm\sqrt{\hat{\beta}_{23.1}\hat{\beta}_{32.1}}$$

偏回归系数计算的过程中，出现了三个下标的符号，说明如下：“·”前的下标，表示所要研究的两个变量代号；“·”后的下标，表示为了研究前两个变量的相关关系而控制的变量代号。

六、利用多元线性回归方程进行预测

关于多元线性回归方程，同样可以利用确定 k 个自变量的值，求出因变量 y 的平均值的置信区间和个别值的预测区间。但是置信区间和预测区间的计算公式复杂，本书不做讨论。由于多元回归参数估计和假设检验的计算量很大，所以一般借助计算机统计软件去完成。

思考与练习

一、思考题

1. 解释相关关系的含义，说明相关关系的特点。
2. 相关分析主要解决哪些问题?
3. 简述相关关系的分类。
4. 简述简单线性相关系数的性质。
5. 为什么要对相关系数进行显著性检验?
6. 简述简单线性相关系数检验的工作步骤。
7. 解释回归模型、回归方程、估计的回归方程的含义。

8. 一元线性回归模型设立有哪些基本假定?
9. 简述参数最小二乘估计的基本原理。
10. 解释总离差平方和、回归平方和、残差平方和的含义，并说明它们之间的关系。
11. 简述判定系数的含义和作用。
12. 在回归分析中，F 检验和 t 检验各有什么作用?
13. 简述回归方程和回归系数检验的具体工作步骤。
14. 什么是置信区间估计和预测区间估计? 二者有何区别?
15. 多元线性回归分析设立有哪些基本假定?
16. 解释多重判定系数和调整的多重判定系数的含义和作用。

二、练习题

1. 某一行业 12 家企业产品产量与生产费用的相关表见下表。

企业编号	产量/台	生产费用/万元	企业编号	产量/台	生产费用/万元
1	40	130	7	84	165
2	42	150	8	100	170
3	50	155	9	116	167
4	55	140	10	125	180
5	65	150	11	130	175
6	78	154	12	140	185

要求:
(1) 绘制产量与生产费用的散点图，判断二者之间的关系表现形式。
(2) 计算产量与生产费用间的线性相关系数。
(3) 对相关系数的显著性进行检验($\alpha = 0.05$)，并说明二者之间的关系强度。

2. 设 $\text{SSR} = 36, \text{SSE} = 4, n = 18$ 。要求:
(1) 计算判定系数 R^2 并解释其意义。
(2) 计算估计标准误差 s_e ，并解释其意义。

3. 一家物流公司的管理人员想研究货物的运送距离和运送时间的关系，为此，抽取了公司最近 10 辆卡车运货记录的随机样本，得到运送距离(单位：公里)和运送时间(单位：天)的数据如下。

运送距离 x	825	215	1070	550	480	920	1350	325	670	1215
运送时间 y	3.5	1.0	4.0	2.0	1.0	3.0	4.5	1.5	3.0	5.0

要求:
(1) 绘制运送距离和运送时间的散点图，判断二者之间的关系形态。
(2) 计算两个变量的线性相关系数。
(3) 利用最小二乘法求出估计的回归方程，并解释回归系数的实际意义。
(4) 计算判定系数，并解释其意义。

(5) 检验回归方程的显著性。($\alpha = 0.05$)

(6) 如果运送距离为 1000 公里，预测其运送时间。

(7) 当运送距离为 1000 公里时，运送时间 95%的置信区间和预测区间。

4. 随机抽取 10 家航空公司，对其最近一年的航班正点率和旅客投诉次数进行调查，所得数据如下。

航空公司编号	航班正点率/%	投诉率/次/10 万名乘客
1	81.8	0.21
2	76.6	0.58
3	76.6	0.85
4	75.7	0.68
5	73.8	0.74
6	72.2	0.93
7	71.2	0.72
8	70.8	1.22
9	68.5	1.25

要求：

(1) 绘制散点图，说明二者之间的关系的表现形式。

(2) 用航班正点率作自变量，乘客投诉率作因变量，建立估计的回归方程，并解释回归系数的意义。

(3) 检验回归系数的显著性。($\alpha = 0.05$)

(4) 如果航班正点率为 80%，估计乘客投诉率。

(5) 当航班正点率为 80% 时，乘客投诉率 95% 的置信区间和预测区间。

5. 某公司想了解广告支出对销售收入的影响，收集了 12 年的有关数据。通过计算得到下面结果。

方差分析表

离差来源	df	SS	MS	F	Significance F
回归	(　)	(　)	(　)	(　)	2.17E–09
残差	(　)	40158.07	(　)		
总计	11	1642866.67	—	—	—

参数估计表

	Coefficients	标准误差	t Stat	P-value
Intercept	363.6891	62.45529	5.823191	0.000168
X Variable 1	1.420211	0.071091	19.97749	2.17E–09

要求：

(1) 完成上面的方差分析表。

(2) 产品销售收入的变差中有多少是由广告支出的变动引起的?

(3) 销售收入与广告支出之间的相关系数是多少?

(4) 写出估计的回归方程并解释回归系数的实际意义。

(5) 检验回归方程的显著性。($\alpha = 0.05$)

6. 一家家用电器产品销售公司在 30 个地区设有销售分公司。为研究产品彩电销售量(台)与该公司的销售价格(百元)、各地区的年人均收入(百元)、广告费用(百元)之间的关系，搜集到 30 个地区的有关数据。设彩电销售量为 y，销售价格为 x_1，年人均收入为 x_2，广告费用为 x_3，利用 Excel 得到下面的回归结果。

相关系数表

	A	B	C	D	E
1		y	x_1	x_2	x_3
2	y	1			
3	x_1	−0.46922	1		
4	x_2	−0.74095	0.07837	1	
5	x_3	0.87595	−0.4688	0.60454	1

回归输出结果

	A	B–C	D	F	H	J
1	方差分析					Si
2		df	SS	MS	F	Significance F
3	回归分析			4008924.7		8.88E-13
4	残差					
5	总计		13458586.7	—	—	—
6	参数估计表					
7			Coefficients	标准误差	t Stat	P-value
8	Intercept		7589.1025	2445.0213	3.1039	0.00457
9	X Variable 1		−117.8861	31.8974	−3.6958	0.00103
10	X Variable 2		80.6107	14.7676	5.4586	0.00001
11	X Variable 3		0.5012	0.1259	3.9814	0.00049

要求：

(1) 将方差分析表中的所缺数值补齐。

(2) 写出销售量与销售价格、年人均收入、广告费用的多元线性回归方程，并解释各回归系数的意义。

(3) 若显著性水平 $\alpha = 0.05$，回归方程是否显著?

(4) 若显著性水平 $\alpha = 0.05$，各偏回归系数是否显著?

(5) 销售量的变动被回归方程所解释的百分比是多少?

三、综合案例分析

资料：为分析研究收入和消费的关系，现收集到 2021 年 31 个地区的居民人均可支配收入和居民人均消费支出数据，如下表所示。

居民人均可支配收入和居民人均消费支出

地区	居民人均可支配收入/元	居民人均消费支出/元	地区	居民人均可支配收入/元	居民人均消费支出/元
1	78027	48879	6	29383	19954
2	75002	43640	7	29080	21518
3	57541	36668	8	28568	19347
4	47498	31451	9	27904	20024
5	47449	33188	10	27770	19605

续表

地区	居民人均可支配收入/元	居民人均消费支出/元	地区	居民人均可支配收入/元	居民人均消费支出/元
11	44993	31589	22	27426	17191
12	40659	28440	23	27159	20639
13	35705	22821	24	26811	22242
14	35112	23831	25	26727	18088
15	34108	22658	26	26075	18961
16	33803	24598	27	25919	19020
17	31993	22798	28	25666	18851
18	30904	21911	29	24950	15342
19	30829	23846	30	23996	17957
20	30610	20290	31	22066	17456
21	30459	22242			

请你思考并回答下列问题：

1. 根据表中数据绘制居民人均可支配收入和居民人均消费支出关系的散点图。
2. 计算居民人均可支配收入和居民人均消费支出的相关系数，并进行相关系数的检验。
3. 根据散点图和相关系数说明两者之间的相关关系类型？
4. 根据你的观察求出估计的回归方程，并解释回归系数的实际意义。
5. 计算估计回归方程的拟合优度和估计标准误差，说明回归方程拟合的效果如何？
6. 分别对回归方程的显著性和自变量的显著性进行检验，观察两种检验效果的关系。
7. 如果地区1 2022 年的居民人均可支配收入比 2022 年增长 5%，试预测地区1 2022 年的居民人均消费支出是多少？
8. 如果地区1 2022 年的居民人均可支配收入比 2022 年增长 5%，试在 95%的置信水平下预测地区1 2022 年居民人均消费支出的区间范围。

四、课程思政

科 技 兴 国

在中国的历史长河中，有许多美丽的传说，如夸父追日、嫦娥奔月等，无不反映了中国古代先民了解自然、战胜自然的愿望。新中国成立后，我国始终高度重视科技事业的发展。1978 年 3 月 18 日中共中央在北京召开全国科学大会，邓小平同志提出了“科学技术是生产力”的著名论断，这次会议是中国科技发展史上一次具有里程碑意义的盛会，对国家长远发展具有十分重要的意义。2000 年，国务院设立国家最高科学技术奖。党的十八大报告提出实施创新驱动发展战略，提出了我国科技创新“三步走”的战略目标，即到 2020 年时进入创新型国家行列，到 2030 年时进入创新型国家前列，到新中国成立 100 年时成为世界科技创新强国。

新时代 10 年，我国在科技领域不断取得重大突破。“天眼”探空、神舟飞天、墨子“传信”、“蛟龙”潜海、“祝融”探火、“羲和”逐日、“天和”遨游星辰……，一大批重大科技创新成果加速涌现。

进入“十四五”时期以来，我国的科技经费一直保持稳步增长。至 2022 年，全社会研究与试验发展(R&D)经费首次突破 3 万亿元，研发投入强度(即 R&D 经费与当年 GDP 的比值)达到 2.55%，一批关键核心技术攻关取得突破，战略性新兴产业发展壮大，国家战略科技力量建设迈出新步伐，全球创新指数排名升至第 11 位，成功进入创新型国家行列。2023 年，全年研究与试验发展（R&D）经费支出 33278 亿元，比上年增长 8.1%，研发投入强度上升为 2.64%。仅 2003 年一年，成功完成 66 次宇航发射。天舟六号、神舟十六号、神舟十七号任务相继实施，中国空间站进入应用与发展阶段。全球首枚液氧甲烷火箭朱雀二号遥二运载火箭成功发射。量子计算原型机九章三号成功构建。全超导托卡马克核聚变实验装置实现稳态高约束模式等离子体运行 403 秒。全球首座第四代核电站高温气冷堆示范工程投入商业运行。全球首台 16 兆瓦海上风电机组并网发电。C919 大型客机正式投入商业运营。首艘国产大型邮轮完成试航。奋斗者号载人潜水器完成极限深潜。

请你搜集相关资料，观察我国 R&D 经费投入强度对我国经济增长的影响，体会我国科技事业发展的巨大成就。

第十章练习题参考答案

第十一章　主要经济统计指标

【章前阅读】

GDP 指标的形成

20 世纪 30 年代，美国经济大萧条时期，经济学家西蒙·库兹涅茨应国会要求，负责编制一种能反映经济全景的指标。第二次世界大战结束后，这一指标终于问世，即沿用至今的国内生产总值(GDP)。GDP 于 1953 年初步形成，并经过 1968 年和 1993 年两次国民账户体系(SNA)的重大修订，成为全球各经济体普遍采用的经济指标。

GDP 核算方法清晰明了，又以自由市场价格水平为统计基础，核算结果客观可靠，加之核算方法制度统一，有利于各经济体开展国际比较。自 GDP 诞生以来，它逐渐被公认为是衡量国家(地区)经济状况的最佳指标，不仅能够反映一国经济运行状况，还被视为是衡量国力强弱、财富多少，以及承担国际义务的标准。有人甚至将其比作描述经济概况的“卫星云图”，它不仅显示了当下经济状况的完整图像，还可用于预测未来经济走势。

本章将介绍常见的经济统计指标，对于大家了解统计指标、读懂统计数据、开展统计分析都有很好的帮助。

在实际统计工作中，经常使用统计指标和指标体系的概念。本章首先介绍统计指标和指标体系的概念及其设计，然后说明我国常用的国民经济统计指标和企业经济统计指标，以满足对我国实际统计工作中经济统计指标的正确认知和使用。

第一节　统计指标与指标体系

一、统计指标

统计指标(statistical indicators)是说明总体数量特征的概念或概念与具体数值。其主要功能在于反映总体的综合数量特征。例如，国内生产总值、企业增加值等。统计指标具有可量性、综合性和具体性等特点。统计指标反映客观现象的数量属性，所以，统计指标必须能够以数字形式表现，不存在不能够以数字形式表现的统计指标。统计指标说明的是总体而非个体特征。统计指标不是抽象的概念和数字，它总是对具体社会经济现象量的特征的反映。

中华人民共和国各年的国民经济和社会发展统计公报中报告了大量统计指标。实际经济活动中使用的统计指标一般包括六个要素：时间要素、空间范围、指标名称、具体数值、计量单位和计算方法。但在统计设计中作为概念化的统计指标只有指标名称、计量单位和计算方法三大因素。

统计指标按其作用和表现形式不同，可分为总量指标、相对指标和平均指标。具体内容请参见本书第一章的数值型数据的表现形式。

统计指标按其所反映总体数量特征的不同，可分为反映总体数量特征的数量指标和反映总体质量特征的质量指标，数量指标表现为绝对数，质量指标一般表现为相对数和平均数的形式。例如，根据《中国统计年鉴 2022》，2020 年全国互联网上网人数 98899 万人，互联网普及率为 70.4%，其中全国互联网上网人数为数量指标，而互联网普及率则是质量指标。

统计指标按其测度数据的方式不同，可分为直接测度现象数量特征的客观指标和间接测度现象数量特征的主观指标。例如前面的全国互联网上网人数即是客观指标；生活质量指标因为反映了人们对生活质量的心理感受属于对生活质量的间接测度，所以是主观指标。

二、指标体系

指标体系(system of indicators)是指由若干相互联系的统计指标所构成的整体。其主要功能在于全面反映统计对象的数量特征和数量关系。例如，居民收入和消费指标体系、卫生统计指标体系等。指标体系的形成是由研究现象的复杂性决定的，一个指标只能反映现象的某一方面的特征，为了全面认识现象、把握现象的基本数量规律，就必须通过指标体系来完成。

按指标体系的范围不同，可分为宏观指标体系和微观指标体系。宏观指标体系是指反映全国范围内社会经济现象数量特征的统计指标体系，如我国工业企业经济效益统计指标体系；微观指标体系是指反映基层单位运行与管理情况的指标体系，如反映某一工业企业经济效益情况的指标体系。

按指标体系的内容不同，可分为国民经济指标体系、社会指标体系及科学技术指标体系。国民经济指标体系是指反映整个社会生产、流通、分配、消费等社会再生产过程和条件的指标体系，如国民经济宏观调控指标体系。社会指标体系是指反映社会状况的指标体系，如人口统计指标体系。科学技术指标体系是指反映科学技术发展水平及变化等情况的指标体系，如科研成果数量及质量指标体系。

按指标体系的作用不同，可分为基本指标体系和专题指标体系。基本指标体系是指反映社会经济基本情况的指标体系，如我国国民经济核算指标体系。专题指标体系是指反映某方面社会经济问题的指标体系，如能源指标体系。

三、统计指标设计原则

在统计指标设计时，统计指标是说明总体数量特征的概念。根据统计指标的这一定义，为体现统计指标对社会经济现象数量特征的综合与概括，在设计统计指标时应遵循下列原则。

(一) 指标必须具有明确的含义与理论依据

指标名称的设计要与有关的理论科学规定相一致，如果指标含义不明确或不正确，不仅不能统计出正确的数据，而且可能产生错误的研究结论。

(二) 指标的计算口径要明确

指标反映的是客观现象总体的数量特征，客观现象总是在一定时间、空间等条件下存在的，所以设计统计指标口径首先必须明确统计指标所属的时间和空间范围。同时，由于现象的复杂性，还应注意哪些内容应计入统计指标，哪些内容不能计入统计指标，为此在实际工作中往往有着一些具体规定，对于特殊问题还会做出特别处理，不同历史时期还会做出相应的变动。

(三) 指标要有科学的计算方法

科学的计算方法是保证获得准确统计数据的又一重要环节，如果计算方法不科学，甚至过于复杂，都不利于保证指标数据的准确性，所以统计指标的计算方法设计必须科学、简明，便于操作。

(四) 指标要有明确的计量形式

不同的统计指标具有不同的计量形式，明确统计指标的计量形式也是获取准确统计指标数据的要求。总量指标需要设计实物单位、货币单位、劳动量单位；相对指标根据情况可设计无名数或有名数；平均指标根据研究的数据不同也可以设计不同的计量形式，绝对数据的平均数必须是有名数，且往往是复名数，而相对数的平均数往往是无名数的计量形式。

四、统计指标体系设计原则

统计学的中心任务，就是要制定一套科学的统计指标体系，并用一套科学的方法来搜集统计指标的数值以及分析现象之间的数量关系。在设计统计指标体系时应遵循下列原则。

(一) 科学性

统计指标体系的设计要符合客观认识对象本身的性质及特点，这是设计统计指标体系的科学性原则。科学性原则是设计统计指标体系的基本出发点，在考虑指标数量、核心指标、指标口径、计量形式、计算方法等问题时都要遵循这一原则。

(二) 目的性

由于客观现象本身具有若干特征，因此可以设计许许多多的指标对其进行反映。但是，选择哪些指标进行考核或观察，选择哪个指标作为核心指标，以及怎样确定这些指标的口径、计算时间和计算方法，都要考虑管理的要求或研究目的，这是设计统计指标体系的目的性原则。

(三) 整体性

认识和研究统计总体要使用统计指标体系，统计指标体系之内的各指标在口径、时间、空间、方法等方面并非是彼此孤立的，而是相互联系的，这是设计统计指标体系的整体性原则。若各指标在口径、时间、空间、方法等方面，彼此缺乏联系，那么，所设计的统计指标体系就无法从整体上反映所研究对象的数量特征，从而也就无法反映总体的内在数量规律。

第二节　国民经济统计的主要指标

一、国民经济统计主要总量指标

国民经济的主要总量指标，是按照国民经济活动的循环过程来设置的，包括生产、收入分配、最终使用等流量指标和资产负债存量指标。下面介绍几个最主要的总量指标。

(一) 生产总量指标

生产是国民经济活动的出发点，是社会总供给形成的源泉。因此，国民经济生产总量指标是国民经济统计指标体系的最基本内容之一。

1. 总产出

总产出(output)指常住单位在一定时期内生产的所有货物和服务的总价值，既包括新增价值，也包括转移价值，它反映常住单位生产活动的总规模。从实物构成上看，总产出包括中间产品和最终产品，后者是被最终用于消费、投资和出口的产品，而前者则是被其他生产过程所消耗的产品。从价值形态上看，总产出包括中间投入和最初投入两部分价值，前者是指为生产这些产品而消耗的其他中间产品价值，即转移价值；后者就是增加值，是生产过程中新创造的价值及固定资产折旧价值之和。

从经济总体角度看，总产出并不能反映生产的最终成果，从某种意义上说，它是一个流转额指标，因为总产出包含了转移价值，存在着大量的重复计算，因此不能作为衡量国民经济发展速度、结构、效益等问题的基本总量指标。但它可作为计算其他生产成果指标的一个基础指标，并且在研究某些特定经济问题时仍有其一定的作用。

总产出的一般计算公式为

$$\text{总产出} = \text{中间投入} + \text{增加值} \tag{11.1}$$

国民经济总体的总产出是常住单位的总产出之和，也是各产业部门的总产出之和，通常称为国内总产出，其计算公式为

$$\text{国内总产出} = \sum \text{各产业部门总产出} \tag{11.2}$$

总产出一般按生产者价格计算。某产业部门的总产出是该部门中产业活动单位总产出之和。不同部门具有不同的活动特点，其总产出有不同的计算方法：农林牧渔业总产出采用“产品法”计算，即凡有产品产量的农产品均按产量乘以单位产品价格的方法计算；工业总产出一般按“工厂法”计算，即以工业企业作为一个整体，按企业工业生产活动的最终成果计算总产出，同一企业内部产品价值不允许重复计算；建筑业则类似于“工厂法”，从施工企业和自营建设单位的建筑生产活动角度入手直接计算；第三产业的总产出核算最为复杂，例如，交通运输、电信邮政、住宿餐饮的总产出等于其营业收入，批发和零售贸易业总产出等于其商业附加费(销售收入减销售成本)，银行业总产出等于金融媒介服务活动的虚拟服务费收入加实际服务费收入；非营利性服务单位总产出一般按经常业务活动支出进行计算。各产业活动单位总产出的具体计算方法见本章第三节有关内容。

2. 中间产品与最终产品

产出按其使用去向或使用性质的不同，可划分为中间产品(intermediate product)和最终产品(final product)两大类别。中间产品与最终产品是一组相对的概念，在这里，它们都是从整个国民经济总体的角度考虑问题的。之所以区分中间产品与最终产品，是为了能够准确计量国民经济生产活动的成果。

如果不做这种区分，而是单纯根据基本生产单位的产出加以合计，人们得到的只能是总产出指标，用于反映国民经济生产活动的流转规模，但无法衡量国民经济生产活动的最终成果。

(1) 中间产品。所谓中间产品，就是在核算期内生产出来又在本核算期内被消耗掉或被进一步加工，构成其他产品生产费用的那部分产品。中间产品通常包括生产过程中消耗的各种原材料、辅助材料、燃料、动力、低值易耗品和为生产过程提供的有关服务等。

(2) 最终产品。所谓最终产品，是指在核算期内生产出来并且在本核算期内未被进一步加工或消耗，可供最终使用的那些产品。理论上说，最终产品应包括以下内容：①用于消费的各种货物和服务；②用于固定资产投资以及增加存货的有关货物；③用于出口的有关货物和

服务。

3. 增加值

增加值(value added)是指从总产出中减去中间投入(intermediate input)价值后的余额，反映生产者生产活动的最终成果。增加值的价值构成是：固定资产的转移价值和劳动者新创造的价值。增加值的计算公式为

从生产角度：

$$增加值=总产出-中间投入 \tag{11.3}$$

从收入分配角度：

$$增加值=固定资本消耗+劳动者报酬+生产税净额+营业盈余 \tag{11.4}$$

上述式(11.3)中的中间投入是指在生产经营过程中消耗或转换的货物与服务价值，又被称为中间消耗(intermediate consumption)。记入中间投入必须具备两个条件：①必须是其他生产者的总产出；②本期消耗的非耐用性的货物或服务。

若从增加值中扣除固定资产转移价值后的余额，称为净增加值(net value added)。净增加值由于不包括任何转移价值，完全由当期劳动者新创造价值构成，在此意义上说它是最为“纯净”的生产总量指标，但从实际工作看，出于计算方便和价值量与实物量相统一的原因，净增加值的应用地位远远不及增加值。净增加值的计算公式为

$$净增加值=增加值-固定资产转移价值 \tag{11.5}$$

4. 国内生产总值

国内生产总值(gross domestic product，GDP)是一个国家或地区的所有常住单位在一定时期内所生产和提供的最终使用的货物和服务的总价值。国内生产总值从实物形态上考察，它是一定时期全社会各种消费品、投资品以及净出口产品和服务的总和；从价值形态看，它包括固定资本消耗和新创造价值两部分，是各产业部门增加值的总和。国内生产总值是国民经济核算体系的核心总量指标，是衡量一个国家或地区经济发展水平，反映经济发展速度、比例和经济效益的基本总量指标。

从生产角度，国内生产总值等于各部门增加值之和；从收入角度，国内生产总值等于固定资本消耗、劳动者报酬、生产税净额和营业盈余之和；从支出角度，国内生产总值等于最终消费、资本形成总额和净出口之和。因此，国内生产总值的计算，有生产法、收入法和支出法三种。

生产法：又称为增加值法，是从生产角度来计算国内生产总值。计算公式为

$$国内生产总值=\sum各部门增加值=\sum部门总产出-\sum部门中间投入 \tag{11.6}$$

收入法：又称为分配法，是从分配或收入角度来计算国内生产总值。计算公式为

$$国内生产总值=固定资本消耗+劳动者报酬+生产税净额+营业盈余 \tag{11.7}$$

支出法：又称为使用法，是根据最终产品的使用去向来计算国内生产总值。计算公式为

$$国内生产总值=最终消费+资本形成总额+(出口-进口) \tag{11.8}$$

以上三种方法计算的国内生产总值，理论上讲应当相等，称为“三面等值”原则。但是，由于资料来源等多方面原因，实践中三种方法计算的结果会存在差异，这种差异通常作为统计误差对待。

国内生产净值(net domestic product，NDP)是国民经济总体中各产业部门一定时期所生产的净最终产品的总量指标。国内生产净值可仿照国内生产总值的三种方法计算，但在具备国

内生产总值资料的情况下，常常用国内生产总值扣除固定资本消耗(折旧)来求得。计算公式为

$$国内生产净值 = 国内生产总值 - 固定资本消耗 \tag{11.9}$$

(二) 收入分配指标

国民收入分配通常是指国民经济生产活动所创造的产品(价值)分配给社会各方面形成的所有收支活动。

1. 国民总收入

国民收入分配是一个复杂的过程，理论上分为收入初次分配和收入再分配两个过程。收入初次分配，是指按照各生产要素所有者和政府对生产的参与状况和贡献，对生产成果的分配，从经济总体角度其结果形成国民总收入。

国民总收入(gross national income，GNI)，过去称为国民生产总值(gross national product，GNP)，是指在一定时期内，一个国家或地区的常住单位，在国民经济初次分配中获得的初始收入总和。该指标不是一个生产(增加值)概念，而是一个收入概念，它反映的是本国常住单位初始收入的总和，因此，在联合国 1993 年 SNA 中，已正式将国民生产总值改称为国民总收入。

国民总收入与国内生产总值存在密切的核算关系，国民总收入等于国内生产总值加上来自国外的净要素收入。而要素收入包括劳动收入(劳动者报酬)和财产收入(投资收入和地租)两项内容。计算公式如下

$$\begin{aligned}国民总收入 &= 国内生产总值 + (来自国外的要素收入 - 支付国外的要素收入)\\ &= 国内生产总值 + 来自国外的要素收入净额 \end{aligned} \tag{11.10}$$

国民净收入(net national income，NNI)，就是过去的国民生产净值(net national product，NNP)，它等于国民总收入减去固定资本消耗后的余额。其计算公式如下

$$国民净收入 = 国民总收入 - 固定资本消耗 \tag{11.11}$$

$$国民净收入 = 国内生产净值 + 来自国外的要素收入净额 \tag{11.12}$$

2. 国民可支配收入

收入再分配是指在初次分配形成初始收入基础上，在各机构部门之间通过转移收支所实现的收入分配。

所谓“转移”(transfer)，是指一个机构单位向另一个机构单位提供货物、服务或资产等各种资源，而不从后者那里收取任何资源作为对等回报的行为，因此，它是“单方面”的交易。由转移行为所产生的收支即为转移收支。转移可分为经常转移(current transfer)和资本转移(capital transfer)，区分二者的根据是转移的对象是否是资产，或是否与资产形成有关，如果是资产，则为资本转移，否则为经常转移；如果转移的对象本身不是资产，但接受转移的一方要以形成资产为目的使用所获得的转移，则应归入资本转移，否则为经常转移。收入再分配中的转移收支是指经常转移收支，具体包括所得税等经常税收支、社会保障缴款和社会保险福利收支、社会救济福利收支和其他经常转移收支等。

对于国民经济总体而言，通过再分配形成的收入称为国民可支配收入(national disposable income)。具体来说有两个指标，即国民可支配总收入和国民可支配净收入。

国民可支配总收入，是指一国在收入初次分配获得的原始收入基础上，经过与国外的经常转移收支后可最终用于消费和投资的收入。其计算公式为

$$国民可支配总收入=\sum 各机构部门可支配总收入$$
$$=国民总收入+来自国外的经常转移收支净额 \tag{11.13}$$

从国民可支配总收入中扣除固定资本消耗，就是国民可支配净收入。其计算公式为

$$国民可支配净收入=\sum 各机构部门可支配净收入$$
$$=国民可支配总收入-固定资本消耗 \tag{11.14}$$

(三) 最终使用指标

国民收入使用是指国民经济产品的最终使用。根据最终产品的使用去向，最终支出体现为以下三个方面：为非生产性消费而花费的支出，即最终消费支出；为投资积累形成非金融资产而花费的支出，即资本形成；最后是出口到国外的部分，即外国人为购买该国货物和服务而花费的支出。

1. 最终消费支出

最终消费(final consumption)是指本国常住单位在一定时期内用于最终消费的货物或服务的价值总量。从消费内容上看，最终消费中包括货物消费和服务消费两部分；从消费行为主体看，最终消费包括住户、政府和为住户服务的非营利机构的消费三部分。站在消费者角度看，消费者为获得这些货物和服务所花费的支出，被称为最终消费支出，其计算公式为

$$最终消费支出=居民消费支出+政府消费支出$$
$$+为住户服务的非营利机构的消费支出 \tag{11.15}$$

居民消费支出，是指核算期内由居民个人直接购买消费性货物或服务所花费的支出。居民消费支出除了直接以货币形式购买的货物和服务的消费支出外，还包括以其他方式获得的货物和服务的消费支出，后者称为虚拟消费支出。居民虚拟消费支出主要包括：单位以实物报酬及实物转移的形式提供给劳动者的货物和服务；住户生产用于自身消费的货物(如自产自用的农产品)，以及纳入生产核算范围并用于自身消费的服务(如住户的自有住房服务)；银行和保险机构提供的间接计算的金融服务。

政府消费支出指广义政府部门承担的公共服务支出、个人消费货物和服务支出。其中，公共服务支出主要包括国家安全和国防、行政管理、维护社会秩序和环境保护等方面的支出，它等于政府服务的产出价值减去政府机构有偿提供服务所获收入的差额。政府承担的个人消费货物和服务支出主要包括政府在医疗卫生、养老、教育、文化娱乐和社会保障等方面的支出，等于政府部门免费或以没有显著经济意义的价格向居民提供的货物和服务市场价值减去向居民收取的费用。

为住户服务的非营利机构消费支出指为住户服务的非营利机构承担的个人消费性货物和服务支出，以及可能的公共消费性服务支出，如为住户提供的医疗卫生、教育、文化娱乐、体育等货物和服务。

2. 资本形成总额

资本形成总额(total of capital formation)是通过交易形成的生产资产积累，包括固定资本形成总额、存货变动和贵重物品获得减处置。资本形成体现为国民财产在核算期内的增加额，属于积累的范畴。计算公式为

$$资本形成总额=固定资本形成总额+存货变动+贵重物品获得减处置 \tag{11.16}$$

固定资本形成总额指生产者获得减处置的固定资产价值，加上附着于非生产资产价值上

的某些特定支出，如所有权转移费用。固定资产是生产活动生产的，在生产活动中使用一年以上、单位价值在规定标准以上的资产，不包括自然资产、耐用消费品、小型工器具。固定资本形成总额包括住宅、其他建筑和构筑物、机器和设备、培育性生物资源、知识产权产品的获得减处置和非生产资产所有权转移费用等。其中，知识产权产品中的研究与开发仅限于能够为所有者带来经济利益的部分。固定资本形成总额按购买者价格计算，在所有权发生变化时记录。

存货变动指常住单位存货实物量变动的市场价值，即期末价值减期初价值的差额，其中不包括核算期内由于价格变动而产生的持有损益。存货既包括生产单位购进的原材料、燃料和储备物资等存货，也包括生产单位生产的产成品、在制品和半成品等存货。存货变动可以是正值，也可以是负值，正值表示存货增加，负值表示存货减少。

贵重物品主要包括用于投资的贵金属、宝石、古董和其他贵重物品。贵重物品获得减处置指贵重物品持有者获得的贵重物品减处置的贵重物品后的价值。贵重物品应按市场交易价格估价，同时也要计入交易活动所产生的所有权转移费用。

(四) 国民总储蓄

总储蓄(aggregate savings)是指可支配总收入减去最终消费后的余额，即各机构部门的现期收入与现期支出的差额。国民总储蓄指各机构部门的总储蓄之和，同时也是国民可支配总收入扣除最终消费支出后的额。国民总储蓄分为国民净储蓄和固定资本消耗。其计算公式为

$$\begin{aligned}\text{国民总储蓄} &= \text{国民可支配总收入} - \text{最终消费支出} \\ &= \text{国民净储蓄} + \text{固定资本消耗}\end{aligned} \tag{11.17}$$

国民净储蓄(national net savings)是指国民可支配净收入减去最终消费后的余额，或国民总储蓄扣除固定资本消耗后的余额。其计算公式为

$$\begin{aligned}\text{国民净储蓄} &= \text{国民可支配净收入} - \text{最终消费支出} \\ &= \text{国民总储蓄} - \text{固定资本消耗}\end{aligned} \tag{11.18}$$

(五) 国民财富

国民财富(national wealth)是国民经济的存量指标，是指一个国家在特定时点上所拥有的一切财富的总和。国民财富从来源角度包括国民财产和自然资源两部分。

对于国民财富，其概念有三个方面的规定性：一是国民财富是物质财富与精神财富的总和；二是国民财富既含有已开发出来的财富，又含有存在于大自然中的财富；三是国民财富中的物质财富是非金融资产与金融资产的融合体。

由于国民财产包含了一国的非金融资产和金融资产，而非金融资产可分为生产资产与非生产资产，自然资源如土地、森林、矿藏等在资产分类中已作为资产涵盖在其中。在实际的国民财富统计核算中，国民财富并没有根据其定义的来源角度进行核算，而是根据国民资产的分类形式和自然资源的相应处理来计算。其基本公式为

$$\text{国民财富} = \text{非金融资产} + \text{国外净金融资产} \tag{11.19}$$

在国民资产负债表中，将各机构部门的净值加总就是一国的国民财富。其中的净值按下式计算：

$$\text{净值} = \text{非金融资产} + \text{金融资产} - \text{负债} \tag{11.20}$$

二、国民经济统计的主要分析指标

(一) 经济增长率

通常以 GDP 作为核算经济增长率的基础指标，以 GDP 增长率来表示经济增长率，且通常使用年度数据进行计算。因此，经济增长率的计算公式为

$$\text{经济增长率} = (\text{报告年 GDP} - \text{基年 GDP}) \div \text{基年 GDP} = \text{经济发展速度} - 1 \tag{11.21}$$

根据计算过程中所使用的 GDP 是现价还是不变价数据，经济增长率分为名义经济增长率和实际经济增长率两种。名义经济增长率就是按现价 GDP 计算的经济增长率；实际经济增长率就是按不变价或可比价 GDP 计算的经济增长率。二者通过 GDP 价格指数联系了起来，即

$$1 + \text{名义经济增长率} = (1 + \text{实际经济增长率}) \times \text{GDP 价格指数} \tag{11.22}$$

由此可以得到

$$\text{实际经济增长率} = (1 + \text{名义经济增长率}) \div \text{GDP 价格指数} - 1 \tag{11.23}$$

在经济增长分析中，对于较长的研究时期通常计算年平均经济增长率，它通常根据年平均经济发展速度减去 1 而得到。其计算公式为

$$\text{年平均经济增长率} = \sqrt[n-1]{\frac{\text{第}n\text{年的国内生产值}}{\text{第1年的国内生产值}}} - 1 = \text{年平均经济发展速度} - 1(\text{或}100\%) \tag{11.24}$$

为了反映国民经济生产发展的真实水平，还需要结合人口状况计算人均国内生产总值的年平均增长率指标。计算公式为

$$\text{人均国内生产值年平均增长率} = \sqrt[n-1]{\frac{\text{第}n\text{年的人均国内生产总值}}{\text{第1年的人均国内生产总值}}} - 1 \tag{11.25}$$

$$\text{人均国内生产值} = \frac{\text{国内生产总值}}{\text{同期全国平均人口数}} \tag{11.26}$$

注意，上面的计算公式中的国内生产总值和人均国内生产总值指标，均应采用可比价格计算，以保证不同时期指标的可比性。

(二) 生产率

经济效益问题是国民经济发展的中心问题，因此，对国民经济生产活动的效益进行分析是十分重要的。反映国民经济生产效益最综合、最基本的指标是生产率(production rate)。生产率是生产活动中投入与产出之比。根据投入生产的要素不同，可分为劳动生产率、资本生产率和综合要素生产率。

1. 劳动生产率

劳动生产率是指产出的成果与投入的劳动量之比，说明劳动投入的生产效率。从国民经济角度来考察劳动生产率，所用的指标是全社会劳动生产率。其计算公式为

$$\text{全社会劳动生产率} = \frac{\text{一定时期国内生产总值}}{\text{同期全社会劳动者平均人数}} \tag{11.27}$$

2. 资本生产率

资本生产率是指单位资本所产出的产品数量，又称为资本产出率。我国用资金产值率来反映整个国民经济资本生产率。其计算公式为

$$资金产值率=\frac{国内生产总值}{固定资金平均净值+流动资金平均占用金额} \tag{11.28}$$

3. 综合要素生产率

综合要素生产率是指产出量与劳动和资本综合投入量之比，又称全要素生产率，说明整个生产要素的综合使用效率。宏观角度的综合要素生产率可用下式表示

$$综合要素生产率=\frac{国内生产总值}{国内经济生产综合投入} \tag{11.29}$$

式中，综合投入是指各生产要素投入量与其相应的投入边际产出率的加权平均数。

(三) 消费率与投资率

消费率(consumption rate)又称最终消费率，是指一个国家或地区在一定时期内(通常为 1 年)的最终消费占当年 GDP 的比率。它反映了一个国家生产的产品用于最终消费的比重，一般按现行价格计算。其计算公式为

$$最终消费率=\frac{最终消费支出}{支出法国内生产总值} \tag{11.30}$$

投资率(investment rate)又称资本形成率，通常是指资本形成总额占国内生产总值的比率。投资率能更全面地反映建设与生产之间的关系，是反映经济冷热的敏感指标之一。

$$资本形成率=\frac{资本形成总额}{支出法国内生产总值} \tag{11.31}$$

在国内生产总值一定且净出口保持基本稳定的情况下，资本形成总额和最终消费额是此消彼长的。一个国家(或地区)的 GDP 如果用于投资的部分多了，投资率就会提升，那么可用于现期消费的部分就减少了，消费率就相对降低。但从长期来看，消费应是拉动经济增长的主要源泉。

计算最终消费率、资本形成率的必要性体现在以下两个方面：其一，在国民经济宏观管理中，最终产品在积累与消费之间的分配是一个重要的比例关系，它关系到当期消费与未来消费的关系，关系到未来生产基础的扩大，在一定程度上说，关系到国民经济的可持续增长；其二，消费、积累、国外代表了不同方面对 GDP 的需求，分别计算最终消费率、资本形成率以及净出口占 GDP 比重，可以反映不同需求要素对于当期 GDP 的贡献。

(四) 外贸依存度

外贸依存度(dependence on foreign trade)是指一国的货物和服务进出口总值占该国的国内生产总值或国民总收入的比重，是反映一个国家的对外贸易活动对该国经济发展的影响和依赖程度的经济分析指标。从最终需求拉动经济增长的角度看，该指标还可以反映一个国家经济的外向程度。其计算公式为

$$外贸依存度=\frac{进出口总值}{国内生产总值}\times 100\%=\frac{进口总值+出口总值}{国内生产总值}\times 100\% \tag{11.32}$$

外贸依存度还可以用进出口总值占国民总收入的比重来表示。其计算公式为

$$外贸依存度=\frac{进出口总值}{国民总收入}\times 100\% \tag{11.33}$$

现实应用中，外贸依存度的计算方法和名称会根据分析问题的角度不同而有所差别，当只观察国际市场需求对该国经济发展的影响时，可不考虑进口对该国市场的影响，使用“外贸出口依存度”，其计算方法是：用出口总值与国内生产总值之比，乘以百分数求得。其数值越大表明该国经济发展对国外市场的依赖程度越高，也反映国际市场对该国货物和服务产品的认可程度越高，对该国经济的拉动作用越强。当需要分析一国经济对进口贸易的依赖程度的大小，或者要反映一国市场对外的开放程度时，可以计算“外贸进口依存度”，用进口总值与国内生产总值之比，乘以百分数来求得。

(五) 洛伦兹曲线与基尼系数

洛伦兹曲线(Lorenz curve)是一种反映收入分配公平程度的曲线，它由美国统计学家洛伦兹提出，洛伦兹曲线示意图见图 10.1。

图 11.1 中，*OI* 表示累计收入百分比，*OP* 表示累计家庭数百分比。连接两对角的 *OC* 线是绝对平均线，此线上的任何一点都表示在总家庭户数中一定百分比的家庭所拥有的收入，在总收入中也占相同的百分比。*OPC* 线是绝对不平均曲线，意味着在所有的家庭中，除一个家庭外，其余家庭的收入都为零，而这最后一个家庭得到收入的全部。事实上，收入分配既不会是绝对平均，也不会是绝对不平均，而是介于二者之间，正如图 11.1 中虚线 *OC* 所示，这条虚线就是洛伦兹曲线。在实际收入分配中，若该曲线越接近绝对平均线，表明社会收入分配越平均，反之，若该曲线越接近绝对不平均线，则表明社会收入分配越不平均。

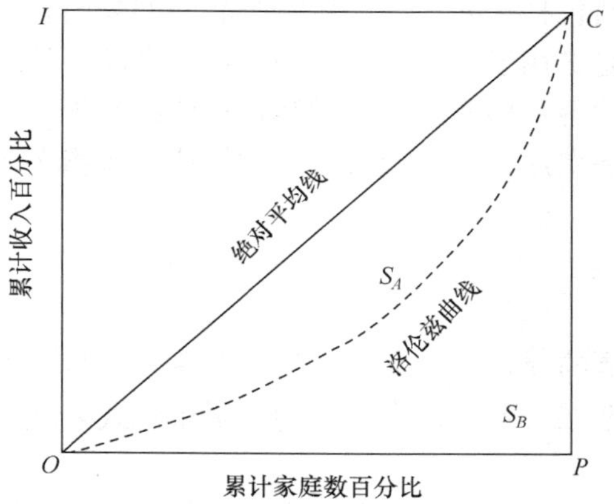

图 11.1　洛伦兹曲线示意图

基尼系数(Gini coefficient)是根据洛伦兹曲线来计算的测定收入分配差异程度的量化指标，由意大利经济学家基尼提出。其计算公式为

$$基尼系数=\frac{S_A}{S_A+S_B} \tag{11.34}$$

式(10.34)中，S_A 表示实际收入分配曲线(洛伦兹曲线)与绝对平均线之间的面积；S_B 表示实际收入分配曲线与绝对不平均曲线之间的面积。

基尼系数在 0 和 1 之间取值。系数越小，表示收入分配越平均；系数越大，表示收入分配越不平均。0.4 是国际公认的基尼系数警戒线，超过 0.4 越多，意味着收入差距越大。

(六) 恩格尔系数

恩格尔系数(Engel coefficient)是食品支出占居民消费总支出的比重，这个指标由德国统计学家恩格尔提出，用来衡量居民消费水平的高低情况。其计算公式为

$$\text{恩格尔系数}=\frac{\text{食品支出}}{\text{消费总支出}} \tag{11.35}$$

恩格尔系数越小，表明消费水平越高，生活就越富裕；反之，恩格尔系数越大，表明消费水平越低，生活就越贫困。因此，在我国建立的小康社会评价指标体系中，恩格尔系数是其中一项重要指标。

第三节　企业经济统计的主要指标

一、企业生产统计的主要指标

企业生产统计的主要指标是对一定时期内企业生产经营成果的概括反映，其数值大小表明企业生产经营成果所达到的规模与水平，同时也是计算企业经济效益指标的基础。

(一) 总产值

总产值(gross output)是指一定时期内企业生产或提供的以货币形式表现的全部企业产品的价值总量。其主要作用在于反映企业生产总量。

从实物构成看，总产值包括中间产品和最终产品两部分内容。中间产品是被其他生产过程消耗的产品，最终产品是被用于消费、积累和出口的产品。从价值形态看，总产值包括中间投入和最初投入两部分内容。中间投入，即转移价值，是指企业在生产过程中外购的物质产品价值和对外支付的服务费用；最初投入，即增加值，是指企业在生产过程中追加到劳动对象上的价值。

1. 货物生产企业总产值

1) 工业总产值

工业是指从事自然资源的开采，对采掘品和农产品进行加工和再加工的货物生产部门。

工业总产值是工业企业在一定时期内生产的以货币形式表现的工业产品总价值。工业总产出等于工业总产值。

由于工业产品品种相对较多，所以工业总产值一般采用“工厂法”计算，即以整个工业企业为统计单位(而不是以企业内部的车间为统计单位)，对企业从事工业生产活动的最终成果进行计算，同一企业内部不同生产车间相互提供的中间产品不允许重复计算，即企业内部不允许转移价值的重复计算，但是在企业与企业之间允许转移价值的重复计算，以便反映企业之间的经济周转和生产联系。

工业总产值首先按“现行价格”计算。现行价格是指企业在报告期内销售产品的实际出厂价格，即不包括应交增值税中的销项税价格。没有出厂价格的项目，如自制设备，按实际成本计算。

$$\begin{aligned}\text{工业总产值}=&\text{成品价值}+\text{对外加工费收入}\\&+\text{自制半成品、在制品期末期初结存差额价值}\end{aligned} \tag{11.36}$$

其中，成品价值主要包括：

(1) 成品价值，是指本企业在报告期内生产的、经检验合格并已包装入库，或者虽未入库，但已办理入库手续的产品价值。准备销售和已经销售的半成品，视为本企业成品，将其价值计入总产值。

(2) 自制自用产品价值，是指报告期本企业生产的，供本企业其他非工业生产者如基建部门、生活福利部门等单位使用的企业自制工业产品价值。

(3) 自制自用设备价值，是指报告期本企业生产的，供本企业工业生产自用的，构成固定资产并已转入财务账目的企业自制自用设备价值。

(4) 副产品及其他产品价值，是指企业利用废水、废气、废料生产的，已经销售或准备销售的各种副产品价值，以及由本企业在报告期生产的包装器材价值。应当注意的是，可反复使用的自制包装器材价值只应在报告期一次计入产值，可反复使用的外购包装器材不计入本企业产值。

对外加工费收入主要包括：

(1) 企业在报告期内已完成的对外承做的工业品加工(包括用订货者来料加工生产的成品)的加工费收入。

(2) 企业在报告期内已完成的对外工业品修理作业取得的修理费收入。

对外加工费收入中不包括销项税额。

自制半成品、在制品期末期初结存差额价值主要包括：

(1) 企业自制的半成品、在制品期初结存价值是上期生产成果，已计入上期产值，由于其价值已转入本期成品价值中，应从本期产值中加以扣除。

(2) 企业自制的半成品、在制品期末结存价值是本期生产成果，作为储备用于下期工业生产，属于企业本期生产的最终产品，应计入本期产值。因此，在工业总产值计算中，应加上半成品、在制品期末结存价值，扣除半成品、在制品期初结存价值，即等于在总产值中加上半成品、在制品期末期初结存的差额价值。

自制半成品、在制品期末期初结存差额价值的计算原则：会计成本核算中计算自制半成品、在制品成本，则统计上就计算差额价值；反之，会计成本核算中不计算它们的成本，则统计上也就不计算其差额价值。

2) 农业总产值

农业是农、林、牧、渔业的统称。农业总产值是农业企业在一定时期内生产的以货币形式表现的农、林、牧、渔业全部产品和对农、林、牧、渔业生产活动进行的各种支持性服务活动的价值总量。

由于农产品品种相对较少，产品形态基本不变，所以农业总产值有条件也有必要采用“产品法”计算。产品法就是将农业企业在一定时期内生产的全部农业产品，无论其是否用于下一环节的生产过程，都将其产品产量按相应价格计算产值。

$$\text{农业总产值}=\text{种植业产值}+\text{林业产值}+\text{牧业产值}+\text{渔业产值} \tag{11.37}$$

农业总产值的计算通常是先按农、林、牧、渔业产品及其副产品的产量分别乘以各自单位产品价格求得四业产品产值(少数生产周期较长，当年没有产品或产品产量不易统计的，则采用间接方法匡算其产值)，然后再将四业产品产值与农、林、牧、渔服务业产值相加即为农业总产值。农、林、牧、渔业总产出等于农业总产值。

农业总产值主要包括以下内容：

(1) 种植业产值和野生植物采集等农业产品产值。

(2) 人造林产值、林果产品产值以及竹木采伐产值。

(3) 牧畜饲养产值、家禽饲养产值、活的禽畜产品产值、捕猎野禽野畜产值以及其他动物饲养产值。

(4) 捕捞的海水产品产值和淡水产品产值。

3) 建筑业总产值

建筑业是指从事房屋、构筑物建造和设备安装活动的法人企业。

建筑业产品是建筑安装生产企业的产出成果，其特点是位置固定，具有较强的个体性和独立性。因此建筑业总产值采用“工厂法”与“产品法”相结合的统计方法，即针对各个建筑安装生产企业分别计算各项建筑产品的总产值。

建筑业总产值是以货币形式表现的建筑业企业在一定时期内生产的建筑业产品和提供服务的总和。建筑业总产出等于建筑业总产值。

$$\text{建筑业总产值} = \text{建筑工程产值} + \text{设备安装工程产值} + \text{其他产值} \tag{11.38}$$

建筑业总产值具体包括以下三方面内容：

(1) 设备建筑工程产值，是指列入建筑工程预算内的各种工程价值。

(2) 设备安装工程产值，是指设备安装工程价值，不包括被安装设备本身的价值，即只计算安装服务价值。

(3) 其他产值，是指建筑业总产值中除建筑工程、安装工程以外的产值。它包括房屋构筑物修理产值、非标准设备制造产值和装饰装修产出、总包企业向分包企业收取的管理费以及不能明确划分的施工活动所完成的产值。其中，房屋构筑物修理产值不包括被修理房屋构筑物本身价值；非标准设备制造产值是指加工制造没有定型的非标准生产设备的加工费和原材料价值(如化工厂、炼油厂用的各种罐、槽，矿井生产统一使用的各种漏斗、三角槽、阀门等)以及附属加工厂为本企业承建工程制作的非标准设备的价值。

2. 服务生产企业总产值

1) 营利性服务生产企业总产值

营利性服务生产企业包括批发零售贸易业、金融服务业等，是以营利为目的的服务企业。

贸易企业服务总值(总产值)是一定时期内贸易企业劳动者从事商品经营活动而实现的追加价值总量，即销售商品的进销差价，也就是平常说的销售毛利。

$$\begin{aligned}\text{贸易企业服务总值} = &\ \text{按销售价格计算的本期已售商品总额}\\ &-\text{按购进价格计算的本期已售商品总额}\\ &-\text{本期对外支付的运费、邮电费}\end{aligned} \tag{11.39}$$

金融企业服务总值(总产值)是金融企业提供金融中介服务及其辅助服务或其他商业服务所取得的收入。金融中介服务的服务总值为间接计算的金融中介服务产出(financial intermediation service indirectly measured, FISIM)，按参考利率法计算。

$$\begin{aligned}&\text{FISIM产出}\\ &= \text{存款额} \times (\text{参考利率} - \text{存款利率}) + \text{贷款额} \times (\text{贷款利率} - \text{参考利率})\\ &= \text{应收利息收入} - \text{应付利息支出} + (\text{存款额} - \text{贷款额}) \times \text{参考利率}\end{aligned} \tag{11.40}$$

金融辅助活动是直接收取费用的，故按直接收费收入计算总产值。所以金融企业的总产值为

$$\text{金融企业服务总值} = \text{FISIM产出} + \text{直接收费的金融服务产出} \tag{11.41}$$

2) 非营利性服务生产企业总产值

非营利性服务是不以营利为目的的服务，如为住户服务的非营利机构提供的服务，其服务总产值的计算通常采用以下公式计算。

$$非营利性服务生产企业总产值=经常性费用支出+固定资产折旧 \tag{11.42}$$

(二) 增加值

增加值(added value)是指一定时期内企业通过生产活动附加到劳动对象上的价值。其主要作用在于反映本企业在生产过程中对国内生产总值的贡献。

1. 货物生产企业增加值

1) 工业增加值

工业增加值是工业企业在一定时期内通过工业生产活动追加到劳动对象上的价值。工业增加值的计算有生产法和收入法两种。

生产法工业增加值的计算公式为

$$工业增加值=工业总产值-工业中间投入+应交增值税 \tag{11.43}$$

工业中间投入由直接材料、制造费用、管理费用、产品销售费用、财务费用中的中间投入五部分组成，应根据会计资料计算。

(1) 直接材料由产品生产成本报表中的“直接材料”取得。

(2) 制造费用中的中间投入由制造费用报表取得，计算方法为

$$制造费用中的中间投入=制造费用合计-工资-福利-折旧费-差旅费中的个人所得 \tag{11.44}$$

(3) 管理费用中的中间投入由管理费用报表取得，计算方法为

$$\begin{aligned}管理费用中的中间投入=&管理费用合计-工资-福利-社保费-住房公积金\\&-折旧费-税金-差旅费中的个人所得-工会费中的付给职工部分\end{aligned} \tag{11.45}$$

(4) 产品销售费用中的中间投入由销售费用报表取得，计算方法为

$$\begin{aligned}销售费用中的中间投入=&销售费用合计-工资-福利-折旧费\\&-差旅费中的个人所得\end{aligned} \tag{11.46}$$

(5) 财务费用中的中间投入由财务费用报表取得，计算方法为

$$财务费用中的中间投入=利息支出-利息收入+直接支付的银行业务手续费 \tag{11.47}$$

应交增值税，是本期生产工业产品应交销项税减去本期生产工业产品消耗的原材料燃料等产品价值的进项税，而不是会计上的本期应交增值税。在统计上计算该项指标工作量较大时，也可用会计上的本期应交增值税代替。

收入法工业增加值是生产过程中各不同要素收入项目加总的合计，其计算公式为

$$工业增加值=固定资产折旧+劳动者报酬+生产税净额+营业盈余 \tag{11.48}$$

(1) 固定资产折旧，取自制造费用、销售费用、管理费用报表中的“折旧”。

(2) 劳动者报酬，取自生产成本报表中的“直接工资及福利”，制造费用报表中的“工资”与“福利”，销售费用报表中的“工资”与“福利”，管理费用报表中的“工资”“福利”“社会保险费”“住房公积金”“差旅费”中的个人所得部分以及“工会经费”中支付给职工的部分。

(3) 生产税净额是指生产税与生产补贴的差额。

(4) 营业盈余是生产企业总产出扣除中间消耗、劳动报酬、生产税净额和固定资产折旧后的余额。其计算方法为

$$营业盈余 = 工业总产值 - 中间投入 - 劳动者报酬 - 生产税净额 - 固定资产折旧 \quad (11.49)$$

2) 农业增加值

农业增加值是农业企业在一定时期内通过农业生产活动追加到劳动对象上的价值。

从理论上讲，农业增加值的计算也有生产法与收入法两种，但是由于我国农业企业规模较小且经营分散，要全面准确地取得各项分配资料是不现实的，所以，我国农业增加值一般采用生产法计算。

$$农业增加值 = 农业总产值 - 农业中间投入 \quad (11.50)$$

农业中间投入是指农业生产经营过程中所投入的外购非固定资产货物和服务的价值。外购非固定资产货物包括外购种子、种蛋、种茧、饲料、肥料、燃料、农药、电力、小农具等；对外支付的服务费用包括修理费、生产用外雇运输费、生产用邮电费、畜禽防疫费、差旅费、金融服务费以及广告费等。

3) 建筑业增加值

建筑业增加值是建筑业企业在一定时期内通过建筑安装施工活动追加到原有建筑材料和有关设备上的价值。

从 2004 年全国第一次经济普查开始，建筑业现价增加值按生产法和收入法两种方法计算，以收入法的计算结果为准。

$$\begin{aligned}生产法建筑业增加值 = {} & 建筑业总产值 - 建筑安装活动中的原材料转移价值\\ & - 支付的各种劳务费\end{aligned} \quad (11.51)$$

$$\begin{aligned}收入法建筑业增加值 = {} & 固定资产折旧 + 劳动者报酬\\ & + 生产税净额 + 营业盈余\end{aligned} \quad (11.52)$$

2. 服务生产企业增加值

1) 营利性服务生产企业增加值

服务生产企业增加值是服务生产企业新创造价值与固定资产折旧之和。

生产法服务生产企业增加值：

$$生产法服务生产企业增加值 = 服务生产企业总产值 - 中间投入 \quad (11.53)$$

分配法服务生产企业增加值：

$$\begin{aligned}分配法服务生产企业增加值 = {} & 固定资产折旧 + 劳动者报酬\\ & + 生产税净额 + 营业盈余\end{aligned} \quad (11.54)$$

2) 非营利性服务生产企业增加值

$$非营利性服务生产企业增加值 = 非营利性服务生产企业总产值 - 中间投入 \quad (11.55)$$

二、企业的经济效益指标

企业的经济效益指标是对企业生产要素利用状况的概括反映，其数值大小表明企业生产要素投入产出比例的高低，是考核企业生产管理业绩的主要依据。

(一) 总资产贡献率

总资产贡献率(total asset's contribution rate)是反映企业全部资产获利能力的核心指标。其计算公式为

$$总资产贡献率(\%)=\frac{利润总额+税金总额+利息支出}{平均资金总额}\times 100\% \tag{11.56}$$

税金总额为产品销售税金及附加与应缴增值税之和；平均资产总额为期初期末资产之和的算术平均值。

(二) 资产保值增值率

资产保值增值率(rate of capital accumulation)是反映企业净资产变动状况的核心指标。其计算公式为

$$资产保值增值率=\frac{报告期期末所有者权益}{上年同期期末所有者权益}\times 100\% \tag{11.57}$$

所有者权益等于资产总计减负债总计。

(三) 资产负债率

资产负债率(assets-liability ratio)既反映企业经营风险的大小，同时又反映企业利用债权人提供的资金从事经营活动的能力。其计算公式为

$$资产负债率=\frac{负债总额}{资产总额}\times 100\% \tag{11.58}$$

资产与负债均为报告期期末数。

(四) 流动资金周转次数

流动资金周转次数(current fund turnover times) 指一定时期内流动资金完成的周转次数，反映投入企业流动资金的周转速度。其计算公式为

$$流动资金周转次数=\frac{产品销售收入}{全部流动资产平均余额} \tag{11.59}$$

流动资金平均余额为期初和期末的流动资金之和的算术平均值。

(五) 成本费用利润率

成本费用利润率(ratio of profits to cost) 是指企业投入的生产成本和费用与其所产生的利润总额的比率，反映企业投入的成本及费用的经济效益。其计算公式为

$$成本费用利润率=\frac{利润总额}{成本费用总额}\times 100\% \tag{11.60}$$

成本费用总额为产品销售成本、销售费用、管理费用以及财务费用之和。

(六) 全员劳动生产率

全员劳动生产率(labour productivity)是反映企业生产效率和劳动投入经济效益的核心指标。其计算公式为

$$全员劳动生产率 = \frac{企业增加值}{全部从业人员平均数} \tag{11.61}$$

(七) 产品销售率

产品销售率(ratio of sales of products) 反映企业产品已实现的销售程度，是分析企业产销衔接情况、研究企业产品满足社会需求状况的指标。其计算公式为

$$产品销售率 = \frac{企业销售产值}{企业总产值(现价)} \times 100\% \tag{11.62}$$

思考与练习

一、思考题

1. 什么是总产出？试说明其实物构成和价值构成。
2. 怎样理解中间产品和最终产品的含义？为何要作此区分？
3. 什么是国内生产总值？它有哪些计算方法？
4. 国民收入分配指标主要有哪些？试说明它们之间的关系。
5. 最终消费与资本形成的核算内容有哪些？
6. 经济增长率有哪几种表现形式？如何计算？
7. 为什么要核算比较消费率与投资率？这两个指标分别是怎样计算的？
8. 试说明洛伦兹曲线和基尼系数的分析意义。
9. 工业总产值的构成要素是什么？
10. 工业增加值为什么要扣除中间投入？
11. 企业统计产出指标与企业统计效益指标的表现形式有何不同？为什么？

二、练习题

1. 设某地区某年有关核算资料如下：

指标	数额/亿元	指标	数额/亿元
总产出	1200	总资本形成	210
中间投入	700	出口	80
固定资本消耗	60	进口	90
劳动报酬	300	来自国外的要素收入	25
生产税净额	40	支付国外的要素收入	15
营业盈余	100	来自国外的经常转移收入	3
最终消费	300	支付国外的经常转移收入	5

试根据以上资料：

(1) 用相应的三种方法分别计算国内生产总值和国内生产净值；

(2) 计算国民总收入和国民净收入；

(3) 计算国民可支配总收入和国民可支配净收入。

2. 某微型电子企业某年 1 月份生产某型号电机 5000 台，已入库，每台 150 元，已出售 4500 台；生产电机转子(部件)每件 50 元，月初库存 5000 件，本月生产准备销售 7000 件，月末库存 7500 件；热处理车间为外单位进行铁模合金处理，收取不含销项税的加工费 15000 元。要求：计算该企业该年 1 月份工业总产值。

3. 某柴油机股份有限公司某年 12 月份工业总产值 14507890 元，外购材料 5793000 元，利息支出 1590000 元。要求：计算该公司该年 12 月份工业增加值。

三、综合案例分析①

随着中国经济步入新常态，经济增长速度逐渐放缓，经济发展中的一些问题开始不断涌现，能源过度消耗、环境恶化、经济失衡、收入差距拉大、创新动能不足等问题正在抑制中国经济发展的潜力。近些年来，无论是以“三去一降一补”为核心的供给侧结构性改革，还是引领新常态发展的体制机制创新，目的都在于提升经济效率、改善经济结构。对此，党的十九大报告专门指出“我国经济已由高速增长阶段转向高质量发展阶段”，认为提升经济效率、优化经济结构成为我国经济持续健康发展的重要路径。那么，十八大以来我国经济的效率提升进程和结构优化进程如何呢？二十大召开以后又有哪些新的提升？需要从多维度开展综合评价。这里从新时代我国经济社会主要矛盾和新发展理念出发，构建我国经济发展的效率提升和结构优化指标体系。

(一) 评价增长动力和发展方式的转变情况

早期，我国高速的经济增长主要依靠投资、外需以及劳动力成本优势，这种旧常态下的经济增长模式已不可持续。尤其是在 2008 年全球金融危机之后，外需的带动作用弱化，投资对 GDP 拉动作用减弱，劳动力成本不断上升，同时带来了一系列生态环境问题和经济内部结构问题。中国经济增长各类要素占比变化客观地反映了中国生产力的发展水平。也正是在这样的宏观背景下，中国经济亟须转变发展方式，转换增长动力，不断提升创新对经济增长的驱动力，进一步优化国民经济重大比例关系，持续改善人民福祉，推进人与自然的和谐发展。

(二) 生产关系适应生产力发展的调整情况

与生产力发展状况相匹配的生产关系也是经济高质量发展需要重点关注的问题。重视劳动的作用，需要持续改善早期经济高速增长阶段“重资本轻劳动”的问题，要不断提升劳动报酬占比，实现广大人民群众的共享发展和人的自由全面发展。此外，中国不断地深化各项体制机制改革，完善各类生产关系，一方面能够优化生产力发展中各类要素投入之间的配比关系，提升要素配置效率；另一方面有助于提供促进各类要素合理增长的制度环境，促进生产力的进一步发展。

为了尽可能突出新时代我国经济社会主要矛盾和新发展理念，区别与以往的增长质量评价，在构建具体评价指标时，侧重从效率指标和结构指标构建两个层面着手，避免虚假测度的问题。一方面提高数据与指标匹配性，充分反应指标的统计内涵；另一方面确保评价指标的演进方向与经济发展效率提升方向和结构优化方向一致，或揭示这一趋势。

---

① 案例材料选自：王开科，章贵军，王开泳. 中国经济效率提升和结构优化进程评价：基于高质量发展的研究背景[J].统计学报，2021(2)：1-14.

经济发展效率提升和结构优化进程评价指标体系

一级指标	二级指标	三级指标	指标说明	备注
效率提升	要素资源利用效率提升	劳动效率	国家全员劳动生产率环比增速	正向指标
		资本效率	国有企业净资产收益率	正向指标
		资源效率	单位 GDP 能耗	逆向指标
		能源效率	单位 GDP 电耗	逆向指标
	国民经济基本素质改善	产品中高端化程度	产品质量优等率	正向指标
		产品和服务质量	损失率	逆向指标
		城镇化建设	城镇化率	正向指标
		住房条件	房价收入比	构建偏离修正指数
		公共设施	每万人拥有公共厕所	正向指标
		道路通达性	城市人均拥有道路面积	正向指标
		公用事业	燃气普及率	正向指标
		收入提升	人均 GDP	正向指标
		教育条件	教育毛入学率(高中阶段)	正向指标
	增长动力提升	创新要素禀赋	R&D 折合全时当量	正向指标
		创新投入强度	R&D 支出占 GDP 的比重	正向指标
		创新产出	发明专利授权数占比	正向指标
		创新成效	技术市场成交额占 GDP 比重	正向指标
		科技进步	科技进步贡献率	正向指标
		增长动力转换	消费占 GDP 比重	正向指标
		消费拉动力	最终消费支出对 GDP 的拉动	正向指标
	矛盾化解能力提升	企业防风险能力	企业杠杆率	构建风险缓释指数
		国有经济运行	国有企业资产负债率	正向指标
		政府化解风险能力	政府杠杆率	构建风险缓释指数
	居民福祉改善	劳动与闲暇	城镇就业人员周平均工作时间	逆向指标
		社会保障	基本养老保险参保人数	正向指标
		社区服务	每万人口医院、卫生院床位数	正向指标
		社会优抚	每千名老年人拥有养老床位数	正向指标
		健康状况	人口死亡率	逆向指标
		教育水平	财政支出中教育占比	正向指标
		文化发展	财政支出中文化体育娱乐占比	正向指标
		公共服务	财政支出中社会保障支出占比	正向指标
结构优化	区域发展结构优化	城乡均衡	城乡收入比	构建偏离修正指数
		区域协调	区域变异系数	逆向指标
		省域协调	省域变异系数	逆向指标

续表

一级指标	二级指标	三级指标	指标说明	备注
结构优化	产业发展结构优化	产业层次提升	服务业占 GDP 的比重	正向指标
		高技术产业发展	高新技术企业工业产值占 GDP 的比重	正向指标
		实体产业发展	制造业增加值占 GDP 的比重	正向指标
	要素分配结构优化	要素分配效率	基尼系数	构建偏离修正指数
		资本市场配置效率	资本市场扭曲程度	构建偏离修正指数
		劳动力市场效率	劳动力市场扭曲程度	构建偏离修正指数
		居民报酬	收入法劳动报酬占 GDP 的比重	正向指标
		企业盈利	国有及规模以上非国有工业企业资产利润率	正向指标
	国内外市场结构优化	贸易结构高级化	服务贸易占对外贸易的比重	正向指标
		实际利用外资结构	制造业实际利用外资占实际利用外资比重	正向指标
		内外需平衡	国内市场贸易情况	正向指标
	人与自然关系优化	生态保持	森林覆盖率	正向指标
		人居环境	人均公园绿地面积	正向指标
		生态负荷的改善	工业固体废物处置率	正向指标
		主动环境修复	生活垃圾无害化处理率	正向指标
		生态环境治理投入	环境污染治理投资总额占 GDP 比重	正向指标

案例分析要求：

1. 请根据上述指标体系，查找有关统计资料，熟悉相关统计指标的内涵、方法原理。
2. 自主搜集数据、处理数据，开展多指标的综合评价分析。
3. 对综合评价结果，结合各维度指标开展结果分析。

四、课程思政

经济增长方式的思考

改革开放以来，我国依靠人口红利和资源环境的代价发展经济，依靠投资扩张来实现经济规模的快速增长。在这一过程中，劳动力成本和资源成本低，环境污染代价低，突出经济粗放增长的特征，对自主创新能力重视不足，全要素生产率对经济发展的贡献较低。在投资驱动力下降、劳动力成本上升以及资源环境问题日益严峻的情况下，这种粗放增长的不利影响开始对经济增速产生冲击，最直接的影响就是增长速度下滑。同时，一些结构性问题也开始显现，具体表现为高消耗(资源消耗大)、高污染、不平等(居民经济地位或享受的医疗、教育等资源的差异明显)、不平衡(区域发展不平衡、产业发展不平衡)、产品低端(产品附加值低，自主创新能力不强)等。显然，传统的增长方式不可持续，那么，在新发展阶段，要转变方式、调整结构、转化增长动力，走一条与以往不同的经济发展道路。

请你从统计指标数据的角度，谈谈党的二十大以来我国经济发展的新变化和取得的显著成绩，反思我国的经济发展之路。

第十一章练习题参考答案

主要参考文献

大卫·R. 安德森，丹尼斯·J. 司威尼，托马斯·A. 威廉姆斯. 2000. 商务与经济统计学精要. 陆成来，胡成秀，译. 大连：东北财经大学出版社.

戴维·M. 莱文，蒂莫西·C. 克雷比尔，马克·L. 贝伦森. 2010. 商务统计学. 黄耀锋，王小勇，等译. 北京：中国人民大学出版社.

黄良文. 2012. 统计学. 3 版. 北京：中国统计出版社.

贾俊平，何晓群，金勇进. 2018. 统计学. 7 版. 北京：中国人民大学出版社.

李金昌，苏为华. 2012. 统计学. 3 版. 北京：机械工业出版社.

向蓉美，王青华，马丹. 2015. 统计学. 北京：机械工业出版社.

袁卫，刘超. 2011. 统计学：思想、方法与应用. 北京：中国人民大学出版社.

曾五一，肖红叶. 2013. 统计学导论. 北京：科学出版社.

詹姆斯·麦克拉夫，乔治·本森，特里·辛西奇. 2015. 商务与经济统计学. 12 版. 易丹辉，李扬，译. 北京：中国人民大学出版社.

张小斐. 2013. 统计学. 北京：中国统计出版社.